LOS PERSONAJES DEL VIRREINATO /

2018.

37565039598288

Los personajes del virreinato

Los personajes del virreinato

Compilador

Alejandro Toussaint Rondero

Autores

Alberto Trejo Martín
Alejandro Toussaint Rondero
Camino Aparicio Barragán
Carlos Eduardo Díaz Navarro
Emma Álvarez Osorio
Eunice Hernández Gómez
Gabriel Gallardo Estandía
Laura Adriana González Eguiarte
Luis Jorge Arnau Ávila
Natalia Rodríguez Priego
Ricardo Cardona Torres
Silvia Cuesy Martínez de Escobar

Los personajes del virreinato

Primera edición, 2018

Portada: *Theatrvm orbis terrarvm* (1570).
Biblioteca del Congreso de Estados Unidos.

Coedición:
Editorial Paralelo 21, S.A. de C.V. / Secretaría de Cultura

D.R. © 2018, de los textos, sus autores

D.R. © 2018, Editorial Paralelo 21, S.A. de C.V.
Etna 38, Col. Los Alpes, C.P. 01010
Ciudad de México
www.mexicanisimo.com.mx

D.R. © 2018, de la presente edición
Secretaría de Cultura
Dirección General de Publicaciones
Avenida Paseo de la Reforma 175
Col. Cuauhtémoc, C.P. 06500,
Ciudad de México
www.cultura.gob.mx

Diseño: Bruno Pérez Chávez

Las características gráficas y tipográficas de esta edición son
propiedad de Editorial Paralelo 21, S.A. de C.V.

ISBN: 978-607-7891-37-6, Editorial Paralelo 21, S.A. de C.V.
ISBN: 978-607-745-879-1, Secretaría de Cultura

IMPRESO EN MÉXICO / *PRINTED IN MEXICO*

⮞ PRÓLOGO

Unos años después de la llegada de Cristóbal Colón a tierras americanas, comenzó una historia compleja que dio inicio con la expedición de Francisco Hernández de Córdoba, a la que le siguieron muy distintas etapas: otras expediciones, el proceso de mestizaje, la conquista, la colonización, la evangelización, las rebeliones, las batallas y los encuentros entre conquistadores y conquistados, la creación de nuevas instituciones, entre las que destaca el virreinato de la Nueva España, la relación con la Corona española, los procesos de población de este extenso territorio, la consolidación y hasta las conspiraciones y los inicios de los movimientos independentistas. Todo ello dio lugar al nacimiento de esta gran nación llamada México.

En estas páginas recorremos el periodo entre 1517 y 1809 a través de los personajes más destacados de cada uno de esos años. De esa manera, la historia se va entretejiendo por medio de sus protagonistas, sus hazañas y su legado.

Con Hernández de Córdoba y Juan de Grijalva comenzaron las expediciones. Gonzalo Guerrero, conocido como el "padre del mestizaje", dio inicio a un proceso que nunca terminará, la fusión de grupos sociales. Hernán Cortés, héroe y villano, emprendería la conquista que años más tarde se institucionalizó con la llegada de Antonio de Mendoza y Pacheco, primer virrey de la Nueva España.

A partir de ese momento, este libro cuenta una historia de historias. La historia de la educación, por ejemplo, que comenzó con la fundación del primer colegio en América, el Colegio de la Santa Cruz de Tlatelolco, propuesto por el obispo y fundado por el propio De Mendoza, pero que aprovechó los conocimientos locales. La historia de la Iglesia católica, sus órdenes, su importancia en las expediciones, tanto terrestres como marinas, las misiones —fundamentales para entender la evangelización, la educación y la relación con los indígenas—, las crónicas y los nexos intrínsecos con el poder y el dinero. Pero también la actuación de quienes siguieron luchando y quienes dieron personalidad local a la cultura que llegaba. Los héroes en desgracia, quienes nunca dejaron de luchar. Los que se asimilaron sin perderse en la sumisión. La historia del arte que arrancó una tradición pictórica con Simón Pereyns y Baltazar de Echave Orio, pero que tuvo a grandes exponentes del barroco como Villalpando, Cabrera y Correa, y la expresión indígena que inundó de arte las catedrales; músicos como Manuel de Sumaya. La historia de las letras y la poesía, donde sobresale Sor Juana Inés de la Cruz, una de las más grandes de todos los tiempos, pero también aparecen Francisco de Terrazas, primer poeta castellano en estas tierras, el gran dramaturgo Juan Ruiz de Alarcón y los cronistas como Bernardino de Sahagún y Bartolomé de las Casas. La historia de la salud, las epidemias, las pestes, la fundación de hospitales, y de médicos destacados, donde mencionamos entre otros a Diego de Pedraza, primer cirujano de la Nueva España. La historia de la arquitectura y sus magníficos edificios como la Antigua Basílica de Guadalupe, la catedral de México, Santa Prisca, el Jardín Borda, el palacio de los condes de Santiago de Calimaya, el palacio del Apartado y, por supuesto, el palacio virreinal, entre otros.

Aparece también la historia novohispana de la minería —actividad fundamental para entender toda esta época—, del periodismo, la imprenta, la piratería, la astronomía, de la Virgen de Guadalupe, de la filantropía, del teatro, del derecho, del Ejército, de la biodiversidad mexicana y su estudio, de la medicina tradicional indígena, de las relaciones con las etnias indígenas desde la península de Yucatán hasta el norte americano, de la cartografía y la geografía, de la diplomacia, de la fundación de ciudades, de la agricultura, de la física, de la química, de la historiografía, de la astronomía, de las rutas comerciales, de la filosofía y el pensamiento en general, y de la formación de la identidad y la nacionalidad mexicanas.

Finalmente estas páginas también cuentan historias de las amistades, traiciones, grandes hazañas, confesiones, rivalidades, luchas de poder, ambiciones, rebeliones, amores y desamores, que vivieron los grandes personajes que dieron forma a casi tres siglos de vida en estas tierras.

Este libro es una invitación a recorrer tres siglos de nuestra historia desde otra perspectiva, la de quienes dieron forma inicial a una nueva realidad, la mexicana.

Alejandro Toussaint Rondero

1517

❧ FRANCISCO HERNÁNDEZ DE CÓRDOBA

Nos parece fundamental iniciar este recorrido con el responsable del primer contacto oficial reconocido entre ambas realidades, la expansión española en la América continental y las culturas locales. Algunos historiadores mencionan la existencia de mapas donde aparecía Yucatán, realizados unos años antes del viaje de Hernández, y se mencionan algunos viajes en el Golfo de México, pero solo está reconocida la llegada de los náufragos Guerrero y De Aguilar en algún momento posterior a 1511, plenamente confirmada.

La expedición de Hernández de Córdoba inició en febrero de 1517, cuando partió de Cuba con la orden del gobernador Velázquez para explorar el occidente de la isla. Hernández llevaba varios años en Cuba, como uno de los hacendados más prósperos, y su cercanía con Velázquez le permitió ser elegido para esta expedición que se estimaba de corto alcance, ya que el contingente no era muy numeroso —se habla de cien marinos y tres o tal vez cuatro navíos—. Originalmente tenía la intención de llegar a la costa hondureña, pero el mal tiempo empujó las naves a un sitio que la historia estima como Isla Mujeres.

De acuerdo con los escritos de Bernal Díaz del Castillo, quien iba a bordo, el 1° de marzo se detuvieron en Isla Mujeres

—llamada así por las estatuillas femeninas que encontraron—, y el 4 de marzo de 1517 tuvieron el primer encuentro con los naturales, en el sitio llamado Cabo Catoche, donde además se celebró la primera escaramuza. En estos sucesos hicieron prisioneros a dos indios, a los que una vez bautizados se les llamó Julianillo y Melchorejo, los primeros intérpretes de los españoles en tierras mayas.

Continuaron bordeando el litoral de la península y el 26 de marzo llegaron a A-Kimpech —hoy Campeche— que bautizaon como Lázaro. Desde cubierta observaron los poblados y las pirámides cubiertas con estuco blanco, pero por temor a ser atacados desistieron a desembarcar.

En busca de agua llegaron días más tarde a Chakán Putum, que los españoles rebautizaron como Champotón, donde fueron derrotados en una dura batalla que le costó la vida a la mitad del contingente y se vieron forzados a una desordenada huida hacia Florida, donde pudieron obtener agua antes de regresar a Cuba.

La noticia de una civilización tan adelantada, a la que llamaban La Gran Cairo, con grandes centros urbanos y riquezas, provocó la inmediata organización de otras expediciones.

Bernal Díaz menciona que Hernández de Córdoba se retiró a su encomienda y murió a los diez días a causa de las heridas, aunque Bartolomé de las Casas afirma que estaba repuesto en 1518, cuando Velázquez nombró a Grijalva capitán de una segunda expedición, y reclamó al gobernador amenazándolo con ir a España para reclamar ante el rey el descubrimiento, que Diego Velázquez se había atribuido.

Así empezó la historia de un encuentro trascendental, doloroso, impresionante, que cambió a ambos mundos.

1518

❧ JUAN DE GRIJALVA

A los 21 años había llegado a América, en 1511, y colaboró en la conquista de la Isla Juana, nombre otorgado por Colón a la que más tarde sería reconocida como Cuba. Más tarde, cuando se conocieron los resultados de la primera expedición enviada por Diego Velázquez al continente, se le dio la responsabilidad de organizar un segundo viaje, ya con más gente, provisiones y armamento. Sobrevivientes del primer recorrido nuevamente viajarían con él: Antón de Alaminos, como piloto, y Bernal Díaz del Castillo.

Las naves zarparon el 1º de mayo de 1518 y descubrieron la isla de las Golondrinas o Cozumel, que bautizaron como De la Santa Cruz.

Grijalva realizó una ceremonia al desembarcar para tomar posesión de la tierra. En el templo principal encontrado en la isla tuvieron contacto con las prácticas religiosas indígenas y asentaron la necesidad de evangelizarlos para desaparecer la idolatría.

El viaje continuó. Aun entonces suponían que Yucatán era una isla, a la que Alaminos llamaba la Isla Rica. Costeando pasaron por Tulum, cabo Catoche y llegaron a Lázaro —más tarde llamada Campeche—. En el mismo sitio que fue derrotada la expedición anterior —Champotón— tuvieron una intensa batalla que esta vez ganaron. Pasaron por la Laguna de Términos, la Isla del Carmen y descubrieron el caudaloso río que aún hoy recibe su nombre. En la costa veracruzana hallaron los ríos Coatzacoalcos y Papaloapan, la Isla Sacrificios, donde encontraron evidencias de esas prácticas, y se asentaron en San Juan de Ulúa. Grijalva desoyó la sugerencia de sus oficiales y no fundó una colonia, decisión que fue causante de la posterior destitución a su regreso a Cuba.

En Boca del Río, llamado por los españoles río de Banderas, Grijalva recibió a dos embajadores de Moctezuma Xocoyotzin, el primer contacto oficial con la nación mexica. Recibió ahí muchos obsequios con la intención de que se fueran, pero eso incrementó el interés de los españoles por las tierras más al occidente. Sin embargo, no tenían el equipamiento para adentrarse y prefirieron seguir por la costa hasta la desembocadura del río Pánuco, en actual territorio tamaulipeco. Finalmente regresó a Cuba en septiembre de 1518.

Se atribuyen a Juan Díaz, su capellán, unas crónicas de este viaje, llamadas *Itinerario de la Armada del rey católico a la isla de Yucatán, en la India, en el año de 1518, en la que fue por comandante y capitán general Juan de Grijalva*. El documento fue publicado en varios idiomas, como testimonio de los descubrimientos.

Destituido y por lo tanto ausente de la conquista de Tenochtitlan, Grijalva tuvo otras responsabilidades y participó en distintas expediciones, antes de morir en Honduras, en 1527.

1519

✦ GONZALO GUERRERO

Aunque el primer acercamiento entre españoles e indígenas en lo que hoy es territorio mexicano se presentó en 1517, con el paso fugaz de Francisco Hernández de Córdoba por la península de Yucatán y Campeche, esta relación histórica inicia unos años antes, tras una tormenta en 1511 y la posterior llegada a las costas del actual Quintana Roo de unos náufragos, dos de los cuales seguían con vida a la llegada de Hernán Cortés a Cozumel, ocho años más tarde. Uno de ellos, Gonzalo Guerrero, a quien se reconoce como el padre del mestizaje, había logrado una posición importante entre los indígenas y tenía hijos con Zazil Há, princesa maya del cacicazgo de Nachán Can en lo que actualmente es Chetumal.

Evidentemente, la presencia de Guerrero como personaje de 1519 es fortuita. Este marino, nacido alrededor de 1470 y oriundo de Palos de la Frontera, se trasladó a América en 1510 para ser reenviado en una de las expediciones a los territorios de los actuales Colombia y Panamá. Pero su aventura posterior representó, a partir de la independencia, la imagen perfecta del luchador por su nueva tierra.

La aventura inició con una tragedia: después de aquel naufragio, los días a la deriva frente al arrecife Alacranes y las penurias de los primeros años de un doloroso cautiverio,

Guerrero obtuvo su libertad y se casó con la hija del cacique, convirtiéndose en guerrero maya y aplicando, en beneficio de su nuevo pueblo, tácticas de guerra desconocidas en América, muy útiles en combates contra grupos vecinos. Inclusive, se sabe que se realizó tatuajes rituales y mutilaciones que mostraban el rango que había adquirido.

En 1519, tras la llegada y el ofrecimiento de Cortés por incorporar a aquel par de náufragos sobrevivientes a su ejército, solo Jerónimo de Aguilar aceptó la oferta para convertirse en el primer intérprete de los conquistadores, sin embargo, Guererro decidió asumir como propia su nueva cultura y rechazó la propuesta, para permanecer al lado de su familia como Nacom o líder militar. Es, por lo tanto, el primer personaje vinculado claramente con dos historias y el más destacado de aquel año excepcional para la creación de México.

Durante los siguientes tres lustros, varias expediciones intentaron conquistar a los grupos mayas, entre ellas las de los Montejo, padre e hijo. Aunque permanecen los huecos históricos sobre la participación directa de Guerrero (otras referencias lo mencionaban como Gonzalo Aroza) en las batallas contra los conquistadores, es evidente su influencia en las labores fallidas para rechazar a los invasores. Finalmente, al parecer, Guerrero falleció en 1536 atravesado por la flecha de una ballesta durante una escaramuza. Algunas investigaciones hablan de su cuerpo arrojado al mar por sus nuevos compatriotas, para que pudiera regresar a su origen.

1520

❧ CUITLÁHUAC

En pocos meses, este guerrero había logrado integrar a miles de combatientes y, de no haber sido por la viruela que le costó la vida como a muchos otros habitantes de Tenochtitlan, probablemente habría cambiado el rumbo histórico de aquella guerra.

Vencedor junto con Cuauhtémoc de los españoles en la famosa batalla de la Noche Triste, Cuitláhuac había sido uno de los estrategas del acoso a los españoles en Tenochtitlan desde hacía varios meses, razón por la que estuvo preso hasta la muerte de Moctezuma II, su hermano, el 29 de junio de 1520, según algunos a causa de una pedrada, según otros asesinado previamente por Cortés, lo que derivó un día más tarde en la famosa Noche Triste y que replegó a los españoles hasta Otumba retrasando varios meses la conquista.

Fue una batalla memorable a lo largo de la calzada de Tlacopan. De acuerdo con *México a través de los siglos*, el contingente que pretendió huir en silencio, protegido por la noche, era de 8 mil personas e incluía a las mujeres familiares de Moctezuma y varios cientos de indígenas aliados. Una vez descubiertos, la oscuridad no fue protección suficiente ante el acoso por tierra y agua, y, aunque es difícil contabilizar los muertos, se habla de varios miles. Mezclados con la leyenda aparecen algunos sucesos que incluyen el famoso ahuehuete de Popotla donde, se dice, Cortés lloró su desgracia.

En realidad, aunque así lo parece, no fue una batalla de una noche, pues los combates, aunque menos violentos, duraron varias semanas.

Unos días después de aquellos acontecimientos, se dio a Cuitláhuac el poder y se le encargaron las labores de reconstrucción y defensa, además de buscar, de manera infructuosa, una alianza permanente con los tlaxcaltecas para expulsar definitivamente al ejército de Cortés.

El penúltimo huey tlatoani mexica, hijo de Axayácatl y Señor de Iztapalapa, era un personaje muy importante en el imperio, sin duda el personaje más destacado de 1520, pero fue incapaz de luchar contra un enemigo mucho más mortífero que los invasores europeos: la viruela. Una fuerte epidemia de esta enfermedad, desconocida en América y contagiada por los recién llegados, mermó la población que vivía en las orillas del lago. Cuitláhuac, cuyo nombre y significado ha sido rebatido por distintos investigadores durante años, fue una de las víctimas. Tenía apenas 3 meses en el poder y 44 años de edad. Su puesto como Tlacatecuhtli sería tomado por Cuauhtémoc.

1521

❧ HERNÁN CORTÉS

Es difícl encontrar posturas imparciales frente a este complejo personaje, a ratos luminoso, a ratos patético, un hombre de guerra que pudo ser un hombre de paz en algunos periodos, militar que se convirtió en estadista un poco por ambición y un poco por suerte. Sin embargo, dentro de las cosas a reconocerle se encuentran su valor y su fuerza para estar en el centro de las batallas, lo que ocasionó, más de una vez, que viera su vida en riesgo.

Hernán Cortés Monroy Pizarro Altamirano, años más tarde convertido en marqués del Valle de Oaxaca, nació en Medellín, pueblo extremeño español, alrededor de 1485 y murió 62 años más tarde, en 1547. Es un personaje de amores y odios a quien nuestro país tiene en su lista de villanos favoritos. Quizá lo fue, o quizá su paso por el país fue menos grave que el de muchos otros. Inteligente, sagaz, Cortés logró en dos años y medio una epopeya, si se compara el número de los ejércitos contra los que se enfrentó, o tal vez fue un hombre con suerte que se benefició de la sorpresa, las epidemias y las indecisiones de Moctezuma ante los presagios que durante años le indicaron la llegada de aquel ejército. Su innegable capacidad de mando y su habilidad en combate lograron derrotar a la civilización más avanzada de Iberoamérica y crear uno de los reinos más poderosos de la historia.

El 13 de agosto de 1521, tras la toma de Tenochtitlan, el nombre de Cortés quedó estampado en la historia. El sitio final duró 93 días, a decir de Bernal Díaz del Castillo, tras haber asegurado las poblaciones cercanas: Coyoacán, Azcapotzalco, Tenayuca, Cuautitlán, Texcoco, Tlacopan, Tláhuac, Míxquic, y preparado trece bergantines para el ataque por agua. La toma de Tlatelolco fue el incio del fin.

La capitulación se cerró unas horas más tarde, tras la captura de Cuauhtémoc, y cuya muerte fue una de las mayores afrentas para el conquistador.

El resto de la vida de Cortés fue una continua aventura. Tuvo varios hijos que más tarde aspiraron a reconocimiento que nunca les llegó; fundó hospitales y casas de asitencia; reconstruyó parte de la ciudad; se volvió un problema para España; realizó diversas campañas para ampliar sus conquistas; en 1522 se le nombró oficialmente "adelantado, repartidor de indios, capitán general y gobernador de la Nueva España". Fue confrontado frecuentemente por las autoridades; en 1529 lo volvieron marqués y fue un continuo dolor de cabeza. A la llegada del primer virrey se volvió nuevamente explorador y años más tarde volvió a España a buscar recuperar parte de las jerarquías perdidas, sin conseguirlo. Allá falleció a los 62 años, en 1547.

Sus restos, como él, han sido eternamente viajeros y ahora descansan a unas calles del centro histórico del país que empezó a formarse tras la caída, aquel 1521. Pero esa es otra historia.

1522

✦ GONZALO DE SANDOVAL

Sobre él, mencionó Bernal Díaz del Castillo: "Y todos los vecinos querían mucho a Gonzalo de Sandoval, porque a los que halló que estaban dolientes él les proveía lo mejor que podía, y les mostraba mucho amor, y a los pueblos de paz tenía en mucha justicia y les favorecía en todo lo que podía".

Había llegado a Nueva España al lado de Cortés apenas con 22 años, pero destacó como un hombre de confianza, serio, sensato, algo muy extraño en el primer grupo de hombres rudos que habían llegado a hacer la guerra. Pese a ser uno de los capitanes más jóvenes, fue fundamental protegiendo Veracruz mientras el resto del ejército se adentraba en el país, y en 1520 logró detener tras una batalla a Pánfilo de Narváez, quien había sido enviado de Cuba, por Velázquez, para detener a Cortés. Durante los siguientes años fue pieza fundamental en la toma de Tenochtitlan, su unidad fue la vanguardia durante la terrible y dolorosa huida en la Noche Triste, y fue uno de sus hombres quien detuvo a Cuauhtémoc en el ataque final.

En los siguientes años, a excepción de la pacificación de la zona huasteca donde se manejó con inusual violencia, fue reconocido como un militar inteligente pero justo. Gonzalo de Sandoval recorrió buena parte del país conocido hasta entonces buscando ampliar el dominio español. Desde Veracruz hasta

Tabasco, pasando por Coatzacoalcos, y desde Oaxaca hasta Colima, donde fundó el primer asentamiento que llevó ese nombre, Gonzalo de Sandoval cumplió las órdenes de Cortés de manera precisa. Inclusive lo acompañó en aquella expedición a Honduras donde murió Cuauhtémoc, y fue enviado de vuelta a México-Tenochtitlan cuando se descubrió un motín en la capital, para controlar el conflicto.

En 1528 formó parte de la comitiva que acompañaba al conquistador a Europa, aunque enfermó gravemente en el trayecto y murió a los pocos días de llegar a puerto. Nacido en Medellín, España, en 1497, falleció en Palos de la Frontera apenas cumplidos los treinta años. A su sepelio asistió el mismo Cortés, con sus subordinados más importantes.

Una nueva referencia de Bernal Díaz del Castillo: "No era codicioso, sino solamente tener fama y hacer como buen capitán esforzado… Gonzalo de Sandoval fue por quien dijo el marqués Cortés a Su Majestad que demás de los fuertes soldados que tuvo en su compañía, que fueron tan esforzados y animosos que se podrían contar entre los muy nombrados que hubo en el mundo, y que entre todos Sandoval era para ser coronel de muchos ejércitos".

1523

❧ ALONSO GARCÍA BRAVO

Había pasado, al menos para la zona lacustre del valle, la época de la guerra y la destrucción. Tras ella venía una etapa compleja, larga y, para muchos, oscura, la de los inicios de la convivencia entre vencedores y vencidos. Había, además, que remover cadáveres, derruir edificaciones, crear áreas para vivienda de los españoles… era un trabajo complejo y se necesitaba a un experto.

Tras la llegada de Cortés a tierra firme, Alonso García había permanecido en Veracruz, creando la traza de la ciudad y construyendo una mayor fortaleza para el puerto. Después de la victoria final en Tenochtitlan, Cortés lo requirió en la ciudad para desarrollar una complejísima labor, adecuando a la estructura existente una visión más europea y un trazado acorde a los vencedores, que sería a base de cuadrángulos extendiéndose a partir de la plaza central, sin destruir el trazo original de tres grandes calzadas que cruzaban Tenochtitlan, y únicamente moviendo hacia un costado lo que años más tarde sería la Plaza Mayor. Sin embargo, el inicio de los trazos debió esperar varios meses, a que se retirara el lodo, se reconstuyeran los bordos y se determinara el futuro de los antiguos templos.

El alarife García (nombre asignado anteriormente al arquitecto o maestro de obras) fue fundamental en la estructura de la ciudad que hoy conocemos. Las dificultades de ubicación y las características del subsuelo, además de los problemas que representaban las crecidas de los lagos y la existencia de cuerpos de agua dulce y salada que debían mantenerse separados fueron un reto mayúsculo para un personaje que aparece poco en la historia. En su memoria apenas se levantó una pequeña plaza que hoy casi olvidamos, mostrando al artífice de la reconstrucción en una canoa junto a dos indígenas, recorriendo la ciudad vencida.

Durante un decenio, García Bravo reparó y limpió acequias, amplió espacios para las nuevas casas europeas y construyó algunas de las más importantes, entre las que destaca la casa de Cortés en Coyoacán, muy probablemente también obra suya. Sus aportaciones en la planificación urbana aún se utilizan en la actualidad.

García Bravo fue, también, uno de los primeros españoles en contraer nupcias en la Nueva España con una dama española, y su hija fue una de las primeras criollas del país.

Las referencias existentes hablan de García Bravo como un personaje honesto, culto y preocupado por la gente, algo que demostró años más tarde como alcalde de Antequera, la actual Oaxaca, que también ayudó a trazar.

Personaje fundamental en la reconstrucción, falleció, al parecer, en 1561, a los 71 años.

1524

❧ PEDRO DE GANTE

Tras la conquista llegó casi con la misma fuerza la evangelización, con pros y contras, con defensores y detractores, pero en la historia de este país la participación de muchos promotores del cristianismo ha dejado una huella casi tan profunda como la de la cultura y el idioma español, con luces y sombras.

Entre los primeros, Pieter van del Moere, un franciscano nacido en lo que hoy es Bélgica, llegado a mediados de 1523 junto a Juan de Tecto y Juan de Aora. Por supuesto que a su llegada nadie notó la importancia que tendría, tan preocupados como estaban todos por consolidar sus conquistas y paliar la epidemias desatadas en Tenochtitlan y zonas cercanas, pero al paso del tiempo, Pedro de Gante —como sería recordado en el tiempo— dejaría una huella indispensable en México.

Cortés, que despachaba desde su casona en Coyoacán, propuso que los recién llegados se ubicaran mejor en Texcoco y ahí iniciaron su contacto con las culturas locales, aprendieron náhuatl y enfrentaron los inicios de la opresión. A partir de 1524 se trasladaron a la capital para fundar el convento de San Francisco y la escuela de San José de Belén de los Naturales, en lo que sería la construcción monástica más grande de Nueva España y de la que solo perdura el tercero de los templos que se construyeron en dicho espacio. De esa escuela, inicialmente de paja y materiales burdos, salieron los primeros evangelizadores locales pero también cantores, artesanos, pintores, carpinteros, talladores... Pese a ser tartamudo, fray Pedro daba a todas horas, desde muy temprano hasta el final de la luz, diferentes lecciones a sus alumnos. Fue el inicio de cinco maravillosas décadas dedicadas a evangelizar y educar.

Sin embargo, con frecuencia se quejaba del mal trato a los naturales y las condiciones en las que se les tenía: "Aviso, como siervo de Vuestra Magestad, que si no provee en que tributen como en España de lo que tienen y no más, y que sus personas no sean esclavos y sirvan, la tierra se perderá...".

Con la visión de la época buscó erradicar la educación antigua, lo que ayudó a que se perdiera parte del legado prehispánico ("cada vez que salgo a predicar tengo sobrado que hacer en destruir ídolos y alzar templos al Dios Verdadero"), aunque fue reconocido por su atención y cariño hacia la población y la búsqueda de mejorar sus condiciones. Años más tarde se le propuso como arzobispo de México, pero él se negó. Por encima de su trabajo como evangelizador, se le reconoce como uno de los primeros y fundamentales educadores de la nueva nación.

En 1572, Fray Pedro de Gante murió en la capital de Nueva España.

1525

ᐧ CUAUHTÉMOC

Destinado a perder, con muy poco tiempo para preparar casi nada y cercado por viejos conflictos con otros grupos vecinos, por el hambre, la insalubridad y la viruela, el camino de Cuauhtémoc era la crónica de una muerte anunciada, pero retrasada durante cuatro años, por decisiones extrañas de Hernán Cortés.

Primo de Moctezuma y líder militar durante el breve reinado de Cuitláhuac, intentó organizar la defensa en previsión del regreso de los españoles. A la muerte del tlatoani, fue elegido en los peores momentos del imperio.

Su reinado, de apenas seis meses, fue más que insuficiente para lograr algo. La mitad de ese periodo la pasó, además, en un sitio salvaje que terminó aquel 13 de agosto de 1521, cuando fue detenido a bordo de una canoa, junto con varios señores principales y sus familias.

La escena al enfrentar al tlatoani derrotado, narrada por el mismo Cortés en su Tercera Carta de Relación, es estrujante: "llegóse a mí y díjome en su lengua que ya él había fecho todo lo que de su parte era obligado para defenderse a sí y a los suyos fasta venir en aquel estado, que agora ficiese déllo que yo quisiese. Y puso la mano en un puñal que yo tenía, deciéndome que le diese de puñaladas y lo matase".

Tras aquel instante, la derrota total, el cautiverio, el tormento que forma parte de los momentos memorables, míticos, según nuestra historia oficial. Y, además de la ambición de riqueza, para Cortés era fundamental devaluar la imagen del tlatoani buscando obtener un mayor sometimiento de los vencidos.

Fueron casi cuarenta meses de sometimiento del que, según se sabe, se obtuvo muy poco en la búsqueda de información sobre grandes tesoros. Lo que más se obtuvo fue dejar tullido al señor mexica.

Para 1524, fecha del inicio de la expedición a Las Hibueras, Cortés decidió llevar consigo a Cuauhtémoc y a Tetlepanquétzal, Señor de Tlacopan, y a Coanácoch, Señor de Tetzcuco (Texcoco), como un seguro en prevención de alguna sublevación. Al inicio de 1525, por razones abiertas aún a la investigación, en algún lugar entre Campeche y Tabasco, Cortés decidió terminar con aquel cautiverio que siempre ha sido visto como un ejemplo de valor estoico, de serenidad ante la adversidad. Se cuenta que fue ahorcado, aunque los restos siguen perdidos en nuestra geografía, pese al lamentable suceso del falso descubrimiento de su cadáver en Ixcateopan, un sitio que, pese a la contundencia de los datos, sigue reclamando ser su hogar mortuorio. El "joven abuelo", como lo llaman los poetas, tenía 29 años.

1526

✦ ISABEL MOCTEZUMA

Podría haber sido la mujer más rica de la Nueva España, si consideramos que se le concedió, en 1526, la Encomienda de Tlacopan, los derechos de tributo sobre una impresionante franja territorial del altiplano que incluía poblados desde Tacuba y Azcapotzalco hasta Cuautitlán y Tula.

Ichcaxóchitl Tecuichpo, la hija del Señor, como indica su nombre, era la favorita de su padre, Moctezuma II, nieta además del Señor de Tlacopan, por lo tanto proveniente de doble nobleza y heredera principal del emperador mexica.

Esposa desde su adolescencia —al menos durante breves periodos, principlalmente por motivos de estrategia— de Atliscasi —hijo de Ahuítzotl—, Cuitláhac y Cuauhtémoc, se volvió la protegida —y esclava, parcialmente— de Cortés, quien determinó bautizarla como Isabel y, a la muerte de Cuauhtémoc y antes de ofrecerla en matrimonio a Alonso de Grado, le otorgó la encomienda que le daba los derechos de cobro de tributo de los habitantes de varios pueblos aledaños a lo que hoy es Tacuba, una de las primeras treinta encomiendas otorgadas en el territorio y apenas una de las cuatro concedidas a perpetuidad por derechos de nobleza a los herederos mexicas.

Los derechos sobre este enorme y rico territorio ocasionaron, al paso de los años, uno de los litigios más largos de nuestra historia, originariamente entre los seis descendientes de Isabel (un hijo con Pedro Gallego y cinco con Juan Cano, quinto y sexto de sus esposos), y más tarde contra las autoridades, exigiendo el pago de los fabulosos derechos heredados que les había reconocido la Corona española.

Isabel-Tecuichpo era un símbolo importante para Cortés, no solo por tratarse de la hija predilecta de Moctezuma II, sino por conservar una imagen influyente sobre la población. El mensaje que se enviaba con su cautiverio y su dependencia de los españoles era profundo. Cortés además tuvo con ella una hija llamada Isabel de Cortés Moctezuma a quien su madre se negó a reconocer y mantuvo fuera de la impresionante herencia.

En Isabel se ejemplifica, además, el complejo proceso de aculturación sufrida por los habitantes originales de Mesoamérica tras la derrota, la aceptación a la nueva realidad, a la religión impuesta, al tiempo que mantenían muchas de las costumbres y tradiciones originarias. Al paso de los años se volvió una persona reconocida por su religiosidad católica y el celo en el que buscó educar a sus hijos bajo esa religión.

Personaje fundamental de nuestra historia, Isabel fue la personalidad destacada en aquel año de 1526. De acuerdo con sus biógrafos, falleció alrededor de 1550.

1527

❧ ALONSO DE ESTRADA

P ersonaje poco conocido pero fundamental en los primeros años posteriores a la conquista, Alonso de Estrada tenía una responsabilidad difícil al intentar servir de contrapeso a la figura contundente y omnipotente de Cortés, a la vez que le daba un mínimo de solidez a alguna estructura legal en las nuevas tierras. Aunque decía ser hijo natural del mismo rey Fernando el Católico, presunción que más tarde se comprobó como falsa, De Estrada había llegado varios años antes, en 1524, con una asignación económica mucho mayor a la del mismo Cortés, creando así resentimientos de entrada hacia su figura.

Durante los siguientes tres años, De Estrada se vio envuelto en varios conflictos entre distintos personajes para obtener el poder, especialmente durante el viaje de Cortés a las Hibueras y al rumor que se corrió en la capital dándolo por muerto. Su actuación durante esos meses solidificó su posición al mantener la estabilidad y detener a Salazar y Chirinos, responsables de los rumores y quienes quisieron detentar el poder promoviendo el desconocimiento de los subordinados de Cortés.

Durante varios periodos posteriores, siendo tal vez el más importante el comprendido entre 1526 y 1528, de Estrada asumió cargos de tesorero, comandante y gobernador, apoyado por personajes como Rodrigo de Albornoz, Gonzalo de Sandoval, Luis de la Torre y otros que fueron ocupando el mando durante las salidas de Cortés de la capital. Algunos de esos funcionarios, como Luis Ponce de León y Marcos de Aguilar —sus predecesores— habían muerto en condiciones extrañas y los rumores de envenenamiento por órdenes de Cortés corrían entre la población, lo que da cuenta de la animadversión y el clima político en la ciudad. Sin embargo, de manera razonable, de Estrada pudo mantenerse en el poder y fortalecer la institucionalidad.

Durante el periodo en que fue confirmado como gobernador, De Estrada llegó a desterrar de la Ciudad de México al mismo Cortés, tras una discusión sobre conflictos entre subordinados. Inesperadamente, el conquistador aceptó el destierro.

Alonso de Estrada es reconocido como un hombre leal que buscó mantener la autoridad real y cumplir sus ordenanzas. Durante su gobierno se realizaron las primeras elecciones de alcaldes ordinarios y regidores; se restituyó el honor a una mujer —Juana de Mancilla— condenada por brujería equivocadamente, un suceso impensable en esos años; además se le reconoce el crear una ordenanza para evitar el maltrato y proteger a los indios, una de las primeras que se publicaron en los territorios conquistados. Su actuación buscó mantener independencia de los bandos en contienda política y terminó reconocido por eso. Además, al paso de los años, logró mantenerse como parte de las familias más reconocidas de Nueva España gracias a los matrimonios de sus hijas.

Al parecer, de Estrada falleció en 1530 o 1531.

1528

❧ MARTÍN DE VALENCIA

S e les conocía como los doce apóstoles de México y habían llegado a Nueva España a mediados de 1524, tras varios meses en España donde obtuvieron su *patente y obediencia*. A este grupo de franciscanos se debe el inicio —de manera metódica, estructurada y con normas internas— de la evangelización novohispana. Al frente del grupo venía Martín de Valencia, un religioso de cincuenta años, reconocido como filósofo y hombre de pocas palabras. El grupo se distinguió, desde sus inicios, por su humildad y sencillez, recorriendo a pie la distancia entre Veracruz y la antigua Tenochtitlan. A su llegada, ya los esperaba el único franciscano sobreviviente que había atravesado el océano un año antes: Pedro de Gante.

De Valencia —para muchos, el real fundador de la Iglesia católica en Nueva España— era un hombre sereno, contemplativo, pero con sobrada inteligencia para hacerse cargo de las primeras labores y del envío de sus compañeros a las primeras misiones, además de enfrentar a los españoles que abusaban de su poder con los conquistados. Esto le ocasionó, pese a la gran recepción que le dio Cortés a su llegada, algunas acusaciones que llegaron a Europa pero que no le impidieron desempeñar sus funciones.

Para los indígenas, esta llegada fue una verdadera sorpresa, al encontrarse con personajes revestidos de autoridad pero sumamente humildes, lo que contrastaba con la arrogancia que habían descubierto en los vencedores. En palabras de Bernal Díaz del Castillo: "llegaban descalzos y flacos, y los hábitos rotos, y no llevaron caballos sino a pie, y muy amarillos". De manera natural y casi inmediata los aceptaron y ese vínculo permitió un inicio más rápido de sus actividades. Su llegada, a decir de Toribio de Benavente, otro de los doce, fue reconocida por los antiguos pobladores como "el año que vino Nuestro Señor, el año que vino la fe". Al paso de los años, era una realidad que los indígenas pedían a "los de San Francisco, porque estos andan pobres y descalzos como nosotros, comen de lo que nosotros, asiéntanse entre nosotros, conversan entre nosotros mansamente".

El grupo de fray Martín se repartió inicialmente en cuatro lugares: México, Texcoco, Tlaxcala y Huejotzingo, y tras los primeros años de consolidación y superación de conflictos por los abusos contra los indios, inició, alrededor de 1528, una de las labores más importantes de los franciscanos, la creación de escuelas de alto nivel. Quizá por su edad, Martín fue de los menos hábiles para aprender alguna de las lenguas locales, pero su imagen venerable le ayudaba en la comunidad.

En 1534, ya retirado de sus funciones al frente del grupo franciscano, Martín de Valencia falleció cerca de Amecameca.

1529

❧ TORIBIO DE BENAVENTE

En el grupo de los doce apóstoles de México, comandado por Martín de Valencia, llegaba en 1524 otro franciscano fundamental en nuestra historia, quien tomó para sí como sobrenombre la palabra que tanto escuchaba de los indígenas al referirse a esos evangelizadores, humides y sencillos: Motolinía. El nombre en náhuatl tenía un significado parecido a "quien se aflige" o "quien es pobre".

Su nombre original era Toribio Paredes, natural del poblado de Benavente. Para muchos es el más destacado de aquella docena. Tras la llegada a México y la primera división de territorios para evangelizar, realizada por Valencia, fray Toribio quedó como guardián del monasterio en la capital. Tres años más tarde, ya estaba viajando, en un continuo peregrinar que lo haría famoso.

Durante dos años, Benavente trabajó en Guatemala y llegó hasta Nicaragua, siempre caminando. A su vuelta, mantuvo una férrea defensa de los indígenas contra los atropellos de muchos de los conquistadores. Sus continuas quejas y el andar incitando a las comunidades a protestar ante el obispo desde su nueva asignación en Huejotzingo —en especial contra Nuño de Guzmán, conocido por su crueldad—, ocasionaron que fray Toribio fuera acusado —tal vez el primero bajo este cargo—

de fomentar la independencia de México. A partir de ese entonces se volvió un personaje respetado y odiado al mismo tiempo, aunque siempre venerado por los indígenas.

En los próximos años el fraile habría de recorrer un sinnúmero de poblados: Cuernavaca, Tlaxcala, Puebla de los Ángeles (fue uno de sus fundadores), Tehuantepec, Yucatán, Guatemala nuevamente y mucho territorio centroamericano. Motolinía era muy afecto a aprender las lenguas locales y entender sus costumbres, lo que plasmó en su obra *Historia de los Indios de la Nueva España*, que fue publicada trescientos años más tarde. Era un hombre más pragmático que teórico, de ahí que los números que se mencionan acerca de su trabajo pastoral y los bautizos realizados sean espectaculares. Él mismo afirmó en una ocasión haber bautizado, junto con otro sacerdote, a 14 mil en una semana.

Fue un defensor de la conquista, teniendo varios enfrentamientos memorables con Bartolomé de las Casas, el dominico también famoso por su lucha social, pero aunque diferían en el dominio tenían posturas muy similares exigiendo un trato humano a los naturales. Para muchos, Motolinía fue el primer gran luchador por los derechos humanos en Nueva España, en un apostolado larguísimo que se extendió durante 45 años. En muchas ocasiones tuvo que ocultarse y usar un nombre distinto para evitar represalias, y tener comunicaciones secretas. Era un auténtico dolor de cabeza para la estructura colonial.

Varias de sus obras son verdaderos trabajos etnográficos, realizados por una persona curiosa que no se contentaba con sospechar respuestas.

Existe, en las fuentes más reconocidas, diferencias en la fecha de su muerte.

1530

✎ DIEGO DE PEDRAZA

La Nueva España había nacido con una herencia enorme en cuanto a patrimonio, pero con conflictos profundos en religión, derechos humanos y salud que se incrementaron con la convivencia de los grupos sociales que se congregaron principalmente en el Valle de México. En cuanto a salud, aparecían nuevas epidemias o enfermedades desconocidas para uno u otro continente, que diezmaron en especial —aunque no únicamente— a la población indígena. Junto con la curación de las almas, llegaron a la nueva tierra los curadores del cuerpo.

El que es considerado el primer cirujano en Nueva España llegó poco tiempo después de la conquista, aunque no se tienen referencias exactas de su arribo. Diego de Pedraza debió haber desembarcado alrededor de 1522, de acuerdo con las últimas investigaciones de los especialistas. Existen informes sobre su participación en la expedición de Cortés a Las Hibueras, en Honduras, y la adquisición de un solar para convertirse en vecino de la villa de Temixtitlán, la actual Ciudad de México, en 1524. En la calle de República de Cuba, en el Centro Histórico de la capital mexicana, aparece una placa que asienta el sitio donde vivía Diego de Pedraza, una casa que muestra el reconocimiento y nivel que tenía el cirujano, quien había sido asistente de Hernán Cortés en algunas de sus correrías.

Existe, también, constancia de pagos recibidos por él debido a servicios médicos y, en reconocimiento a su trabajo de esos años, al iniciar 1531 aparece en acta de Cabildo que: "...se le nombró por fiscal de los médicos y cirujanos y ensalmadores y de todas las otras personas que curan y untan de enfermedades, a maestre Diego de Pedraza para que tenga cargo de llamar a Cabildo para saber la facultad con que curan".

Para 1530 existían en la ciudad apenas dos hospitales, el Hospital de Jesús y el Hospital de San Lázaro, aunque era común la atención en los propios domicilios o con curanderos tradicionales, pues la nueva administración era incapaz de atender todos los males y desconocía muchos de ellos. Por lo tanto, trabajos como los de Diego de Pedraza fueron fundamentales para intentar regular los tratamientos dentro de ciertos códigos y con los medios traídos de Europa. El reconocimiento mencionado habla de la posición que había alcanzado para supervisar el ejercicio médico. Era casi la equivalencia a ser un secretario de salud.

Las evidencias muestran su importancia en la comunidad, ya que además de tenerse nota de haber realizado transacciones económicas importantes, recibió de Carlos V, en 1541, un escudo de armas, algo que al parecer ninguno de sus colegas obtuvo, para él y sus descendientes que eran muchos pues se habla de doce hijos.

Al parecer, Pedraza falleció en 1575 en la Ciudad de México.

1531

☙ JUAN DIEGO

Durante algunos siglos, su nombre fue apenas una referencia mínima en nuestra historia, aunque los sucesos acontecidos a su alrededor en 1531 modificaron la manera de pensar, de orar, de relacionarse con la nueva religión de los hispanoamericanos.

Para muchos, fueron acontecimientos difusos, una de muchas leyendas; para otros, claros como la voluntad de Dios, y no falta quien insite en que se trata de la repetición de un rito precortesiano al que eran afectos los habitantes del Altiplano, pero sea como fuere se trata de eventos que formaron, como pocos en estos cinco siglos, la personalidad de los mexicanos alrededor de un símbolo común que integrara a los recién llegados, a los habitantes originarios y a la herencia mestiza de esas culturas.

Por encima de diversas líneas de investigación que inclusive niegan la existencia del indígena, se habla de cuatro apariciones a Juan Diego y una quinta a su tío enfermo, Juan Bernardino, entre el 9 y el 12 de diciembre de ese año, diez años después de la conquista. Como resultado, un ayate que es un símbolo tan poderoso —a veces más— que nuestra misma bandera.

Controvertido, cuestionado inclusive por importantes personajes de su nueva religión, Juan Diego Cuauhtlatoatzin ya era un hombre mayor, de aproximadamente 57 años, cuando ocurrieron las apariciones. Entre los muchos huecos de información alrededor de su vida, no existe certeza histórica de su nacimiento en Cuautitlán o en Tulpetlac. Aquel indígena chichimeca y en apariencia un personaje sin relevancia, dio inicio al perfil mexicano de la religión católica. Juan Diego es actor fundamental del *Nican Mopohua*, la obra atribuida a Antonio Valeriano y que narra los acontecimientos de aquellos cuatro días de diciembre donde intervino también el primer obispo de la diócesis de México, Juan de Zumárraga, quien al paso de los años tendría una actividad fundamental para consolidar la nueva fe en la población, a veces con excesiva fuerza.

Sin embargo, aunque las tradiciones chocan a veces con el rigor histórico, se integran al sentir social con más fuerza que los acontecimientos comprobados, a tal grado que aún hoy se afirma —un poco en serio y un poco en broma— que en México el 80% de los habitantes son católicos pero el 105% son guadalupanos.

De aquellas apariciones, que resultaron fundamentales para México, Zumarraga no habla en sus textos, y es hasta el texto de Valeriano cuando se le relaciona con aquellas apariciones.

La tradición cuenta que, durante el resto de sus días, Juan Diego se convirtó en cuidador de la primera ermita construida en el Tepeyac, en un sitio donde existía un templo destruido durante la conquista, relacionado con la diosa Tonantzin, y cuyo mito se sobrepone al de Guadalupe. Sitio de peregrinación antigua, el cerro de la madre Tonantzin se hizo, también, el sitio de la madre Guadalupe y el nombre de ambas deidades —tal vez la misma— se usaban indistintamente. Hoy, aquella pequeña ermita ha crecido hasta convertirse en uno de los mayores centros de fe del planeta.

1532

❧ SEBASTIÁN RAMÍREZ DE FUENLEAL

Llegado a Nueva España un año antes, buscando controlar el caos reinante en las nuevas posesiones, Ramírez de Fuenleal fue el último gobernador previrreinal en el territorio, como responsable de la Segunda Audiencia de la Nueva España. Por indicaciones del rey Carlos I, se trasladó de Santo Domingo, sitio del que era obispo hasta 1530, con la nueva responsabilidad. Llegaba en un momento de gran tensión entre Hernán Cortés y Nuño de Guzmán, anterior presidente de la Real Audiencia, quienes se disputaban el poder por todos los medios. De hecho, tras su llegada, se iniciaron juicios de residencia contra ambos que conducirían, años más tarde, a la prisión de Nuño, y Cortés hubo de viajar a España buscando reclamar la gobernación.

Se considera que el antiguo obispo era un hombre serio, justo y experimentado que pudo consolidarse pese a los pésimos augurios en su contra. Apoyado en sus oidores, entre los que destacaba Vasco de Quiroga, buscó reducir los terribles sistemas tributarios y de encomiendas de los indígenas, además de trabajar en la mejora de caminos, la importación de ganado vacuno y de caballos, y la construcción de un acueducto, además de importantes medidas en urbanización y defensa de la ciudad. Es importante resaltar que, por indicaciones suyas, unos meses antes de su llegada, se fundó Puebla de los Ángeles, como un sitio intermedio entre la costa y la Ciudad de México que permitiera mayores asentamientos de los peninsulares.

A Ramírez de Fuenleal se debe, en mucho, la llegada de una institucionalidad más civilizada. De hecho, en palabras de Justo Sierra: "puso todo el poder de la autoridad en la promulgación del bienestar y en la redención de los indios e inauguró la casi nunca interrumpida era de paz en que se formó lentamente la nacionalidad mexicana".

A la vuelta de Cortés de España, Ramírez era ya un personaje sólido, al grado que el conquistador expresaba reconocimiento a su actuación, al igual que personalidades como Motolinía y Juan de Torquemada. También se reconoce su cercanía a Bartolomé de las Casas, con quien participó en la creación de lo que se conocería como las Leyes Nuevas.

Ramírez de Fuenleal fue, además y a decir de Miguel León-Portilla, uno de los primeros en interesarse en conocer las antiguas instituciones y el pasado indígena de Nueva España, al grado de que muchas investigaciones las llevó a cabo personalmente. Mucha de la información de la que disponemos hoy en día se debe a esos primeros trabajos de investigación y recolección de información sobre el mundo náhuatl.

Tras el nombramiento del primer virrey, Ramírez volvió a España en 1537 y falleció diez años más tarde. Es una de esas personalidades que requieren un mayor estudio y reconocimiento, por la consolidación que hizo del país al que fue uno de los primeros en reconocerle su realidad mestiza.

1533

❧ JULIÁN GARCÉS

Había un doble reto para la nueva colonia: gobernar a los conquistados y gobernar a los conquistadores, y parecía más fácil lo primero, porque la locura de nuevas riquezas desataba pasiones y ambiciones difíciles de controlar hasta para la estructura eclesial.

Como primer obispo en Nueva España se había elegido a un anciano sacerdote dominico llegado a América en 1525, a los 73 años: Julián Garcés, originalmente con la consigna de convertirse en obispo de Yucatán pero que finalmente se trasladó a la ciudad de Tlaxcala para asentarse, al cambiar las prioridades de los españoles para consolidar su poder e influencia sobre Tenochtitlan.

Desde su llegada, buscó la manera de dar un mejor trato a los indígenas creando para ellos escuelas y, pese a su avanzada edad, trabajó para construir conventos en Cholula, Huejotzingo y Tepeaca, además de un hospital para españoles en Perote.

En 1531 participó en la fundación de Puebla de los Ángeles, a donde trasladó el obispado años más tarde. Aún se mantiene la leyenda que dice que unos ángeles se le aparecieron para indicar el sitio de la fundación.

Gracias a su visión y buen trato, su influencia y mediación ayudaron a resolver varios conflictos surgidos entre Cortés y las autoridades enviadas desde España.

La famosa *Carta Latina* de Garcés, uno de los primeros documentos enviados a España solicitando apoyo en la protección y educación de los indígenas, es reconocida como uno de los documentos más importantes de la historia de la Iglesia en la defensa de la dignidad humana. En esa carta, un maravilloso acercamiento a las capacidades de los pueblos conquistados, aparece también una importante frase suya: "El oro que hay que extraer de las Indias es la conversión de los indios". Gracias a su permanente preocupación fue nombrado por el rey de España como "Protector de Indios".

Con el paso de los años era evidente que se requería reducir el área de influencia de su obispado, primero a la llegada de Zumárraga para hacerse cargo de la capital y años más tarde separando Chiapas. Eso ayudó a Garcés a atender de manera cercana la diócesis. Gracias a su impulso no solo se consolidó la primera población para españoles en Puebla, sino la construcción de caminos y conventos.

Garcés murió en su diócesis a los noventa años.

1534

❧ JUAN DE ZUMÁRRAGA

Como sucede con la mayoría de los evangelizadores, establecer un juicio desde la mirada moderna los pone en serios predicamentos, pues bajo su responsabilidad desapareció mucha historia, patrimonio que ahora consideramos invaluable, por sus esfuerzos de cambiar la fe de los indígenas a preceptos católicos. Zumárraga, uno de los primeros en llegar y el primer obispo de la Ciudad de México, no fue la excepción. Pero habría que poner las cosas en contexto, recordar la cultura medieval y la manera de ver el mundo al arranque del siglo XVI, para hacer una evaluación más objetiva y, sobre todo, descubrir sus aportaciones.

Llegado a los sesenta años a Nueva España, aún sin ser consagrado obispo y junto a los miembros de lo que sería la Primera Audiencia que buscaba acotar el poder de Cortés, el franciscano llegaba un poco renuente a la encomienda de Carlos I y con el nombramiento de "Protector de Indios". Tras los primeros años de caos y conflictos en la búsqueda de crear esbozos firmes de gobierno, pacificar los territorios conquistados e iniciar la evangelización, el fraile se confrontó con la Audiencia y —en parte gracias a sus quejas— se constituyó una Segunda Audiencia de mejores resultados, aunque Zumárraga hubo de regresar a España para aclarar acusaciones y conflictos. Logró recuperar la confianza real, ser finalmente consagrado y regresar a América en 1534, ratificado aunque ya sin el nombramiento de "Protector", pero ahora además como inquisidor y con una fuerza mayor que le ayudaría, en los siguientes años, a consolidar la estructura jerárquica. Con la llegada del primer virrey, su postura mejoró notablemente.

Zumárraga tenía funciones encontradas que igualmente lo enemistaban con los indígenas —en especial tras el proceso contra Carlos Ometotchzin, tlatoani de Texcoco y nieto de Nezahualcóyotl, condenado a la hoguera—, que lo acercaban a ellos, ya que fue crítico del trato violento y el manejo de esclavos en los territorios, algo que logró detener al menos en teoría al lograr una cédula —muy parcialmente respetada— para evitar esclavitud de los indígenas.

En los siguientes años Zumárraga tendría momentos luminosos como apoyar la instalación de la primera imprenta, la creación de diversos colegios, la introducción de nuevos cultivos y los bautizos comunitarios, aunque también enfrentaría demandas por su excesivo celo religioso que lo enfrentaba a las culturas locales. Se le acusó de destrucción de códices aunque al paso de los años estas acusaciones se han diluido parcialmente. Fue nombrado arzobispo de México aunque la bula nunca le llegó pues falleció antes de recibirla, en 1548.

Un detalle que no es menor: según la tradición católica, durante su gobierno religioso se realizan las apariciones guadalupanas en 1531, es a él a quien lleva Juan Diego la imagen en su tilma.

1535

❧ ANTONIO DE MENDOZA

Quizá el primer gran avance hacia la institucionalización de la colonia se dio a partir de ese año, tras la llegada de un personaje fundamental para la Nueva España: Antonio de Mendoza y Pacheco, afortunada combinación de político y militar, lo que le permitía balancear a las fuerzas inmersas en continua pugna por tener el control de las nuevas posesiones además de mantener lealtad hacia la Corona española, deficiencia de muchos de los llegados. La selección del primer virrey fue, y lo probó la historia, de lo más acertado. De Mendoza era un hombre sensible, prudente, pero al que no le temblaba el pulso para ejercer su autoridad.

El enviado real llegó a América en 1535, a los 45 años de edad, y durante los 16 años siguientes le dio una fisionomía clara a esta enorme posesión, con aportaciones fundamentales, como la creación de la Real Universidad de México, la expansión de la agricultura, la instalación de la primera imprenta, la creación de una estructura administrativa que logró acotar a los encomenderos, crear un censo y reglamentar impuestos y aplicación de penas.

Procedente de una familia noble e ilustrada, Antonio había realizado anteriormente labores diplomáticas en Flandes, Inglaterra, Hungría, Italia y Alemania, o sea que no era un improvisado, por lo que aún antes de su llegada se le reconocía y fue recibido con muestras de respeto. Su nombramiento dio un golpe importante a catorce años de inestabilidad social a partir de la conquista final de Tenochtitlan.

Por supuesto que, entre sus primeras responsabilidades, estaban el controlar los enfrentamientos entre Hernán Cortés y Nuño Beltrán de Guzmán, reconocido por su violencia y tiranía. Los dos militares amenazaban con fragmentar la endeble unidad y crear una auténtica guerra que pondría en entredicho a la Corona española. Pese a sus primeros encuentros desafortunados con Cortés, finalmente logró subordinarlo y someter a Nuño a juicio de residencia, con lo que solidificó la figura virreinal. A partir de ahí, los tres lustros de su gobierno fueron muy destacados, con algunas sublevaciones y revueltas que supo apagar, en especial la Guerra del Mixtón, en el occidente del país, que lo obligó a trasladarse a la zona y participar directamente.

Durante los años de su gobierno, el desarrollo de caminos y ciudades en los nuevos territorios fue muy intenso. Floreció la agricultura, se fundó la Casa de Moneda, se descubrieron las minas de Zacatecas, promovió varias expediciones para ampliar las posesiones, fundó ciudades como Valladolid, hoy Morelia, y se creó el Colegio Imperial de Santa Cruz de Tlatelolco, donde se educaba a los indígenas nobles.

En 1549 fue nombrado virrey en el Perú, a donde se trasladó en 1551. Fallecería diez meses después.

1536

❧ MARTÍN OCELOTL

La convivencia religiosa era tan difícil como la civil, especialmente durante los primeros años de la relación en el virreinato. Por debajo de la religión de los victoriosos, los ritos clandestinos eran un secreto a voces. En especial, los misioneros franciscanos estaban enterados que, pese a las prohibiciones, las distintas prácticas religiosas prehispánicas continuaban.

Desde muchos años antes, en los alrededores del lago, un lenguaje oscuro y secreto se usaba entre los nahualli —curanderos, brujos y adivinos locales—: el *nahuallatolli*, que les permitía manipular mágicamente las cosas, desde los objetos inanimados, hasta los dioses. Los mexicas habían intentado acotar estas prácticas aunque Moctezuma II era seguidor de sus visiones y presagios, por lo que esta práctica sobrevivió hasta la época virreinal. Entre esos nahualli, uno de los más famosos era Martín Ocelotl, un personaje extraño que llegó a traducir idioma y costumbres de ambas culturas, en beneficio propio.

Aunque se había refugiado en Texcoco tras la conquista, Ocelotl, nacido alrededor de 1496, no era originario de la zona. Tampoco era un noble. Se sabe que su padre era un comerciante y su madre una bruja.

Astuto, taimado para entender sus posibilidades de supervivencia, Ocelotl había sido perseguido y encarcelado por el propio Moctezuma cuando predijo —junto con otros sacerdotes— la inminente llegada de los hombres barbados. Se desconoce cómo logró liberarse y partir hacia Texcoco, donde también se opuso a frailes y conquistadores, pese a haber sido bautizado, pero siempre manejando un doble lenguaje de sumisión y rebelión.

Sobre este joven, cuyo nombre significaba "jaguar", originario de Chinantla, en lo que hoy es el estado de Puebla, corren aún muchas leyendas. Martín sabía leer el cielo y ver el futuro, además de que se le atribuían poderes mágicos, por lo que tenía un grupo de seguidores que lo hacían famoso. Para algunos era una especie de salvador indígena, un mesías mitad impostor y mitad charlatán, que inquietó a los frailes quienes finalmente, en 1536, lo denunciaron por brujería ante la Inquisición.

Tras ser juzgado ante Zumárraga, fue humillado públicamente y castigado físicamente, pero la suerte final de Ocelotl sigue siendo un misterio. Algunas leyendas dicen que, tras confiscar sus bienes, no se atrevieron a matarlo y decidieron enviarlo cautivo a España, pero el barco nunca llegó a su destino y Martín subió al cielo con ayuda de los dioses del agua y del viento. Otros dicen que siguió los pasos de su padre y se refugió en el comercio. Este es uno de los muchos huecos que no se resolverán nunca, pero Ocelotl no fue el único y queda como un ejemplo claro de los personajes complejos que esos años intranquilizaban a los habitantes de la colonia, cuestionando la nueva práctica religiosa y manteniendo un lenguaje clandestino que aún tiene reminiscencias en la actualidad.

1537

➤ ÁLVAR NÚÑEZ CABEZA DE VACA

La suya es una de esas epopeyas que han dado origen a leyendas y películas de grandes aventuras. Álvar Núñez Cabeza de Vaca fue un personaje real, que parece de ficción. Viajero eterno, aventurero, caminante, un auténtico trotamundos que recorrió rutas nunca andadas en esa Nueva España que apenas tomaba forma, hasta convertirse en el prototipo del explorador.

En 1537, tras nueve años de mecerse a la deriva del planeta, Álvar regresaba finalmente a España. Había alcanzado la Florida en 1528, como parte de la expedición de Pánfilo de Narváez que buscó explorar y colonizar esas tierras con una expedición de 600 hombres y cinco barcos, afectada desde su inicio por múltiples problemas y desgracias y que, al paso del tiempo, quedaría reducida a solamente cuatro sobrevivientes.

Originario de Jerez de la Frontera, en Andalucía, Núñez llegó a América como tesorero de una expedición maldita, que enfrentó la adversidad desde su llegada a La Habana a mediados de 1527. Ya mermada, la expedición llegó a la Bahía de Tampa unos meses más tarde y desde ahí fue recorriendo, lenta y dolorosamente, la costa norteamericana del Golfo de México. En algún lugar cerca del Delta del Mississippi, Narváez falleció —junto con muchos otros expedicionarios— dejando a la deriva a un grupo mínimo comandado por Núñez. A partir de ahí, este aventurero haría de todo por sobrevivir mientras recorría, extraviado o cautivo, alrededor de 6 mil kilómetros, por territorios que, aún hoy, parecen inabarcables.

Durante los siguientes años, con sus tres compañeros, Alonso del Castillo Maldonado, Andrés Dorantes de Carranza y un esclavo africano de nombre Estebanico, se adentró en el continente por el río Bravo y sería curandero, chamán, comerciante y sirviente, relacionándose con un sinnúmero de pueblos que, años más tarde, retrató en un libro que se convirtió en un clásico: *Naufragio y comentarios*, aparecido en 1542, una de las primeras relaciones históricas de la nueva realidad americana. Sus observaciones describían costumbres desconocidas, hablaban de pueblos inexistentes y abrieron, también, espacio para leyendas como la existencia de la ciudad El Dorado, ubicada en un territorio lleno de oro que fue, durante años, objetivo de otros exploradores.

Ayudados por fuerzas españolas que encontraron en las cercanías de Culiacán, Núñez y sus compañeros finalmente pudieron llegar a la Ciudad de México para, de ahí, ser embarcados a España.

Eterno viajero, más tarde sería gobernador interino de Río de la Plata y el primer europeo en alcanzar las cascadas de Iguazú. En 1544 volvió a España donde falleció aunque no son claros la fecha y el lugar de su muerte.

Sin duda, Álvar es uno de los personajes fundamentales de la época y un cronista que descubrió para los conquistadores una parte de las culturas que se asentaron en el norte de nuestro país y el sur de Estados Unidos. Su relación es, además, un valioso documento etnográfico y un homenaje al valor y la tenacidad humana.

1538

VASCO DE QUIROGA

Había llegado a Nueva España como miembro de la Segunda Audiencia en 1531. Hay enormes discrepancias entre sus biógrafos sobre su fecha de nacimiento, pero se estima que para entonces era un viejo sexagenario que, desde su llegada, mostró una energía que le permitió transformar las comunidades con las que tuvo contacto, especialmente aquellas asentadas en los alrededores del lago de Pátzcuaro, pero su influencia se extendió a todo el estado de Michoacán. Vasco de Quiroga fue, sin duda, uno de los personajes más luminosos del virreinato.

A su llegada fundó el Hospital de Santa Fe, cercano a la Ciudad de México, un muy interesante proyecto social que sirvió de base para estructuras similares al paso de los años y que incluía atención en salud, cultura, religión y seguridad para los habitantes. Entre 1533 y 1537 fue nombrado visitador de Michoacán y, en 1538, tomó posesión jurídica de la diócesis, creada en 1536, en la antigua iglesia que los misioneros franciscanos habían construido en la ciudad de Tzintzuntzan. Tenía para entonces apenas 68 años.

Vasco se convirtió en casi todo, con unas ideas innovadoras para la época, heredadas de sus lecturas de *Utopía* de Tomás Moro. Sus escritos doctrinales tuvieron gran influencia en la zona.

Personalmente fue educando a las comunidades en la práctica de labor rotativa en el campo, para que los indígenas pudieran ser autosuficientes y tuvieran tiempo libre para recibir instrucción y práctica espiritual. El cronista franciscano fray Alonso de Larrea asentó: "Ante nosotros se presenta don Vasco con media vida en la penumbra, y el resto de su tránsito terrenal bajo la luz creadora del sol de los trópicos".

Su ocupación primordial era más que solo religiosa: fue guía pero también jurista, ideólogo, empresario, promotor, educador. Fundó pueblos, abrió caminos, enseñó a las comunidades a ser artesanas. Durante su vida organizó tres ciudades-hospitales con división de trabajo pero repartición igualitaria de cosechas y con regidores electos por la comunidad sin posibilidad de reelección. Fijó días de mercado específicos para cada pueblo. Fundó diversas escuelas tanto para varones como para mujeres, entre ellas el Colegio de San Nicolás Obispo —donde años más tarde se formarían Hidalgo y Morelos—.

Viajero permanente, él mismo se encargó de que cada población se dedicara a la manufactura de un determinado producto o artesanía, un legado que hasta la fecha continúa y ha consolidado a Michoacán como un enjambre de artes manuales de gran calidad y belleza. Su liderazgo era firme pero consistente. Su lucha por la protección de los naturales provocó que los pobladores purépechas lo consideraban un verdadero padre, de ahí el sobrenombre de Tata Vasco.

Murió trabajando, a los 95 años. Se convirtió en un santo local. Sus huellas en territorio michoacano, cinco siglos más tarde, aún son evidentes y continuas. Los más viejos siguen refiriéndose a él como una persona cercana y presente.

1539

❧ CARLOS CHICHIMECATECUHTLI OMETOCHTZIN

Adaptarse a la nueva realidad no fue un asunto sencillo. La vida para los vencidos ha sido motivo de importantes investigaciones, ya que no se trataba solamente de una derrota, sino de un cambio completo de paradigmas.

Bautizado así por los franciscanos en honor al rey Carlos y reconocido por los frailes como uno de sus alumnos destacados, Chichimecatecuhtli Ometochtzin era uno de los más de 140 hijos de Nezahualpilli, un soberano que amaba la paz, y nieto de Nezahualcóyotl. Tras la conquista se sometió, pero nunca estuvo de acuerdo con la dominación española y, pese a que fue prácticamente impuesto por Cortés, no se convirtió, como muchos, en un colaborador sumiso. Fue un alumno aventajado y, aunque aprendió muy bien la doctrina cristiana, Chichimecatecuhtli, tlatoani de Texcoco y heredero del gobierno del más extenso de los reinos derrotados, se mantuvo como uno de los indígenas con mayor influencia y reconocimiento en la Nueva España. Había heredado la casa de su abuelo Nezahualcóyotl, un sitio donde resguardaba una importante cantidad de códices y esculturas que describían la filosofía de la cultura Anáhuac. Aquellos tesoros eran fundamentales para explicar la vida, el pasado, y las fuerzas de la naturaleza, ya que al no disponer de un sistema alfabético similar al del mundo europeo, los indígenas se valían de los "tlacuiloh", pintores-escribanos que interpretaban su realidad a través de dibujos, símbolos y esculturas. Fue eso, la memoria de su pueblo, la que lo ligaba a la idea de no doblegarse. Ometochtzin discrepaba de los preceptos religiosos de los recién llegados quienes hablaban, entre otras enseñanzas, de una religión surgida tras haber matado al hijo de Dios, cuando Huitzilopochtli era la energía del sol y, por lo tanto, era indestructible.

Fue uno de los últimos nobles en ser educados en los calmecac, así que mantuvo sus convicciones pero el cacique de Texcoco no era discreto en sus mensajes y uno de los nobles de su propio pueblo lo acusó con las autoridades eclesiásticas.

Este noble acolhua fue descubierto y conducido a la Plaza Mayor de la Ciudad de México en noviembre de 1539, acusado inicialmente de herejía por seguir con los ritos paganos. Ahí, ante el virrey y el obispo Zumárraga, quien entonces era el inquisidor apostólico, la acusación aumentó al ser señalado como instigador de una rebelión indígena que pretendía destruir a los españoles y recuperar los señoríos. El caso, sin pruebas, fue reconocido por los mismos españoles como desaseado y envuelto en precipitaciones, por lo que Zumárraga fue más tarde amonestado. Durante el juicio, la defensa y actitud de Chichimecatecuhtli fueron de gran dignidad, acorde a lo que estimaba como la grandeza de su pueblo y de sus divinidades.

Sin embargo, el tlatoani fue finalmente inculpado de herejía y condenado a morir en la hoguera en presencia de las autoridades y del pueblo. Entre otras cosas, su defensa es una extraordinaria proclama de la libertad de creencia religiosa.

1540

❧ FRANCISCO VÁZQUEZ DE CORONADO

Aincios de 1540, partiendo de Compostela, capital en esos días del reino de Nueva Galicia, el gobernador Francisco Vázquez de Coronado condujo una expedición hacia el norte, siguiendo la leyenda narrada por Cabeza de Vaca en su obra *Naufragios*, que hablaba de la existencia de Cíbola y Quivira, riquísimas ciudades míticas aparecidas en los textos de caballería medieval.

Al regreso de Cabeza de Vaca de su odisea por el norte de los territorios ocupados, los reportes llegados al virrey De Mendoza —amigo y protector de Vázquez de Coronado— impulsaron la codicia de muchos, así que las autoridades decidieron apoyar un proyecto para ir en busca de esos reinos, por lo que se integró un grupo de expedicionarios que incluía a españoles, indígenas y, al parecer, por lo menos a una mujer.

Nacido en 1520 en Salamanca, España, y llegado a Nueva España con el equipo del primer virrey, Vázquez se había distinguido por su habilidad para pacificar a los indígenas de Nueva Galicia. Poseía además una riqueza importante que aportó a la aventura, y se le estimaba como uno de los conquistadores más capacitados para esa empresa. La expectativa era mayúscula pues se había desarrollado una expedición previa con Marcos de Niza, en 1539, quien ratificó el decir de los indígenas de esas zonas sobre ciudades míticas más allá de la tierra conocida por los conquistadores.

Cerca de 350 personas iniciaron la marcha. Entre las provisiones del contingente se transportaba ganado, por lo que se requería hacer los traslados por tierra, aunque se había enviado una expedición paralela de apoyo, al mando de Fernando de Alarcón, que recorrería por mar el Golfo de California. Sin embargo, ambos contingentes nunca lograron encontrarse y Alarcón desapareció en el trayecto.

La ruta de Coronado, que recorrería durante dos años cerca de 3 mil kilómetros antes de emprender el regreso sin dar con el objetivo, es otra de esas grandes epopeyas que muestran la fuerza del espíritu humano. Cruzando territorios apaches, navajos y cheyenes, Vázquez de Coronado resistió diversos embates de las tribus locales hasta llegar a lo que hoy es el estado norteamericano de Kansas. Además, uno de los grupos de avanzada de dicho contingente, al mando de García López de Cárdenas, descubrió el Cañón del Colorado.

Para 1542, con la expedición agotada y diezmada, Vázquez de Coronado tuvo que emprender el regreso siguiendo la misma ruta, sin encontrar las ciudades de oro que se habían apoderado de la imaginación popular. Volvía con él apenas la tercera parte del contingente que se aventuró aquellos dos años.

Si bien, desde el punto de vista económico, la expedición fue un fracaso, permitió abrir nuevas rutas hacia el norte de los territorios. Vázquez de Coronado se mantuvo dos años más en el gobierno de Nueva Galicia, para más tarde retirarse a la Ciudad de México, donde falleció.

1541

❧ FRANCISCO TENAMAZTLE

En 1541 se inició la que sería conocida como la mayor insurrección de los primeros años del virreinato. Aprovechando la ausencia de Vázquez de Coronado en su fallida expedición, indígenas del norte de Nueva Galicia se sublevaron tras una serie de sucesos donde ambos bandos habían sufrido pérdidas importantes que, en un inicio, se consideraban aisladas.

Entre los diversos grupos indígenas destacaba un guerrero previamente bautizado, llamado Francisco Tenamaztle, de la tribu de los caxcanes, quienes ocupaban algunas zonas de lo que hoy es Zacatecas. Algunos investigadores aseguran que era tlatoani de Nochistlán. Era, para los españoles, la cabeza evidente del movimiento, aunque la revuelta no se limitaba a su pueblo y existen registros de varios líderes más.

Con un objetivo común, varios miles de indígenas caxcanes, coras, huicholes, guamares, guachichiles, zacatecos, —genéricamente conocidos como chichimecas— se reunieron alrededor del Peñón del Mixtón —de ahí el nombre de esa guerra— y derrotaron a los españoles en varias batallas. Entre las víctimas importantes de aquellos enfrentamientos figura Pedro de Alvarado, personaje reconocido y contradictorio de la conquista —el de la famosa Matanza del Templo Mayor—, quien subestimó a los sublevados y falleció atropellado por un caballo.

Fortalecidos, los chichimecas inclusive se trasladaron a sitiar Guadalajara en septiembre de ese año, lo que provocó el desplazamiento de un enorme contingente proveniente de la Ciudad de México, estimado en 50 mil guerreros incluyendo muchos de las tribus aliadas. A la cabeza venía el mismo virrey. Finalmente, los sublevados pudieron ser derrotados.

Como otro de los resultados de dicha guerra, los habitantes de la pequeña población de Guadalajara —que entonces no era la capital del reino— solicitaron la reubiciación del asentamiento, el tercero que ocupaba, para lo que eligieron el sitio que ocupa actualmente, en el valle de Atemajac, donde se sentían menos vulnerables. Fue así como la ubicación final se logró en esta cuarta localización.

En aquella última batalla, Tenamaztle fue apresado, pero en una brillante estrategia logró escapar y durante los siguientes diez años mantuvo una lucha de guerrillas continua, hasta que fue convencido por el obispo de Guadalajara de deponer las armas.

Al ser trasladado a España como prisionero, Tenamaztle emprendió una defensa vigorosa de su actuación en la que participó también Bartolomé de las Casas. Sus escritos lo han hecho destacar como un luchador y precursor de los derechos humanos y en los últimos años se ha convertido en una figura reconocida en este campo.

No se tienen noticias sobre su muerte ni sobre el final de su trascendental juicio (los últimos documentos están fechados en 1556), por lo que se supone que falleció durante el proceso. En Nochistlán se le considera un héroe local y existe una estatua erigida en su honor.

1542

❧ CRISTÓBAL DE OÑATE

Había logrado controlar la Guerra del Mixtón, con lo que se consolidaba como un personaje fundamental del reino de Nueva Galicia, donde estaba a cargo del gobierno por el viaje de Vázquez de Coronado.

Llegado a los veinte años a Nueva España, de Oñate adquirió relevancia inmediata por su matrimonio con una de las mujeres más cotizadas del virreinato —hija del tesorero real y heredera de una gran fortuna—, aunque su prestigio fue afectado negativamente al incorporarse a la expedición de Nuño de Guzmán, uno de los personajes más sanguinarios de nuestra historia. Sin embargo, no se registra un comportamiento parecido en el capitán vasco, quien se distinguió durante la conquista, en cambio, por crear varios asentamientos que más tarde se convirtieron en algunas de las ciudades más importantes del occidente mexicano, como Guadalajara, Zacatecas, Tepic y Compostela.

Al crearse el reino de Nueva Galicia, Cristóbal fue nombrado vicegobernador y hubo de hacerse cargo cuando Nuño de Guzmán fue apresado y enviado a México.

Pero fue en 1542 cuando su aportación transformó el país en desarrollo. Tras las malas experiencias de seguridad de la Guadalajara anterior, el 14 de febrero de ese año, de Oñate y un reducido grupo de familias, contando con el aval del virrey, trasladaron el asentamiento al lugar actual, fundando nuevamente la ciudad de Guadalajara. De Oñate había estado en el contingente que la había fundado originalmente un decenio antes y también participó en los posteriores reasentamientos. Esta fecha resulta, al paso de los años, fundamental para contar nuestra historia, ya que se trata de una de las ciudades más importantes fundadas totalmente por españoles donde no existía previamente un asentamiento indígena importante.

Era un hombre de inteligencia notable, lo que le permitió destacar, al paso de los años, como gobernante, minero, comerciante, ganadero y explorador. Además de lo anterior, al consolidar una de las mayores riquezas de la Nueva España tras los descubrimientos de las minas de plata en territorio zacatecano, se convirtió en un gran benefactor del reino al que gobernó en tres ocasiones. Las historias alrededor de su bonhomía y su espíritu humano abundan, entre ellas se menciona la disposición de la familia para recibir a comer a quien pasara por casa, sin importar su condición social.

Gracias al desarrollo de la minería que él impulsó en buena medida, se creó el famoso Camino Real de Tierra Adentro, hoy Patrimonio de la Humanidad, y su hijo, Juan de Oñate, fue el encargado de extenderlo hasta Nuevo México.

De Oñate murió en 1567, en su hacienda en el Mineral de Pánuco, en territorio zacatecano y, durante todo el virreinato, su familia fue reconocida por su enorme influencia y poder económico.

1543

❧ JUAN RODRÍGUEZ CABRILLO

Era la época de las expediciones que buscaban riqueza, extender los territorios y conocer lo que había más allá, en aquella tierra que, ya para entonces, se había confirmado que no se trataba de Las Indias.

A finales de 1542, el explorador Juan Rodríguez Cabrillo, al mando de un reducido contingente, tocó tierra en la que más tarde sería llamada Alta California, bautizando el primer asentamiento en aquella zona como San Miguel. Al paso de los años, ese punto se convirtió en la ciudad de San Diego y Rodríguez fue reconocido como el descubridor de aquel estado en el país vecino. Varios monumentos en Estados Unidos recuerdan a este personaje aunque existe una discrepancia sobre su origen, ya que mientras la historia indica que era portugués, los últimos descubrimientos aseguran que nació en España.

Sea como sea, y pese a que el Festival Anual Cabrillo que se celebra en San Diego es patrocinado por el gobierno portugués, el hecho es que llegó a ese enclave al mando de lo que quedaba de la flota de Pedro de Alvarado, fallecido meses antes al buscar someter la rebelión de los chichimecas. El virrey Antonio de Mendoza decidió que, pese a todo, la expedición continuara y nombró a Rodríguez Cabrillo como sustituto, aunque el contingente original de doce navíos había quedado reducido a tres.

Previo a esto, Juan había participado en la toma de Tenochtitlan y la conquista de Guatemala, El Salvador y Honduras, además de haber recorrido varios puntos de la Nueva España, destacando como marinero y también como empresario, importador y exportador.

Durante el viaje mencionado, también fundó la ciudad de Ensenada con el nombre original de San Mateo. A él se deben los nombres que aún conserva el grupo de islotes frente a Los Ángeles, en uno de los cuales, la isla de San Miguel, murió al iniciar 1543, a causa de una infección en un brazo lastimado en uno de los enfrentamientos con los indígenas locales. Un subordinado suyo, Bartolomé Ferrelo —o Ferrer—, continuó el trayecto y guió el regreso a Barra de Navidad, en abril de ese año.

Ahora se sabe, casi con certeza, que Juan Rodríguez Cabrillo nació en Palma del Río, Córdoba, antes de iniciar 1500, aunque no se ubica el sitio donde fue enterrado, al parecer, en la isla de Santa Catalina.

Como en las biografías de la mayoría de los conquistadores, su historia muestra algunos nubarrones sobre el trato a los trabajadores de su encomienda, un sistema de trabajo muy conocido en esa época, pero que permitía abusos de parte de los dueños de vidas y terrenos de la zona asignada a ellos. Sin embargo, el recorrido aportó gran información para las expediciones que fueron extendiendo hacia el norte los territorios ocupados por el imperio español.

1544

❧ ALONSO DE LA VERA CRUZ

Y, de pronto, entre conquistadores y conquistados, entre exploradores y misioneros, aparecen las ciencias y las artes, al principio de manera limitada, pero mostrando la capacidad creativa de una nueva sociedad.

Un brillante religioso agustino hace su brillante aparición; por mucho, el filósofo más destacado del siglo XVI en América. Se le conocía como Alonso de la Vera Cruz (o Veracruz), pero tanto su padre como su madre llevaban el mismo apellido, Gutiérrez. Formado en Salamanca y Alcalá, con lo mejor del Renacimiento humanista español, logró transmitir en Nueva España la fuerza de aquel gran movimiento cultural.

Llegado en 1536, Alonso nunca justificó la legitimidad de la conquista y del imperio español, lo cual le generó graves conflictos. Consideraba que no se podía obligar por la fuerza a los conquistados a convertirse a la fe cristiana, sino que se debía respetar su determinación. Al afirmarlo, descalificaba la guerra como justificación del dominio español en aras de la evangelización. Sus textos eran profundamente innovadores y contrarios a la tradicional retórica de los vencedores.

Sin embargo, su enorme influencia y la gran valoración que se tenía de su inteligencia le permitieron decir y escribir cosas que serían impensables para otros.

A partir de 1540, cuando fundó el primer colegio de estudios mayores en América y la primera biblioteca de filosofía en América, su labor creativa detonó en beneficio de las comunidades. En los siguientes cinco años fundó instituciones educativas y monasterios en Tacámbaro, Atotonilco, Cuitzeo, Yuriria, Guyangareo, Cupándaro, Charo y Jacona. Al Colegio de Tiripetío asistieron religiosos y laicos a prepararse en las ciencias más avanzadas de aquel tiempo. Para tener una mayor cercanía con la población, fray Alonso aprendió tarasco, y en esa lengua educaba a las comunidades y predicaba la doctrina.

Todo lo que tocó durante su vida es digno de resaltar. Fue uno de los más distinguidos fundadores de la Real Universidad de México en 1553, donde destaca por su extraordinaria labor magisterial y su compromiso con la justicia y la libertad, además de velar por la atención a los pueblos originarios. La facultad de Filosofía y Letras de la UNAM lo reconoce como uno de sus integrantes más distinguidos.

Son muchas las obras que escribió durante su vida, lamentablemente muchas se perdieron en el tiempo, sin embargo, quedan varias que muestran su gran capacidad, independencia y pragmatismo que le permitió ser considerado como uno de los grandes personajes sociales de su tiempo.

Murió en 1584 en la Ciudad de México, tras haber pasado un tiempo en España, donde había recibido diversas propuestas del rey, sin embargo, su proyecto vital estaba ligado definitivamente al país que ayudó a formar con sus principios y su vocación magisterial.

1545

❧ FRANCISCO TELLO DE SANDOVAL

Gobernar a un pueblo en formación no era tarea fácil. Por un lado seguían surgiendo revueltas en varios lugares (como la de Nachi Cocom en Yucatán) y por otro los abusos y luchas de poder empezaban a surgir en el virreinato.

Entre 1544 y 1547, un personaje colaboró fundamentalmente en esta estructuración: Francisco Tello de Sandoval, quien ejerció como visitador de la Real Audiencia en la Nueva España el encargo de poner en vigor las Leyes Nuevas en los territorios.

Originario de Sevilla, contaba con una gran reputación ante el rey, al grado que fue enviado a una compleja labor casi sin tener experiencia y con una doble función de visitador e inquisidor para el virreinato. Hombre constante y tenaz que mostraba una gran reverencia a la Corona, Tello cumplió con su función en un momento complejo donde los dos hombres más fuertes en los territorios —Cortés y De Mendoza— se encontraban enfrentados.

Desde su llegada comprobó que los encomenderos consideraban que el gobierno real tenía demasiado en cuenta los derechos de los indios y prestaba excesiva atención a la campaña orquestada por fray Bartolomé de Las Casas y otros sobre el maltrato a los nativos. Entre 1542 y 1543, Carlos V había emitido las Leyes

Nuevas, que prohibían la esclavitud de nativos por parte de los españoles y restringían la duración de las encomiendas existentes hasta la muerte de sus propietarios. Tello de Sandoval era justo el responsable de implementar estas medidas, pese a las protestas de parte de muchas autoridades locales, tanto civiles como eclesiásticas, que insistían en que se arriesgaba a provocar una rebelión de los colonos si hacía cumplirlas.

Fueron varios años de tensión, de sensatez y también de fuerza, al final de los cuales el visitador se vio en la necesidad de recurrir al emperador y ajustar las leyes más polémicas. Entre ellas, se restableció el principio por el cual las encomiendas eran hereditarias e incluso traspasables a esposas e hijos.

En general, las investigaciones de Tello produjeron una gran cantidad de información para el gobierno de España sobre la situación de Nueva España.

Aunque criticado, con determinación logró establecer estructura y avances para la Corona, además de evitar que Nueva España siguiera los pasos de Perú en su rebelión contra la autoridad de la península. Entre los cambios fundamentales, se prohibió la esclavitud futura de indios y se obligó a liberar a todas las mujeres y niños menores de catorce años.

Para 1547, Tello de Sandoval regresó a España desmejorado de salud y debió enfrentar durante varios años las confrontaciones contra la familia del virrey, a quien había acusado fuertemente un año antes, sobre su actuar. De Mendoza logró evitar varias de las acusaciones del antiguo visitador y más tarde fue trasladado como virrey a Perú.

En España, Tello de Sandoval continuó participando en funciones religiosas y civiles. Falleció en España, en 1582.

1546

❧ FRANCISCO DE MONTEJO "EL ADELANTADO"

Desde el siglo XI, en España se llamaba adelantado a un alto dignatario que llevaba a cabo o adelante una empresa o un mandato de servicio, bajo designio real. Durante la conquista se volvió frecuente el uso de este término durante las exploraciones. En este caso se usa además para diferenciar a nuestro personaje de su hijo y su sobrino, homónimos suyos, quienes lo apoyaron en la conquista y pacificación de Yucatán. En muchos casos, los logros de los tres se mezclan, ya que los dos menores dependían de las decisiones del adelantado, lograban victorias y fundaron poblaciones en nombre de la campaña concertada en conjunto.

Montejo había formado parte de las expediciones de Grijalva y Cortés, además de volverse el emisario del conquistador de Tenochtitlan con la primera *Carta de Relación* enviada al rey. A partir de 1527 volvió a América para iniciar la conquista de Yucatán, a donde se le enviaba como gobernador y capitán general.

Desde Tabasco y durante dos décadas, Montejo combatió a los grupos locales, en una guerra compleja que parecía no tener fin, tanto que, aunque se estableció el final de la guerra en 1546, lo cierto es que los grupos mayas fueron muy belicosos y la rendición total se obtuvo dos siglos más tarde.

De Montejo tuvo frecuentes enfrentamientos con las autoridades en la capital quienes lo relevaron del puesto y lo sometieron a juicio en distintas ocasiones, acusándolo de exceso de violencia con los indígenas.

La guerra fue una costosa sucesión de triunfos y derrotas. Las fronteras iban y venían y territorios aparentemente controlados volvían tiempo después a manos de los distintos grupos mayas. Durante ese tiempo, Montejo asentó los poderes en diversos asentamientos, como Campeche, Santa María de la Victoria, Tabasco —hoy desaparecida—, Ciudad Real de Chiapa —hoy San Cristóbal de las Casas— y finalmente Mérida, fundada por los Montejo en 1542.

Finalmente, tras una tercera campaña de conquista, en 1546 De Montejo consideró terminada la conquista, tras reunirse en San Francisco de Campeche con su hijo y su sobrino, e inició el ejercicio de su mandato como gobernador de Yucatán.

Como anécdota cabe hacer notar que Montejo nombró Salamanca a ocho poblados que fue instalando en aquellas tierras, en homenaje a su ciudad natal. Sin embargo, al paso de los años, ninguna de ellas conservó el nombre o desapareció.

Tras ser destituido en 1550 por diversas acusaciones en la administración y por sus abusos en el poder, regresó a España a defender su caso ante el Consejo de Indias, pero estando allá no se pudo concluir el proceso pues falleció en 1553.

La historia de los tres personajes, entrelazada, permite afinidades y divergencias, en especial a la luz de esta época, pero forma parte fundamental de la historia de nuestro país.

1547

❧ ANDRÉS DE OLMOS

Habría que resaltar la enorme importancia que tuvo el Colegio de Santa Cruz de Tlatelolco, una institución creada para educar a los indígenas. Fue, de hecho, la primera institución de su tipo en América. Fundada en 1533, contaba entre sus fundadores con un filólogo y misionero llegado en 1528, como parte del grupo que acompañaba a Juan de Zumárraga. Nacido en Burgos, fue un personaje fundamental para el desarrollo del norte del Golfo de México, quizá el más luminoso de los que vivieron Tamaulipas en sus inicios: Andrés de Olmos.

De Olmos fue maestro en el colegio y ayudó a crear su estructura para volverlo una escuela de alto prestigio.

Pero esa era solo una faceta de este gran evangelizador. Para 1539, tras múltiples viajes, De Olmos se trasladó a Hueytlalpan, en el norte del actual estado de Puebla, para trabajar en la evangelización de la zona.

Años más tarde, en 1544, Andrés de Olmos fundó la misión de Tamaholipa, el antecedente directo del nombre del estado. Diez años más tarde fundó también San Luis de Tampico, que hubo de moverse cinco veces de ubicación —principalmente por ataques piratas— antes de quedar establecido en sitio del puerto actual.

De Olmos era un extraordinario etnohistoriador y filólogo que construyó la primera gramática del náhuatl clásico. En 1547 terminó de escribir un libro esencial: *Arte para aprender la lengua mexicana*, que fue utilizado como manuscrito ya que pudo imprimirse hasta tres siglos más tarde, en Francia.

Además, publicó un vocabulario de esa lengua. De Olmos esperaba con esto —y lo logró— facilitar la transmisión de la doctrina cristiana en las poblaciones locales, aunque es evidente que su intención no era solamente vincular a ambas lenguas para ir más allá del lenguaje y acercarse a la manera de ver las cosas de los habitantes originarios de una gran parte de Mesoamérica, sino además rescatar y preservar el legado náhuatl para evitar su desaparición.

El misionero podía expresarse, por lo menos, en náhuatl, totonaco y huasteco, lo que es impresionante ya que se trata de lenguas de origen lingüístico distinto entre sí. Eso le permitía una evangelización más cercana a las comunidades, donde siempre fue respetado. Era, además, conocido por las enormes distancias que recorría en su labor evangelizadora.

Se conocen de él una docena de libros sobre costumbres, gramática y religión. De Olmos es un personaje esencial, aunque no muy conopcido, porque su trabajo permitió entender las posibilidades para hacer converger a las dos civilizaciones que se habían encontrado.

Su labor en la zona fue muy fructífera, y ahí murió en 1571, en Tampico.

1548

✦ JUAN DE TOLOSA

Al otro lado del país, en un paisaje desértico y caluroso, se escribía otra parte de nuestra historia. El actor principal en 1548 se llamó Juan de Tolosa, un vasco tosudo y trabajador que se había adentrado en terrenos zacatecanos buscando el origen de unas piedras brillantes que le habían presentado unos indígenas, descubriendo una primera mina en 1546 que, según algunos historiadores, había llamado Montserrat o Montserrate, por la semejanza de los cerros con aquellos de la virgen catalana.

Tras un par de años trabajando en los alrededores del famoso Cerro de la Bufa, este conquistador vasco construyó las primeras casas en el campamento que había mantenido a la entrada de la mina, fundando de hecho lo que sería una de nuestras ciudades Patrimonio de la Humanidad, Zacatecas, y que creció al amparo de la explotación iniciada por De Tolosa y tres socios más en la zona minera que fue reconocida como una de las mejores del virreinato, comparada apenas con las de Perú. El asentamiento recibiría el nombre de Real de Minas de Nuestra Señora de los Zacatecas.

Durante los siguientes años, alrededor de esta riqueza se constituyó uno de los clanes más poderosos de Nueva España, ya que De Tolosa, Cristóbal de Oñate, Diego de Ibarra y Baltasar

Tremiño supieron consolidar su influencia en el virreinato apoyando expediciones y celebrando matrimonios con las familias más poderosas.

En particular De Tolosa buscó medios pacíficos para mantener su influencia y control en la zona, aunque existieron frecuentes enfrentamientos con los indígenas desplazados de la etnia zacateca, uno de los grupos que formaban la llamada Nación Chichimeca, comandados por un líder llamado Maxorro.

Conocido por su enorme barba que dio origen a su apodo de "Barbalonga", De Tolosa sería, además, participe en la creación de una estirpe que ejemplificó como pocas la mezcla surgida en la Nueva España, ya que se casó con Leonor Cortés Moctezuma, nieta del emperador mexica, hija de Hernán Cortés y de Isabel Moctezuma. Su madre también había sido esposa —por un breve tiempo, aún niña— de Cuitláhuac y de Cuauhtémoc. Aunque fue reconcida por el padre, Leonor fue rechazada por su madre desde el nacimiento, lo que hace suponer que fue producto de una violación. Por sus herencias, era ya una mujer muy rica antes de casarse con Tolosa, aunque la influencia de la pareja se extendería tras la explotación minera.

1549

✦ JUAN PABLOS

Hacía diez años que se había firmado el contrato entre la Corona española y Juan Cromberger, uno de los impresores más reconocidos en España, para instalar en México la primera imprenta de América. Para esa labor había sido seleccionado Giovanni Paoli, quien sería conocido como Juan Pablos, nacido en Italia y colaborador directo de Cromberger, quien llegó a América en octubre de 1539, con el equipo necesario para iniciar la producción de libros en México.

A la muerte de Cromberger, quien al parecer nunca visitó las nuevas tierras, pese a tener intereses en otros negocios además de la imprenta, como la minería, su viuda traspasó a Juan Pablos la propiedad de la imprenta, entre 1543 y 1548.

Juan Pablos personifica una actividad fundamental para la evangelización y la educación en los nuevos territorios. Se convirtió en un hombre exitoso, a la par de ser maestro de toda una generación de tipógrafos.

La imprenta se instaló en la que hoy se conoce como la Casa de las Campanas, está ubicada en la esquina de Licenciado Verdad y Moneda, una casa que pertenecía originalmente a Gerónimo de Aguilar, el célebre náufrago que acompañó a Gonzalo Guerrero. En dicha casa, la Universidad Autónoma metropolitana y el INAH fundaron en 2008 el Museo del Libro.

Los primeros años fueron complicados, al grado que Juan Pablos tuvo que vivir de limosnas por el desinterés de los dueños del negocio, más interesados en mantener sus privilegios como único impresor autorizado del virreinato. Sin embargo, poco a poco, fue adquiriendo respeto y reconocimiento por su trabajo.

Para 1549, Juan Pablos contrata a un cortador y fundidor de tipos móviles —Antonio de Espinosa— con quien logra un nivel de calidad espectacular, mucho mayor que el obtenido en sus primeros años y a la altura de los trabajos producidos en la península ibérica.

Durante un poco más de dos decenios, la labor de Juan Pablos fue fundamental. Se tienen registros que indican que imprimió entre cuarenta y cincuenta libros durante ese tiempo.

El primero fue *Breve y más compendiosa doctrina Christiana en lengua Mexicana y Castellana, que contiene las cosas más necesarias de nuestra santa fe católica, para el aprovechamiento destos indios naturles y salvación de sus animas,* en español y náhuatl. Por su relación con Juan de Zumárraga, responsable principal en la llegada de la imprenta y autor de la primera obra publicada, la mayoría de los trabajos publicados tenían relación con la iglesia y se usaban para evangelizar a las comunidades.

Algunos de los trabajos impresos apenas rebasaron el par de páginas, sin embargo, su obra más grande *Diálogo de Doctrina Cristiana en lengua de Michoacán,* tenía una extensión de 600 páginas.

A la muerte de Juan Pablos, en 1560 o 1561, su mujer y su yerno continuaron con el negocio en Nueva España que, para entonces, ya contaba con tres unidades adicionales, aunque ya no era el único impresor autorizado pues, un par de años antes la monaquía había aprobado la apertura de, al menos, otra imprenta.

1550

❧ LUIS DE VELASCO
Y RUIZ DE ALARCÓN

Había llegado el momento de nombrar a un nuevo virrey, tras quince años de presencia de Antonio de Mendoza. Se caía, en esos meses, en el riesgo de la primera insurrección oficial contra la Corona, propiciada por la delegación de funciones del virrey a su hijo.

De Velasco llegaba a América en agosto de 1550, con la delicada misión de hacer una transición pacífica y, además, controlar los afanes autonómicos de diversos personajes en la Ciudad de México. Durante varias semanas, el recién llegado y el aún virrey en funciones se entrevistaron en Puebla y Cholula para analizar la conveniencia de quién debía quedarse en México y quién partir a Sudamérica. Tras varias reuniones, De Mendoza aceptó partir hacia Perú y De Velasco entró a la capital con el nombramiento y una detallada relación que le dejó su antecesor para el gobierno del virreinato.

Durante los catorce años de su gobierno, el estilo sensato y justo del nuevo virrey generó un buen ánimo en la colonia. Fue defensor de los indígenas y trabajó en la desaparición de las encomiendas, además de liberar a miles de indígenas que habían sido esclavizados ilegalmente. Uno de sus primeros grandes proyectos fue la fundación de la Universidad de

México, fundada en 1551 aunque abrió sus puertas y comenzó a impartir cátedras hasta 1553.

Ya sin la sombra de Cortés (fallecido en 1547), la autoridad del virrey se solidificó. A Velasco le tocó manejar con prudencia la reacción en la colonia a la abdicación y muerte de Carlos V y la llegada a la Corona de Felipe II. En estos momentos y durante su mandato, la fidelidad al soberano español no estuvo en duda y eso facilitó las relaciones. De Velasco fue un firme impulsor de las medidas del monarca y logró disminuir los abusos. Se le llegó a nombrar "prudentísimo tutor y padre de la patria".

Durante su gobierno la Ciudad de México sufrió su primera gran inundación, y se libraron batallas contra epidemias importantes que cobraron muchas vidas, en especial entre la población indígena.

Un poco antes de morir, tuvo que enfrentar el regreso a Nueva España de Martín Cortés, hijo del conquistador y uno de los hombres más ricos de la colonia, quien aprovechando la muerte del virrey al año siguiente, crearía serios problemas al gobierno de Nueva España.

Falleció estando en funciones, en julio de 1564. Su hijo, homónimo, sería también virrey de Nueva España.

1551

❧ MARTÍN DE LA CRUZ Y JUAN BADIANO

Imposible separar a estos dos importantes personajes del virreinato, capaces de amalgamar en un texto el enorme pasado científico de los antiguos mexicanos y los nuevos lenguajes que transmitirían a las generaciones siguientes estos fundamentales conocimientos.

Los tlacuilos eran personajes esenciales en la educación prehispánica. Estaban a cargo de entender y transmitir el conocimiento con base en dibujos o ilustraciones, pero iban más allá de solo interpretar en un dibujo, debían comprender el tema que reflejaban para compartirlo en el calmecac —la escuela para los hijos de los nobles mexicas—. Los tlacuilos podían hablar de tradiciones, religión, salud, política, y eran los encargados de trasladar, no solo de conservar, el conocimiento social.

El Colegio de Santa Cruz en Tlatelolco, dedicado a preparar a los niños de la nobleza mexica después de la conquista, afrontaba una crisis sanitaria, sobre todo a causa de la viruela, que diezmaba a la población a velocidad de espanto.

Para buscar atender la crisis, ambos médicos dedicaron su experiencia a integrar la información médica tradicional existente, en un libro que resultó fundamental, no solo por ser el primero escrito por indígenas, sino por ser la primera compilación en latín de los conocimientos tradicionales, un trabajo enorme de gran utilidad aún varios siglos después de publicado.

Además de ser tlacuilo, Martín de la Cruz tenía un gran prestigio como *ticitl*, o médico indígena, y fue llamado para atender a los estudiantes enfermos en el Colegio de Santa Cruz. Aunque sus conocimientos no alcanzaban para atender enfermedades desconocidas, permitió paliar un poco aquella grave crisis. Para esto, fue apoyado por un médico venido del lejano pueblo de Xochimilco, Juan Badiano, quien contaba con una educación más formal y tenía conocimientos de latín y español, por lo que se dedicó a traducir y ajustar la terminología del documento para que fuera comprensible a los conquistadores y los médicos llegados de Europa.

El libro, *Libellus de Medicinalibus Indorum Herbis* (*Tratado sobre hierbas medicinales indígenas*) es considerado una de las primeras grandes aportaciones científicas provenientes de Nueva España. Posee la descripción de las más conocidas plantas medicinales y sus usos terapéuticos. Tras varios siglos aparentemente perdido, en 1925 apareció en la Biblioteca Vaticana y, en 1990, el original fue devuelto a México por Juan Pablo II. Aún en la actualidad permite entender los principios curativos prehispánicos y aplicarlos a la vida contemporánea.

Ambos especialistas son considerados dentro de los primeros sabios indígenas mexicanos cuyos conocimientos fueron aplicados en España.

1552

❧ BARTOLOMÉ DE LAS CASAS

En 1552 apareció un libro, para esa época, durísimo: *Brevísima relación de la destrucción de las Indias*. Su autor fue, sin duda, uno de los personajes más destacados del virreinato, un hombre comprometido y firme, cuya presencia marcó la vida de la colonia y cuyo ejemplo es seguido aún en épocas recientes por luchadores por los derechos humanos. Su imagen como protector de los pueblos originarios es merecedora de continuos homenajes, ya que este dominico impresionante cambió —lamentablemente de manera parcial— la manera en que se trataba a los naturales de Mesoamérica.

Impreso de manera casi clandestina, el libro había sido presentado años antes como un reporte al rey, y fue modificado hasta darle la forma con la que se publicó sin contar con censura previa —como estaba establecido—. Quizá por tratarse de fray Bartolomé, el libro circuló durante cuatro años antes de ser recogido por las autoridades.

Bartolomé, fraile, comerciante e historiador, había llegado a América cincuenta años antes, e inclusive participó de la encomienda teniendo indígenas a su servicio en una esclavitud tácita.

La violencia que presenció aún antes de llegar a territorio continental lo inclinó en 1514 a rechazar sus privilegios y el servicio de indígenas.

Su influencia, desde entonces, era importante, al grado de ser nombrado Procurador o protector universal de todos los indios de las Indias, tal vez el primer ombudsman oficialmente reconocido.

De las Casas viajaba frecuentemente a España, buscando influir en los lineamientos que dictaba la Corona. Ese continuo ir y venir extendió su influencia y el respeto que se le tenía, aunque era un personaje controvertido y no aceptado por los conquistadores. En 1531 llegó por primera vez a Veracruz, pero los mismos dominicos asentados en la Nueva España influyeron para que fuera apresado y se le enviara de regreso. Para 1536 se trasladó a Guatemala y en 1543 se hizo cargo del obispado de Chiapas.

Las famosas Leyes Nuevas de 1542, de difícil implantación, fueron, en mucho, debidas a De las Casas, quien había vuelto a España para colaborar en su elaboración.

En mayo de 1546 se trasladó a la Ciudad de México para incorporarse a una Junta Episcopal con los obispos de la Nueva España. Con ellos debatió sobre los indios y su relación y deberes ante la Corona española. Su postura fue la más aceptada, aunque el respeto a los resultados emanados fue limitado.

El "apóstol de los indios" falleció en España, en 1566. Se le considera uno de los fundadores de las corrientes que integran el derecho internacional contemporáneo. Su influencia en ambos lados del Atlántico fue impresionante. Escribió varias obras más, entre ellas *Historia de las Indias*, una relación histórica y controvertida que pudo ser publicada hasta 1875, aunque hubo algunas copias parciales en circulación. Su texto está integrado en tres volúmenes, aunque algunos investigadores suponen que hubo un cuarto tomo, hoy desaparecido.

1553

❧ TOMÁS LÓPEZ MEDEL

Así como hubo personajes muy conocidos, existieron también individuos de enormes aportaciones a los que la historia y la sociedad no les han dado el reconocimiento merecido. Tal es el caso del oidor Tomás López Medel, cuyas aportaciones humanistas y su postura clara pero conciliadora ayudaron a consolidar las instituciones pero fortaleciendo los esfuerzos por el trato justo a los conquistados.

Había llegado en 1550 a Guatemala y Chiapas como oidor de la Real Audiencia de los Confines. Poco después, recibió el encargo de recorrer la provincia de Yucatán, en un viaje detallado que le llevó más de un año, entre 1552 y 1553. Sus observaciones sobre el comportamiento de los distintos asentamientos quedaron plasmadas en las primeras instrucciones para defensores de indios. Pero no quedó solo en eso, López Medel elaboró también ordenanzas para pueblos de indios, como parte de un conjunto integrado que pretendía reglamentar no solo la relación entre los conquistadores y las comunidades locales, sino también la vida de la población indígena, tanto dentro de sus comunidades como en su relación con los españoles. Las ordenanzas seguían tres ejes principales: el asesoramiento jurídico gratuito a los indígenas, la difusión de la información entre los indios y la Corona, y la regulación de las relaciones interétnicas. Para esto fue nombrando, a su paso por el territorio, defensores de indios, difundiendo además el texto legal que reglamentaba ese oficio. La intención era clara, si se buscaba que las interacciones entre indios, frailes y españoles fueran positivas y pacíficas, tenían que realizarse conforme al derecho.

López Medel provenía de orígenes modestos, por lo que entendía la problemática que enfrentaba. Como hijo de un labrador, debió esforzarse doblemente para estudiar derecho canónico en Alcalá de Henares.

En Yucatán no solo actuó como visitador y oidor, sino que se hizo cargo del gobierno provincial, con instrucciones de allanar las disputas entre los encomenderos y los frailes franciscanos, quienes insistían en que los naturales debían ser tratados como seres humanos y no como animales de carga.

En 1553, casi al final de dicho viaje, publicó las *Ordenanzas de Gobierno para la Provincia de Yucatán en Nueva España*. Su trabajo fue ampliamente reconocido y en premio a sus esfuerzos llegó a la corte real en España, aunque por poco tiempo. Para 1557, fue trasladado a Santa Fe de Bogotá para actuar también como oidor de su Real Audiencia. Finalmente, en 1562 regresó a España donde, por su desempeño y prestigio intelectual, Felipe II de España le ofreció en 1572 la mitra episcopal de Guatemala, que él declinó. Murió en 1582.

1554

๛ FRANCISCO CERVANTES DE SALAZAR

Desde 1537 se habían hecho esfuerzos tendientes a crear una universidad en las nuevas tierras. Finalmente, 30 años después de la victoria final sobre los mexicas, el 21 de septiembre de 1551 se concedió en España la fundación de esta institución. Sin embargo, hasta junio de 1553 se celebró la ceremonia en la Iglesia de San Pablo de la ciudad de Mexico, en presencia del virrey, con Francisco Cervantes de Salazar realizando la inauguración con una oración latina.

Durante los meses previos, habían existido discrepancias sobre a quién asignar la rectoría de la nueva institución: el doctor Antonio Rodríguez de Quesada como rector fundacional, o Juan Negrete. Finalmente se otorgó la rectoría al primero, quien estuvo muy poco tiempo en el cargo. Sin embargo, la estructura, funcionamiento y primeras cátedras recayeron sobre este humanista, originario de Toledo, quien había llegado a Nueva España unos años atrás y quien se constituyó, junto con Alonso de la Veracruz, en los más eminentes maestros de aquella casa orgullosa que, desde el primer nombramiento para su creación, asentaba que: "La Universidad fue creada para naturales e hijos de españoles, sin ninguna distinción".

La creación de la casa de estudios fue un detonador para el desarrollo de las ciencias y las artes. Para su constitución y arranque se invitó a la intelectualidad de la época, en un proyecto que consolidó a la ciudadanía. Siete cátedras la conformaban: teología, escritura, cánones, leyes, artes, retórica y gramática. Sin un domicilio fijo, las materias se impartían en casas cercanas.

En 1554, además de ordenarse sacerdote, Cervantes también estudió en la misma institución para bachiller en cánones, y asumió el control de la hacienda universitaria. Antes de ser nombrado rector, tomó la responsabilidad de la cátedra de retórica.

Al parecer, en 1557 Cervantes dejó la cátedra por buscar —sin éxito— una posición mayor en el episcopado, en concreto en la catedral de México. Sin embargo, fue rector en dos ocasiones de la Universidad, 1567-1568 y 1571-1573.

Cervantes de Salazar fue, además, el escritor de una de las primeras obras históricas: *Crónica de la Nueva España, su descripción, la calidad y temple de ella, la propiedad y naturaleza de los indios*, que narra no solo la conquista, sino se refiere a la cultura nativa, proporcionando información sobre costumbres y estilos de vida.

Falleció en la Ciudad de México en 1575.

1555

❧ ALONSO DE MONTÚFAR

Desde 1548, tras la muerte de Zumárraga, no se había nombrado sucesor como arzobispo de la Ciudad de México. Finalmente, en 1551, esta responsabilidad fue asignada a Alonso de Montúfar, un dominico originario de Loja, Granada, reconocido por su sensatez e inteligencia.

Montúfar se distinguió, durante su largo periodo a cargo del arzobispado, por dar estructura a la creciente influencia eclesial en la vida de la colonia. Para empezar, buscando recuperar la cohesión perdida durante los tres años sin una cabeza oficial, convocó al Primer Concilio Provincial en forma (hubo en México dos reuniones previas que no alcanzaron ese nivel), que se celebró en 1555 y logró reunir a la jerarquía novohispana. En ese evento, se establecieron normas que buscaban acotar las funciones de los sacerdotes y ministros, además de dar lineamientos en contra de la encomienda y de la esclavitud.

Como resultado de aquellas reuniones, se publicaron 93 ordenanzas o constituciones, muchas de ellas relativas al manejo del dinero y establecimiento de cuotas y pagos, que empezaban a mostrar un rostro deplorable de la Iglesia. Tras el Concilio se prohibió a los sacerdotes hacer préstamos o ser arrendadores, apropiarse del dinero de mandas de penitentes, se les ordenó reducir excomuniones y censuras eclesiásticas a casos verdaderamente importantes, se penalizó el participar en juegos de naipes y dados, cargar más tributos a los indígenas o intervenir en las decisiones de matrimonio de los naturales. También se insistió en la responsabilidad para asistir a quienes estaban en prisión, mantener o apoyar hospitales e integrar comunidades.

De Montúfar participó también como maestro de la recién creada universidad. Durante estos años, la colaboración entre el virrey De Velasco y el arzobispo fue completa y complementaria, por eso se reconoce aquel periodo como un tiempo de paz y estabilidad.

Años más tarde, De Montúfar realizó un Segundo Concilio para adecuar normas a una sociedad más sólida. Sin embargo, al final de su gobierno tuvo que enfrentar serios problemas por los conflictos sociales y la violencia que se generó tras la muerte del virrey en 1564 y las sublevaciones que pretendían poner en el poder a Martín Cortés, hijo del conquistador. Fueron años complejos para el virreinato, donde el arzobispo participó muy tibiamente, especialmente por ser ya un anciano.

Falleció en 1572, en la Ciudad de México.

1556

❧ MARCOS CIPAC DE AQUINO

La historia cuenta con una fecha y, a partir de ella, con diversas líneas de investigación sobre la existencia de este personaje, su participación en la obra más famosa de México —en caso de que, de acuerdo con muchas investigaciones, haya sido creada por mano humana— y sobre cuál de las imágenes descubiertas en aquel ayate fue de su autoría.

Muchas versiones históricas y religiosas chocan en torno a los sucesos del Cerro del Tepeyac, en 1531. No es nuestra pretención inclinar la balanza. Algunas de ellas se cruzan también en 1556, cuando un pintor indígena mencionado con distintos nombres ("Marcos Cipac", "Marcos de Aquino", "Marcos, el indio" o "Marcos Cipac de Aquino") aparece en nuestra memoria, a veces de manera fugaz, a veces con datos difusos. Hay quienes, inclusive, dicen que en realidad se trató de dos personas distintas.

De atenernos a la versión obtenida de los últimos estudios del lienzo del Tepeyac que exhibe a Guadalupe, el mayor símbolo de integración nacional, en aquella tela no hay una imagen, sino una superposición de tres. En los estudios con equipo de alta tecnología se distinguen los perfiles y, en una esquina, la fecha indicada con dos iniciales: "M.A.".

El provincial franciscano de esa época, Francisco de Bustamante, un indio cronista llamado Juan Bautista y Bernal Díaz del Castillo, contemporáneos del suceso, hablan de este personaje, Marcos, de habla nahua quien también, según algunas interpretaciones, pintó la primera de las tres imágenes que se superponen.

¿Era, en realidad, uno de los pintores locales más reconocidos de los inicios del virreinato? ¿Por qué, entonces, tan poca información sobre él? ¿O eran dos personajes distintos? ¿Le fue encargada, por el arzobispo Alonso de Montúfar, aquella obra que al paso de los años sigue siendo un intrigante y maravilloso imán de fe? Y, de ser cierto, ¿quién pintó la segunda y la tercera imagen? El tema sigue confrontando a los apasionados de la aparición y los antiaparicionistas. Pero, sea como sea, la enigmática presencia de aquel indio pintor, de quien se dice que era tlacuilo, es decir, que interpretaba con dibujos la cultura local, y que al parecer falleció en 1572, abre la puerta para reconocer a muchos otros, fallecidos en el silencio pero participantes en la formación de México. Lo que es evidente es la importancia del suceso para un país que se ha mantenido alrededor de una imagen que representa mucho más que una túnica protegida en un templo monumental.

Y, como la fe muchas veces no requiere explicaciones, que crea el que quiera y el que no, pues no.

1557

❧ GUTIERRE DE CETINA

¿Qué hacía uno de los mayores poetas del Siglo de Oro español, en el virreinato? Viajero, soldado, contador de estrellas, soñador, enamorado, Gutierre de Cetina ha sido reconocido por su obra como uno de los máximos exponentes de la poesía de esa época, creador de madrigales y sonetos de gran calidad. Nacido en 1520 y considerado al nivel de otro autor enorme, Garcilazo de la Vega, era un joven aún cuando viajó a Italia y fue influido por la lírica de aquellos lugares. Su posición económica le permitió acercarse a la realeza y a la intelectualidad italiana y se volvió un seguidor de Petrarca, entre otros.

Años atrás, ya desde su adolescencia en España, era un fervoroso adorador de las mujeres, a quienes escribía en ocasiones con el sobrenombre "Vandalio".

En uno de sus enamoramientos, compuso uno de los poemas más recordados del español, "Ojos claros, serenos", dirigido —por lo que se sabe— a una dama muy cotizada en esas tierras y quien se había casado con otro pretendiente, la condesa Laura Gonzaga, un poema reconocido entre los grandes textos para los mal correspondidos, los amantes sin respuesta, los dolientes. A ella dedicó también "A la condesa Laura Gonzaga".

Soñador, aventurero, en 1556, un año antes de su muerte, Gutierre viajó por tercera vez a América, donde ya había pasado algunas temporadas. Ahí lo encontró nuevamente el amor —esta vez, no se sabe si Leonor de Osma, su musa en turno, era una pasión con posibilidades—, pero también encontró a un rival celoso que lo hirió, aparentemente de muerte, porque su historia se diluye, acrecentando la leyenda. Al parecer, según algunos, las puñaladas no iban dirigidas a él, pero había sido confundido. ¿Está enterrado en Puebla de los Ángeles? ¿Murió de septicemia, por las limitadas atenciones de la época?

Los apuntes del proceso legal siguen ahí, en el Archivo General de Indias, en Sevilla, donde nació el escritor, a la espera de mayores análisis, aunque para un poeta existe suficiente romanticismo en lo que se sabe y en lo que se ignora, para que Gutierre siga envuelto en sueños y supuestos, como sus amores.

Sus trabajos tardaron varios años en ser reconocidos, y al parecer fue hasta 1895 que sus obras publicadas crearon el furor que aún hoy producen entre los especialistas y los amantes del verso con cadencia, con palabras perfectas y precisas.

1558

❧ JUAN GUTIÉRREZ ALTAMIRANO

Si iba en aumento la población española en las nuevas tierras, era evidente que llegarían con ella las costumbres, las tradiciones y las pasiones. Una de ellas fue la corrida de toros.

Algunos dicen que fue Hernán Cortés, otros, que el virrey Luis de Velasco había traído unos toros bravos para celebrar la llamada fiesta brava. Pero aquel primer grupo fue utilizado solamente para celebraciones y su vida terminó en una improvisada plaza novohispana. Sin embargo, la fundación de la primera ganadería se le atribuye al salmantino Juan Gutiérrez Altamirano, quien llevaba muchos años en Nueva España y había sido gobernador de Cuba de 1524 a 1527. Cercano a Hernán Cortés, este lo había nombrado corregidor del segundo mayor asentamiento hispano en los primeros días, Texcoco.

Dueño de la propiedad asentada en lo que hoy es el Museo de la Ciudad de México, llamada Palacio de los Condes de Santiago de Calimaya (resultado de varias reconstrucciones), Gutiérrez estaba casado con una prima del conquistador, y se mantuvo siempre cerca del poder y sus beneficios.

Con los años, ocupó varios cargos al mismo tiempo que obtuvo una encomienda cercana a la capital, en lo que hoy conforman Metepec y San Mateo Atenco, una de las últimas encomiendas firmadas por Cortés antes de salir a España. Por esta propiedad se vio envuelto en distintos conflictos con la Primera Audiencia. Fue hasta 1552 cuando creó un mayorazgo, es decir, repartió sus bienes al mayor de sus hijos, que logró formalizar la posesión sobre esas tierras. En los alrededores de los poblados de Calimaya, Metepec y Tepemayalco, Gutiérrez Altamirano desarrolló una enorme hacienda ganadera que recibió el nombre de Atenco, donde además cultivaba enormes extensiones de maíz. Esta ganadería está reconocida como la primera del continente, y dedicó una parte a formar la ganadería de toros de lidia más antigua que aún existe en el mundo. De acuerdo con los informes que se han recabado, logró traer de Navarra doce pares de machos y hembras, que dieron origen a la ganadería. De hecho, además de su importancia taurina, la hacienda continúa siendo una de las empresas más antiguas del país.

La hacienda desarrolló nuevas condiciones de crianza, adecuadas a la tierra del valle, y dio origen a una historia de grandes satisfacciones para los amantes de la tauromaquia, ya que fue colaborando para crear características propias de la fiesta de los toros.

Según algunos reportes, este empresario ganadero falleció en 1558.

1559

❧ VALERIO DE LA CRUZ

Al parecer, Xicalchalchilmitl, que era su nombre original, era descendiente de Nezahualcóyotl y de los tlatoque, o gobernantes, de los últimos años del gobierno precortesiano. Había nacido poco antes de la llegada de los españoles. Fue bautizado con el nombre de Juan Bautista Valerio de la Cruz. Desde muy joven, en 1527, formó parte de las milicias reales.

Su primera acción importante al mando de fuerzas reales fue en 1534, cuando ocupó Jilotepec con un ejército mixto, formado por arcabuceros e indígenas, lo que muestra que desde esa época ya tenía algún tipo de mando sobre soldados españoles, algo inusual.

Su actuación permitió que el mismo virrey Antonio de Mendoza lo comisionara para formar un contingente con guerreros de la zona, muchos de ellos otomíes. Con ellos conquistó buena parte de ese territorio que incluía las poblaciones de Tula y Tepetlán, además de asentamientos que hoy llevan el nombre de San Juan del Río, San Miguel de Allende y Villa de San Felipe. Era una zona brava, habitada por grupos chichimecas aguerridos que no aceptaban el gobierno español, lo me mostraba la bravura de De la Cruz.

En reconocimiento, fue nombrado cacique de las tierras conquistadas y principal de la provincia de Jilotepec. Sus labores pacificadoras se extendieron a lo que hoy son los estados de México, Hidalgo y San Luis Potosí.

Su prestigio siguió creciendo a la llegada del nuevo virrey, Luis de Velasco, quien no solo lo nombró capitán general de los chichimecas, sino que solicitó y obtuvo del rey la aprobación directa de su nombramiento —un altísimo reconocimiento—, en 1559, premiándolo además con la cruz y el hábito de la Orden de Santiago. En complemento, se le concedió el uso del escudo de armas de los reyes de Texcoco.

Su actuación como militar al servicio de la Corona española ocasionó que, durante muchos años, fuera interpretada como traición a México por los historiadores surgidos después de la Independencia, una visión parcial que no contempla la falta de una identidad de nación en los tiempos que De la Cruz sirvió al Ejército realista. Lo que no estaba en duda era su valor ya que comandaba personalmente las batallas contra chichimecas y pames que habitaban esa región y que fueron un continuo problema para los conquistadores.

Xicalchalchilmitl mantuvo su nombramiento varios años y falleció en la Ciudad de México en 1572.

1560

❧ BARTOLOMÉ DE MEDINA

Alos cuatro años de haber llegado a la Nueva España, este sevillano desarrolló un proceso para amalgamar la plata, que se conoce como beneficio de patio, y que transformó la minería como se conocía hasta la época, en la primera gran aportación tecnológica de América. Este proceso fue utilizado en todo el mundo los tres siglos siguientes e incrementó la productividad y la calidad del material extraído.

El espíritu aventurero de Medina lo impulsó a lanzarse en la siguiente expedición dejando atrás a su mujer y a sus hijos, atraído por noticias que hablaban de la plata de la Nueva España. Para entonces contaba con una fortuna proveniente del comercio en su tierra natal, pero las posibilidades lo hicieron lanzarse a las nuevas tierras conquistadas.

Los inicios no habían sido optimistas, hasta que pudo desarrollar un sistema celebrado en el virreinato, tanto, que Luis de Velasco, virrey en funciones, le otorgó la exclusividad del proceso durante seis años, algo equivalente a una patente, con lo que cualquier mina que quisiera utilizarlo debería pagar una comisión a Bartolomé. En agradecimiento, el ilustre minero dedicó buena parte de su fortuna a mantener el Colegio de las Niñas Huérfanas de la Ciudad de México.

Al parecer, el sistema de beneficio de plata no fue totalmente creación suya, ya que se habla de un minero alemán que le transmitió las bases fundamentales pero a quien el rey no autorizó el traslado a Nueva España.

Tres lustros más tarde, el sistema se extendió en Perú, que contaba con importantes minas, y llegó también a Bolivia.

Sin embargo, conforme el conocimiento se extendía, desapareció el respeto por el pago de aquel derecho y De Medina, ya una persona mayor, empezó a padecer penurias económicas. Además, e irónicamente, se creó una oferta desmedida que golpeó los precios fuertemente, afectando a los mineros. Según algunos historiadores, esta sería la primera crisis económica inflacionaria documentada a nivel mundial, un acontecimiento del que el minero no era totalmente culpable.

Trescientos años más tarde, al desaparecer el proceso de Bartolomé de Medina y ser sustituido por inventos más rentables, la antigua mina quedó en desuso y sus instalaciones se transformaron, al inicio del siglo XIX, en uno de los primeros clubes deportivos del país. Hoy forma parte del patrimonio universitario del estado de Hidalgo.

De Medina falleció en 1585 en Pachuca, el sitio donde su fama fue reconocida y sus procesos aplicados para beneficio de la floreciente industria minera.

1561

❧ PEDRO ARIAS DE BENAVIDES

La concentración de los especialistas en relatar y descubrir hechos guerreros y políticos ha ocasionado muy poco trabajo en la revisión histórica de los avances en las ciencias y artes, por eso muchos grandes personajes de estas ramas continúan en el olvido. Esto se debe, también, a la falta de preparación en esos campos —como la medicina— de la mayoría de los historiadores.

Tras la conquista, se sabe que Pedro Arias de Benavides estuvo dentro de los primeros especialistas que se trasladaron al Nuevo Mundo, entre 1545 y 1550. Era un observador minucioso que fue descubriendo una realidad muy distinta a la española. Arias debió encontrarse con muchas sorpresas al utilizar teorías y medicamentos europeos para hacer frente a patologías que nunca había visto, o a enfermedades semejantes a otras del Viejo Mundo pero que no respondían de igual manera a las pautas terapéuticas que había aprendido. Sin embargo, supo aprender y experimentar con las nuevas sustancias que encontró o le mostraron los curanderos indígenas.

Fueron dos décadas de acercamiento fundamental para la medicina que surgiría en América. Sus observaciones apoyaron el desarrollo de los tratamientos, en especial en una época de grandes epidemias.

Al parecer, Arias de Benavides regresó a España alrededor de 1564, con una impresionante cantidad de información y productos curativos americanos que ayudaron, también, en el tratamiento de enfermedades en Europa. Años más tarde, en 1567, con observaciones sobre las enfermedades que más llamaron la atención de los cirujanos de ese periodo y las maneras en que eran enfrentadas por los habitantes de Mesoamérica, su experiencia apareció en un libro titulado *Secretos de Chirurgia especial de las enfermedades de morbo gállico y lamparones, y la manera como se curanlos indios de llagas y heridas, con otros secretos hasta ahora no escritos.*

Este libro es considerado como el primero que se publicó referente a la medicina mexicana. Su obra se adelantó en unos años a la del resto de sus contemporáneos. En el libro aparecen, además de las enfermedades más comunes y los procedimientos que buscaban resolverlas, observaciones sobre costumbres y lo que sucedía en México durante la asimilación de la nueva realidad, y es muy detallado en relatos clínicos, remedios y curas.

Tras su vuelta, su historia se diluye, por lo que no se tiene información precisa sobre la muerte de este especialista que supo reunir mucha información que aportó respuestas a la salud en México.

1562

❧ JACOBO DACIANO

Las leyendas siguen apareciendo, de la mano de investigaciones parciales que dejan espacio para interpretar los sucesos. Entre ellas aparece la historia de un príncipe danés que viajó a México para convertirse en un tenaz defensor de los derechos indígenas.

Cada vez toma más fuerza la versión de que Jacobo fue hijo del rey Hans y hermano menor del rey Christian II, que decidió abandonar cualquier aspiración política para ingresar a la orden franciscana y, por mandato real, fue enviado a Nueva España, llegando a Veracruz en 1542. Recibió este nombre por venir de Dacia, que era como se conocía en esos tiempos al reino de Dinamarca.

Jacobo pasó un tiempo en la capital novohispana aprendiendo lenguas y más tarde fue enviado a Michoacán, perfeccionó su habla tarasca y se distinguió por su inteligencia y su amor a los naturales.

La vida de Daciano fue, en todos sentidos, lo contrario de una vida tranquila y sedentaria. Quizá su nombre no fue tan famoso como el de Quiroga o De las Casas, pero su defensa de los indios fue muy firme. Para 1542 fundó el monasterio de Tarecuato, el pueblo de Zacapu y otras poblaciones, y se acercó a las comunidades buscando adecuar la religión a las características regionales, algo que le causó no pocos problemas.

Con el tiempo se convirtió en el gran promotor de una Iglesia indiana, al insistir que la Iglesia en México necesitaba de sacerdotes indígenas. Sus ideas eran muy avanzadas para la época, lo que causaba gran intranquilidad en la zona.

En 1552, junto con el custodio del monasterio franciscano de San Pedro y San Pablo en Michoacán y Nueva Galicia, envió una carta al emperador Carlos V, relacionada con los problemas de su misión y muy en particular con la escasez de sacerdotes. Por esos días también terminó un libro en español, llamado *Declamación del Pueblo Bárbaro de los Indios*, acerca del mismo tema, mencionando que la negativa a que los indígenas fueran sacerdotes equivalía a una herejía. Sin embargo, el Concilio de Lima prohibió ordenar sacerdotes a indios, mestizos y mulatos, regla que fue ratificada por el Concilio de México en 1555. Para evitar un cisma dentro de la Iglesia, fray Jacobo fue obligado a retractarse y Vasco de Quiroga le impuso una pena eclesiástica por lo que se recluyó en el convento de Tzintzuntzan. Fue hasta 1919, con una encíclica de Benedicto XV, que finalmente se reconocieron sus ideas de alentar la formación de un clero local.

Sin embargo, la tensión entre los seguidores de Quiroga y el grupo que trabajaba con Daciano fue en aumento, al grado que seguidores del obispo atacaron su misión y él se vio obligado a huir a Tarecuato.

Al parecer, falleció ahí en 1566 o 1567, y fue enterrado por los pobladores de su comunidad en un sitio desconocido.

1563

❧ FRANCISCO RODRÍGUEZ SANTOS

Francisco Rodríguez Santos fue un hombre esencialmente bueno. En la Nueva España formó parte de una pequeña y muy exclusiva élite: la de los letrados. Fue miembro del cabildo y tesorero de la catedral, amigo de personajes históricos de gran relevancia, como Juan de Zumárraga, Alonso de Montúfar y Pedro Moya de Contreras. Por si fuera poco, su larga vida le permitió hacer lo que tanto deseaba: ayudar, y lo siguió haciendo mientras pudo.

Natural de Villabrágima, población de la provincia de Valladolid en la comunidad de Castilla y León, nació alrededor de 1506. Hombre sobrio, de gustos discretos, carente de vicios y, por tanto, de sobrada religiosidad, estudió filosofía y derecho civil y canónico. Se ordenó sacerdote en Valladolid, donde obtuvo el doctorado. Por su buena fama, llamó prontamente la atención, al grado tal que el rey Carlos I lo nombró canónigo de la recién construida catedral de México.

En 1541 asumió el cargo, sin embargo, al año siguiente el cabildo de catedral lo nombró "procurador general suyo cerca de la corte", por lo que se vio obligado a regresar a España durante tres años, en los que obtuvo gracias importantes en favor de la Iglesia de México. De vuelta a la Nueva España, se desempeñó como mayordomo general del Hospital de Indios y juez hacedor de diezmos. Luego de la muerte del obispo Zumárraga, fue designado gobernador, provisor y vicario general de la arquidiócesis. Cinco años después, comenzó a despachar como rector en la Universidad Real y Pontificia de México.

En 1562 comenzó una de sus labores por la que sería recordado: tesorero de la catedral. La rectitud en su comportamiento le ocasionó severos roces con distinguidos miembros tanto del gobierno como del clero, pero fue precisamente su honorabilidad personal la que lo siguió colocando en la mira de las autoridades, que continuaban promoviéndolo. Así, en 1565 fue nombrado inquisidor.

Don Francisco se encontraba tan satisfecho con su vida, que pensó en una forma de retribuirle a la sociedad todo lo bueno que le había sucedido. De este modo, y con el objetivo de ayudar a los jóvenes a alcanzar la perfección, fundó el Colegio de Santa María de Todos Santos. Lo que distinguía a este lugar es que se encargaba exclusivamente de jóvenes con excelencia académica y les brindaba todo: desde alojamiento, ropa y comida, hasta formación espiritual.

Al mismo tiempo, creó algunas fundaciones de beneficencia, entre ellas, un hospital en Perote, el Hospital de San Lázaro en la Ciudad de México, así como casas de asistencia para ayuda de niñas desvalidas. Como un signo de humildad, se acercó de rodillas al superior de los jesuitas para rogarle que lo tomara en cuenta, en su persona y en sus riquezas, como candidato al noviciado, pero fue rechazado debido a su edad.

Al parecer, poco antes de su muerte fue nombrado obispo de Guadalajara, pero no alcanzó a tomar posesión.

En 1572, declarándose viejo y enfermo, dictó su testamento. Falleció a principios de 1574.

1564

● MIGUEL LÓPEZ DE LEGAZPI

Nacido en el País Vasco, Miguel López de Legazpi es uno de esos grandes caballeros, reconocido por quienes tuvieron trato con él, y su actuación le hace merecedor a ser uno de los grandes personajes de la historia.

Llegó a México en 1545 y vivió casi veinte años en la capital novohispana, ocupando cargos administrativos hasta llegar a ser escribano mayor y alcalde mayor de la Ciudad de México en 1559. Durante estos años, su riqueza aumentó notablemente y, sin embargo, era un gran apoyo para quienes necesitaban consejo y comida, a su casa llegaban muchos en busca de soporte y su actitud fue siempre solidaria con quienes tenían alguna necesidad. La gente, sin conocerlo, llegaba sabiendo que obtendría comida y vestido.

Tras las primeras expediciones al Pacífico fracasadas, el rey Felipe II determinó iniciar una nueva exploración de la ruta desde México a las islas Molucas y encargó la aventura al fraile agustino Andrés de Urdaneta. La intención era establecer un vínculo serio con las Filipinas, descubiertas por Magallanes y Elcano.

Por sugerencia de Urdaneta, se concedió a López de Legazpi, quien había enviudado, el mando de la expedición como "almirante, general y gobernador de todas las tierras que conquistase".

Con cinco naves y unos 350 hombres, partió del puerto de Barra de Navidad, Jalisco, el 21 de noviembre de 1564, bajo una gran expectación social en la capital novohispana. Una nueva aventura se iniciaba, con una persona sensata al mando.

La expedición atravesó el Pacífico y desembarcó en la isla de Guam para, más tarde y no exenta de problemas serios, llegar a las islas que recibirían su nombre en honor del rey Felipe. Tras diversas batallas, Legazpi fundó los primeros asentamientos españoles: la Villa del Santísimo Nombre de Jesús y la Villa de San Miguel, hoy ciudad de Cebú, que se convertiría en la capital de las Filipinas. En 1567 quedó construido el puerto de Fortaleza de San Pedro, que se convirtió en su puesto avanzado para el comercio con México.

Legazpi destacó como administrador de los nuevos dominios, introdujo las encomiendas y activó el comercio con los países vecinos, en especial con China. Más tarde siguió la conquista de las islas restantes hasta, finalmente, tomar el puerto de Maynilad, hoy Manila, con lo que se completó el control sobre la isla de Luzón, a la que Legazpi llamó Nuevo Reino de Castilla. Reconociendo el valor estratégico y comercial del enclave, el 24 de junio de 1571 fundó la Siempre Leal y Distinguida Ciudad de España en el Oriente de Manila para convertirla en la sede del gobierno del archipiélago. López de Legazpi trasladó allí su residencia, y permaneció en Manila hasta su muerte el 20 de agosto de 1572, sin saber que el rey Felipe II había firmado una real cédula por la que le nombraba gobernador vitalicio y capitán general de Filipinas.

1565

❧ ANDRÉS DE URDANETA

Tan importante como López de Legazpi en la apertura de las nuevas rutas, Andrés de Urdaneta ya tenía un prestigio importante en España y México, tras su anterior travesía rodeando Sudamérica y su regreso milagroso, por lo que su experiencia fue fundamental para la expansión española en el Pacífico.

Marino desde su adolescencia, Urdaneta había pasado once años en aquella larga expedición que buscaba tener control de islas que estaban en disputa entre Portugal y España, pero a la muerte de los responsables —García Jofre de Loaísa y Juan Sebastián Elcano— fue uno de los pocos que sobrevivió la vuelta, y su principal narrador.

Este explorador vasco, soldado, cosmógrafo y funcionario público decidió convertirse en fraile agustino a los 45 años, en Nueva España, pero no dejó de tener relación con el mar, por lo que no fue novedad que el virrey solicitara su participación en la expedición que llegaría a Asia. Bajo su mando se seleccionó la tripulación, los víveres a llevar y la estructura a bordo, ya que López de Legazpi no era marino. La comunicación entre ambos fue fundamental durante los siguientes meses, ya que siempre se le cedió el mando y las decisiones por su capacidad matemática y cartográfica para planear y elegir las rutas más adecuadas.

Como siempre, la epopeya tuvo momentos oscuros y memorables, pero finalmente se pudo poner pie en nombre de España en aquellas islas fundamentales para el comercio. Tras el establecimiento de López de Legazpi en las que serían llamadas las islas Filipinas en honor del monarca español, en 1565 Urdaneta vuelve a América para reportar los avances de la conquista. Durante la vuelta (el tornaviaje) se descubrió la que hoy se llama la Ruta de Urdaneta, una corriente marina que ayuda a los barcos a regresar con más rapidez. En realidad, Urdaneta fue el segundo en utilizarla, pero la precisión de sus reportes hizo que esta recibiera su nombre y no la del descubridor original, Alonso de Arellano.

Se trasladó a España para informar directamente al rey de esta nueva posesión. Meses más tarde regresó a México y asumió vida de convento hasta su fallecimiento en 1568. Sin embargo, no se tiene certeza del lugar donde descansan sus restos.

Entre los exploradores de la época, Andrés de Urdaneta ha recibido menos reconocimiento que otros, pese a que su actuación fue fundamental para la navegación alrededor del mundo.

1566

☙ BERNARDINO ÁLVAREZ

Sevillano, uno de los precursores de la psiquiatría, fundó en 1566, año de su reconocimiento, el Hospital de San Hipólito, una institución inusitada para la época ya que se concentraba en atender a enfermos mentales.

La historia de Bernardino es apasionante, ya que era un joven conflictivo y violento llegado a Nueva España como aventurero y jugador, que inclusive pasó unos años en prisión por su mal comportamiento. De ahí logró escapar y viajó a Perú donde se enroló en el Ejército durante algunos años.

A la vuelta a la Nueva España, su vida tuvo un cambio drástico y fundamental, atribuido por algunos a la correspondencia con su madre quien recriminaba su comportamiento y su fortuna obtenida en el juego, pues se hizo fraile para ayudar a los más necesitados en hospitales del virreinato. Fueron años de silencio y trabajo, hasta que decidió fundar una casa para atender a los pobres y que fue dedicándose con el paso del tiempo exclusivamente a los que padecían demencia y que vagaban sin atención. Para instalar dicha casa le fue cedido un terreno aledaño a la ermita de San Hipólito, donde actualmente se encuentra el ex convento del mismo nombre. Con el paso del tiempo sería reconocido como el primer hospital de su tipo en Hispanoamérica.

La enorme cantidad de enfermos hizo que Álvarez y sus seguidores crearan la Orden de San Hipólito —que seguía las reglas de los agustinos— en 1569, y fundaran instituciones similares en Oaxtepec, Xalapa, Perote, Acapulco, Puebla, Oaxaca e inclusive en La Habana y Guatemala.

Las autoridades españolas reconocieron el gran servicio que prestaba la orden y apoyaron sus esfuerzos. Antes de fray Bernardino, los enfermos mentales no habían tenido la más mínima atención sanitaria. El apoyo alcanzó al papa y eso ayudó a que su ejemplo y estructura se extendieran con rapidez por toda Hispanoamérica.

Tras su muerte, en 1584, la consternación y muestras de afecto de la sociedad fueron totales. A su funeral asistió una gran parte de la ciudadanía y de los representantes civiles y religiosos.

El nombre de fray Bernardino Álvarez quedaría ligado en la historia de México al cuidado y tratamiento de los enfermos psiquiátricos. El mayor hospital de esa especialidad lleva su nombre.

1567

✎ PEDRO FARFÁN

Poco se sabe de la vida de don Pedro Farfán. Lo que sabemos acerca de él se debe más bien a su labor profesional, a la huella que dejó en las instituciones por las que pasó e incluso a las controversias que envolvieron su vida.

Nacido en Sevilla en 1535, e hijo de un matrimonio ejemplar, obtuvo primero su grado de bachiller y después una licenciatura en leyes en la Universidad de Salamanca.

Gracias a la buena fama que cosechó por el ejercicio de su profesión, y bajo la protección de Juan de Ovando, un poderoso colegial e inquisidor en Nueva España, fue designado oidor de la Audiencia de México en 1567. El cargo de oidor tenía una gran responsabilidad en Castilla, pero la tenía aún más cuando se desempeñaba en alguna de las colonias españolas en América.

El oidor era, por antonomasia, la autoridad encargada de escuchar a las diferentes partes involucradas en un conflicto. En efecto, su papel era el de juez, pero en América llegaron a concentrar tanto poder que, en caso de ausencia, el oidor más antiguo asumía de inmediato el puesto de virrey.

Otra de las facultades de los oidores era formar parte inmediata de la Universidad de México, así que para admitirlo, esta casa de estudios le otorgó los grados de licenciado y doctor en cánones y leyes.n Poco después, en 1581, él mismo sería el encargado de redactar los estatutos de la misma universidad, de la que se considera su primer y gran reformador.

En 1568, el nuevo virrey, Martín Enríquez, escribió una misiva al rey en la que exponía su molesta sorpresa a causa del lamentable estado en que había encontrado a la universidad. El panorama, con poco dinero en sus arcas y apenas un puñado de cátedras, no era alentador. Propuso aplicar medidas de fondo. La más importante, evitar que el virrey o un canónigo fungieran como rectores. Desde ese momento, este puesto lo desempeñaría un hombre de leyes, y nadie mejor que don Pedro Farfán.

El cambio molestó a la Iglesia, que, en boca del visitador y arzobispo de México Pedro Moya y Contreras, se convirtió en su fiel enemiga. Don Pedro fue acusado de cometer severas irregularidades al frente de la universidad, en el ejercicio de su profesión, y hasta de presentarse como bachiller en cánones por la Universidad de Valladolid, grado que nunca obtuvo.

Don Pedro resistió. Se formaron dos grupos al interior de la universidad: el grupo religioso y el grupo seglar. Ambos luchaban más o menos por el mismo objetivo, aunque a su modo: forjar en la universidad una institución de excelencia. El primero —el de los afines a Moya— se llevó la victoria.

Pedro Farfán fue suspendido en 1583. El Consejo de Indias ampliaría el castigo a diez años. Aunque se trasladó a España para luchar por su causa y hasta fue nombrado oidor de Lima, murió en el desprestigio y sin asumir su nuevo cargo.

1568

❧ ALONSO LÓPEZ DE HINOJOSOS

Sin duda, uno de los cirujanos más famosos del inicio de la colonia (muchos, inclusive, lo consideran el primero en el Nuevo Mundo), con una gran capacidad de manejo de plantas medicinales.

Nacido en 1535, de origen humilde, cuando llegó a Nueva España ya traía un bagaje importante de la ciencia médica, aprendido en diversas instituciones españolas.

En la Ciudad de México trabaja principalmente en el Hospital Real de los Naturales, uno de los más prestigiados de la colonia, durante tres lustros. Esta era una institución dedicada exclusivamente a atender a indígenas, usando en muchos casos técnicas y medicinas tradicionales. En el hospital era frecuente la participación de curanderos indígenas asistiendo a los pocos médicos que trabajaban ahí, y compartiendo con ellos su propia ciencia. Al paso de los años llegó a ocupar el puesto de administrador.

López de Hinojosos hacía frecuentes viajes para aprender las distintas técnicas locales en Oaxaca, Puebla, Texcoco y los alrededores de la capital. Más tarde se acercó a la Compañía de Jesús y trabajó en el Colegio Mayor de los jesuitas de San Pedro.

En 1578, publicó un texto que fue muy conocido y de uso práctico: *Summa y recopilación de Cirugía con un arte para sangrar muy útil y provechoso*. Una segunda edición contiene, además, los primeros textos de gineco obstetricia y pediatría del virreinato. En la obra se descubren sus criterios medievales de regirse por la lógica escolástica, además de representar la fusión de conocimientos europeos e indígenas. Fue muy utilizada como formulario medieval de recetas, y su uso fue relativamente sencillo porque fue escrita en un lenguaje accesible.

López se volvió un experto en el estudio mediante autopsias, algo usado con frecuencia a través de la disección anatómica pública, en ocasiones ante mucho público que asistía a las sesiones.

Sus observaciones sobre las epidemias que azotaban a la Nueva España abrieron alternativas para reducir la incidencia de estas enfermedades.

Colaboró con otro importante médico, Francisco Hernández, y ambos destacan medio centenar de plantas de acción curativa, tales como abeto, aguacate, calabaza, copal, estafiate, canela, hortiguillas, laurel, tabaco, pirú, sauco, sábila y zapote, por nombrar algunas.

López de Hinojosos falleció en la capital, en 1597.

1569

✦ TOMÁS DEL MERCADO

Muy cerca de la Plaza de la Constitución de la Ciudad de México se levanta un icónico templo católico que es referencia obligada para vecinos y paseantes: la iglesia de Santo Domingo. Fue en este lugar donde habitó Tomás de Mercado, aunque la apariencia actual del edificio nada tenía que ver con la que vio el buen fraile. Esto se debe a las continuas remodelaciones, destrucciones y construcciones que el templo ha sufrido a lo largo de los siglos.

Pues bien, poco se sabe acerca de la niñez y de la juventud de fray Tomás, excepto que nació en Sevilla entre 1523 y 1530. Estos grandes huecos en su vida se deben a que se le considera un fraile menor, o al menos no tan importante como los grandes nombres de evangelizadores y cronistas que abundaron en su tiempo.

Cuando tenía aproximadamente veinte años se trasladó a la Nueva España, donde ingresó de inmediato al convento de Santo Domingo en la Ciudad de México, en el que recibió la instrucción por la cual pasaría a la historia: una educación bajo el modelo de la Escuela de Salamanca.

La Universidad de Salamanca es la más antigua del mundo hispano, pero además fue el centro de enseñanza donde nació el pensamiento renacentista y desde el cual se extendió a gran parte del mundo, gracias a que sus profesores comenzaron a dar clases en diversos puntos del planeta. En esta misma universidad nació también la teoría económica. Estos tres factores fueron los que influyeron a Tomás del Mercado.

Por un lado, recibió clases de eminentes profesores salamantinos, por otro, se graduó en economía y, finalmente, utilizó para su obra escrita una importante herramienta que le regaló el Renacimiento: la dialéctica. Es decir, buscar la claridad antes que la verborrea para lograr convencer a sus lectores. Y lo logró.

Luego de tomar los hábitos y de volver a España para continuar sus estudios, escribió *Tratos y contratos de mercaderes y tratantes*. El valor de esta obra es que fue concebida desde dos puntos de vista antagónicos, mismos que fray Tomás logró conciliar: la Iglesia y la economía. Gracias a ello, logró analizar los efectos que tenía la importación de metales americanos en los precios de los productos derivados que se pagaban en Europa. Abogó por un precio justo, que debería ser fijado y regulado por las autoridades.

Otro de sus planteamientos más importantes fue el concerniente al interés, el cual defendió, incluso en contra de la condena general de la Iglesia, la cual lo consideraba usura. Luego de permanecer en Europa por algunos años, se embarcó de regreso a la Nueva España, pero en el camino enfermó y murió repentinamente.

La base de sus estudios económicos, bajo la óptica cristiana, serviría para forjar un primer acercamiento a la ética comercial. Tan importantes fueron sus aportaciones que el gremio de mercaderes de Sevilla se encargó de promover y difundir sus postulados más importantes, pues el comercio internacional ya era una realidad.

1570

❧ FRANCISCO BRAVO

En 1492, cuando Cristóbal Colón llegó al continente americano, el oscurantismo de la Edad Media aún se hallaba instalado sobre gran parte del conocimiento humano. Lo que se sabía, e incluso lo que se ignoraba, se debía en ocasiones a cerrados e impenetrables dogmas que nadie —al menos de manera libre y explícita —podía violar. En el campo médico, por ejemplo, se desconocía el sistema circulatorio y las autopsias estaban prohibidas. Se trataba indudablemente de otro tiempo; de otra forma de ver y concebir al mundo, al universo y también al ser humano.

Es en este contexto donde la vida y la obra de Francisco Bravo adquieren sus justas dimensiones.

Nacido en Sevilla alrededor de 1525, estudió medicina en la Universidad de Alcalá, que por entonces se consideraba el centro de enseñanza más avanzado en temas médicos. Tras recibir los grados de licenciado y doctor en la Universidad de Osuna, comenzó a ejercer su profesión en Sevilla. Sin embargo, algunos años después decidió trasladarse a la Nueva España, tal vez porque algunos de sus grandes amigos se habían instalado con éxito en la Universidad de México.

En la ciudad capital, Bravo continuó con el ejercicio de su profesión, siempre procurando anteponer su humanismo.

A principios de 1570, se imprimió su primera obra, que fue también el primer libro de medicina publicado en todo el continente: *Opera medicinalia*, un amplio tratado que incluye reflexiones en torno al ejercicio de su profesión, apreciaciones sobre el origen de ciertas enfermedades, la manera en la que la situación geográfica de México afecta al sistema inmunológico humano y hasta un estudio de la botánica nacional, es decir, de las plantas medicinales tradicionales.

Su prestigio creció con rapidez. Tres veces fue nombrado protomédico de la Ciudad de México, y se encargó de supervisar las boticas y las farmacias, así como el ejercicio profesional de médicos, barberos y parteras. Igualmente, fungió como censor de las obras de medicina que se encontraban próximas a publicarse.

Entre sus aportaciones se encuentra un profundo estudio sobre el talabardillo, que es la forma medieval en la que se referían al tifus; esa enfermedad que, transmitida por la picadura de piojos, pulgas y garrapatas provoca fiebres altas y males asociados.

De sus observaciones en el medio mexicano, destaca el hecho de que consideró que la cadena montañosa que rodea al valle de México era una barrera natural que impedía la correcta ventilación del aire, contaminado a causa de las aguas estancadas del amplio sistema lacustre que existía en aquel tiempo. En pos de una mejor salud pública, recomendó prohibir la venta del pescado que era extraído de esos lugares. En el renglón destinado a las sangrías, destacó el uso de la zarzaparrilla mexicana, la cual, hoy se sabe, es un magnífico depurativo de la sangre, que favorece la eliminación del exceso de ácido úrico.

Luego de una vida de méritos públicos, el doctor Francisco Bravo falleció en la Ciudad de México aproximadamente en 1595.

1571

❧ FRANCISCO DE TEMBLEQUE

En el año 2015, la Unesco incluyó a un singular acueducto mexicano como parte del Patrimonio de la Humanidad. Al hacerlo, reconoció que se trata de la obra de ingeniería hidráulica más importante construida en la Nueva España. Una obra sin precedentes que hoy es conocida con el nombre de "Sistema Hidráulico del Acueducto del Padre Tembleque", en honor a su creador: fray Francisco de Tembleque.

Nacido precisamente en Tembleque, municipio de Toledo, el franciscano arribó al Nuevo Mundo en 1542. Poco se sabe de su vida. Lo único seguro es que, tras su llegada, fue enviado al pequeño poblado de Otumba, en el actual Estado de México, a realizar su misión evangelizadora. Lo primero que vio en aquella región marcó su destino: los indígenas subsistían en medio de una inhumana escasez de agua.

A las condiciones semidesérticas del lugar se sumaba el hecho de que los españoles que se habían asentado en la zona se encargaban de acaparar el líquido. Pero había algo más: en épocas prehispánicas, los nativos habían aprendido a vivir con poca agua. Se valían de unos depósitos artificiales, excavados en la tierra, a los que llamaban jagüeyes. En ellos reunían el agua de lluvia, así como la que iban llevando desde la región de Teotihuacan.

Dado que Otumba se convirtió en un importante cruce de caminos hacia Veracruz, Puebla, Pachuca, Tlaxcala y la Ciudad de México, la afluencia de visitantes se incrementó notoriamente. El agua de los jagüeyes no solamente fue insuficiente, sino que empezó a usarse lo mismo para nadar que para bañarse, lavar y meter a los animales a beber. El resultado fue simple: el líquido se contaminó y con ello las enfermedades se volvieron epidemias. Ante este panorama, el fraile decidió actuar.

Lo más sencillo era llevar el agua de regiones cercanas, como Texcoco y Tepeapulco, pero ambas comunidades se negaron a venderle el líquido. Entonces se enteró de unos abundantes manantiales que se localizaban junto al cerro del Tecajete, en el hoy municipio de Zempoala. En febrero de 1555 comenzó la construcción del sistema hidráulico, mismo que culminaría en 1563.

¿En qué reside la importancia de este acueducto? En su magnitud, pues ostenta un trazo de 39.8 kilómetros en línea recta y de 45 kilómetros contando los accidentes geográficos que libra. Aunque es conocido por las seis arquerías monumentales que presume, cerca del 95 por ciento es subterráneo en tramos que varían de profundidad entre unos cuantos centímetros y hasta dos metros. Cuenta además con una zona de captación de aguas y fuentes, una red de canales, una serie de depósitos y desde luego los puentes-acueductos. El fraile, que poseía conocimientos de arquitectura e hidromensura, dejó en la obra una huella evidentemente mestiza, pues la técnica para trasladar el líquido es romana, pero la cimentación, utilizando cimbras de adobe, es mesoamericana. En distintas partes de la arquería los constructores indígenas labraron jeroglíficos, aún visibles, que cuentan la historia tanto de esta magna obra como del hombre que la hizo posible.

1572

~ PEDRO LÓPEZ

Pedro López fue médico de profesión, pero profundamente humanista por vocación. De la mano de su deseo por salvar vidas iba también su necesidad de salvar almas, de redimirlas, de lograr una vida mejor para quienes lo rodeaban.

Originario de Dueñas, un pequeño poblado cercano a Palencia, don Pedro nació en 1527. A pesar de que contrajo nupcias a muy temprana edad, siguió adelante con sus estudios. En la Universidad de Valladolid obtuvo la licenciatura en medicina. Después de ejercer un tiempo en su tierra natal, recibió una singular misiva que habría de cambiarle la vida: su hermana, que vivía en la Nueva España, había enviudado. Su cuñado, como una especie de última voluntad, le rogaba que no dejara sola a su hermana. Incluso fue más allá: la dejó a su cargo.

Sin dudarlo, don Pedro cruzó el océano, se estableció en la Ciudad de México, validó su grado académico, obtuvo el de doctor, logró acuñar un decoroso capital, trajo a su mujer y encima siguió manteniendo a su hermana. Todo esto lo hizo de forma tan rápida que se convirtió en una persona que llamó la atención públicamente.

Con su esposa nuevamente junto a él, no perdió el tiempo: tuvo seis hijos, dos de los cuales ingresaron a la vida religiosa y se ordenaron sacerdotes, lo cual significaba una dignidad muy especial, además de traer consigo una buena cantidad de ventajas económicas, desde luego. Como punto culminante fue designado protomédico, lo cual ponía sobre sus hombros la responsabilidad de supervisar tanto a las personas como a los establecimientos que se encargaban de la salud.

Sin embargo, tanta prosperidad no podía pasar inadvertida: alguien levantó una denuncia en su contra ante la Santa Inquisición. El terrible delito por el que se le acusaba era el de tener imágenes religiosas en lugares sucios e indignos. Aunque los cargos resultaron falsos, el proceso duró más de un año, lo cual le acarreó desgaste injustificado y un evidente desprestigio social debido a las habladurías. Nada de esto le importó. Él siguió adelante más convencido que nunca.

Fundó los hospitales San Lázaro y De los Desamparados; el primero enfocado en los leprosos y el segundo dirigido a mestizos, negros y españoles pobres. Igualmente, estableció una sociedad de mujeres que tenía como finalidad recoger niños abandonados.

Como parte de una incansable labor social, prestaba sus servicios en casas de asistencia para dementes y fue el médico de cabecera de los frailes del Convento de Santo Domingo. Se preocupó también por la catequización de los mulatos de la ciudad, por denunciar abusos cometidos por el clero y por exigir un trato justo y ético a quienes se dedicaban al comercio.

Falleció en la capital de la Nueva España en 1597. Para ese momento, la ciudad entera lo reconocía como un hombre bueno y un ejemplo de honradez y rectitud cuya memoria debía preservarse.

1573

❧ JERÓNIMO DE MENDIETA

Sus contemporáneos lo calificaron como uno de los hombres más rectos y lúcidos que habían conocido, y no se equivocaron. Jerónimo de Mendieta fue un hombre de bien que intentó estudiar la realidad de la Nueva España más allá del dogma, y para hacerlo fijó su mirada no en los libros, sino directamente en los indígenas americanos. Esa fue su gran virtud, aunque fue también el principio de su condena.

Lo que hace tan especial a este fraile fue la determinación con que encaró la historia del Nuevo Mundo, pues fue la primera persona que estudió sin prejuicios la manera en que se llevó a cabo la evangelización temprana en América. Sus notas y conclusiones fueron tan realistas y críticas que encolerizaron lo mismo a la monarquía española que a la alta jerarquía eclesiástica, lo que le significó un doloroso castigo.

Nacido en 1525 en Vitoria, capital de la provincia de Álava, situada en la comunidad autónoma del País Vasco, Jerónimo de Mendieta fue el último de los cuarenta hijos que engendró su padre durante tres matrimonios. Ingresó a la orden de los franciscanos en el convento de Bilbao, donde estudió artes y teología. Luego de recibir la ordenación sacerdotal, partió hacia la Nueva España en 1554. Fue asignado al convento de Tochimilco, en el estado de Puebla. Su amor por las tierras americanas fue inmediato, por lo que se dio a la tarea de aprender náhuatl. Según testimonios, aprendió esta lengua de forma tan rápida y con tanta excelencia, que causó sorpresa en sus compañeros, sobre todo a causa de una curiosa circunstancia: en su idioma natal, fray Jerónimo presentaba notorios problemas para comunicarse, pero en náhuatl, sus ideas fluían con facilidad.

En 1570 volvió a España por tres años, pero su regreso al Nuevo Mundo fue definitivo: no volvió a irse. En cuanto regresó, comenzó con la redacción de su gran obra: *Historia eclesiástica indiana*, una crónica detallada acerca de la evangelización. Con profunda sapiencia, se dedicó a recoger los testimonios sobre la llegada de España al Caribe, la situación cultural de los pueblos que encontraron y una minuciosa cronología del trabajo de los frailes predicadores, hasta culminar en un retrato de la conquista del imperio mexica.

Algunos de los puntos incómodos de su obra fueron el denunciar que la conquista perdió su objetivo fundamental de salvar almas y se convirtió en un pretexto para enriquecerse por medio de la esclavitud, y el proponer el final de las encomiendas para reorientarlas hacia un plan esencialmente salvífico.

Tanto malestar causaron sus palabras, que sus textos fueron olvidados. Una parte de ellos se publicaron dentro del libro *Monarquía indiana*, de Juan de Torquemada, pero la obra completa se publicó hasta 1870, cuando el sabio Joaquín García Icazbalceta la rescató.

Sin embargo, es posible que el gran legado de Jerónimo de Mendieta sea el amor, pues vio a los indígenas con tanta simpatía que llegó a sentirlos —así lo expresó— como sus propios hijos.

1574

◆ DIEGO DE IBARRA

on Diego de Ibarra nació en Éibar, una ciudad y municipio de la provincia de Guipúzcoa, en el País Vasco. Cuando vio la primera luz, en 1520, Hernán Cortés tenía apenas un año de haber arribado a las costas mexicanas. Tal vez no sea casualidad el que su vida se haya visto influida por esta particular circunstancia, ni mucho menos que él mismo haya escrito una página importante de la historia de nuestro país.

Por mandato de su alma aventurera, el mayor de sus hermanos, Miguel, se trasladó a la Nueva España. En esos territorios se desempeñó como capitán del gran conquistador del occidente mexicano, Nuño Beltrán de Guzmán. Tras sus victorias y la edificación formal de la Nueva Galicia, Miguel de Ibarra trabajó primero como regidor de la villa de Guadalajara y después como su alcalde.

Tal vez por imitación, tal vez por un sentimiento igualmente aventurero, Diego decidió seguir los pasos de su hermano, así que cruzó el océano y pisó el Nuevo Mundo a los veinte años de edad.

El encuentro de los hermanos se dio en un marco por demás peculiar: ambos participaron en la Guerra Chichimeca; un prolongado y sangriento conflicto armado entre indios "salvajes" (zacatecos y guachichiles) y los ricos hacendados españoles, a quienes los nativos acusaban, no sin razones, de abusar de ellos.

En el escenario que abarcaron los actuales estados de Zacatecas, Guanajuato, Aguascalientes, Jalisco y San Luis Potosí, los hermanos se volvieron a ver.

Fue precisamente en estas circunstancias, mientras algunos soldados exploraban el terreno y buscaban riquezas, que un pequeño grupo de españoles encontraron un lugar por demás llamativo. Era 1546, cerca del actual municipio de Tlatenango, cuando unos indígenas les mostraron piedras hermosas que resultó que contenían plata.

A raíz de este inesperado hallazgo, los conquistadores Juan de Tolosa, Cristóbal de Oñate, Baltazar Temiño de Bañuelos y el propio Diego de Ibarra levantaron las primeras casas que con el tiempo darían paso a la ciudad de Zacatecas. Esta urbe sería conocida como la "Civilizadora del norte", pues se consideró la puerta para que el mundo español del centro de México fuera colonizando los terrenos habitados por salvajes. Don Diego llegó a ser alcalde mayor de esta nueva ciudad; hoy se le considera su fundador. Con el tiempo, esta región aportaría tal cantidad de riquezas a la Corona, que el rey, en agradecimiento, le otorgaría el título de "Muy Noble y Leal Ciudad de Nuestra Señora de los Zacatecas".

Convertido en un hombre próspero, contrajo nupcias con la hija del virrey Luis Velasco y Ruiz de Alarcón. Desde sus posiciones de poder, apoyó a su sobrino Francisco de Ibarra para que continuara con la exploración y conquista de los territorios del norte. Fue su sobrino quien fundó la Nueva Vizcaya, provincia que incluía los actuales estados de Durango, Chihuahua, Sinaloa, partes de Coahuila. Luego de la muerte de su sobrino, en 1575, don Diego asumió el gobierno de la región, que solo la muerte lo obligaría a dejar, lo cual sucedió un año después.

1575

✦ BERNAL DÍAZ DEL CASTILLO

Bernal Díaz del Castillo fue soldado, conquistador, aventurero, encomendero y gobernador. Pero, sin lugar a dudas, su gran papel en la historia se lo debe a un importante mérito que no debe ser escatimado: el de haber escrito los textos que hoy conocemos con el nombre de *Historia verdadera de la conquista de la Nueva España*, cuya primera edición data de 1632.

En este libro plasmó sus vivencias, las cuales nos llevan a distintas conclusiones: tuvo el buen tino de escribir lo que vio; lo que vio fue asombroso, y fue un hombre por demás privilegiado, pues se encontró en el lugar preciso para mirar con sus propios ojos algunos de los eventos históricos que cambiaron al mundo.

Pues bien, nacido entre octubre de 1495 y marzo de 1496 en la pequeña villa de Medina del Campo, en Castilla, arribó al casi recién descubierto continente americano a los veinte años de edad.

Luego de algunas expediciones relativamente menores, se asentó en la isla de Cuba, donde el gobernador, Diego de Velázquez, le hizo la primera de muchas promesas que jamás le cumplirían: le prometió una encomienda con indios a su servicio. Jamás recibió nada. Inconforme, se alistó bajo las órdenes del capitán Francisco Hernández de Córdoba, quien deseaba explorar otras de las muchas islas que se encontraban en el

Caribe. Buscaban riquezas, sí, pero principalmente esclavos, pues el trabajo duro y las epidemias prácticamente habían exterminado a la población nativa de Cuba. Aquella expedición tendría la suerte de llegar a la península de Yucatán y con ello descubrir México.

Un segundo viaje haría Bernal Díaz, ahora bajo las órdenes de Juan de Grijalva; esta vez llegarían hasta Veracruz. Sin embargo, fue su tercer viaje el que marcó su vida: en 1519 se unió a la expedición comandada por Hernán Cortés, la cual, el 13 de agosto de 1521, terminaría por conquistar la ciudad de México-Tenochtitlan; la capital del imperio más grande y poderoso de Mesoamérica.

Fiel a su capitán, lo siguió por diversas aventuras, lo cual lo colocó en el lugar exacto para que, tiempo después, dejara su valioso testimonio por escrito: qué vio, cómo lo encontraron, cómo eran aquellas personas, cuáles eran sus costumbres y creencias, qué comían, cómo se comportaban, en qué creían. Una importante y rica crónica que, aun en nuestros días, sigue siendo una indispensable fuente de enseñanza para todo aquel que desee internarse en el esplendoroso pasado prehispánico.

Aunque al final de sus días no le fue tan mal, pues llegó a ser regidor de la ciudad de Santiago de Guatemala, hoy Antigua, y a tener buena cantidad de indios a su cargo, fueron más las promesas no cumplidas las que tuvo que soportar.

Hasta el momento de su muerte, ocurrida en 1584, conservó una copia de sus memorias, las cuales siguió aumentando y corrigiendo con paciencia. Tras su deceso, uno de sus nietos se encargó de pasar en limpio sus apuntes y de asegurarse de que su importante legado no se perdiera.

1576

❧ FRANCISCO GÓMEZ DE MENDIOLA

rancisco Gómez de Mendiola y Solórzano nació el mismo año en que Cortés arribó a las costas mexicanas. De aquel 1519 hasta 1540, cuando él, junto con toda su familia, se mudó a la Nueva España, su vida transcurrió con normalidad. Sería hasta que habitó estas tierras americanas cuando su existencia adquiriría no solo relevancia, sino también tintes de leyenda.

Sus primeros estudios en el Nuevo Mundo los realizó en la Universidad de México, donde obtuvo el grado de abogado. Una vez graduado, se trasladó a la ciudad de Guadalajara, donde comenzó a ejercer con éxito su profesión. En este tiempo se enamoró de una bellísima joven, que resultó ser hija de un importante oidor. Llenos de ilusiones, comenzaron a planear la boda. Por desgracia, poco antes de que el enlace se celebrara, la joven falleció.

Según la tradición, la última voluntad de la novia fue que Francisco, para honrarla, ingresara a alguna clase de vida religiosa, algo que él no tenía la menor intención de hacer, sin importarle que la bella joven le hubiera obsequiado, como símbolo de ese compromiso, un alba blanca y un amito. Nada de esto importó. El abogado continuó con su trabajo en la Real Audiencia, hasta que algo por demás inusitado sucedió. En el año de 1571, exactamente en el día de su cumpleaños, recibió una notificación firmada por el rey Felipe II. Lo que se le informaba no era asunto menor: se trataba de su nombramiento como obispo de la diócesis de Guadalajara.

Sin importar que el joven no era sacerdote, el monarca le obsequiaba tal dignidad a causa de su noble carácter y a su amor por los indígenas. En unos cuantos días, recibió las órdenes sagradas que necesitaba y se convirtió en uno de los primeros obispos de aquella diócesis. Según la leyenda, durante su ordenación utilizó los ornamentos que su difunta novia le obsequió.

Como hombre de fe, adquirió fama de piadoso, y aun de milagroso. Se decía, por ejemplo, que, para ayudar a un hombre pobre, había convertido un alacrán en una moneda de plata. Lo cierto es que desde su nuevo cargo se dedicó a ayudar a los necesitados. Fundó diversas instituciones de beneficencia pública, como los colegios de Santa Catalina, para niñas pobres, y el de San Pedro y San Pablo, para niños desvalidos. También apoyó al Seminario Tridentino de San Pedro, en el que apoyó a un clero más liberal y humano.

En medio de una visita pastoral a la zona de Zacatecas, falleció extrañamente. Era el año de 1576.

Luego de su muerte, su leyenda comenzó a construirse. Fueron muchas las personas que aseguraban que, por medio de su intercesión, habían recibido favores y a veces verdaderos milagros. Tras dos décadas, su cuerpo fue hallado incorrupto. Los feligreses comenzaron a robar partes de su cuerpo, a manera de reliquias. Hoy, sepultado bajo el altar mayor de la catedral de Guadalajara, su memoria sigue viva gracias a los miles de fieles que siguen encomendándose a él.

1577

✎ FRANCISCO HERNÁNDEZ DE TOLEDO

La conquista del continente americano posee sin duda múltiples motivos de dolor. Sin embargo, más allá de las tragedias, de las muertes y de las injusticias, el famoso encuentro de dos mundos cambió el rostro del planeta para siempre. Como si se tratara de un anuncio de la globalización, tanto Europa como América se nutrieron mutuamente gracias a los adelantos, a los conocimientos y a los recursos naturales que existían en un lado del mundo pero en el otro no. Es en este renglón donde el nombre de Francisco Hernández de Toledo adquiere su importancia histórica.

Médico, ornitólogo y botánico, dirigió la primera expedición científica al Nuevo Mundo, pero para lograrlo tuvo antes que labrar un importante prestigio basado en el estudio y en la investigación.

Originario de La Puebla de Montalbán, municipio de Toledo, Francisco Hernández estudió medicina en la Universidad de Alcalá. Durante algunos años ejerció con éxito su carrera, principalmente en el hospital del monasterio de Guadalupe, lo cual le resultó sumamente lucrativo por el lado económico y por demás gratificante en el ámbito social, pues su prestigio creció tanto que en 1565 se convirtió en médico de la corte.

En este tiempo se dedicó con pasión al estudio de la naturaleza, principalmente de las plantas, de las que llegó a conocer tanto que el rey Felipe II no tuvo duda en solicitarle que dirigiera una expedición científica a América, con énfasis especial en los territorios de la Nueva España. La idea era descubrir plantas medicinales que pudieran ser útiles para España.

Llegó a Veracruz en 1572 y durante tres años se dedicó a recorrer México y Centroamérica. Al mando de un equipo de geógrafos, pintores, botánicos y médicos europeos y nativos, fue reuniendo y clasificando una gran cantidad de especímenes del reino vegetal. Para ello, se valió de tres tlacuilos o pintores indígenas de códices, quienes iban retratando cada uno de los hallazgos. Simultáneamente se dio a la tarea de realizar crónicas en las que consignaba costumbres, ritos, hábitos y creencias de los pueblos nativos que se encontraba en el camino. Otra de sus grandes labores fue la de ordenar la práctica médica en el virreinato, pues había recibido el cargo de "Protomédico general de nuestras Indias, islas y tierra firme del mar Océano".

Entre los descubrimientos más notables de Hernández se encuentran la piña, el cacao y el maíz, entre decenas de plantas curativas y comestibles.

Debido al tamaño de su obra, murió antes de que pudiera verla publicada. Los retrasos en la edición provocaron que se fueran perdiendo partes de sus apuntes. Gracias a que en algunas recopilaciones se rescataron ciertos fragmentos y capítulos, no se perdió en su totalidad. El doctor Hernández murió en Madrid en 1587, luego de describir más de 3 mil especies vegetales, 400 animales y 35 minerales útiles con fines médicos. Hoy se le considera pilar de la botánica universal.

1578

❧ ALONSO DE VILLASECA

En el Centro Histórico de la Ciudad de México, dentro del templo de San Miguel Arcángel, se encuentra un monumento funerario que habitualmente pasa desapercibido para los fieles que acuden a rezar. Los restos mortales que resguarda pertenecieron a un rico señor nacido en España, a quien ni todo el oro el del mundo le hizo perder su fe. Su nombre fue Alonso de Villaseca.

Este noble señor nació en Arcicóllar, un pequeño municipio español de la provincia de Toledo. Al ser hijo de una pareja de ricos y muy queridos hidalgos, no encontró ningún problema al momento de emigrar a la Nueva España, lo cual hizo en 1535, no solo el mismo año en que arribó don Antonio de Mendoza, quien fungiría como primer virrey, sino también cuando el Nuevo Mundo se presentaba como un lugar de posibilidades infinitas.

Gracias a su reconocido abolengo, le fue igualmente sencillo encontrar a la mujer adecuada para contraer nupcias: doña Francisca Morón, una rica heredera, cuyos padres eran tan adinerados que entre sus muchas propiedades poseían una hacienda ganadera en la cual, cada año, se herraban más de veinte mil becerros.

No extraña, pues, que su éxito haya sido instantáneo. Aunque su principal actividad productiva fueron las minas, las cuales se distribuían por Pachuca, Ixmiquilpan, Guanajuato y Zacatecas, era dueño también de haciendas agrícolas y ganaderas. Tanto se multiplicó su fortuna, que muy pronto se le conoció como el hombre más rico de la Nueva España.

Cuando, en 1572, llegaron los primeros jesuitas, don Alonso se mostró frío y seco con ellos. Sus limosnas eran más bien asunto de caridad menor. Sin embargo, algo sucedió. Algo que sus biógrafos no han logrado averiguar con certeza. Tal vez una conversión interior. Lo cierto es que, de la noche a la mañana, su corazón se ablandó y se convirtió en el principal benefactor de la orden. Tras su muerte, su nieto calculó que su abuelo les había donado cerca de doscientos treinta mil pesos, una impresionante suma para la época.

Gracias a su generosidad, se construyó el Colegio Máximo de San Pedro y San Pablo (hoy Museo de la Luz, en la Ciudad de México). Hizo también importantes donaciones a la universidad y a la iglesia de Guadalupe, que por entonces era apenas una pequeña ermita en el cerro del Tepeyac.

Don Alonso murió el 8 de septiembre de 1580. Su yerno mandó construir una vistosa sepultura en aquella iglesia jesuita. Sin embargo, luego de la expulsión de la orden, el templo fue cerrado. Los restos de don Alonso permanecieron en el olvido hasta que fueron trasladados al Convento de San Francisco con todo y su mausoleo. A principios del siglo XIX, su sepulcro fue desmantelado y trasladado a la parroquia de San Miguel Arcángel, donde se incorporó tan bien a su entorno que se convirtió en altar lateral y nadie volvió a acordarse de él, hasta 1956, cuando fue redescubierto y con ello se refrescó la memoria del hombre más adinerado de la Nueva España.

1579

♠ DIEGO DE VALADÉS

Era, evidentemente, un espíritu renacentista, adelantado a su época, por el gusto y la facilidad que tenía para destacar en muchos campos. Fue humanista, filósofo, historiador, dibujante, lingüista, bibliófilo, grabador, misionero y evangelizador. Y, además, había nacido en tierras americanas.

Este franciscano fue el primer mexicano que imprimió un libro en Europa. En el año de 1579 apareció en Perugia, Italia, *Rhetorica Christiana*, un gran compendio de la cultura de su época, que recorría los campos del saber y del vivir: teología, filosofía, historia, exegesis, pedagogía, sociología, etcétera.

De Valadés nació en 1533, en Tlaxcala, y fue de los primeros mestizos destacados, hijo de un soldado español y una mujer indígena. Dentro de su orden se convirtió en un reconocido predicador y notario.

Entró desde muy joven al convento de San Francisco, estudiando en el colegio vecino, San José de Belén de los Naturales, como uno de los cincuenta jóvenes seleccionados por otro gran personaje, Pedro de Gante. De hecho, De Valadés fue el primer mestizo ordenado fraile.

Durante treinta años fue confesor y maestro de los indígenas, aprovechando su capacidad políglota, pues hablaba al menos náhuatl, tarasco y otomí. También realizó diversas traducciones para facilitar la enseñanza.

Poseía una colección de libros que desafortunadamente perdió mientras buscaba convertir a grupos chichimecas que lo atacaron, haciéndolo huir sin su tesoro.

En 1571 fue enviado a Europa para participar en el Congreso General Franciscano en Francia. Más tarde pasó a España, donde transmitió a fray Jerónimo de Mendieta la orden del general de los franciscanos para volver a México, donde escribió *Historia Eclesiástica Indiana*, su controvertido tratado.

No conocemos con exactitud los caminos de fray Diego ni sus causas.

Al parecer llegó a Italia y fue nombrado procurador de la orden franciscana ante la Corte Pontificia, electo en la Congregación General de Roma ese año.

Durante varios años fue tomando notas para construir su obra, que finalmente se hizo pública en 1579.

Antes de la aparición de *Rhetorica Christiana*, los libros publicados no reflejaban la evangelización americana o se basaban en comentarios de terceros, mientras que De Valadés lo hacía como actor y testigo fundamental del trabajo y las relaciones con las comunidades. Además, fray Diego realizó los grabados que ilustran bellamente dicho libro y que son, en sí mismos, una detallada obra de arte.

Unos meses más tarde regresó a México, donde murió en 1582.

1580

☙ MARTÍN ENRÍQUEZ DE ALMANSA

D on Martín Enríquez de Almansa y Ulloa, político, militar y cuarto virrey de la Nueva España fue un hombre justo. Tanto como hombre, como cristiano y gobernante, la fama que forjó a lo largo de su vida lo señaló como un hombre recto. Sin embargo, para entender en su correcta dimensión su vida y su obra, es necesario remontarnos al pasado, al momento mismo del descubrimiento de América.

Cuando Cristóbal Colón arribó por accidente al Nuevo Mundo, el conocimiento, el poder y la geopolítica cambiaron para siempre. A España le llevó tiempo entender, dimensionar y después administrar el enorme territorio que había quedado bajo su poder. Lo que parecían unas cuantas islas esparcidas en el Caribe, eran en realidad apenas la nariz de un inmenso territorio rico en recursos naturales, vidas humanas y conocimiento.

Desde un principio, los Reyes Católicos primero y Carlos I después hicieron lo que estuvo a su alcance para regir y aprovechar adecuadamente los nuevos territorios, así como los que se iban descubriendo. Sin embargo, el primer monarca que se propuso gobernar y administrar los dominios de América con una óptica diferente y moderna fue Felipe II, y para ello convocó a una Junta Magna en la cual participarían los miembros del Consejo de Indias y el Consejo de Castilla, así como a un gran número de políticos y juristas.

La idea era asumir por completo el control de los territorios americanos, pues hasta entonces los monarcas españoles habían estado demasiado ocupados con los asuntos internos como para afianzar el poderío español en el Nuevo Mundo. En esta junta se decidió que don Martín sería nombrado virrey.

Su gestión comenzó en 1568 y sus obras fueron tan amplias y tan variadas que incluyó combatir a los piratas que se habían instalado en la Isla de los Sacrificios, Veracruz; ser intermediario en los conflictos entre órdenes religiosas; dirigir una campaña militar contra los indios huachichiles, que habitaban grandes regiones del norte, para lo cual ordenó la construcción de tres fuertes; atestiguar la creación formal del Tribunal del Santo Oficio; supervisar el ingreso de nuevas órdenes religiosas al virreinato, entre ellas los jesuitas en 1571, así como verificar el inicio de las construcciones del Convento de la Merced y de la catedral. En el terreno comercial, promovió el envío a España de maderas tintóreas, palo del Brasil y lanas, recibiendo a cambio mercurio, paños y artículos de lujo.

En 1580, cansado y delicado de salud, pidió al rey que lo relevara de su cargo. Sin embargo, tenía tanta experiencia en la administración pública y había entregado tan buenos resultados, que Felipe II lo designó virrey, gobernador y capitán general del Perú, así como presidente de la audiencia local.

Tras cumplir a cabalidad con su nuevo puesto, lo cual le significó en diversas ocasiones enfrentarse con las autoridades anteriores, y afectado por una severa apoplejía y una evidente parálisis muscular, falleció en la capital peruana en 1583.

1581

✦ JUAN DE LA FUENTE

El 12 de octubre de 1492 no solo marca la llegada del hombre europeo a tierras americanas, sino también el arribo de decenas de enfermedades hasta entonces desconocidas en este lado del planeta. Debido a múltiples factores, entre ellos la inexistencia de ganado (vacas, borregos, puercos), algunas enfermedades derivadas, como la viruela y el sarampión, se volvieron mortales, pues encontraron un campo fértil en millones de seres humanos cuyos sistemas inmunológicos no estaban preparados para enfrentarlas.

Junto con los conquistadores, frailes, esclavos y aventureros, de los barcos descendieron también piojos, pulgas, ratas, cucarachas y alimañas en general que transmitían con facilidad enfermedades infectocontagiosas: viruela, sarampión, tos ferina, gripe, difteria, peste, tifus, tracoma, muermo, rabia, gonorrea, tuberculosis, lepra, fiebre amarilla, sífilis. No extraña que en algunas islas del Caribe la población nativa prácticamente se haya diezmado; tampoco es de extrañar que la conquista del continente entero haya sido posible por esta especie de involuntaria guerra bacteriológica.

Muy pronto las autoridades españolas entendieron que contar con médicos, medicinas y hospitales apropiados era un asunto indispensable en dos sentidos: para garantizar la salud de los europeos, pero también para procurar la de los nativos, pues sin ellos no existía mano de obra.

El nombre de don Juan de la Fuente se encuentra estrechamente ligado al de los orígenes de la medicina moderna en México. Aunque se desconocen los detalles tanto de su juventud como de su formación, es seguro que nació en Sevilla entre 1522 y 1527. Influenciado seguramente por el humanismo, obtuvo los grados de licenciado y doctor en la Universidad de Sevilla en 1547 y, junto con su esposa y seis hijos, se trasladó a la Nueva España quince años después.

Su rápido ascenso fue notable. En menos de un año ya era protomédico de la Ciudad de México, cargo para el que fue reelegido diez veces. En 1572, durante la reestructuración de la Inquisición, se incorporó como médico al Santo Oficio, donde se desempeñó como médico y traductor al francés. Seis años después, se convirtió en el primer titular de la cátedra de medicina en la Real Universidad de México. Ambos cargos aumentaron su prestigio, al grado que se convirtió en el encargado oficial de supervisar los libros que se imprimieran en materia de medicina.

Ser el titular de una cátedra no era asunto menor. Significaba que dicha persona ostentaría el cargo hasta que renunciara a él o muriera. Esto sucedió con Juan de la Fuente, quien falleció en 1595.

Si bien su nombre siempre fue respetado entre la sociedad novohispana, ni siquiera él logro quitarse de encima las sombras de la sospecha. Por entonces, se consideraba que la profesión de médico era habitualmente practicada por judíos de linaje, judíos conversos y criptojudíos; además, sus padres habían sido exitosos comerciantes en España, un oficio también asociado con el judaísmo.

1582

◆ JUAN BAUTISTA POMAR

Uno de los grandes méritos de Juan Bautista Pomar fue excavar en busca de sus raíces, conocerlas y amarlas. Después de este proceso, darse a la tarea de escribirlas y así evitar que murieran. Gracias a su esfuerzo, hoy contamos con obras que, junto con las de autores como Bernardino de Sahagún y Fernando de Alva Ixtlilxóchitl, nos ofrecen el punto de vista indígena acerca de aquel México prehispánico, ese México que vivió y sobrevivió a la conquista.

Nacido alrededor de 1535 en Texcoco, gracias a su origen noble, recibió una educación privilegiada. Su madre era hija de Nezahualpilli, último tlatoani de Texcoco, quien a su vez era hijo del gran Nezahualcóyotl, gran señor y destacado poeta de la antigüedad. Su padre era español.

Su genealogía fue de gran ventaja para él. Fue educado en el cristianismo y aprendió con fluidez el español. De igual modo, escribía con maestría tanto el español como el náhuatl.

Gracias al interés que le provocaba la obra de su ilustrísimo abuelo, se dedicó a recopilar poesía en náhuatl. El fruto de su trabajo lo conocemos con el nombre de *Romances de los señores de Nueva España*, una hermosa colección de cantos, canciones, poesía oral, cantada, canturreada o declamada rítmicamente que solía expresarse e incluso bailarse en distintas celebraciones.

Al hurgar en busca de sus raíces, y por petición expresa de Felipe II, se dio a la tarea de hablar directamente con la gente: se interesó por los recuerdos de los ancianos, por las leyendas que se transmitían en forma de cantos, por las viejas enseñanzas y anécdotas, por los sucesos que no estaban consignados de manera escrita, pero que pesaban en la memoria del pueblo, y lo plasmó en papel. De esta manera nació *Relación de Juan Bautista Pomar*, de 1582, en la que detalla la historia de mexicas y tlatelolcas.

De su pluma y tinta surgió también un recuento histórico, *Relación de Texcoco*, en el que reivindicaba su derecho natural sobre el legado de su abuelo, y que nutre con historias sobre la conquista pero, sobre todo, con duras narraciones sobre el proceso de colonización y evangelización.

Aunque en el tratamiento que hace de la historia se percibe un genuino interés por el pasado de su pueblo, resulta también evidente la distancia que siente por el mismo, principalmente en lo concerniente a ritos, idolatrías, sacrificios y creencias místicas, pues se esfuerza en marcar distancia al escribir reiteradamente un notorio "ellos"; sus ritos, sus creencias, sus costumbres, "el engaño en que vivían".

Sin embargo, se acerca al pasado de su pueblo, y lo asume como propio, al momento de criticar el proceso de conquista, al lamentar la destrucción de códices, al dolerse por la llegada de las epidemias y porque los indígenas fueron convertidos en esclavos.

Al presentar una posición equilibrada entre ambos extremos, se considera a Juan Bautista Pomar el caso más elegante de un escritor mestizo que supo, con maestría, deslizarse entre ambos mundos.

1583

❧ LORENZO SUÁREZ DE MENDOZA

Entre los gobernantes de la Nueva España hubo de todo: hombres nobles, grandes exploradores, religiosos quisquillosos, simples burócratas, personajes codiciosos y hasta personas olvidadas. Don Lorenzo Suárez de Mendoza pertenece a esta última categoría: muy pocos saben de su existencia. Sin embargo, esto no significa que haya pasado por este mundo sin pena ni gloria, al contrario: fue un hombre de bien que hizo su trabajo lo mejor que pudo, y ese es sin duda el mayor de sus legados.

Nacido en Guadalajara, España, en 1518, fue parte de una ilustre dinastía, principalmente por el lado materno. Su señora madre, doña Juana Jiménez de Cisneros y Zapata, era sobrina del cardenal Cisneros, un peculiar religioso que pasó a la historia por ser regente de Castilla, fundador de la Universidad de Alcalá y editor de los seis volúmenes de la Biblia políglota, entre otras acciones.

Pues bien, don Lorenzo fue noble por nacimiento, pero valeroso por cuenta propia. Participó en las guerras de Italia y Túnez, así como en las campañas de Flandes y los enfrentamientos con el reino de Francia. Entre sus conocidos tenía fama de hombre culto, de frecuentar la amistad de eruditos y escritores, y de ser protector de la Universidad de Alcalá.

En 1580, y luego de enviudar, fue nombrado virrey de la Nueva España. Recibir un encargo de esta naturaleza a tan avanzada edad hablaba bien de la persona, pues 62 años en aquel tiempo significaban una etapa de vejez. De hecho, los historiadores aseguran que tenía la ambición de crear una serie de reformas que favorecerían a todos los habitantes de la Nueva España en general, y que la única razón por la que no las logró fue por su edad: la muerte lo visitaría muy pronto, en 1583.

Entre los logros de su gobierno se encuentran la creación del Tribunal del Comercio (el Consulado), cuya finalidad era supervisar las dos grandes aduanas, la de Acapulco y la de Veracruz, ante el incremento de mercaderes provenientes de Asia y África. También, su guerra en contra de la corrupción, la cual, según los críticos más severos, se había instalado ya en todas las áreas del gobierno; y, por último, la amabilidad de su persona: el trato digno hacia sus subalternos y habitantes en general.

Cuando presintió la hora de su muerte, hizo su testamento y tomó previsiones. Para los gobernados, la noticia llegó acompañada de un doble pesar: por un lado, perdían a un virrey querido y justo, con quien se sentían protegidos; por el otro, ante su ausencia, era previsible que el mando del gobierno lo tomara la Real Audiencia, en tanto el rey nombrara sustituto, y así sucedió. Era una Audiencia que cargaba una fama diametralmente opuesta a la del difunto virrey: corrupta y poco confiable, que solamente se había portado a la altura de las circunstancias porque el buen Lorenzo Suárez de Mendoza la había mantenido a raya.

El legado más grande del virrey fue su honestidad.

1584

❧ PEDRO MOYA DE CONTRERAS

Pedro Moya de Contreras fue sacerdote, virrey de la Nueva España y arzobispo de México. Con semejantes credenciales, resulta curioso el hecho de su muerte: falleció sumido en la más profunda pobreza debido a su impecable honradez.

Nacido en el municipio de Pedroche, provincia de Córdoba, España, hacia 1527, cursó sus estudios en la Universidad de Salamanca, donde se doctoró en derecho canónico y civil.

Debido a su sapiencia y a su rectitud, fue un hombre que jamás pasó desapercibido. Al contrario. Su buena fama llegó a oídos del rey Felipe II, quien le confirió una misión muy especial.

Con la finalidad de preservar la fe, resguardar la ortodoxia del cristianismo y mantenerla alejada de influencias dañinas, el monarca estableció, el 16 de agosto de 1570, y mediante Real Cédula, el Tribunal del Santo Oficio en la Nueva España.

Moya, quien ya había ejercido el mismo cargo en Murcia, fue nombrado inquisidor. El Tribunal se instaló el 4 de noviembre de 1570 en la Ciudad de México, donde recibió el orden sacerdotal. En 1572, tras la muerte de Alonso de Montúfar, fue designado arzobispo por el papa Gregorio XIII. De este modo, se convirtió en la tercera persona en ejercer este cargo en México.

Una década después, en 1583, el virrey Lorenzo Suárez de Mendoza le rogó al rey que nombrara un visitador especial, pues los conflictos entre la Audiencia, a la que tachaba de corrupta, y él resultaban ya insostenibles. Felipe II no lo pensó. Le ordenó al arzobispo ser ese mediador, pero también el investigador, y dar con la raíz de los problemas.

Su informe fue definitivo: al interior del gobierno existían decenas de empleados deshonestos, desde oidores hasta burócratas de bajo nivel. Todos los señalados fueron castigados. Los casos moderados, con el despido; los casos severos, con la horca.

Con esta fama a cuestas, fue nombrado virrey al año siguiente, cargo que ocupó hasta octubre de 1585.

Una vez convertido en el sexto virrey de la Nueva España, envió al rey más recursos que ninguno de sus predecesores, lo cual, para el monarca, significó que Moya era la persona más honesta que hubiera ejercido el cargo.

Su buena fama también se percibió entre sus gobernados. Se empeñó en mejorar la situación de los indígenas: creó un seminario exclusivo para vocaciones nativas y convocó al Tercer Concilio Provincial Mexicano, en el que se decretó la abolición de la esclavitud de los indios.

En 1589, el religioso regresó a España por orden real. Era tan grande su fama que Felipe II lo quería cerca de él. Lo nombró presidente del Real y Supremo Consejo de Indias, el órgano encargado de la administración tanto de la América española como de las Filipinas. Moya se convirtió en consejero del rey en cuestiones ejecutivas, legislativas y judiciales.

Al momento de su muerte, el rey tuvo que pagar el funeral y las deudas de Moya de Contreras, pues el religioso vivía en la pobreza.

1585

❧ BERNARDINO DE SAHAGÚN

Bernardino de Sahagún fue uno de los grandes sabios de la Nueva España. Su labor como investigador, recopilador y traductor, pero sobre todo su curiosidad insaciable hacia el antiguo mundo indígena, nos legó cientos de páginas que hoy resultan fundamentales para entender el México previo a la llegada de los españoles. No es exagerado afirmar que este fraile fue el primer antropólogo de América.

Nacido en Sahagún, Reino de León, en 1499, y bautizado como Bernardino de Rivera, a los 21 años comenzó sus estudios de latín, historia, filosofía y teología en la Universidad de Salamanca, la cual, por entonces, se consideraba el centro de estudios más relevante de la península ibérica, además del lugar por antonomasia donde florecía el Renacimiento y desde el cual se expandía.

Tal vez como un paso lógico hizo votos con los franciscanos y fue ordenado sacerdote hacia 1527. Dos años después partió hacia su aventura definitiva: la evangelización de la Nueva España.

El religioso se encontró con un territorio en construcción. Apenas seis años antes había sido tomada la ciudad de México-Tenochtitlan, el centro político, social y económico de Mesoamérica. El dolor por parte de los nativos estaba vivo; la codicia de los exploradores europeos, en su apogeo.

Su primera misión transcurrió en Tlalmanalco, una pequeña comunidad del Estado de México que desde un principio apoyó la causa conquistadora. Después fue guardián y tal vez fundador del convento de Xochimilco. Sin embargo, su labor definitiva comenzó en 1536, cuando el obispo de México, Juan de Zumárraga, por orden real, fundó el Colegio de la Santa Cruz de Tlatelolco.

Este colegio se considera la primera institución de educación superior del continente. Enfocado en los nativos, su finalidad era instruir a los hijos de los nobles indígenas en ciencias, religión, artes, política, medicina y temas administrativos, pues esta clase noble estaba destinada a convertirse en los nuevos caciques que regirían los pueblos y repúblicas de indios. Desde un principio, Sahagún fungió como maestro en ese lugar, y aunque recibió distintas misiones que lo alejaron temporalmente, su destino estaba decidido, pues falleció precisamente ahí en 1590.

La gran aportación de Sahagún fue su estudio del pasado y la escritura de una numerosa obra en español, náhuatl y latín. Entre sus libros destacan *Evangelario en lengua Mexicana, Tratado de la Retórica y Teología de la gente mexicana,* y *Coloquios y Doctrina Cristiana con que los doce frailes de San Francisco enviados por el papa Adriano VI y por el emperador Carlos V convirtieron a los indios de la Nueva España.*

No obstante, la reina de sus obras es la *Historia general de las cosas de la Nueva España,* escrita entre 1540 y 1585. Para realizar este impresionante manual de teología, filosofía, medicina, vida social, gobierno, comercio y tanto más, se valió de los ancianos. Indagó en el pasado interrogando a quienes vivieron en estos territorios antes de la conquista. A él le debemos que gran parte de nuestra memoria siga viva.

1586

◆ ÁLVARO MANRIQUE DE ZÚÑIGA Y SOTOMAYOR

Álvaro Manrique de Zúñiga y Sotomayor conoció la gloria y el infierno. Fue un hombre justo quien, buscando cumplir con las órdenes que había recibido, tuvo el mal tino de meterse con la Iglesia, institución que lo persiguió hasta la muerte.

Originario de Sevilla, don Álvaro nació en noble cuna, pues sus padres presumían pomposos y muy poderosos abolengos. Aunado a sus derechos de sangre, tuvo el buen tino de casarse con la hija de Diego López de Zúñiga y Velasco, cuarto virrey del Perú.

A pesar de sus distinguidos apellidos, no todo fue sencillo para él. Por ser uno de los últimos hijos que tuvieron sus padres, tanto los títulos nobiliarios como las propiedades se fueron repartiendo entre sus hermanos mayores, por lo que él recibió "las sobras". Sobras nada despreciables, desde luego, pero no tan impresionantes comparadas con las que recibieron sus hermanos. Sin embargo, esto le bastó para comenzar a labrar su fortuna.

Sirvió con lealtad a la Corona de España, y lo hizo bajo la forma de comendador de la Orden de Santiago, una orden de tipo religioso y militar. Tan grande fue su vocación de servicio, que el mismo rey lo distinguió con el título de I marqués de Villamanrique. Ya con esta dignidad sobre sus hombros, en 1585, a los sesenta años, llegarían sus cargos definitivos: virrey, gobernador y capitán general de la Nueva España, así como presidente de la Real Audiencia de México.

Entre sus logros se cuentan el haber llevado un registro minucioso sobre los asuntos de la Audiencia y el ordenar la liberación de los indios chichimecas que permanecían en la esclavitud. De igual modo, la regularización tanto del comercio de vinos como de sus sitios de venta. Ante el azote de la piratería, se encargó de crear un cuerpo de voluntarios con dos buques para luchar contra ellos en alta mar.

Con la idea de hacer cumplir las leyes, revisó antiguos ordenamientos que limitaban la acción de las órdenes religiosas, lo que le ganó la enemistad de agustinos, dominicos y franciscanos. El Tribunal de la Inquisición comenzó a perseguirlo por haberse atrevido a interceptar y requisar su correspondencia.

Con la Real Audiencia de Guadalajara sucedió algo semejante: cuando el virrey quiso poner orden en sus filas, sus miembros conspiraron contra él. En urgentes cartas enviadas al rey, acusaron a don Álvaro de toda clase de infamias. Aseguraron que, debido a su injusta forma de gobernar, en la Nueva España se estaba gestando una inminente guerra civil.

Ante las noticias, Felipe II nombró nuevo virrey y ordenó que el destituido mandatario fuera investigado. Desgraciadamente, el encargado de conducir las investigaciones fue el obispo de Tlaxcala, uno de sus enemigos jurados. El veredicto fue breve: culpable; la sentencia: el embargo de sus bienes. Humillado y en la pobreza, regresó a España. Tiempo después, el rey entendió la injusticia que se había cometido y le concedió el indulto, pero falleció antes de que sus bienes le fueran devueltos.

1587

❧ FRANCISCO DE TERRAZAS

En una tierra pródiga de grandes escritores, como lo es México, ser el primer poeta castellano nacido en esta tierra, y además ser considerado como el autor de los sonetos más perfectos de su tiempo, no es asunto menor.

Francisco de Terrazas fue un hombre de letras y de grandes pasiones. Nació en México en 1525. Descendiente del conquistador que llevó su mismo nombre, quien se desempeñó como mayordomo de Cortés y alcalde de la Ciudad de México, fue de los primeros escritores en engalanar una reivindicativa poesía criolla. Es decir, que una parte importante de los temas sobre los que trata son extraídos de su tierra de origen. En efecto, este noble poeta le cantó lo mismo al amor que al entorno que lo envolvía.

En 1577 publicó cinco sonetos dentro de un cancionero manuscrito titulado *Flores de varia poesía*; una antología de poetas españoles radicados en la Ciudad de México. Esta obra logró trascender tanto que, siete años después, Miguel de Cervantes elogiaría el gran talento y la fina sensibilidad de este notable escritor.

Los críticos literarios han advertido en su poesía una influencia definitiva de la escuela sevillana, sobre todo en lo referente a los temas amorosos. En ellos, alaba por igual la belleza y la perfección del amor, que lamenta la tragedia que significa el entregar el corazón a una mujer sin sentimientos.

Así comienza uno de sus sonetos:

"Soñé que de una peña me arrojaba / quien mi querer sujeto a sí tenía, / y casi ya en la boca me cogía / una fiera que abajo me esperaba".

La mujer amada que, con total crueldad, desprecia al enamorado; el amor no correspondido que de ilusión se vuelve tragedia; el dolor de un corazón hecho pedazos, como si lo hubieran lanzado desde un acantilado.

Por desgracia, se desconocen los detalles de su vida. Sin embargo, en su poesía se refleja un hombre culto que logró fusionar con maestría sus raíces europeas con la lírica y el canto americano. Otra desgracia en torno a su vida es que la mayor parte de sus creaciones se han perdido a lo largo del tiempo. Le sobreviven nueve sonetos, una epístola, una decena de décimas y algunos fragmentos de un poema épico llamado *Nuevo mundo y conquista*. También se conoce un debate teológico, escrito en verso, que sostuvo con un intelectual español.

Vista desde la actualidad, su obra posee un interesante carácter humanista, pues fue un firme defensor de los derechos de los hombres. Con la fuerza de sus palabras, defendió el principio de que todos los habitantes de la Nueva España, aunque habla especialmente de los criollos, gozaran de las mismas oportunidades. El balance en su obra lo manifiesta al exaltar la figura de Cortés, a quien considera un elegido del Cielo cuya misión era lograr la perfecta evangelización.

Terrazas falleció alrededor del 1600 y su obra se considera pilar de la poesía mexicana.

1588

❧ SIMÓN PEREYNS

¿**Q**ué es el arte? ¿Es requisito, para ser considerada dentro de una de las ramas artísticas, que una obra sobreviva al tiempo y sea admirada por generaciones? No necesariamente. El arte es una actividad humana que, por medio de la estética, busca comunicar emociones y pasiones, pero no es indispensable su larga duración. Este es el caso de la obra del pintor Simón Pereyns, quien ganó fama gracias a su talento y a su singular leyenda.

De nacionalidad flamenca y natural de Amberes, Bélgica, donde pasó su juventud, Pereyns vio su primera luz en el año de 1530. En 1558 se trasladó primero a Lisboa, después a Madrid y finalmente a Toledo, con el deseo de llamar la atención en la corte gracias a su habilidad con los pinceles, y lo logró, pues viajó a la Nueva España con la comitiva del virrey don Gastón de Peralta y Bosquet en 1566.

Ya estando en el Nuevo Mundo, su trabajo fue bien recibido. Su fama, merecidamente ganada, lo ayudó a reunir una pequeña fortuna. La gente lo buscaba para que los retratara. Esa era su especialidad: el retrato detallado. Por desgracia, prácticamente ninguna de sus pinturas sobrevivió. Se le conocía por dos importantes trabajos: el retablo del convento de Huejotzingo (elaborado junto con el no menos talentoso Andrés de la Concha) y un hermoso San Cristóbal que aún puede apreciarse en la catedral metropolitana de la Ciudad de México.

Sin embargo, su obra más importante, y que lo ayudaría a pasar a la historia, fue su retrato de la Virgen del Perdón.

Durante siglos, la gente aseguraba que aquella bellísima pintura había sido plasmada en la puerta de un calabozo de la Santa Inquisición por un judío anónimo, y que las autoridades eclesiásticas, al descubrir tan exquisita imagen, le habían otorgado la indulgencia.

Esto es falso. La verdad es que un día, a la mitad de una charla coloquial, Simón Pereyns cometió dos graves errores: afirmar que las parejas que vivían amancebadas no cometían pecado, y que prefería pintar retratos de personas ordinarias antes que realizar pinturas de santos.

No tardó mucho para que, en 1568, tuviera que rendir cuentas frente a la Inquisición. De la primera acusación salió bien librado, pues a causa de su limitado castellano —dijo— seguramente se habría expresado de forma incorrecta. Pero de la segunda no; no hubo manera de hacerlo cambiar de opinión: prefería retratar a personas ordinarias por la sencilla razón de que ellas pagaban más que la Iglesia. Semejante blasfemia lo condenó a ser torturado, pero ni siquiera después de recibir tres vueltas en el potro y tragarse tres tarros de agua cambió de parecer.

Exhaustos todos, llegaron a un acuerdo: se le otorgaba el perdón si se comprometía a pintar, gratis, un retablo de Nuestra Señora de la Merced, el cual fue colocado en el Altar del Perdón de la catedral. Desgraciadamente, el retablo y el altar entero fueron destruidos por un incendio en 1967.

Pereyns falleció en 1588 o 1589.

1589

❧ GREGORIO LÓPEZ

A causa de su vida ejemplar, la mayor parte de la cual la pasó en soledad, y por su bondad y halo de santidad, Gregorio López se hizo acreedor al título de "venerable", que le otorgó la Iglesia, pero también al de "El solitario de México", que le dio el pueblo.

De su familia y de su infancia poco se sabe. Él mismo se empeñó en envolver su vida de misterio, pero la gente hablaba. Algunos decían que era parte de la nobleza, incluso de la realeza española. Otros más sospechaban que tanto secretismo en torno a su vida en realidad se debía a que provenía de un linaje de judíos conversos. Nadie lo supo con certeza.

Sin embargo, más allá de su origen, lo relevante en la vida de Gregorio López fue destino.

Nació en Madrid en 1542 y a muy temprana edad huyó de su casa para refugiarse en las montañas, donde permaneció hasta su adolescencia. Entonces se trasladó a Valladolid para ingresar a la corte de Felipe II. No obstante, el suceso que cambiaría su vida sucedió cuando tenía 20 años: visitó el Santuario de Guadalupe, en Extremadura, y ahí sufrió una conversión. Sin dudarlo se mudó a la Nueva España, a donde arribó en 1562.

Tras tocar tierra, se dirigió a Zacatecas, a la región de Jerez, que por entonces era una zona desértica y poblada por indios considerados hostiles. Ahí vivió seis años como ermitaño. A pesar de que se empeñaba en permanecer apartado de la gente, su fama trascendió. Se contaba que solía entablar feroces luchas en contra del demonio mientras se le aparecía en forma de apetitosas tentaciones; que se alimentaba con una lechuga o un rábano al día; que los soldados españoles lo odiaban porque se convirtió en defensor de los chichimecas.

Fray Domingo Salazar, quien poco después se convertiría en el primer obispo de Manila, le ofreció que se mudara al Convento de Santo Domingo, en la Ciudad de México, pero no era lo que él buscaba. Tardó más en trasladarse que en salir y mudarse ahora a la huasteca veracruzana.

Tras cuatro años allá, su vida de ayuno y oración le cobraron una complicada factura: cayó gravemente enfermo. El párroco del lugar lo llevó consigo, pero su vida estrictamente recta lo hizo sospechar: Gregorio no usaba escapulario, rosario ni imágenes religiosas. Estas sospechas llegarían en varias ocasiones hasta la Inquisición, que lo investigó a fondo y terminó por considerarlo venerable. Para entonces, enfermo ya, recibía la visita de misioneros y obispos, que solicitaban con humildad su consejo.

Entre 1580 y 1589 escribió el *Tratado del Apocalipsis* y *El Tesoro de las medicinas y demás yerbas*. A punto de morir, fue llevado a San Agustín de las Cuevas (Tlalpan), donde falleció a los 54 años, 33 de los cuales había permanecido en soledad.

De inmediato Felipe III pidió su canonización, pero el interés en su vida se perdió con el tiempo.

1590

❧ LUIS CARVAJAL Y DE LA CUEVA

Luis Carvajal y de la Cueva tuvo una vida fascinante, aunque trágica al final. Fue comerciante, contador, militar, aventurero, político, gobernador, conquistador y fundador del Nuevo Reino de León. Sin embargo, ninguna de estas sonoras credenciales logró salvarlo de su trágico final: murió encarcelado.

Don Luis nació en Mogadouro, una pequeña villa portuguesa, en 1539. Su familia materna estaba dedicada por completo al comercio, aunque no de una mercancía muy honrosa: traficaban esclavos, los cuales eran atrapados en el oeste africano.

Antes de cumplir diez años, su familia se mudó a España, donde la desgracia los alcanzó: ambos padres fallecieron. Uno de sus tíos regresó al pequeño a Portugal, con la indicación de quedarse allá para completar su educación. Este proceso duró diez años, al cabo de los cuales obtuvo un empleo estable como contador. Si es verdad que origen es destino, en don Luis de Carvajal esto se cumplió al pie de la letra, pues su siguiente trabajo fue como tesorero de la Corona portuguesa en Cabo Verde, el principal centro esclavista de todo el mundo.

Luego de tres años en esta actividad, cuando ya se hallaba casado y en serios problemas financieros, decidió arriesgarse: al mando de su propio barco se hizo a la mar con destino a la

Nueva España. Por alguna razón fue nombrado inmediatamente alcalde de Tampico, donde se ganó el favor del virrey al combatir con éxito a los piratas encabezados por John Hawkins.

A causa de su espíritu aventurero, comenzó a explorar más allá del río Grande. Aunque no fue el primer español que llegó tan al norte, pues ya se habían internado personajes como Cabeza de Vaca, Andrés de Olmos y Andrés de Ocampo, sí fue el primero en imaginar una colonia permanente en esas tierras.

La Corona española se había cansado de financiar expediciones, pero permitía que los aventureros lo hicieran con sus propios recursos. Tras un breve viaje a España para defenderse de un cargo por esclavizar y vender indígenas, obtuvo el permiso para explorar y establecer asentamientos hasta 200 leguas adentro de Tampico.

En 1582 la expedición arribó a Santa Lucía, donde se fundó la villa de San Luis Rey de Francia, que después se llamaría Monterrey. En ese mismo año se fundó también, de manera oficial, el Nuevo Reino de León, donde don Luis vivió de manera tan holgada y rica que despertó envidias. Un fraile lo acusó con la Inquisición de encubrir prácticas ajenas al cristianismo, incluso tacharon a toda su familia de judaizantes. Aunque se defendió y diversos testigos declararon a su favor, diciendo que se trataba de un devoto cristiano, fue declarado culpable por encubridor. Su sentencia fue permanecer exiliado de la Nueva España durante seis años. Mientras esperaba que lo trasladaran, y estando en prisión, murió de tristeza el 13 de febrero de 1591.

1591

❧ JUAN DE CÁRDENAS

J uan de Cárdenas conservó durante toda su vida su alma de niño. Inquieto, observador, curioso. Estas tres características lo empujaron a estudiar medicina y a mirar con detenimiento el mundo, la naturaleza, el milagro de vida que lo rodeaba. Pero más allá, además de observar y sorprenderse, fue esa misma curiosidad la que lo llevó a escribir y a compartir sus sorpresas.

Nada se sabe de sus primeros años, excepto que era originario de Sevilla, donde vio su primera luz en 1563, y que se mudó a la Ciudad de México a los catorce años. En esa urbe estudió artes y medicina, una dupla que le sería útil al momento de desarrollar sus grandes pasiones: descubrir los milagros de la naturaleza y escribir acerca de ellos.

Durante sus años como estudiante comenzó a redactar una ambiciosa obra a la que llamó *Primera parte de los problemas y secretos maravillosos de las Indias* (1591), un amplio volumen de casi 500 páginas que en su mismo título anuncia un contenido tan amplio y tan variado que abarcó botánica, astronomía, geología, biología y antropología. No hubo campo que dejara de estudiar, porque todo en esta tierra le causaba sorpresas: el agua, el cielo, el aire, los animales, los hombres y sus costumbres.

Con detenimiento y paciencia se dedicó a describir milimétricamente las maravillas que encontraba en cada uno de los lugares que pisaba. Pero su ambición era más grande: su libro se llamó *Primera parte* porque tenía la idea de escribir una continuación, que abarcara los mismos temas que el anterior, pero ahora centrada en otro de los sitios que llenaban su imaginación: el virreinato del Perú. Para mala fortuna y por diversas causas, sin embargo, no logró cumplir su cometido.

Discípulo de Juan de la Fuente, primer catedrático de medicina en la Nueva España, recibió una importante dosis de humanismo que lo ayudaría tanto en su labor médica como en su oficio de escritor. Fue el propio De la Fuente quien le sugirió que, si deseaba llegar al fondo de "los problemas y secretos" de estas tierras, dejara en segundo término las cosas que había aprendido en los libros y diera rienda suelta a su propia experiencia personal. Solo así lograría transmitir con fidelidad lo que era México.

La obra de Cárdenas abarca también los terrenos de la medicina y de la antropología, pues consignó detalles de las culturas y sociedades que iba descubriendo.

Nada escapó de sus ojos ni de su pluma. Lo mismo los volcanes que las plantas curativas o las enfermedades endémicas y la manera en que se trataban. Incluso, al final de su obra incluyó un nutrido glosario con términos indígenas.

Tanto se asombró con esta tierra americana, que se empeñó en que los lectores de todos los tiempos se maravillaran con él, y lo logró, pues poco después se convirtió en catedrático. En sus clases enseñaba lo mismo medicina que instaba a sus alumnos a preservar intacta su capacidad de asombro. Falleció en 1609.

1592

✥ AGUSTÍN FARFÁN

Agustín Farfán fue un hombre con suerte. Reunió tres de las principales características que, en la primera etapa de la Nueva España, necesitaba alguien para ser exitoso: fue religioso, médico y literato. Pero además conoció lo mejor de dos mundos: el profano y el sacro, pues primero estuvo casado y, al enviudar, se consagró al servicio de la Iglesia. Todos estos elementos juntos, con énfasis especial en su aportación a la ciencia médica, lo convirtieron en un hombre fundamental para el desarrollo del virreinato.

Originario de Sevilla y nacido en 1532, estudió medicina en las universidades de Alcalá y Sevilla, y ostentó el cargo de médico de cámara del rey Felipe II. Debido a una enfermedad, comenzó a padecer una severa sordera progresiva que tal vez lo haya empujado a cambiar de aires de manera radical: en 1557, y junto con su esposa, se asentó en la Nueva España. Primero se instaló en las ciudades de Oaxaca y Puebla, donde tenía familiares, para después, ya en la Ciudad de México, obtener el grado de doctor en la Real y Pontificia Universidad de México.

Tras enviudar, y de que sus tres hijas ingresaran al convento de Regina Coeli, decidió tomar los hábitos agustinos. En ese momento dejó atrás su vida mundana y se convirtió en fray Agustín Farfán. Gracias a una dispensa pontificia le fue posible continuar practicando la medicina hasta su muerte. Fue precisamente esta dispensa la que lo ayudaría a conformar el gran testamento de su vida: lograr una inculturación a la inversa.

Se consideraba hasta entonces que los pueblos nativos eran inferiores a los europeos. Que, salvo excepciones, tanto su cultura como sus costumbres, sus creencias y sus formas de entender el universo no tenían demasiado que ofrecerle a los españoles. Fray Agustín demostró lo contrario: tanto se interesó por estudiar la medicina indígena (plantas, minerales, procesos, tratamientos, operaciones y curaciones), que creó un sistema novedoso al integrar, literalmente dicho, lo mejor de dos mundos. Esta terapéutica quedó plasmada en su libro *Tratado breve de anothomia y chirugia, y de algunas enfermedades que mas comunmente suelen haver en esta Nueva España*, de 1579, la cual muy pronto comenzaría a llamarse simplemente *Tratado breve de medicina*, aunque también habla ampliamente de cirugía y anatomía.

Tan grande era su prestigio que fue el encargado de atender las enfermedades de ciertos personajes ilustres, entre los que se encontraron los primeros jesuitas llegados a México, quienes presentaron cuadros severos de vómito. Fray Agustín alcanzó también notables avances en uno de los campos más complicados de la medicina: la oftalmología.

Resulta notable, a lo largo de su obra, la aparición de remedios tradicionales de la medicina indígena, a base de flores, hierbas, huevos e incluso ciertos opiáceos. El buen fraile entendió que los remedios aplicados por los médicos nativos se encontraban cargados de sabiduría milenaria y, antes que despreciarlos, se propuso aprender de ellos. Agustín Farfán falleció en 1604.

1593

❧ CLAUDIO DE ARCINIEGA

Claudio de Arciniega fue un ser humano brillante, un exquisito arquitecto y un artista por demás completo. Dos de sus grandes virtudes fueron crear belleza y grabarla en piedra y en madera. Sin su trabajo, sin su visión, aquella mítica "ciudad de los palacios" simplemente no habría existido.

Nacido en Villa de Arciniega, provincia de Álava, en el País Vasco, en 1527, se desconocen los detalles de su infancia. La primera pista que se tiene de él es su participación, en obras de talla e imaginería, en la construcción del Alcázar Real de Madrid, en 1541. Al año siguiente, y hasta 1547, participaría en la edificación de la fachada de la Universidad de Alcalá. Paralelamente, fue contratado para trabajar en el retablo de la iglesia de Santiago, en Guadalajara, España, así como en sendas obras en templos de Madrid.

La siguiente pista que se tiene lo ubica ya en la Nueva España, en 1554. Al año siguiente se asentó en Puebla, donde su trabajo tuvo tan buen recibimiento que no tardó mucho en ser reconocido como maestro de obras del cabildo poblano. De tal modo impactaron sus obras que el mismo Francisco Cervantes de Salazar, talentoso escritor y quien llegaría a ser rector de la Real y Pontificia Universidad de México, así como canónigo de la catedral de México, lo llamó "arquitecto excelente".

Estas palabras antecedieron a su nombramiento como obrero mayor de la Nueva España, el cual significaba que era reconocido como gran maestro, o bien como el maestro de todos los maestros en su ramo.

De entre su ilustre obra destaca la cimentación del Palacio Virreinal (hoy Palacio Nacional) sobre los restos de las casas viejas de Moctezuma II. De igual forma diseñó el claustro de Santo Domingo, así como los patios y escaleras del conjunto que forma el hospital de la Purísima Concepción y Jesús Nazareno; el hospital más antiguo del continente, ubicado en el sitio donde, según la tradición, se encontraron por primera vez Hernán Cortés y Moctezuma, en el camino que unía Iztapalapa con la ciudad de México-Tenochtitlan, en el hoy Metro Pino Suárez.

De Arciniega trazó los planos sobre los cuales comenzó a levantarse la universidad y diseñó también, en 1563, el conjunto catedralicio, que terminaría siendo la catedral metropolitana de la Asunción de la Santísima Virgen María a los Cielos de Ciudad de México, cuya construcción formal comenzó en 1573. El maestro Arciniega no vería su obra terminada, pues los trabajos interiores concluyeron hasta 1667 y los exteriores en 1813.

Para esta, que es considerada su mejor obra, el maestro se inspiró en la catedral de Jaén o de la Asunción de la Virgen, en Andalucía, aunque sus planos originales serían modificados por el maestro Juan Gómez de Trasmonte en 1622.

Uno de sus trabajos más apreciados fue el monumento que conmemoró el fallecimiento del rey Carlos I, en 1558, el cual, por desgracia, fue efímero.

Falleció en la Ciudad de México, en 1593, pero dejó un legado de belleza duradera.

1594

❧ GONZALO DE TAPIA

Gonzalo de Tapia fue religioso, misionero y mártir. Tres adjetivos que, en el contexto de los primeros años de la Nueva España, significan también vocación religiosa, espíritu aventurero y aceptación del terrible destino, en este caso la muerte violenta, como una feliz ofrenda a Cristo.

Originario de León, España, donde nació en 1561, fue parte de una noble y prestigiada familia. Ingresó a la Compañía de Jesús a los 16 años. Tan pronto como recibió la orden sacerdotal, en 1584, partió hacia al Nuevo Mundo en calidad de misionero. Como tal, sabía que la labor que lo esperaba no era fácil, sobre todo porque los territorios de trabajo de los jesuitas estarían ubicados al norte del virreinato, tierras difíciles pobladas por indígenas considerados salvajes y belicosos.

Tenía tanta facilidad para aprender idiomas que llegó a dominar seis, entre los que se contaban el tarasco y el náhuatl, así como las lenguas chichimeca y otomí, y dos dialectos locales de Sinaloa.

Tenía apenas 28 años cuando tuvo el privilegio de fundar la primera misión permanente de los jesuitas en la Nueva España, en San Luis de la Paz, Guanajuato, y encabezar los altos ideales que le fueron encomendados: anunciar el evangelio y lograr la pacificación de los chichimecas.

En 1590, y por solicitud del gobernador de Nueva Vizcaya, fue enviado a la región de Culiacán. Junto con su compañero Martín Pérez arribó a la villa de San Felipe y Santiago Sinaloa, donde encontraron a cinco familias españolas y a cerca de cincuenta mil indígenas en la región, que pertenecían a diversos grupos.

Su primera labor fue tratar de ganarse la confianza de los nativos y aprender sus diferentes lenguas. Solían visitar las comunidades, rigurosamente acompañados por una escolta de seis soldados, pues algunos de los habitantes de aquella región mantenían una declarada pugna en contra de los españoles.

A pesar de todo, las primeras impresiones de los misioneros fueron alentadoras. Consideraron a los indígenas dóciles y ávidos por escuchar la buena nueva. Aseguraban que los nativos, por sí solos, se acercaban a escuchar las prédicas y aceptaban de buena gana las enseñanzas de Cristo.

Sin embargo, no todo era tan sencillo como se imaginaban. Con la evangelización y el bautismo, a los indígenas se les exigía modificar ciertas costumbres que no todos estaban dispuestos a tolerar, como la aceptación del matrimonio monogámico e indisoluble, y la exigencia de condenar la práctica de la hechicería. Desde luego: hechicería para la mentalidad española, para los nativos se trataba de medicina tradicional.

Fue precisamente un curandero llamado Nacabeca quien, cansado de que los misioneros predicaran en contra de su poder, azuzó a los indígenas hasta que logró que asesinaran al misionero. Era 1594, los culpables fueron perseguidos y ajusticiados, para que sirvieran como escarmiento, y el joven Gonzalo de Tapia, martirizado a sus 33 años, se convirtió en el primer jesuita que murió en la Nueva Vizcaya.

1595

PEDRO SÁNCHEZ

La Compañía de Jesús fue fundada en 1534 por Ignacio de Loyola. Su misión es alcanzar la salvación y el perfeccionamiento de los prójimos. Lo que Ignacio tenía en mente era formar hombres santos que acudieran a cualquier parte del mundo donde hicieran falta. No extraña que muy pronto haya puesto su mirada en esa América recién descubierta, así como en las millones de almas que esperaban con ansia conocer a Cristo.

El propio Ignacio hizo los arreglos para que sus discípulos llegaran a Brasil; en tanto, Francisco de Borja, III General de la Compañía, hizo lo propio para que su congregación comenzara a trabajar en la Florida, Perú y México.

Los jesuitas llegaron a la Nueva España el 9 de septiembre de 1572. Al frente de la misión venía el padre Pedro Sánchez, doctor y catedrático de la Universidad de Alcalá, así como rector del Colegio de Salamanca. Bajo su guía venían siete sacerdotes, cuatro coadjutores o ayudantes y tres estudiantes.

El 28 de septiembre de ese mismo año llegaron a la Ciudad de México, pero contrario al cálido recibimiento que otras órdenes religiosas merecían, con los hijos de San Ignacio fue distinto: el virrey Martín Enríquez de Almanza se mostró frío, incluso disgustado con su presencia. La razón es que existía pugna entre religiosos de diferentes carismas, y quienes dominaban la Inquisición comenzaron a esparcir rumores en torno a ellos.

El trabajo del padre Pedro fue arduo, pues incluyó hablar, conciliar, incluso rogar que los aceptaran. De mala gana, fueron hospedados en el Hospital de Jesús. Tan mal atendidos estuvieron que uno de los jesuitas falleció por enfermedad. Finalmente, un noble español les cedió unos solares cerca de la catedral donde fundaron el Colegio de San Ildefonso. Como si se tratara de un milagro, el padre Sánchez consiguió el permiso del virrey para abrir un colegio para jóvenes, que se enfocó en la educación media. El paso siguiente para don Pedro fue enviar discípulos a Michoacán, pues desde los tiempos de Vasco de Quiroga se habían enviado misivas al propio Loyola en las que solicitaban la presencia jesuita en tierras purépechas. Después se extendieron a Oaxaca y Tepotzotlán, sin descuidar la capital del virreinato, donde la demanda de educación era muy grande entre los jóvenes indígenas.

En este punto, parecía que la compañía había vencido los malos tiempos. Sin embargo, Pedro Sánchez tenía un asunto pendiente: durante su marcha hacia la capital, justo cuando se hospedaron en Puebla, causaron tan buena impresión, que la gente les rogó que abrieran un colegio en aquella ciudad. El padre respondió que sus instrucciones eran llegar primero a la Ciudad de México, pero les prometió que regresarían para quedarse, y lo cumplió.

El 9 de mayo de 1578, no exento de dificultades, Pedro Sánchez inauguró en Puebla la Casa de la Compañía de Jesús y el Espíritu Santo.

Se desconoce el año de fallecimiento de don Pedro, pero pasó a la historia por haber abierto la puerta de México a los jesuitas.

1596

❧ DIEGO DE MONTEMAYOR

En el norte del país, la memoria de Diego de Montemayor continúa fresca. La razón es que se trató de un hombre tan importante que su historia personal se encuentra íntimamente ligada con la historia de al menos tres estados del país.

Aunque no se sabe con certeza, se cree que nació en la ciudad de Málaga, en el año de 1530. De su infancia, de su familia y de su viaje a la Nueva España se ignora todo. Las primeras noticias veraces acerca de su vida lo ubican ya en 1580, cuando fue nombrado alcalde mayor de la ciudad de Saltillo, que había sido fundada seis años atrás.

Su ascenso en estas tierras fue notorio, pues en 1588 ejercía ya como tesorero de la Real Hacienda y segundo al mando del gobernador del Nuevo Reino de León, un cargo —el primero— que exigía mucha responsabilidad y desde luego altas dosis de confianza. Posteriormente, ejercería como gobernador del Nuevo Reino de León durante una buena cantidad de años.

Su siguiente cargo llegaría en 1593, cuando fue nombrado escribano real de Saltillo, sin embargo, tres años después llegaría la oportunidad que cambiaría su vida, y también la historia del país: recibió la autorización para fundar una villa para españoles a orillas del río Santa Lucía.

El 20 de septiembre de aquel año, don Diego, acompañado de doce familias, arribó a aquella zona y fundó la ciudad metropolitana de Nuestra Señora de Monterrey. Aunque popularmente se cree que el nombre se debe a la cadena montañosa que rodea la urbe, la verdad es que se trata de un homenaje para don Gaspar de Zúñiga Acevedo, conde de Monterrey y entonces virrey de la Nueva España.

Esta fundación tuvo un mérito especial, pues al menos en un par de ocasiones se había intentado establecer un poblado en la región, siempre con los mismos, frustrantes y sangrientos resultados a causa de la belicosidad de los indígenas.

Como toda clase de encomienda, esta fundación implicaba varias exigencias, entre ellas procurar la evangelización de los nativos y utilizar todos los medios posibles para pacificar la región.

En cuanto a su vida personal, don Diego se casó dos veces. Su segundo matrimonio fue con doña Juana Porcayo, con quien engendró una hija: Estefanía de Montemayor y Porcayo, quien se casaría con el capitán portugués Alberto del Canto y Díaz de Vieira, fundador de Saltillo y quien bautizaría como "Cerro de la Silla" al popular monte. La tragedia se desató cuando la propia Estefanía confesó haber encontrado a su marido en la cama de su madre en varias ocasiones. Deshonrado, don Diego de Montemayor atravesó a su esposa con su propia espada.

Asustado, huyó y vivió como ermitaño durante algunos años, hasta que el virrey, enterado de los detalles del caso, lo exoneró, pues consideró que cualquiera en su lugar habría hecho lo mismo. Además, afirmó, la ley no condenaba el asesinato en esas circunstancias. Don Diego falleció en la ciudad que fundó, en el año de 1611.

1597

❧ FELIPE DE JESÚS

Cuando la Nueva España era joven, vivió en ella un hombre por demás particular, pues de niño tuvo fama de maldoso e inmediatamente después de muerto, de santo. Se trata de Felipe de Jesús.

Nació en la Ciudad de México, en 1572. Hijo de acaudalados padres españoles, su leyenda asegura que era muy inquieto. A tal grado llegaban sus travesuras que su madre rogaba: "Felipe, Dios te haga santo", a lo que su nana, una incrédula mulata, respondía: "¿Felipe santo? ¡Cuando la higuera reverdezca!". Y mientras decía estas palabras, volteaba a ver el palo seco, clavado a mitad del jardín, que un día había sido un árbol verde.

Contra todos los pronósticos, muy pronto tomó una curiosa decisión: mudarse a la ciudad de Puebla e ingresar al noviciado franciscano. Sin embargo, el rigor de la vida conventual fue demasiado para él, así que decidió apartarse de este camino y probar suerte en diversos oficios, aunque en ninguno de ellos perseveró. La holgada economía familiar le permitió tomarse la vida a la ligera. Su padre, lleno de preocupación, decidió entonces enviarlo a las islas Filipinas.

Aquella región del mundo, dominada por España, ofrecía posibilidades ilimitadas para el aventurero. Felipe probó sus mieles, pero algo sucedió. Algo en su interior lo llevó a cambiar de vida, y esta vez fue para siempre: estando en Manila, volvió a ingresar a la orden franciscana.

En 1596, cuando contaba con 24 años, sus superiores le informaron que estaba listo para recibir la ordenación sacerdotal. Como en Filipinas no había obispo, tendría que trasladarse a la Ciudad de México. Quiso el destino que una tormenta desviara la embarcación donde se transportaban los franciscanos y la hiciera naufragar en las costas de Japón.

En aquel país existía un pequeño grupo de cristianos. Pequeño, pero tan significativo que los monjes budistas presionaron al daimio (soberano feudal) para que los persiguiera, pues consideraron que la fe en Cristo representaba un peligro de cambio y contaminación para todo el imperio.

Tolerante, el daimio determinó que los franciscanos, que habían llegado por accidente, serían indultados, no así los sacerdotes y religiosos que ya se hallaban en el país. Sin embargo, los franciscanos decidieron correr la misma suerte que sus compañeros.

Antes que nada, les fue cortada la mitad de la oreja izquierda. Para que sirvieran como escarmiento fueron obligados a caminar hasta Nagasaki, donde ya los esperaban las cruces de madera donde serían crucificados. Felipe, pequeño de estatura, comenzó a asfixiarse a causa de la argolla que rodeaba su cuello. Los soldados lo atravesaron con dos lanzas. Era el 5 de febrero de 1597.

La leyenda asegura que, cuando la vieja nana de Felipe salió al jardín, comenzó a gritar, llena de júbilo: "¡Felipillo es santo!", pues, ante ella, la higuera seca se encontraba completamente verde y frondosa.

Los 26 mártires fueron beatificados el 14 de septiembre de 1627. Felipe de Jesús fue canonizado en 1862.

1598

❧ HERNANDO DE ALVARADO TEZOZÓMOC

S obre el descubrimiento de América, sus causas y sus consecuencias, la mayor parte del material bibliográfico con que contamos es de manufactura europea. En un primer momento, frailes, soldados y cronistas en general tuvieron el buen tino de llevar una relación de sus aventuras: qué vieron, qué encontraron, a qué personas hallaron. Se trata, sin duda, de documentos por demás valiosos para el estudio de nuestro pasado, pero que presentan visiones en extremo subjetivas, a veces incluso intencionalmente parciales, pues están redactados y censurados por los vencedores.

Lo que podemos leer en la obra de Bernal Díaz, de Motolinía y del propio Cortés, es lo que a los españoles les convenía difundir. Por esta razón resultan particularmente importantes las obras de carácter histórico escritas por indígenas y mestizos, pues comienzan a presentar el otro lado de la moneda: cómo vieron los nativos a los invasores; de qué manera vivieron, sufrieron y sobrevivieron a la conquista.

Dos de estas obras son *Crónica mexicana* (1598) y *Crónica mexicáyotl*, escritas por Hernando de Alvarado Tezozómoc.

Nacido en la ciudad de México-Tenochtitlan entre 1520 y 1530, perteneció a una familia de abolengo. Su padre era descendiente de Axayácatl, quien gobernó el imperio mexica entre 1469 y 1481, y su madre era la decimonovena hija de Moctezuma Xocoyotzin o Moctezuma II, señor mexica al momento de la llegada de Cortés. Por esta razón, la educación de Hernando fue privilegiada: creció en el cristianismo y se formó posiblemente en el Colegio de Santiago Tlatelolco, donde eran instruidos los hijos de los nobles mexicas.

Al dominar el español y el náhuatl, fue intérprete en la Real Audiencia de México. A la par de este trabajo, se interesó por ir recogiendo la riqueza proveniente de la tradición oral indígena: los testimonios, las leyendas y los relatos que se transmitían de boca en boca y que abarcaban la totalidad del universo mexica. Desde las leyendas sobre el origen del mundo, la salida del mítico Aztlán, los años de peregrinación en búsqueda de la tierra prometida, la fundación de Tenochtitlan en medio del lago, los tiempos de esplendor, la llegada de los conquistadores, la caída de la gran urbe, así como una detallada genealogía de los *tlatoca* o gobernantes.

Algo fundamental es que escribió su *Crónica mexicana* tanto en español como en náhuatl, al parecer para dotarla de un carácter universal, pero también para dirigirla a un público necesariamente culto, que dominara ambas lenguas. En tanto, *Crónica mexicáyotl* fue redactada exclusivamente en su idioma materno, en náhuatl. Otra diferencia fundamental es que la primera narra la historia a la manera europea: fechas, hechos y hazañas; la segunda, por su parte, hace gala del náhuatl clásico y es rica en metáforas, figuras y leyendas, y detalla la cronología de los gobernantes mexicas, como una forma de mantener viva la memoria.

Se trata de la obra de un hombre con una visión integral, que intentó mostrar el pasado desde la óptica de dos mundos.

1599

❧ ANTONIO RUBIO DE RUEDA

A ntonio Rubio de Rueda pasó a la historia por usar la cabeza. Filósofo, teólogo, fraile predicador y misionero, sus interrogantes interiores lo llevaron a escribir cinco libros, los cuales trascendieron de tal modo que el mismo René Descartes los leyó y estudió durante su formación filosófica, pero fue uno de ellos el que le aseguraría la inmortalidad: *Lógica mexicana*.

Nacido en Rueda, municipio de la provincia de Valladolid, Castilla y León, en 1548, ingresó a la Compañía de Jesús durante su juventud.

Fiel a las exigencias de la orden, se interesó por los estudios clásicos, en especial la rama de la filosofía aristotélica, que tan en boga había estado apenas unas décadas atrás, gracias al auge de la filosofía escolástica o aristotélica-tomista en la Edad Media.

Viajó a la Nueva España y se asentó en la Ciudad de México, donde fue profesor de filosofía. A la par de su labor magisterial, comenzó a escribir una importante obra que, con el tiempo, ejercería una influencia definitiva en los estudiantes de Europa y América. Una de sus aspiraciones era aportar con su escritura una serie de libros que resultaran útiles a los estudiantes, una especie de libros de texto.

El conjunto de su obra se basa en disertaciones en torno al pensamiento de Tomás de Aquino, en especial las relativas a la analogía del ser, al actuar divino sobre sus criaturas, a la naturaleza de la materia y a la esencia del universo.

Residió en México durante veinticinco años. En este tiempo, su libro más importante fue el *Comentario a la Lógica Aristotélica*, popularmente conocido como *Lógica mexicana*. Este último nombre no se relaciona con el contenido, sino con el lugar donde el religioso lo escribió.

En su *Comentario…* aborda temas clásicos de la filosofía aristotélica, como la naturaleza de la lógica y diversos tópicos relacionados con la filosofía del lenguaje. Sus biógrafos aseguran que Descartes, mientras era alumno del Real Colegio de La Flèche, de inspiración jesuita, estudió a detalle este libro.

La obra cumplió su cometido con creces, pues no solamente sirvió para fines didácticos en la Nueva España, España y Francia, sino que fue bien recibido en algunas de las universidades con más prestigio de Italia y Alemania. Se trató del primer libro, escrito en tierras americanas, que logró esta clase de influencia y repercusiones en el continente europeo. Se estima que todos los estudiantes de filosofía, tanto europeos como americanos, de la primera mitad del siglo XVII, se educaron con la obra de Rubio. Otros de sus libros son *Comentario al De coelo et mundo*, *Comentario al De anima*, *Comentario a la Physica* y *Comentario al De ortu et interitu*. Juntos, los cinco forman un solo y gran curso de filosofía.

En sus últimos años, regresó a su patria para instalarse y dar clases en Alcalá de Henares, donde murió en 1615. Entre 1603 y 1641, sus cinco libros se editaron más de sesenta veces.

1600

✦ SEBASTIÁN DE APARICIO

En el Templo de San Francisco, en la ciudad de Puebla, yace, dentro una urna de cristal y a la vista de los visitantes, el cuerpo incorrupto de Sebastián de Aparicio, un singular hombre a quien la Iglesia católica beatificó en 1789.

Para hablar sobre su vida, lo primero que debe hacerse es separar la historia del mito, pues lo mismo se le atribuyen grandes logros terrenales que extraordinarios milagros dignos de la más pura santidad.

Sebastián de Aparicio Prado nació el 20 de enero de 1502 en La Gudiña, un pequeño municipio que por entonces formaba parte del Reino de Galicia. A los 31 años su sed de aventuras lo llevó a embarcarse hacia lo desconocido.

Aprovechando la Real Cédula de febrero de 1533, que otorgaba grandes beneficios a quienes se atrevieran a instalarse e invertir en la Nueva España, Sebastián comenzó a labrar una cuantiosa fortuna.

Lo primero que hizo fue observar. Lo que encontró fue una enorme cantidad de ganado cimarrón que vivía y se reproducía con absoluta libertad en el campo poblano. Capturarlo y domesticarlo no solo fue un gran negocio, sino también la razón por la cual recibió un apreciado título: ser considerado "El primer charro que existió en América".

Lo segundo que notó fue que, dado que no habían existido animales de tiro en estas tierras antes de la llegada de los españoles, la rueda no era un invento particularmente apreciado. Por tanto, no se contaba con carros ni carretas. Las mercancías solían transportarse en las espaldas de los tamemes o cargadores. Sebastián se encargó de construir carretas, pero también caminos por los cuales pudieran transitar los coches tirados por caballos y mulas. De este modo, se logró mover todo tipo de mercancías de manera rápida y eficiente. De hecho, él creó el primer servicio de transporte rodado que existió en México.

Su visión empresarial lo llevó a trazar el camino entre Zacatecas y la Ciudad de México, que se utilizaría ampliamente en la industria minera. Cuando su fortuna fue lo suficientemente grande, vendió el negocio de las carretas y se instaló en la zona del actual Azcapotzalco. También adquirió un rancho ganadero en lo que hoy es Polanco. Según su leyenda, fue entonces cuando se encargó de realizar un sincretismo entre las antiguas tradiciones indígenas y las creencias españolas sobre los fieles difuntos y todos los santos, lo que habría dado origen al Día de Muertos.

Luego de casarse y enviudar dos veces, tomó su decisión definitiva: donó prácticamente toda su fortuna e ingresó como criado al convento de las clarisas. A los 72 años, asumió como novicio franciscano. Ya como fraile, se asentó en el convento de Santiago de Tecali, cerca de Puebla, donde recibió con gusto el oficio que le fue encomendado: el de limosnero.

Falleció a los 98 años de edad, ya con fama de santidad. Su concurrido funeral terminó por escribir su legado: la gente lo amó y lo sigue amando hasta la fecha.

1601

◆ RODRIGO DEL RÍO DE LOSA

odrigo del Río de Losa y Rodríguez Gordejuela fue el fundador de Santa Bárbara, la primera población instaurada por españoles en el estado de Chihuahua. Por su impulso y por su visión económica, política y social se le reconoce como pilar fundamental de la conquista y evangelización del norte mexicano. Aunque su leyenda persiste en aquella región del país, su vida fue más grande que todas sus historias.

Natural de Puebla de Arganzón, de la provincia de Burgos en Alava, vio su primera luz el 7 de mayo de 1536.

En 1562 se trasladó a los territorios ubicados al norte de la Nueva España; tierras consideradas poco amigables, menos evangelizadas, y pobladas por indios salvajes que no solían recibir a los invasores con los brazos abiertos. A pesar de todo, participó en la conquista y posterior colonización de la Nueva Vizcaya, la primera provincia en ser explorada y fundada en el norte de México, y que se ubicó en las áreas aproximadas de los actuales estados de Durango, Chihuahua, Sinaloa y partes de Coahuila.

La colonización de nuevos territorios tenía el incentivo natural de hallar nuevos yacimientos de oro y plata, por lo que, a pesar de lo complicado de la empresa, la aventura valía la pena. De este modo, y al mando de entre 25 y 30 soldados, el ya para entonces capitán Rodrigo se internó en tierras salvajes en 1567.

Como la suerte le permitió descubrir diversas minas de metales preciosos, se dio a la tarea de fundar asentamientos permanentes en aquellas regiones para mantenerlas bajo control español. Entre otras, erigió las comunidades de Santa Bárbara, en Chihuahua, y Nombre de Dios e Indé, ambas en Durango. A la par, fue un decisivo impulsor de la orden jesuita. A él se le debe su florecimiento en aquella zona del país.

Junto con las minas, probó suerte en la ganadería, en lo cual no se equivocó, pues se convirtió en un poderoso hacendado que presumía de tener más de 60 mil reses en una finca de 15 mil hectáreas. Hoy se le reconoce como el iniciador de esta importante rama industrial en la zona norte mexicana.

Contrajo nupcias con una bella mujer de nombre María Aguilar, un enlace que, más que por amor, fue movido por el interés, pues la familia de la novia aportó una impresionante dote que, en total, alcanzaba los 20 mil pesos en oro.

En 1588, ya con la vida totalmente asegurada, fue nombrado caballero de la Orden de Colón y, poco después, se le designó gobernador de la Nueva Vizcaya.

Su buena fama se la debió también a ser un firme opositor al esclavismo. Aunque fue un conquistador, intentaba conciliar con los perdedores, incluso restituyéndoles los bienes que habían perdido. Se le consideró un hombre justo, al grado de que fue elegido como intermediario en conflictos violentos en la Nueva Galicia.

Murió en 1604 en su hacienda de Santiago.

1602

❧ GASPAR DE ZÚÑIGA ACEVEDO Y VELASCO

Entre los 63 virreyes que gobernaron la Nueva España hubo de todo: desde grandes hombres, extraordinarios estadistas y religiosos notables hasta personajes por demás oscuros y corruptos, pero solamente don Gaspar de Zúñiga Acevedo y Velasco podría presumir que una de las ciudades más prósperas del país, así como una urbe en los Estados Unidos, fueron bautizadas en su honor. Se trata de las ciudades de Monterrey.

Fue precisamente en el municipio de Monterrey, provincia de Orense, en Galicia, donde nació Gaspar de Zúñiga en 1560. Su noble linaje y su lugar de origen le otorgaron los siguientes títulos: De la Casa de Zúñiga, V conde de Monterrey, señor de Biedma, Ulloa, y de la casa de la Ribera y pertiguero mayor de Santiago de Compostela. Más tarde, por méritos propios, añadiría los nada despreciables virrey, gobernador y capitán general del reino de la Nueva España, presidente de la Real Audiencia de México, y virrey, gobernador y capitán general del reino del Perú, así como presidente de la Real Audiencia de la Ciudad de los Reyes (Lima).

En efecto, y por si quedaba alguna duda, don Gaspar estaba destinado a tener éxito en la vida.

Luego de estudiar en un colegio jesuita, y viendo los problemas que sufría el rey Felipe II con la vecina Portugal, decidió brindarle ayuda militar, no solamente con sus propias tropas, sino pagando los costos de su bolsillo. En otras tantas veces, incluso combatiendo a los piratas, saldría Gaspar en ayuda del rey, por lo cual, en señal de gratitud, el monarca lo nombró virrey de la Nueva España, labor que cumplió a cabalidad entre 1595 y 1603.

Su primera decisión fue ordenar que la provincia de Nuevo México fuera colonizada al precio que fuera, lo cual significó obligar a gran parte de la tropa, que se negaba a desplazarse a regiones tan lejanas y hostiles, y a combatir a los indios, que nada pudieron hacer. Poco después, ordenó lo mismo para la región de California. En realidad, lo que toda expedición buscaba eran riquezas naturales. En esa expedición se fundó la ciudad de Monterrey, en California.

Otras muchas urbes se edificarían gracias a estas expediciones en la zona norte de la Nueva España, entre ellas Loreto, en Baja California, y Monterrey, en el Nuevo Reino de León.

Entre otras de sus acciones estuvo el proteger los litorales en contra de ataques piratas, comenzar la construcción de la ciudad de Veracruz frente al castillo de San Juan de Ulúa y reagrupar a los indios en comunidades para tratar de proteger su libertad y sus derechos. Como reconocimiento a su buena labor, en 1603 Felipe III lo designó autoridad mayor del reino de Nueva Castilla (Perú), donde continuó siendo un gobernante justo.

Los cronistas de su tiempo consignaron que, en su despedida, hubo grandes muestras de cariño, especialmente de parte de los indígenas, quienes lamentaron la partida de su benefactor y protector. Falleció en Lima el 10 de febrero de 1606.

1603

❧ ANDRÉS DE LA CONCHA

Andrés de la Concha tiene una etiqueta difícil de igualar, la cual explica por sí misma y con eficacia la razón por la cual pasó a la historia: se trató de uno de los más importantes artistas europeos que residieron en la Nueva España en la segunda mitad del siglo XVI. Esto es verdad: don Andrés fue un pintor de trazos vivos y exquisitos.

Originario de Sevilla, se desconocen sus fechas de nacimiento y defunción. Se sabe, sin embargo, que partió junto con su esposa e hijo hacia la Nueva España en 1568. Este matrimonio no duró gran cosa, y una vez en la Ciudad de México contrajo nupcias nuevamente; esta vez engendraría dos hijos más.

Los expertos definen su estilo como manierista tardío, es decir, que en sus temas y trazos se refleja una notoria influencia de los grandes maestros del Renacimiento. También, se le admira por el delicado estilo de su composición y por la precisión con la que, en sus pinturas, expresaba el dolor de sus personajes.

Entre 1570 y 1575 llevó a cabo uno de sus primeros trabajos en América, y tal vez el más celebrado: el retablo mayor de la catedral de Nuestra Señora de la Asunción en Oaxaca, sede de la diócesis de Antequera.

Por este tiempo creó el extraordinario retablo de Santo Domingo Yanhuitlán, en Oaxaca, que presume hasta nuestros días las escenas de *La Anunciación, La Adoración de los Pastores, La Circuncisión, la Resurrección, La Ascensión* y *Pentecostés*, entre otras.

Por entonces se asoció con otro gran pintor de su tiempo: Simón Pereyns, un extraordinario retratista belga que adquiriría fama por realizar el retablo de la Virgen del Perdón en la catedral metropolitana de la Ciudad de México. Juntos, diseñaron y pintaron los retablos de la catedral de San Pedro y San Pablo Teposcolula, en Oaxaca, el antiguo templo de Santo Domingo en la Ciudad de México, así como diversas obras en la catedral metropolitana y la iglesia de Huejotzingo en Puebla. Es posible que también sea de su autoría conjunta el retablo de San Juan Bautista Coixtlahuaca, en Oaxaca.

Otras de sus especialidades era la escultura, principalmente con la técnica de la policromía, la talla y el dorado, que utilizó en diversos detalles a lo largo de sus obras.

Suyo fue también el retablo mayor de la antigua iglesia de la Concepción, en la Ciudad de México, que realizó en 1580.

Según los expertos, es posible identificar su mano en múltiples detalles interiores de iglesias ubicadas tanto en Oaxaca como en la Ciudad de México.

Participó además en diversas aunque efímeras obras, todas ellas de una belleza absoluta, según las crónicas. Entre estas obras se encontraron el monumento con que se conmemoró la muerte de Felipe II, así como los arcos para el recibiemiento de arzobispos, nobles y virreyes. Don Andrés llegó a ser maestro mayor de la catedral en México; es decir, arquitecto en jefe.

Por desgracia, de sus muchos retablos, solamente se conservan los de Yanhuitlán y Tamazulapan.

1604

❧ BERNARDO DE BALBUENA

El territorio que habitó Bernardo de Balbuena fue el de la literatura, pero también el de la fe y el de los sueños. Una triple combinación que marcó su vida: imaginar, escribir y evangelizar. Nada mal para alguien que lo mismo dejó huella en México que en Puerto Rico.

Originario de Valdepeñas, un municipio enclavado en la comunidad autónoma de Castilla-La Mancha, don Bernardo nació en 1568. Para entender mejor su vida y su obra, es aconsejable hablar primero de su padre: Francisco de Balbuena Estrada, descendiente de una familia de antiguos colonos de Nueva España y próspero propietario de innumerables propiedades en Nueva Galicia (que abarcaba los estados de Nayarit, Jalisco y partes de Zacatecas y Aguascalientes) y en San Pedro de Lagunilla, un importante pueblo indígena ubicado en Nayarit.

A causa de algunos asuntos legales, el rico propietario tuvo que viajar a España. Ahí recibió una noticia inesperada: era el padre de un pequeño de entonces dos años de edad, fruto de la aventura amorosa que había vivido durante su viaje anterior.

Las crónicas son contradictorias al respecto: aunque afirman que Bernardo se convirtió en rico heredero, también aseguran que su condición de hijo natural y no reconocido le causaron problemas al momento de tomar posesión de su cargo como abad de Jamaica años después.

Lo que es seguro es que viajó a la Nueva España a los veinte años de edad, que se asentó en los territorios gobernados por su padre, donde estudió teología y se ordenó sacerdote.

Luego de ganar dos certámenes poéticos y cosechar fama como hábil versificador, se instaló en la ciudad de Guadalajara, donde fue nombrado capellán de la Real Audiencia de Nueva Galicia y cura de las minas del Espíritu Santo. En este tiempo comenzó a redactar una de sus obras más importantes: *El Bernardo o la victoria de Roncesvalles*, una imponente epopeya que se publicaría en Madrid en 1624.

Sin embargo, su obra cumbre fue *La grandeza mexicana*, de 1604, un poema descriptivo, escrito en forma de carta, que habla y alaba la historia, el clima, la topografía, la flora y la fauna, así como la organización social y la vida cotidiana de la Ciudad de México: ese centro de perfección; una de las capitales más bellas de ese gran imperio español en el que nunca se ponía el sol.

Deseoso de ascender en su carrera eclesiástica, estudió el doctorado en teología en España. A su regreso a la Nueva España, fue nombrado responsable de la abadía de Jamaica, en 1611. Sus órdenes eran convertir a la isla en obispado, pero no lo logró. Finalmente, ocho años después se convirtió en el primer obispo de Puerto Rico. Cansado, con los años pesándole en la espalda y el calor húmedo propio del Caribe, su salud fue decayendo con rapidez. Un salvaje ataque por parte de piratas holandeses, quienes destruyeron su casa y quemaron su preciada biblioteca, terminaría de derrumbarlo. Falleció en San Juan Bautista, Puerto Rico, el 11 de octubre de 1627.

1605

❧ ANTONIO VALERIANO

"**O**ye y ten entendido, hijo mío, el más pequeño, que es nada lo que te asusta y aflige, no se turbe tu corazón, no temas esa enfermedad, ni ninguna otra alguna. ¿No estoy yo aquí que soy tu Madre? ¿No estás bajo mi sombra? ¿No soy yo tu salud? ¿No estás por ventura en mi regazo? ¿Qué más necesitas?".

Estas palabras poseen gran fuerza literaria y religiosa. Son parte esencial del documento conocido como *Nican mopohua*, el cual narra, en lengua náhuatl, las apariciones de la Virgen de Guadalupe en el cerro del Tepeyac. Este documento, este libro, fue escrito con gran maestría por alguien que conocía a la perfección los mundos europeo e indígena. Su autor fue, sin duda, un gran sabio. Se trató de Antonio Valeriano.

Originario de Azcapotzalco y nacido entre 1520 y 1522, don Antonio nació en el seno de una familia noble. Como tal, tuvo el privilegio de estudiar en el Colegio de la Santa Cruz de Santiago Tlatelolco, la primera institución de educación superior que existió en el continente. Además de estar destinada a los indígenas, fue el centro de enseñanza más importante, en lo que a ciencias y artes se refiere, durante la primera mitad del siglo XVI en la Nueva España.

En este colegio franciscano fue discípulo de fray Bernardino de Sahagún, un religioso que tanto se preocupó por conocer las raíces de los pueblos indígenas de México, que se le considera el primer antropólogo que trabajó en México.

Antonio Valeriano poseía una inteligencia notoria. Llegó a hablar y escribir perfectamente el náhuatl, el español y el latín. El mismo Sahagún decía de él que se trataba del principal y más sabio de sus estudiantes. Como tal, fue pieza clave para que el fraile lograra escribir su *Historia General de las Cosas de la Nueva España*. Para la realización de este libro, conocido también como *Códice Florentino*, Sahagún recurrió al método de preguntas y respuestas entre ancianos y sabios; Valeriano fue uno de ellos. También fue maestro de náhuatl del prestigiado Juan de Torquemada, autor de la *Monarquía indiana*.

Entre 1573 y 1599, fue gobernador de San Juan Tenochtitlan, que fue, junto a Santiago Tlatelolco, una de las zonas exclusivas para la habitación de los indígenas en la Ciudad de México. También gobernó Azcapotzalco. En el ámbito personal, contrajo nupcias con Isabel Huanitzin, hermana del historiador Hernando de Alvarado Tezozómoc, y por tanto descendiente de Moctezuma II. En su vida diaria acostumbraba vestir a la usanza española, para lo cual obtuvo una dispensa especial por parte del virrey.

Según el sacerdote e historiador Luis Lasso de la Vega, Valeriano escuchó, durante su niñez, de propia boca del vidente Juan Diego todo lo relacionado con las apariciones en el Tepeyac. En su etapa adulta, y ya con el conocimiento completo de las lenguas y culturas, habría escrito el documento. El especialista Miguel León Portilla afirmó que el *Nican Mopohua* fue escrito en náhuatl clásico por un verdadero maestro.

Antonio Valeriano falleció en 1605.

1606

☙ GASPAR ANTONIO XIÚ

El 13 de agosto de 1521 cayó en manos de los españoles la capital del imperio mexica. Para los europeos se trató de un paso por demás importante para conseguir el dominio del Nuevo Mundo. Sin embargo, grandes porciones del territorio que hoy es México, y que abarca desde Baja California y Tamaulipas hasta la península de Yucatán, tardarían siglos en ser sometidas. Esto fue lo que sucedió con la conquista de Yucatán y sus habitantes, los mayas, quienes lucharon con grandeza y, aun en la derrota, vivieron siempre en rebeldía.

La región maya representó un gran misterio desde el inicio. Para los conquistadores y para los frailes resultaba fundamental contar con traductores locales que los ayudaran a comunicarse, a entender el sistema de pensamiento de aquellos hombres y a difundir su mensaje evangelizador. Es en este contexto que cobra importancia la figura de Gaspar Antonio Xiú.

Considerado como el informante maya más importante de la primera etapa de la conquista, Gaspar nació en 1531. Tras su bautizo, inducido por Beatriz Herrera, esposa de Francisco de Montejo, el gran conquistador de Yucatán, abandonó su nombre indígena, Hchi Xiú, para adoptar el nuevo y cristiano que le fue impuesto, el cual a veces completaba con el sonoro "Herrera", en honor a doña Beatriz.

Desde muy temprano comenzó su educación oficial bajo la tutela de fray Diego de Landa, un controvertido personaje, pues históricamente se le tacha lo mismo de asesino cultural que de gran evangelizador de la península. Pues bien, de Diego de Landa aprendió la gramática castellana, y lo hizo con tanta perfección que se convirtió en el maestro titular de la materia en la capilla de Tizimín. Con la misma maestría llegó a dominar el náhuatl y el latín. Fue precisamente esta combinación de elementos la que lo convirtió en un hombre tan útil para la causa española.

Trabajó estrechamente con los frailes franciscanos encargados de la evangelización de Yucatán. Los religiosos, sabedores de la inteligencia de Gaspar, se mostraron sumamente interesados en que absorbiera la mayor cantidad de conocimientos que fuera posible, pues esto les abriría más puertas al momento de acercarse a los nativos. Por tanto, contó con un privilegio sumamente especial, vedado para el resto de los indígenas: acceder a la biblioteca del Convento de San Francisco de Mérida.

A la par de estas labores, también fue organista de la catedral de Yucatán, intérprete general del Tribunal Superior de Gobernación de Yucatán y abogado general de los indígenas mayas.

De igual modo, participó en la elaboración de una gramática maya, colaboró en las relaciones históricas y geográficas de la península, tradujo a su lengua natal documentos legales escritos originalmente en español, y fue autor de obras que se consideran fundamentales para entender el pasado maya, como la *Relación de las costumbres de los indios*.

En las listas de los grandes eruditos yucatecos, sin duda el nombre de Gaspar Antonio Xiú debe ocupar uno de los primeros puestos.

1607

❧ LUIS DE VELASCO Y CASTILLA

Uno de los gobernantes españoles más destacados en la América del siglo XVI, hombre inteligente, honesto, instruido y leal. Nacido en Palencia en 1539, Luis de Velasco y Castilla reunió atributos que le valieron su triple designación como virrey: fue el octavo y décimo virrey de la Nueva España y el décimo gobernante del Perú.

Conocemos su aspecto gracias a un retrato de 1585, en el que vemos a un hombre de complexión delgada y rasgos finos, vestido discretamente según usanza de la época, enfundado en un jubón negro con la cruz roja de la Orden de Santiago, con gorguera amplia y el sombrero alto que vemos también en los retratos de Felipe II. Un rasgo lo distingue: usa anteojos redondos y atados con cordel a las orejas. Al pie del retrato dice "Luis de Velasco hijo del primer virrey, 8, y Capitán General, año 1585".

Era conocido como "El mozo" para distinguirlo de su padre, segundo virrey, con quien llegó a la Nueva España a los once años. Pasó de la adolescencia y juventud aristocráticas a la formación política que lo vinculó con las estructuras de gobierno. Fue en varias ocasiones regidor del Cabildo de México y corregidor de Zempoala. Viajó a España para ocupar la embajada de Florencia, pero en 1589 el rey Felipe II lo mandó de regreso a las Indias con el nombramiento de virrey, para suceder al conflictivo gobierno de Villamanrique.

En México fue recibido con fiestas, juegos y toros; arco triunfal, guardias de caballería y repiques especiales de campanas. Durante su primera gestión, se distinguió por crear políticas que detuvieran la disminución de la población indígena y que la fortalecieran jurídicamente ante los abusos en juicios y tribunales. Protegió las costas y logró que los pueblos chichimecas aceptaran colonias de indios tlaxcaltecas y otomíes para aprender de ellos a vivir según las normas españolas. En la capital mandó construir la Alameda, un paseo y lugar de recreo poblado en un principio de álamos y sauces. No obstante, también despertó los reclamos de lo indios por la imposición de impuestos, a modo de préstamos forzosos, para solventar la necesidad de fondos de la Corona.

Luis de Velasco "El mozo" fue promovido para encabezar el virreinato del Perú, donde residiría de 1595 a 1604, cuando regresó a descansar en sus encomiendas de Azcapotzalco. Tres años después los fuegos artificiales lo volverían a recibir en México, para ocupar nuevamente el cargo de virrey.

Velasco sometió la rebelión de esclavos en Veracruz encabezada por Yanga y enfrentó graves inundaciones de la capital, comisionando al cosmógrafo alemán Enrico Martínez las labores del desagüe. Impulsó la reconstrucción de un antiguo hospital y procuró regular situaciones conflictivas como la esclavitud, los servicios personales y el repartimiento de indios.

A los 71 años fue nombrado por Felipe III presidente del Consejo de Indias. Velasco abandonó México en 1611 y vivió sus últimos años en Sevilla, donde recibió el título de marqués de Salinas y falleció en 1617.

1608

◉ JUAN RAMÍREZ DE ARELLANO

Juan Ramírez de Arellano fue un teólogo y fraile dominico nacido hacia 1529 en Logroño, España, y dotado de cualidades intelectuales que lo llevaron a estudiar en el Colegio de San Esteban, en Salamanca —ambos importantes focos del saber— donde llegó a ser doctor y profesor en artes y teología.

En el colegio coincidió con Bartolomé de las Casas, célebre defensor de los indios, y otros misioneros de la orden que seguramente influyeron en su tardía decisión de embarcarse a las Indias, a los 41 años de edad, para hacer realidad su vocación como misionero.

La primera labor que atendió en Nueva España fue sumarse a la evangelización de los indios mixtecas, en Oaxaca. En poco tiempo aprendió su lengua y atestiguó el trabajo forzado a que eran obligados por parte no solo de encomenderos españoles, sino también de compañeros de orden, a quienes no dudó en denunciar ante las autoridades.

Hacia 1575, fray Juan se asentó en México, donde fue profesor de la universidad, formador de novicios y prior de la casa principal de los dominicos novohispanos, el convento de Santo Domingo. Poco después asumió el cargo de calificador del Santo Oficio, desde donde publicó obras de temática pastoral, sin descuidar los trabajos doctrinales y dándose tiempo para la alfabetización de indios, negros y mulatos.

Fray Juan continuó con la denuncia pública de los abusos a los indios hasta que comprendió que la palabra desde el púlpito no sería suficiente, por lo que decidió embarcarse a España para exponer directamente sus denuncias a Felipe II. El barco fue secuestrado por piratas y desviado a Inglaterra, hasta que se negoció su libertad. Arribó finalmente a España en 1595. En Madrid escribió importantes cartas al Consejo de Indias y al rey, donde ponía en evidencia el abuso de las encomiendas, los repartimientos y el servicio personal al que eran forzados los indios sin remuneración alguna. Sin embargo, la burocracia real y la muerte de Felipe II en 1598 obstaculizaron cualquier resultado y fray Juan, exasperado, terminó siendo un personaje incómodo en Madrid. En 1601 fue obligado a tomar el cargo de obispo de Guatemala, lejos de México, de España y de cualquier labor política.

La muerte lo alcanzó a los ochenta años en su última diócesis, donde sobresalió como hombre caritativo e incluso se le abrió un proceso de beatificación que nunca fue resuelto.

Su vida y obra cayeron en un olvido casi total. Inexplicablemente, fray Juan no destaca en la amplia bibliografía hispanoamericana dedicada al debate de la conquista. Su espíritu enérgico y obstinado hasta la imprudencia hicieron de él un hombre molesto para el régimen, un hombre que puso su potencial intelectual y espiritual al servicio de su más cara convicción: creer en la moral cristiana como instrumento regulador de la sociedad.

1609

❧ ENRICO MARTÍNEZ

Heinrich Martin llegó a la Nueva España en 1590. Cosmógrafo convertido en ingeniero, nació en Hamburgo cuarenta años atrás y viajó al nuevo continente con el propósito de ampliar sus estudios sobre eclipses lunares. Decidió castellanizar su nombre a Enrico Martínez.

En 1604, la Ciudad de México padeció una gran inundación que la mantuvo más de un año bajo el agua. En 1607, el virrey Luis de Velasco encomendó al alemán un plan para prevenir nuevas inundaciones. Tras analizar el sistema de lagos, Martínez propuso construir un canal de desagüe y un túnel para drenar las aguas del río Cuautitlán hacia el río Tula y de ahí al Golfo de México. Esto evitaría la concentración de aguas en los lagos de Zumpango y Texcoco.

Las obras del desagüe, doce kilómetros de canal, concluyeron dos años después. El canal no contuvo las inundaciones y su construcción provocó la muerte de decenas de indios. Ante este fracaso, el rey Felipe III convocó a especialistas y comisionó al ingeniero holandés Adrián Boot para resolver el problema, quien desembarcó en la Nueva España en 1614. Este desechó la idea del canal y propuso un sistema de diques que regularan el nivel de las aguas y conservaran los lagos para beneficio de la ciudad. No obstante, la idea no fue bien recibida por los españoles, quienes no veían con buenos ojos la preservación de estas aguas.

Una suerte de competencia se desató entre ambos especialistas y en 1616 el rey otorgó nuevamente a Martínez la responsabilidad del proyecto. Sin embargo, las lluvias y los fracasos no cesaron, lo que le costó la cárcel un par de veces. En suma, su apuesta era por la desecación de los lagos para reducir el peligro que representaban para la ciudad. En un mapa de la cuenca, Martínez dibujó a México como un castillo, lo que simboliza la separación que, según él, debía tener la ciudad de su entorno acuático. El castillo descansa sobre una calzada rodeada de agua, lo que acentúa su vulnerable condición.

Lo peor aún estaba por venir: en 1629 la ciudad sufrió la peor inundación de que se tenga registro. Uno de los canales cegados por órdenes de Martínez —para hacer nuevas mediciones del nivel de las aguas— provocó que la capital permaneciera inundada durante seis años. Muchos consideraron mudar la ciudad a Puebla o Coyoacán. En 1630 arrancó la construcción del canal de Nochistongo, que se terminó hasta el Porfiriato. Enrico Martínez falleció en Cuautitlán en 1632, a casi tres siglos de distancia de ver la realización de su proyecto: los lagos desecados.

México preserva su memoria en un monumento en la esquina del Sagrario de la catedral, que muestra el nivel de los lagos de la cuenca mexicana. Dicho monumento dio nombre a la primera cantina de la ciudad, El Nivel —ya desaparecida— que se ubicaba en la esquina poniente de la calle de Moneda, cerca de catedral.

1610

❧ RODRIGO DE VIVERO
Y ABERRUZA

E n el seno de la alta élite novohispana y siendo hijo de Rodrigo Vivero y Velasco, un noble español, y de Melchora de Aberruza, joven y acaudalada viuda en segundas nupcias, nació Rodrigo Vivero y Aberruza, en 1564.

Los primeros años de Vivero transcurrieron en la encomienda familiar de Tecamachalco, producto del primer matrimonio de Melchora de Aberruza con Alonso Valiente, uno de los conquistadores que combatieron bajo las órdenes de Hernán Cortés. A la edad de doce años, el rumbo de la vida de Rodrigo de Vivero cambió como consecuencia del parentesco nobiliario con los reyes de España, a donde se embarcó para asistir a la cuarta boda del rey Felipe II y participar en la campaña militar de Portugal. Fue entonces cuando Rodrigo de Vivero se enfrentó a la realidad de la corte española y vivió en carne propia las sutiles diferencias que se hacían con aquellas personas, que si bien pertenecían a la aristocracia española, no habían nacido en territorio ibérico.

A pesar de estos tratos preferenciales por parte de la monarquía hacia los originarios de la metrópoli, respecto de los nacidos en las Indias, era cierto que en la Nueva España la familia de Vivero gozaba de la protección del virrey Luis de Velasco, su tío, quien lo invitó a ocupar cargos en el gobierno novohispano.

Hasta 1608 ya se había desempeñado en distintos cargos y el virrey lo comisionó a las Filipinas para suplir al gobernador Pedro de Acuña, por su repentina muerte en ese mismo año. Las cosas, aparentemente, marchaban bien. Rodrigo de Vivero resultó buen diplomático y en cuanto fue nombrado gobernador comenzó a tener comunicación con el shogún de Japón. Un año más tarde, este vínculo le abriría las puertas a una serie de negociaciones que ambos tuvieron durante la estadía de Vivero en Japón, las cuales iban desde temas religiosos hasta comerciales. Sin embargo, las negociaciones no tuvieron futuro, pues los acuerdos no convencían a la Corona y tras una larga espera desecharon toda probabilidad de aceptarlos.

Tras un largo periodo entre las Filipinas, Japón y la metrópoli, Rodrigo de Vivero fue nombrado gobernador de Panamá, colonia que era importante para la Corona por su ubicación geográfica que permitía crear rutas para transportar la producción minera de otros territorios que formaban parte del imperio español, como Bolivia y Perú. Dicha región era continuamente asechada por piratas que buscaban interceptar el flujo de los metales preciosos. Durante su estadía en Panamá, Vivero hizo frente y logró repeler todos los ataques de esta índole.

En 1628 hizo llegar al rey Felipe III la solicitud de regresar a la Nueva España, para encargarse de su encomienda familiar y ocuparse de negocios que demandaban su presencia. El permiso le fue otorgado y regresó a Tecamachalco. Rodrigo de Vivero, como buen católico, pidió que sus restos fueran resguardados en un recinto sagrado, el convento grande de San Francisco, de México. Falleció en 1636.

1611

🔷 MARTÍN DE PALOMAR

Pocos registros se tienen de Martín de Palomar, uno de los principales benefactores en la historia de la ciudad de Mérida, Yucatán. Sabemos que nació y fue bautizado el 16 de noviembre de 1538 en la villa de Medina del Campo, reino de Castilla, siendo hijo de Diego de Palomar y Leonor de Garibay.

Se cree que llegó a las Indias occidentales entre 1555 y 1561, posiblemente con alguno de sus hermanos, y con la seguridad que le otorgaba la ya consolidada posición social y económica de sus familiares en el Nuevo Mundo.

Gracias al matrimonio de su hermana Leonor con Francisco de Bracamonte, quien fuera uno de los primeros conquistadores de la península de Yucatán, y alcalde de Mérida entre 1542 y 1549, Martín de Palomar obtuvo prestigio rápidamente entre la élite yucateca, pues al partir su hermana y su cuñado a la metrópoli en 1575, quedó como administrador de los negocios de la familia en Mérida.

Los méritos de Martín de Palomar no se pueden encasillar en un solo ámbito, pues en 1579, siendo regidor del ayuntamiento, le fue conferida la tarea de escribir la *Relación de la Ciudad de Mérida*, para ser enviada al Consejo de Indias, en el continente europeo.

En 1585, Palomar recibió las encomiendas de Hunucmá y Tixcocob que habían pertenecido al gobernador de Yucatán, Diego de Santillán, de 1568 a 1573. Es probable que esto se debiera al prestigio que para entonces gozaba. De dichas encomiendas obtenía una buena renta que lo posicionaba como uno de los 16 encomenderos más acaudalados de la provincia de Yucatán. Además se sabe que Palomar se dedicó a otorgar créditos y préstamos para diversas causas, que de alguna manera hicieron crecer tanto su fama como su fortuna.

Entre los años 1593 y 1610 ocupó el cargo de segundo y primer alcalde de Mérida. Asimismo, en dos ocasiones encabezó la defensa de Yucatán en contra de piratas y corsarios que acechaban las costas de la península.

Como buen hombre de su época, la religión tuvo un peso significativo, particularmente en la hora de su muerte. Por ello constan en su testamento, como últimas obras de caridad, la donación de fuertes cantidades de dinero con diversos fines: para cubrir la dote de doncellas desamparadas o huérfanas; para dar de comer a los pobres de las cárceles; y para el hospital de la ciudad. También destinó recursos para la creación de un colegio otorgado a la Compañía de Jesús en Mérida, para lo cual donó casas y 30 mil pesos, argumentando que debía continuar la buena evangelización de la provincia de Yucatán.

Estando desahuciado, cuatro días antes de su muerte —acaecida el 2 de enero de 1612— Martín de Palomar contrajo matrimonio *in articulo mortis* con Beatriz de Bracamonte, hija de Hernando de Bracamonte y sobrina de Francisco de Bracamonte, su cuñado. Esto le permitió salvar a su familia de la ruina y garantizar la preservación de los compromisos estipulados en su testamento.

1612

❧ GASPAR PÉREZ DE VILLAGRÁ

Historiador, poeta y militar criollo nacido en Puebla, en 1555. Villagrá destacó por tres aspectos de su vida: fue un criollo educado en Salamanca; fue soldado en las campañas de conquista del norte del territorio novohispano; y fue autor del poema *Historia de la Nueva México*, representante de un género que perdía relevancia en las letras hispánicas, la épica. Esto lo hace una figura transnacional que tres países, México, España y Estados Unidos, reclaman como suyo.

Historia de la Nueva México es una pieza que resulta de mayor trascendencia y estima para Estados Unidos. Relata la reconquista de Ácoma y la derrota de los pueblos indios. Su publicación, diez años antes del arribo de los peregrinos del *Mayflower*, posiciona a Villagrá como un escritor de indudable primacía cronológica. Fue el primer poema dedicado a la historia de un territorio estadounidense y su temprana colonización. No sorprende la adopción de Villagrá por parte de los intelectuales méxico-americanos y chicanos en los siglos XIX y XX.

A los 43 años ya estaba enrolado en el Ejército de Juan de Oñate para la conquista de Nuevo México. Villagrá era un hombre calvo y fornido, de barba canosa y mediana estatura. Como capitán y procurador de justicia de su ejército, realizó para Oñate reclutamientos de soldados y aplicación de castigos a tropas insurrectas. Hacia 1598 participó en la batalla de Ácoma, crucial para la conquista del territorio y fue nombrado gobernador de la plaza, cargo que apenas pudo ejercer. Oñate lo mandó a España en varias ocasiones para resolver las controversias que mantenía con el virrey conde de Monterrey.

En 1609, desembarcó con el manuscrito completo de su *Historia*, cuya impresión recibió el espaldarazo de figuras respetadas del ámbito de las letras como Juan de Valdés, Gutierre de Cetina y Vicente Espinel, apoyos de gran valor para un autor novel y novohispano. La edición del libro fue costeada por un librero de Alcalá. La obra se compone de 34 cantos y 11 900 versos endecasílabos. Es una pieza de estirpe más renacentista que barroca, donde el autor aborda los tópicos de la época: la belleza fugaz, la fortuna caprichosa, el amor tirano, la muerte que a todos alcanza y el gusto por las oposiciones y contrastes violentos. Aunque Villagrá fue más valorado como historiador que como poeta, sin duda hizo realidad el anhelo humanista de hacer convivir las armas y las letras.

Villagrá fue enjuiciado por la Real Audiencia de la Nueva España, acusado de ejecutar a dos desertores del Ejército y de exagerar ante el virrey la riqueza de los terrenos conquistados. En 1614 fue declarado culpable, se le privó de sus tierras en Nuevo México y se le desterró de la corte virreinal por dos años. Seguramente, su *Historia* funcionó para reivindicar su nombre ante dichas acusaciones. En su último viaje a España logró que le concedieran la alcaldía de Zapotitlán, en Guatemala, pero falleció en el viaje de regreso a América, en 1620.

1613

✒ JUAN DE TORQUEMADA

Torquemada fue un fraile, cronista y arquitecto franciscano nacido hacia 1562, probablemente en Castilla. A muy corta edad viajó a América, donde ingresó a la orden y tomó los hábitos en el convento de San Francisco, en México. Su primer encargo fue como misionero en Nueva Galicia, donde tres religiosos habían sido asesinados por nativos sublevados.

Desde joven manifestó interés por el pasado indígena mediante entusiastas escritos arqueológicos. Fue guardián de conventos en Texcoco, Tlaxcala y Zacatlán. Escribió comedias en náhuatl, descripciones de los restos del palacio de Nezahualpilli y registros sobre la religión y costumbres totonacas. Torquemada es heredero de frailes de su orden a quien trató personalmente: Bernardino de Sahagún, Andrés de Olmos, Gerónimo de Mendieta, cuyos trabajos nutrieron su propia obra.

Durante catorce años recopiló toda suerte de información (en códices, viajes, testimonios) sobre la historia indígena y dedicó otros siete para la redacción de los 21 libros de su obra cumbre, la *Monarquía indiana*. Cuenta entre sus fuentes con Antonio Pimentel, el nieto del penúltimo rey texcocano, Nezahualpilli.

En 1603 llegó como guardián al convento de Santiago de Tlatelolco y denunció la decadencia del Colegio de indios de la Santa Cruz, criticando severamente la pérdida de interés y apoyos para su subsistencia. Aquí emprendió la construcción de una nueva iglesia, tarea interrumpida en 1604 por una gran inundación que dejó la Ciudad de México un año bajo el agua. Torquemada recibió la encomienda de dirigir la reconstrucción de las calzadas de Guadalupe y Chapultepec.

El 14 de julio de 1610, Torquemada consagró la nueva iglesia en Tlatelolco y al día siguiente, en la fiesta de Santiago, dejó colocado el nuevo retablo. Sin embargo, fue acusado por indios pintores de haber azotado y casi matado a golpes a uno de ellos. Los cargos fueron comprobados, pero el proceso no siguió adelante. Tal vez el remordimiento lo llevó a exaltar públicamente el empeño y la capacidad que los indígenas mostraron en estos trabajos, prodigando los mayores elogios a un escultor nativo de nombre Miguel Mauricio.

En 1612 fue aprobada la impresión en España de su *Monarquía indiana*, para lo cual viajó al viejo continente. Esta crónica de crónicas es un compendio indispensable del pasado de los pueblos mesoamericanas y el choque de la conquista; del nuevo orden y de la historia del primer siglo de vida novohispano. Cuatro años habrían de pasar para que viera su obra impresa en tres tomos. Ejemplares de esta primera edición se encuentran en la Biblioteca Nacional de México.

En menos de un año, Torquemada ya estaba de vuelta suscribiendo actas de matrimonio en Xochimilco y en 1614 fue electo provincial de su orden. Vivió sus últimos años en Santa María la Redonda y murió en su querido Tlatelolco, el día de año nuevo de 1624, año 5-Caña, según consta en los *Anales coloniales de Tlatelolco*.

1614

✒ HASEKURA TSUNENAGA

Hasekura Rokuemon Tsunenaga fue un samurái japonés al servicio de Date Masamune, poderoso daimyo —una suerte de señor feudal— de la región de Tohoku. La memoria de Hasekura se recuerda por haber encabezado a principios del siglo XVI una aventura diplomática con la misión de entrevistarse, en nombre de una pequeña región del Japón, con dos de las personas más poderosas del planeta, el papa y el rey de España.

Esta misión diplomática fue producto de la coincidencia de varios intereses transnacionales: un gobernante japonés ávido de activar el comercio con España y sus colonias; un funcionario novohispano con la misión secreta de buscar oro en Japón; y un fraile franciscano interesado en ganar espacios de evangelización para su orden. Así fue que los japoneses orquestaron la delegación Keichō Ken-no, con itinerario México-Madrid-Roma. A bordo del *San Juan Bautista*, construido expresamente, Hasekura Tsunenaga zarpó al mando de una tripulación de 140 japoneses.

A los tres meses arribaron a Acapulco, donde fueron recibidos con salvas de paz, disparos de cañón, trompetas y tambores. En marzo de 1614, entraron al Palacio Real de México vestidos con lustrosos trajes de caballero occidental. El marqués de Guadalcázar, virrey novohispano, les brindó cálido recibimiento. Sin embargo, en esos días llegaron a México noticias del martirio de cristianos y la prohibición del cristianismo en Japón, lo que trastocó el ánimo y generó un ambiente incómodo para la delegación oriental.

En junio, el *San Juan Bautista* partió rumbo a España. Desde Sevilla, Hasekura mandó una carta a Felipe III donde decía que su propósito era "adorar a los dos —al rey y al papa— con temor y reverencia". El 20 de diciembre por fin llegaron a Madrid. Cuarenta días pasaron para que Felipe III recibiera a Hasekura, quien le entregó una carta donde su gobierno le ofrecía condiciones favorables a cambio de permitir la apertura comercial de España y México con el Japón.

Hasekura fue bautizado en febrero de 1615 en el Real Monasterio de Descalzas. El duque de Lerma lo apadrinó y la condesa de Barajas, su hija, fue la madrina. Hasekura recibió el nombre de Felipe Francisco, en honor al rey y a su padrino.

La delegación japonesa partió sin respuesta hacia Roma, donde en noviembre de 1615 Hasekura fue recibido por Pablo V. Según el registro de la audiencia, el samurái dijo al papa "vine aquí desde un país el más lejos para recibir la luz". En suma, pidió protección, el envío de misioneros al Japón y la mediación con Felipe III para realizar intercambios comerciales. En Filipinas recibió una carta protocolaria de Felipe III en la que no se concretaba ninguna de las peticiones. En septiembre de 1620, desembarcaron en Nagasaki.

Hasekura murió al año de su retorno. Su embajada no obtuvo resultados y coincidió con el inicio de un periodo de más de dos siglos de aislamiento del Japón respecto del mundo occidental.

1615

❧ BALTASAR DE ECHAVE ORIO

Pintor de origen vasco que llegó a la Nueva España hacia 1580, Baltasar de Echave Orio es considerado punto de arranque de una tradición pictórica novohispana que alcanzó su esplendor en el siglo XVII.

Nacido en 1548 en Guipúzcoa, Echave Orio es conocido como "El viejo", por ser fundador de una dinastía de pintores —Echave Ibía y Echave Rioja, hijo y nieto— cuya obra en conjunto relata el tránsito del renacentismo y manierismo de los óleos de "El viejo", al surgimiento y esplendor del barroco en sus sucesores.

Los tiempos de Echave estuvieron marcados por el reinado de Felipe II, cuando España era punto de encuentro de los mejores pinceles del orbe, desde Rubens y Tiziano hasta El Greco. Las escuelas de pintura españolas —particularmente la sevillana— se nutrían de las más ricas tradiciones artísticas de la época, la flamenca e italiana. Sin embargo, no hay evidencia de que Echave llegase a la Nueva España formado como pintor. En México, contrajo matrimonio con Isabel de Zumaya, en 1582, y trabajó en el taller de su suegro y paisano, el pintor Francisco de Zumaya, donde se presume que adquirió su formación. No desdeñemos otros focos de influencia, como el flamenco Simón Pereyns y el sevillano Andrés de la Concha, cuyas pinturas tenían fuerte impacto en el territorio novohispano;

y los grabados europeos —destacan los del flamenco Martín de Vos— que llegaban al continente a motivar la imaginación local con sus audaces composiciones.

Echave Orio rebasa la figura de su suegro y hacia principios del siglo XVII era ya el artista preferido de la sociedad novohispana, lo que se tradujo en los encargos de las principales series pictóricas de su tiempo: las tablas para los retablos de las iglesias de Tlatelolco y Xochimilco, de los franciscanos, y del exquisito templo jesuita de La Profesa.

La serie de la vida de la Virgen que pinta en Tlatelolco para fray Juan de Torquemada le vale que este lo considere "único en su arte". El poeta Bernardo de Balbuena, en su *Grandeza Mexicana* (1604) le dedica elogios como "inmortal coloso" y "del diestro Chávez el pincel divino". Más de dos siglos después, Pelegrín Clavé, director de la Academia de San Carlos, sostuvo durante un diálogo con colegas ante el *Martirio de San Ponciano*: "Señores, la mano que pintó esa cara, de tanta verdad y tanto carácter, era una mano maestra". Este lienzo, junto con el *Martirio de San Aproniano*, poblados de escorzos y composiciones efectistas, son los únicos representantes del manierismo en la tradición pictórica novohispana.

Por último, vale la pena destacar la opinión de Manuel Toussaint, historiador de arte cuya obra crítica contribuye a la revalorización de la tradición pictórica novohispana y sus protagonistas: "Nacido al amor de la suave lumbre italianizante, va sintiendo en sus venas el rudo vigor de su raza y se hace más sobrio, entona su coloración en gamas menos dulces y llega al equilibrio perfecto en un artista del Renacimiento hispano".

1616

❧ ANTONIO DE FIGUEROA Y BRAVO

Antonio de Figueroa y Bravo fue gobernador de la Capitanía General de Yucatán en la segunda década del siglo XVI y corregidor de Cuzco y Potosí, virreinato del Perú, donde murió en 1626.

Fue originario de la villa de Anchuelo, municipio de la Comunidad de Madrid. Hijo de don Melchor de Figueroa y doña Bartolina Bravo, arribó a la Nueva España a fines del siglo XVI para establecerse en la provincia de Zacatecas, donde contrajo matrimonio con doña María de Salas y Salazar.

El 7 de agosto de 1610, durante una estancia en la Corte de Madrid, el rey Felipe III le otorgó el nombramiento de gobernador de Yucatán, lo que lo convertiría en sucesor del mariscal Luna y Arellano. Aprovechando su estancia en Europa, al mes siguiente registró su título en el Consejo de Indias, pero habría de pasar más de un año y medio para que fuese admitido y juramentado en la Audiencia de México, lo que tuvo lugar en la capital novohispana el 22 de enero de 1612. No fue sino hasta el 29 de marzo de ese mismo año cuando fue recibido en Mérida bajo su nueva investidura y donde gobernó por poco más de cinco años, hasta el 27 de septiembre de 1617.

Durante su administración, Antonio de Figueroa procuró establecer una relación cordial con los pueblos mayas, particularmente con aquellos que habitaban el Petén-Itzá, una región aislada y en resistencia contra la conquista espiritual que querían emprender los frailes franciscanos en toda la península yucateca. Estos mayas mandaron emisarios a Mérida con el supuesto propósito de rendir homenaje al rey de España. Figueroa se entusiasmó con este acercamiento, los agasajó y les otorgó títulos de caciques y regidores con el fin de establecer un vínculo de amistad. Sin embargo, los mayas hicieron poco caso y continuaron con su aislamiento, desdeñando todas las comunicaciones que les enviaban de Mérida.

Tras su gobierno en la península, Antonio de Figueroa recibió la invitación del marqués de Guadalcázar, Diego Fernández de Córdova, virrey a la sazón de la Nueva España y recién nombrado, en 1620, virrey del Perú, para ser parte de su gobierno en tierras sudamericanas. Algunos de sus hijos se quedaron a vivir en Yucatán y fundaron familias, pero en 1622 Figueroa se trasladó al Perú y asumió el cargo de corregidor del Cuzco. Por último, ocupó el mismo cargo en la Villa Imperial del Potosí, que se encontraba entonces en rebelión. En esta ciudad, en el actual territorio de Bolivia, don Antonio de Figueroa falleció en 1626.

1617

➤ YANGA

Uno de los representantes más llamativos de la herencia de la cultura africana que miles de esclavos africanos trajeron al actual territorio mexicano fue, sin duda, Yanga o Gaspar Yanga, fundador del primer pueblo de esclavos liberados en Nueva España.

Las fuentes aseguran que él podría haber sido de origen "bran" o "abron", ambas etnias habitaban los territorios del Golfo de Guinea y del centro de África. También se dice que habría sido parte de una familia prominente de su tribu, al grado que aseguraba que habría sido rey si no lo hubieran capturado.

Desconocemos la fecha en que llegó a Veracruz, sin embargo, es de suponer que debió ser antes del año de 1570, año en el que supuestamente se habría escapado de su lugar de trabajo. A partir de ese momento y durante los siguientes treinta años, Yanga comenzaría a juntar a otros esclavos escapados o cimarrones, hasta formar una pequeña sociedad de hombres libres en la que él ocupaba la posición superior como juez superior y estratega principal.

Los llamados "yanguicos" se asentaron en la región donde actualmente está la ciudad de Córdoba, aunque sin llegar a establecerse de manera definitiva en un pueblo. Dentro de esta zona se dedicaron, tanto al cultivo del maíz y el algodón, como al asalto de los caminos y el ataque de haciendas. Su presencia por más de treinta años se volvió un riesgo para la economía del virreinato, puesto que ponían en peligro los importantes caminos reales que comunicaban la Ciudad de México con Veracruz.

Así pues, la amenaza al comercio, aunado al temor a una revuelta de esclavos en la Nueva España, obligó al virrey Mendoza a enviar, a finales del año de 1608, al capitán Pedro González de Herrera para que sometiera a los rebeldes de Yanga, su ejército estaría compuesto tanto de españoles como de indígenas y algunos mulatos.

Para febrero de 1609 las tropas de González de Herrera encontraron y sitiaron la base de los yanguicos. Yanga la había mandado construir sobre un monte, tenía una empalizada de madera y dentro había una iglesia, sesenta casas y un gran árbol al centro del pueblo. El enfrentamiento final, sucedido el 23 de febrero de 1609, se resolvió con una victoria española, sin embargo, Yanga y sus seguidores lograron escapar hacia la sierra donde se mantuvieron en resistencia por varios meses más, aunque cada vez más acorralados.

Fue en este contexto que el líder de los cimarrones rebeldes escribió al virrey para solicitarle que, a cambio de deponer las armas, les permitiese fundar un pueblo únicamente poblado por los esclavos huidos hasta 1609. En este pueblo se formaría un cabildo y serían gobernados por Yanga. También ofrecían entregar a cualquier negro que a partir de esa fecha se escapara de las haciendas. Este fue el origen del pueblo de San Lorenzo de los Negros, actualmente llamado Yanga en honor al líder rebelde, de quien desafortunadamente desconocemos más información, entre ella la fecha de su muerte.

1618

❧ FRANCISCO DE URDIÑOLA

La conquista y colonización del norte de la Nueva España debe mucho al conquistador Francisco de Urdiñola, quien también fue un destacado propietario y terrateniente norteño. Tras varias décadas habitando en el septentrión novohispano llegó a ser gobernador de la Nueva Vizcaya.

Su historia comienza en el año de 1552, en el valle de Oyarzun, de la provincia de Guipúzcoa, en España. Nacido en el seno de una familia noble pero sin recursos, sabemos que salió de la península ibérica entre los años de 1572 y 1576 y que, tras su llegada, emprendió el camino hacia el norte, a la región de Zacatecas y Coahuila, que entonces eran lugares con poca población y a los cuales llegaron varias personas de origen vasco.

A su llegada a Saltillo, entre 1576 y 1577, se alistó como soldado en las distintas campañas que tuvieron lugar con la intención de establecer más sólidamente el control español sobre las poblaciones de nativos. De esta manera, sabemos que participó en las operaciones militares de 1579, 1580 y 1581. Debido a sus servicios y méritos en la conquista y pacificación de los indios fue nombrado capitán de la compañía de Mazapil en 1581. Sin embargo, sus dotes como militar no fueron las únicas importantes, puesto que años después, él fue el encargado de ponerle fin a una revuelta del pueblo cuauhchichil en 1586, cosa que consiguió al establecer un tratado de paz con los líderes de la revuelta. Por estas acciones fue nombrado alcalde mayor de Saltillo y en 1590, capitán general de Nueva Vizcaya.

Su labor como pacificador a la vez que conquistador le permitieron incrementar su importancia social en Saltillo, permitiéndole comenzar a adquirir estancias ganaderas o minas en la zona, y empezar a entablar relaciones con las grandes familias de Nueva Vizcaya. Resultado de esto fue su matrimonio en 1586 con Leonor López de Loys, quien provenía de una importante familia de propietarios de minas. Su creciente relevancia no pasó desapercibida en la corte del virrey, que le encargó dirigir el asentamiento de las familias tlaxcaltecas que fueron a poblar Saltillo, así como empezar a planear una expedición a Nuevo México.

A pesar de esto, su rivalidad con uno de los hombres más influyentes de la provincia de Nueva Galicia, Juan Bautista de Lomas y Colmenares, generó que fuera acusado de asesinar a su mujer, que había muerto en 1593, impidiéndole encabezar la expedición. A pesar de no haber pruebas contundentes, Urdiñola fue encarcelado en octubre de 1594 y no salió libre sino hasta el año de 1599.

Una vez en libertad, regresó a Saltillo y en 1603 fue nombrado gobernador de Nueva Vizcaya, periodo en el que volvería a enfrentar, con éxito, varias rebeliones indígenas. De su periodo en el gobierno sobreviven varios informes sobre el estado que guardaba la provincia. Estuvo en el puesto hasta 1612 cuando fue sustituido por Gaspar de Alvear. Seis años después, en 1618, don Francisco de Urdiñola falleció.

1619

SEBASTIÁN VIZCAÍNO

Uno de los personajes más apasionantes del periodo colonial en México es, sin lugar a dudas, Sebastián Vizcaíno, aventurero y comerciante, igual se desempeñó de explorador de California que como primer embajador español en Japón.

Vizcaíno nació en 1548, muy posiblemente en la región de Extremadura. Buscando riquezas y mayor crecimiento social, cruzó a Nueva España en 1583, de donde partió en 1586 con rumbo a Manila, Filipinas, donde residió dos años como mercader y guardia del puerto. De regreso en Nueva España se llegó a establecer en la Ciudad de México. En el año de 1589, se casó con Magdalena Martínez Orejón, con la cual tuvo tres hijos.

En 1592, junto con un grupo de comerciantes, presentó una petición al virrey para que se les concediera permiso para explorar y explotar los territorios comprendidos entre el puerto de Navidad y California, sin embargo, por problemas entre los socios la empresa no se echó a andar hasta junio de 1596. Para septiembre ya se encontraba en la península de Baja California, donde entró en contacto con los indios de la zona. Después de fundar algunos establecimientos como el de La Paz, Vizcaíno prosiguió hacia el Golfo de California hasta que problemas en el barco lo obligaron a regresar a Nueva España.

Su experiencia lo hizo ser elegido por la Corona para dirigir una nueva expedición que tenía por intención explorar y mapear la costa de California hasta el Cabo Mendocino. Zarpó nuevamente de Acapulco en tres barcos el 5 de mayo de 1601. En una larga y pesada travesía, Vizcaíno y sus hombres cumplieron sus objetivos, logrando el importante descubrimiento de la bahía de Monterrey y la de Santa Bárbara, en California. Completada la misión, Vizcaíno emprendió el camino de regreso con muchos de sus hombres enfermos de escorbuto. El 21 de marzo llegaron a Acapulco, de donde tuvo que partir a la Ciudad de México para rendir su informe al virrey. Sus descubrimientos abrían la posibilidad de comenzar el poblamiento de estas zonas, sin embargo, por cuestiones políticas, la autoridad real lo asignó a otra importantísima tarea, dirigirse a Japón y establecer negociaciones amistosas con el emperador.

La importante misión comandada por el explorador extremeño zarpó el 22 de marzo llegando a su destino el 23 de mayo. Durante su estancia de casi un año tuvo el cargo de primer embajador español en tierras niponas, sin embargo, lo que al principio parecía iba a ser un éxito, se trastocó por el creciente sentimiento anticristiano en la isla. A su regreso, Vizcaíno, que se hallaba muy enfermo, fue hospitalizado.

Tras sobrevivir el hospital, Sebastián Vizcaíno se retiró al pueblo de Ávalos para recuperar su salud, sin embargo, su vida todavía lo llevaría a enfrentar a piratas holandeses en las costas de Nueva España en 1615 y ser nombrado alcalde mayor de Acapulco, hasta que en 1619 regresó a la capital virreinal. Ahí murió en el año de 1628 a la edad de ochenta años.

1620

🖎 DIEGO FERNÁNDEZ DE CÓRDOBA

Dentro del funcionamiento de la monarquía hispánica a principios del siglo XVII jugó un papel importante don Diego Fernández de Córdoba y Melgarejo, decimotercer virrey del reino de la Nueva España y decimotercer virrey del reino del Perú, cargos que desempeñó de tal forma que le valieron ser conocido por sus contemporáneos con el mote de "el buen virrey".

Este personaje, verdadero hombre de su tiempo, nació el 9 de febrero de 1578 en la ciudad de Sevilla, hijo de miembros de la nobleza hispana. En 1598 viajó a los territorios alemanes como parte de la embajada que tenía por objetivo llevar a la futura esposa del rey Felipe III, Margarita de Austria, a España. En este periplo por tierras germanas conoció a la que sería su esposa, Mariana Riederer de Para, quien era dama de compañía de la mencionada Margarita. Este tipo de servicios y labores en nombre de Felipe III le granjearon varios favores y gracias por parte del rey, por ejemplo, su nombramiento como marqués de Guadalcázar en 1609.

En enero de 1612, Diego Fernández de Córdoba fue designado por el monarca como virrey de la Nueva España, obligación que acató inmediatamente, emprendiendo el viaje a través del océano Atlántico junto con su esposa y sus dos hijas, Mariana y Brianda. Tras varios meses de travesía llegó a la Ciudad de México, asumiendo su cargo el 28 de octubre de 1612.

Durante su periodo en el gobierno novohispano logró solventar varios problemas entre distintas autoridades, a la par que el descubrimiento de algunas minas en San Luis Potosí incrementó la prosperidad del reino. También favoreció la exploración del norte de la Nueva España, principalmente el golfo de Baja California, y apoyó la finalización del acueducto de Chapultepec en la Ciudad de México. Otro elemento llamativo de su gobierno fue la fundación de la villa de Córdoba, nombrada así en honor del virrey, como una estrategia para controlar la rebelión de los cimarrones que existía en la zona. Sin embargo, no todo fueron buenas noticias, puesto que además del estallido de algunas rebeliones, el virrey tuvo que enfrentar la muerte de su esposa en febrero de 1619.

Durante sus casi nueve años de gobierno, debió enfrentar varios ataques de piratas holandeses, así como intentar solucionar la crisis de producción de plata del Potosí. Su gobierno no estuvo exento de conflictos con otras instituciones, principalmente con la Inquisición. Uno de sus logros en el sur del continente fue la continuación de la expansión hispana hacia el actual Chile y Paraguay.

Para finales de 1628 fue relevado de su cargo, por lo que pudo regresar a Guadalcázar, en España, donde murió en 1630.

1621

❧ FRANCISCO BRAMÓN

Uno de los escritores más desconocidos del periodo no-vohispano es Francisco Bramón, de quien sobrevivió una sola obra, titulada *Los sirgueros de la Virgen sin original pecado* y publicada en el año de 1621, lo que la hace uno de los primeros textos novelados del siglo XVII escritos en el continente americano.

Nacido en la Nueva España a finales del siglo XVI, para el año de 1618 ya se había recibido de bachiller en la universidad y sería un clérigo "de Corona y grados", es decir, era soltero y ya había recibido la primera tonsura. Ese mismo año debió ser uno importante para él, puesto que el 18 de marzo de 1618 fue ordenado sacerdote por el arzobispo don Juan Pérez de la Serna en el pueblo de Mixquic, recibiendo la encomienda de rezar misas en la catedral de la muy noble y muy leal Ciudad de México. Meses después, el 3 de noviembre, intentó conseguir la cátedra de retórica en la Real y Pontificia Universidad de México, pero fracasó. También fue en esta docena de meses que participó en un concurso de poesía convocado por los plateros de la ciudad en honor de la Inmaculada Concepción de María, aunque no parece haberlo ganado.

Al año siguiente, al tiempo que recibió el cargo de consiliario o consejero de la universidad, comenzaron a circular ciertos poemas que hacían referencia a las polémicas en torno al resultado del concurso y que atrajeron la atención del Tribunal del Santo Oficio, entre esos textos hubo uno que era muy parecido al poema de don Francisco. Es de suponer que esta situación lo empujó a redactar un escrito que lo congraciara con las autoridades y donde exaltara la figura de la entonces polémica Inmaculada Concepción.

El libro, publicado bajo el título de *Los sirgueros de la Virgen sin original pecado* en el año de 1621, está estructurado en tres libros en los que va mezclando distintas formas literarias. En él se narra la planeación y realización de unas festividades en honor de la Virgen Inmaculada bajo la dirección de Anfriso, quien algunos investigadores consideran una representación del mismo autor. Este personaje dirige a una serie de pastores quienes al final llevan a cabo una puesta en escena en la que aparecen las alegorías del tiempo, el pecado o el reino mexicano (la Nueva España). El texto es un constante juego entre la realidad y la ficción, donde el lector se convierte al final de la lectura en espectador de una obra de teatro. En su totalidad la obra contiene muchos elementos del estilo literario barroco.

Después de esta obra literaria, de la cual desconocemos el impacto que tuvo, su gusto por la escritura sería puesto en uso nuevamente en otro concurso de poesía convocado por la universidad en el año de 1654, con el mismo tema. Su propuesta quedó en cuarto.

Don Francisco Bramón moriría el 1º de mayo de 1664.

1622

➤ FRAY ALONSO DE LA OLIVA

Una figura con un papel destacado en la colonización y posterior integración de los territorios del norte a la Nueva España fue fray Alonso de la Oliva, conocido principalmente por ser fundador de la misión de San Francisco de Conchos, que se convertiría en uno de los primeros pueblos del actual estado de Chihuahua.

De su vida se conoce poco, en parte por su labor evangelizadora en las tierras del norte. Uno de los que han escrito sobre este personaje, el historiador y sacerdote Guillermo Porras Muñoz, señalaba que posiblemente nació en el año de 1566 en la Nueva España, en el seno de una familia de posición alta, sin poder saber el lugar o el nombre de sus padres.

Tras su ingreso en la orden de los franciscanos, aparece en 1589 como parte del contingente de soldados y sacerdotes que acompañaron a Juan de Oñate en su incursión a Nuevo México, donde fungiría como evangelizador. Con el fracaso de la misión, el fraile fue colocado dentro de la provincia religiosa de San Francisco de Zacatecas, momento en el que pidió a sus superiores que lo enviaran a las tierras que se encontraban en las cercanías del río Conchos y en el llamado bolsón de Mapimí, terrenos habitados por grupos de indios tobosos y conchos, que seguramente había conocido durante la expedición de Oñate. En estos terrenos pasaría la mayor parte de su vida.

Ya en el año de 1604, con la intención de llevar adelante su encomienda misionera, fundó la segunda misión dentro del actual territorio chihuahuense, la llamada San Francisco Comayaus, que se transformaría en San Francisco de Conchos. Fue en esta zona que comenzó su labor con algunos de los pueblos de indios "chichimecas", a los que congregó dentro del pueblo con la idea de que aprendieran a vivir de manera cristiana. Más adelante haría lo mismo en otros pueblos de misión fundados por él como San Luis Comayaus, San Pedro y Santa Cruz.

Un momento relevante en la vida de este personaje, y de toda la región occidental del reino de la Nueva Vizcaya, fue la rebelión de los indios tepehuanos de 1616 a 1618. Durante ella, fray Alonso y los indios con los que vivía se mantuvieron del lado español, ayudando con insumos y con hombres en las campañas de pacificación llevadas a cabo por el gobernador Gaspar de Alvear en esos dos años. Su gran conocimiento de las lenguas habladas por los tobosos o por los conchos fue vital, al grado de servir como traductor e intérprete en las pláticas de paz entre los representantes de algunos grupos de indígenas de la región y el nuevo gobernador de Nueva Vizcaya, Mateo de Vesga, que ocurrieron en 1622.

De la Oliva falleció en la Ciudad de México en el año de 1634, antes de poder presentar ante el virrey y el arzobispo algunos proyectos para estabilizar la región y continuar la cristianización de los habitantes de la zona.

1623

❧ FRANCISCO PAREJA

En los esfuerzos llevados a cabo por los españoles por colonizar y expandir sus dominios en el continente americano jugaron un papel fundamental los frailes y monjes encargados de llevar a cabo la evangelización de las poblaciones nativas. Entre ellos es necesario destacar a fray Francisco Pareja, autor de la primera gramática de la lengua timuquana y uno de los frailes más importantes en la expansión del dominio hispano y de la religión católica entre los pueblos indígenas que habitaron la actual península de la Florida.

De su origen se desconoce la fecha de nacimiento y la familia de la que provenía, lo único que se conoce es que nació en la localidad castellana de Auñón. Se puede suponer que siendo joven tomó la decisión de ingresar a la orden franciscana, siendo asignado a las misiones en el Nuevo Mundo.

Para el año de 1595 lo encontramos embarcándose hacia la Florida, que por ese entonces era territorio español. Su llegada se dio solo 22 años después de la llegada de los primeros franciscanos a la zona y tenía por objetivo ayudar en la evangelización de los indios y fortalecer el dominio hispano de la zona, que había sido afectada por varios conflictos violentos, causados por los abusos de algunos encomenderos contra los habitantes de la región.

Pareja fue asignado a la zona al norte de la villa de San Agustín, la primera localidad hispana de la península. Ahí comenzó a trabajar principalmente en el adoctrinamiento de los indios timuquana, entre quienes habría de vivir por 17 años aprendiendo su lengua y sus costumbres. Además de lo anterior, durante este periodo, Francisco Pareja también se encargó de fundar el convento franciscano de Santa Elena y desempeñó el cargo de primer guardián o provincial de la provincia franciscana de Santa Elena de la Florida, por lo que tenía que estar al pendiente del estado general de las misiones franciscanas en la región.

Durante el año de 1610, se le ordenó a Francisco Pareja dejar sus misiones en la Florida y dirigirse al reino de la Nueva España, donde residió hasta su muerte en el año de 1628, tras pasar 35 años en el continente americano. Su estancia en el territorio novohispano le permitió centrarse en organizar y estructurar las experiencias y conocimientos que había adquirido durante el tiempo que se desempeñó como fraile encargado de la evangelización de los pueblos nativos de la Florida. Resultado de este proceso fueron varias obras de un valor incalculable, publicadas entre 1612 y 1614. Se trata de la primera gramática de la lengua timuquana, dos catecismos y un confesionario, todos escritos con su traducción al castellano y que sin duda sirvieron para que los frailes que se dirigieran a la zona pudieran entender a los integrantes de estos pueblos y continuar el trabajo hecho por Pareja sin tardar años en aprender el idioma de la región. Actualmente sus obras son una ventana importantísima para nuestro conocimiento de los timuquanos.

1624

❧ LUIS LAGARTO DE LA VEGA

S i hay alguien que en la historia de la Nueva España responde de manera cabal al término de "artista" ese es Luis Lagarto de la Vega, un hombre que entre finales del siglo XVI y principios del XVII igual se dedicó a ilustrar miniaturas, a componer chanzonetas, escribir coplas u organizar los espectáculos teatrales de Corpus Christi. De los principales representantes del estilo manierista en el continente americano, sus obras son claros ejemplos de su capacidad artística, así como de los logros y límites culturales de la sociedad de la época.

Nacido en Sevilla en el año de 1556, poco tiempo después se tuvo que trasladar a Granada debido a que su padre, Juan Lagarto de Castro, fue designado "maestro de leer, escribir y contar" en esa urbe alrededor del año de 1563. Este periodo de su vida sería muy importante tanto por lo que aprendió, como por las relaciones que estableció mientras estuvo ahí. Estando en Granada, Luis Lagarto ayudó y aprendió el oficio de ilustrador de miniaturas con Lázaro de Velasco, hijo del artista italiano Jacobo Florentino, y a quien debe su forma italianizante de pintar. Por otro lado, en esta etapa conoció a Diego Romano, por entonces canónigo de la catedral de Granada y que en 1575 fue nombrado obispo de la ciudad de Puebla.

Si bien se desconoce el momento en que llegó a Nueva España, por cierta información se puede hipotetizar que debió llegar a este reino en 1585, después del Tercer Concilio Provincial Mexicano. Un año después se sabe que ya se encontraba trabajando en la iluminación de las miniaturas y letras capitales de los libros utilizados en el coro de la catedral de la ciudad. En ese mismo año de 1586 tiene a su segundo hijo con Ana de Paz, su esposa.

Además de su labor como ilustrador, su versatilidad y gran conocimiento artístico lo llevó a ser nombrado maestro de primeras letras del colegio para niños de San Juan de Letrán, así como preparar y organizar las festividades y espectáculos relacionados con la importantísima celebración de Corpus Christi que tuvieron lugar entre 1592 y 1594.

Para mayo de 1600, posiblemente por petición de un viejo conocido de Luis Lagarto, el ya obispo poblano Diego Romano, Lagarto se encontraba residiendo en Puebla de los Ángeles, donde trabajó hasta 1611, muy posiblemente con la ayuda de sus hijos, en las ilustraciones de cien capitulares de los libros de coro de la catedral, siendo este su trabajo más importante. Su presencia en la capital poblana también sirvió para que escribiera la letra de varias chanzonetas que luego serían compiladas por el maestro mayor de la capilla, Gaspar Fernández.

En documentos de 1612 hay testimonio de que ya se encontraba otra vez en México, donde entregó sus libros a la Inquisición, sin embargo, después de este año las noticias sobre su vida dejan de aparecer, aunque se han conservado algunas pinturas que él habría realizado entre 1609 y 1619.

1625

◆ GASPAR FERNÁNDEZ

Sin duda Gaspar Fernández fue uno de los músicos más importantes del periodo virreinal, siendo autor del actualmente conocido "Cancionero de Gaspar Fernández" que a la fecha se conserva en la catedral de Oaxaca y que es una ventana privilegiada para conocer la música, la cultura y la sociedad novohispanas de finales del siglo XVI y principios del XVII.

Se sabe que este músico nació en el actual territorio de Guatemala entre 1563 y 1571, entrando a trabajar en la catedral de Guatemala en 1596 como maestro de los mozos de canto. Ahí permanecería laborando hasta 1606. Durante este periodo desempeñó distintos cargos y funciones, como la de copista de música, maestro de canto y maestro de capilla, este último el puesto más elevado que un músico podía ocupar en esos tiempos, debido a que implicaba estar a cargo de todo lo referente a la práctica musical dentro del templo.

Tres años después de que el músico guatemalteco participara sin éxito en un concurso para ocupar la vacante de organista principal en la iglesia mayor de Puebla, se volvió a presentar la oportunidad de que pasara a trabajar en la catedral de esa importante urbe del reino de Nueva España y continuara con su labor de músico. La razón fue que en el año de 1606 recibió una invitación por parte del cabildo catedralicio poblano para que ocupara los cargos de maestro de capilla y ayudante del organista de esa institución. Esta posición lo obligaría a estar encargado tanto de organizar el canto y componer música para los servicios, como ayudar o suplir al operador principal del órgano. Ambas labores implicaban una paga más alta que la que tenía en la capital guatemalteca.

Gaspar Fernández no dejó pasar esta segunda oferta y para el 19 de septiembre de 1606 llegó a Puebla, ciudad donde radicó y trabajó hasta 1629, año de su muerte. Fue durante su estancia en esta localidad que este músico, además de compilar algunas obras escritas por el ilustrador Luis Lagarto entre 1606 y 1609, compondría el llamado "Cancionero de Gaspar Fernández".

En esta obra se encuentran contenidas alrededor de trescientas piezas musicales compuestas por el autor entre 1609 y 1616. Una parte de la riqueza de estas composiciones es el idioma en el que están escritos, pues las hay en castellano, portugués o náhuatl, por lo que en ellas se plasma la diversidad étnica y social de la Nueva España de esa época. Muchas de esas composiciones, que pueden ser definidas como villancicos, tienen como origen obras poéticas y textos literarios contemporáneos creados en España, las cuales él musicalizó. Un aspecto importante de su trabajo fue la introducción de variaciones en el modelo hispano del villancico, lo que sería continuado por otros músicos novohispanos. Sin duda su obra debe ser vista como un testimonio fundamental del nivel musical y cultural que se estaba alcanzando dentro del reino de la Nueva España para esos tiempos.

1626

✦ JUAN DE OÑATE

En el contexto de la historia de México, al escuchar la palabra "conquistador", la mente evoca soldados venidos desde España en grandes barcos, y no le falta razón a esta lógica, aunque no todos los conquistadores llegaron por mar: algunos vieron su primera luz aquí. Juan de Oñate, por ejemplo.

Nacido en Minas de Pánuco, Zacatecas, en 1550, fue parte de una rica familia española que se había asentado en la Nueva España tiempo atrás. Su padre fue Cristóbal de Oñate, quien arribó al continente en 1524, y que, a pesar de haber sido lugarteniente de Nuño de Guzmán, uno de los conquistadores más despiadados que se recuerden, la memoria que sembró en los lugares donde fue gobernador —Nueva Galicia, por ejemplo— fue la de un hombre justo y bueno.

Pues bien, Juan, bajo la influencia de su familia, contrajo nupcias con Isabel de Tolosa, nieta de Hernán Cortés, lo cual le significó un repentino ascenso social y económico. Sin embargo, su gran oportunidad llegaría en 1595, de boca del propio virrey Luis de Velasco. La encomienda fue simple, aunque no sencilla: organizar una expedición a los territorios de Nuevo México e instalar una misión.

Lo que le encargaban no era tarea sencilla, pues ya otros exploradores habían fallado en el intento, no obstante, lleno de confianza aceptó, sobre todo porque tenía un gran incentivo: el virrey lo nombró capitán general y gobernador de los territorios que llegara a descubrir.

Luego de aproximadamente dos años de arduo camino, y de ir estableciendo asentamientos, por fin en 1598 la expedición llegó al río Bravo. Luego de tomar posesión, continuó subiendo hasta llegar al pueblo de Acoma, en Nuevo México, donde un pueblo del mismo nombre —los acoma— los enfrentó sin piedad. Amparados en su armamento, lograron triunfar. Sería hasta 1599 cuando Oñate se dio por satisfecho, al considerar que todo el territorio de Nuevo México se encontraba bajo su dominio.

Poco tiempo después, tuvo otra idea: seguir explorando los territorios y ser el primero en llegar a regiones de más al norte. Avanzando por Texas, alcanzó ciertas zonas de Kansas, Colorado y Oklahoma. Sin embargo, luego de levantar asentamientos en el Golfo de California, y de considerarse uno de los hombres más ricos de la Nueva España, recibió una noticia que lo derrumbó: alguien lo había denunciado. El rey Felipe III le ordenaba regresar a la Ciudad de México para defenderse del cargo de desobediencia. A cambio de perdonarle la grave ofensa de haber ignorado las órdenes del virrey, quien solo le había pedido que poblara Nuevo México, pero no más allá, se le despojó de sus títulos y de todas sus posesiones en los territorios del norte. Mientras esto sucedía, quienes lo traicionaron se encontraban fundado, sobre su trabajo, la ciudad de Santa Fe, actual capital de Nuevo México.

Por si fuera poco, también se le exilió de la Nueva España, por lo que tuvo que emigrar a España, donde consiguió un empleo regular en una mina. Falleció en 1626.

1627

❧ PEDRO TESIFÓN DE MOCTEZUMA

Existen varias versiones sobre la muerte del emperador mexica Moctezuma Xocoyotzin. La más aceptada es que recibió una pedrada cuando salió a una terraza de su palacio acompañado por conquistadores para apaciguar a la turba inconforme con su sumisión ante el dominio español. Era el 29 de junio de 1520.

A pesar de que algunos cronistas narran que sus hijos —procreados con sus muchas esposas y concubinas— se contaban por cientos, no todos gozarían de legitimidad ni vivirían para reclamar sus derechos.

El único varón sobreviviente de la dinastía imperial fue Tlacahuepantzin Yohualicahuacatzin, bautizado como Pedro Moctezuma. Una vez convertidos a la fe católica y jurado fidelidad a la Corona, muchos caciques indígenas fueron asimilados dentro de la administración hispana para garantizar un mayor control sobre los pueblos conquistados. A cambio mantuvieron algunos privilegios y se beneficiaron de encomiendas. Tal fue el caso del *pipiltin* o noble azteca quien en 1528 viajó a España a rendir pleitesía a Carlos V. Por más de cien años, los herederos de la Casa de Moctezuma y el señorío de Tula escribieron a los monarcas para solicitar la entrega oportuna de las mercedes prometidas que siempre fueron incompletas, insuficientes y tardías. Entretanto, la estirpe mexica languidecía en la metrópoli.

A la muerte de don Pedro, el mayorazgo de la Casa de Moctezuma pasó a manos de Martín, su único hijo legítimo, quien en una carta dirigida al rey Felipe II renunció formalmente al trono de México. A la muerte de Martín, el mayorazgo pasó a manos de su hermano, Diego Luis, con el drama que conllevaba un heredero bastardo.

Pero Diego Luis sabía algo de intrigas palaciegas —no en vano había dejado Nueva España en 1567 para representar los intereses de su familia ante la corte madrileña— y, ni tardo ni perezoso, se casó con doña Francisca de la Cueva, familiar del duque de Alburquerque, lo que mejoró su posición política.

En 1584 nació su heredero y lo llamó como a su abuelo. Los títulos llegaron hasta 1627, cuando Felipe IV nombró a Pedro Tesifó, conde de Moctezuma de Tultengo y Vizconde de Ilucán. Pero la nobleza no resolvió los problemas económicos de los descendientes de tlatoanis. En 1628, el almirante holandés Piet Hein atacó a una flota española en las costas de Cuba y confiscó oro, plata, índigo y cochinilla por un valor cercano a doce millones de florines en donde se perdieron más de tres años de rentas del mayorazgo. El conde tuvo la audacia de solicitar al monarca mudarse a Nueva España con el fin de administrar su encomienda y las 21 estancias o pueblos vinculados al mayorazgo; le fue negada.

Eso no impidió que Moctezuma asegurara su prestigio nobiliario al comprar —sí, ¡comprar!— el señorío en la Peza, Granada, que a partir de entonces se llama Villa de Monterrosano. Se perdió por impago en 1693; no obstante, el título nobiliario permanece y en 1865 fue elevado a ducado.

Tristemente, el Primer Conde de Moctezuma de Tultengo no conoció la tierra de sus ancestros mexicas.

1628

⮞ DIEGO DE CÁRDENAS

Diego de Cárdenas fue nombrado capitán general y gobernador de Yucatán por Felipe III en diciembre de 1620. Mientras realizaba el viaje trasatlántico hacia su nuevo encargo, el monarca murió. Aprovechando la confusión, su predecesor, Arias de Lozada y Taboada, quiso permanecer en el poder pero Cárdenas tomó posesión el 1º de septiembre de 1621 apoyado por los ayuntamientos de Mérida y Campeche.

Uno de los asuntos pendientes para la capitanía de Yucatán era continuar con la conquista de la península. La resistencia de los mayas había sido feroz y las tácticas de los españoles particularmente crueles. En el siglo XVI, los insurrectos se refugiaron en el suroriente en la zona selvática conocida como Petén, hoy parte de Guatemala.

En 1604, fray Juan de María acompañado por nueve religiosos emprendió la conquista espiritual de la zona y fundó las guardianías de Sacalúm, Ichbalché, Chunhaas y Tzuktok. El gobernador Carlos de Luna y Arellano pretendió usar las armas para someter a los mayas pero el Consejo de Indias se lo prohibió. A partir de entonces, negó su apoyo a los misioneros franciscanos. Los poblados fueron abandonados.

En 1618, Juan de Orbita y Bartolomé Fuensalida retomaron el empeño y viajaron a Tipú, última población sujeta a la

Corona española. Desde ahí establecieron contacto con Can Ek, el gobernante de Petén-Itzá. Los mayas se amotinaron y a duras penas lograron salir con vida.

Pero los franciscanos no se dejaron vencer. En 1622, bajo el gobierno de Cárdenas, fray Diego Delgado logró congregar a los mayas que se encontraban dispersos en la selva, reconstruir Sacalúm y reiniciar su tarea evangelizadora.

El capitán Francisco Mirones convenció a Diego de Cárdenas de emprender la conquista del Petén usando a Sacalúm como base de operaciones. Cárdenas no esperó la decisión del Consejo de Indias y autorizó la operación. Mirones y sus soldados se trasladaron a Sacalúm y establecieron contacto con los mayas. Empezaron los abusos y malos tratos que tanto temía Delgado, quien emprendió el viaje a Tayasal o Tah Itzá para negociar con el cacique Can Ek pero fue muerto por los rebeldes antes de hablar con él.

Entretanto, los mayas de Sacalúm liderados por Ah Kin Pol, el cacique local o *batab*, asesinaron a todos los españoles mientras escuchaban misa, incluso pasaron a cuchillo a fray Juan Henríquez, quien sustituía a Delgado. Enterado de la situación, Diego de Cárdenas mandó al capitán Fernando Caamal a aprehender a los insurrectos. Logró hacer prisioneros a muchos, entre ellos a Ah Kin Pol, quien fue ahorcado públicamente en Mérida.

La sublevación provocada por la impaciencia y belicosidad de los capitanes Cárdenas y Mirones fue fatal para el dominio español porque, a partir de entonces, se abandonó la empresa y el territorio quedó a merced de los corsarios. Eventualmente esto dio a los ingleses razón y posibilidad para fundar la colonia de Belice.

1629

❧ JUAN RUIZ DE ALARCÓN

Desde pequeño manifestó una deformación congénita —era jorobado—, motivo por el cual sufrió el rechazo y la burla de sus contemporáneos. Estudió el bachillerato en la Real y Pontificia Universidad de México y derecho en Salamanca. Después de un breve periodo de vuelta en el virreinato, se instaló en Madrid hacia 1611 y quiso acercarse a su círculo literario pero fue rechazado, en especial, por Lope y Quevedo, quienes le dedicaron versos satíricos en los que criticaban su aspecto físico, sus modos extranjeros y su falta de talento.

"¿Quién para Indias cargó / espaldas, no mercancías, / y de allá trajo almofías / que por jubón se vistió? /¿Quién cangrejo navegó / para volverse ranilla? / Corcovilla", escribió el ingenio de Quevedo. Pero Alarcón no se quedó impávido ni presentó la otra mejilla, antes bien arremetió en contra de sus enemigos de la pluma: "¿Quién en el infierno ha estado adonde halló lo que ha escrito?".

Para su mala suerte, sufrió el desprecio de colegas y críticos aún siglos después de su muerte. En 1933, José Bergamín lo acusó de "suicidar al teatro lopista". Desde luego, la afirmación es tan miope como la de quienes exclamaron que la novela había muerto con *Madame Bovary*. La comedia alarconiana no es el epitafio de la dramaturgia de Lope, sino su evolución.

Juan Ruiz de Alarcón sigue la preceptiva de Lope y practica la comedia de enredos pero, quizá debido a su propio aspecto físico, dota a los galanes de mayor cortesía y honestidad, lo que les gana el favor de la dama.

Por otro lado, el conde-duque de Olivares, cansado de la corrupción y frivolidad de la corte, propuso una reforma moral en el reino. Desde el teatro, Alarcón se sumó al proyecto. La mayor profundidad psicológica y la tónica admonitoria dieron como resultado un nuevo tipo de comedia: la de caracteres.

La risa causada por confusiones y malentendidos propios del teatro de enredos, cede el paso al ridículo en que queda el protagonista víctima de su propio vicio o defecto moral en la comedia alarconiana. *La verdad sospechosa* (c. 1621) retrata a un mentiroso patológico que al final es casado por fuerza con quien no quería. Aunque el drama concluya con una alegre boda, el protagonista no participa del "final feliz" sino que recibe un castigo ejemplar.

Lamentablemente, la comedia de caracteres no fue bien recibida por el público hispano. Tomó dos siglos que Juan Eugenio Hartzenbusch lo sacara del olvido y solo algunos años más para que iniciara la disputa entre México y España para darle un lugar —¡ahora sí!— privilegiado en sus respectivas historias de la literatura.

Quienes apreciaron la dramaturgia de Alarcón desde un principio fueron los franceses. En 1641, Pierre Corneille escribió su existosísima comedia *El mentiroso* basada en *La verdad sospechosa*. Fue tal su influencia que sentó las bases para el teatro de Racine y Molière. De modo que la *Comédie-Française* se debe en gran medida al talento del taxqueño Juan Ruiz de Alarcón.

1630

❧ BERNABÉ DE LAS CASAS

Una de las personas que contribuyó de manera importante en la creación y construcción de la sociedad que se desarrolló al norte de la Nueva España en el siglo XVII fue sin duda Bernabé de las Casas, uno de los primeros grandes propietarios de la región alrededor de la ciudad de Monterrey.

Nacido en Tenerife en 1573, este aventurero decidió emprender el viaje a través del océano Atlántico a finales del siglo XVI, con la intención de buscar mejores oportunidades en la Nueva España. Desconocemos la fecha en que llegó a estas tierras, sin embargo, existen pruebas de que en 1598 participó en la expedición de Juan Oñate hacia Nuevo México. La misión no tuvo éxito y muchos de sus miembros debieron trasladarse a otros territorios. Don Bernabé decidió asentarse en la villa de Saltillo, en la provincia de Nueva Vizcaya.

Al poco tiempo de su llegada a la localidad, consiguió una recua y un molino de trigo, lo que le permitió comerciar con las regiones mineras de la zona e incrementar su estatus económico, volviéndose un comerciante destacado de la localidad. A este ascendente económico le agregó una importante labor política, toda vez que entre 1608 y 1618 formó parte del gobierno municipal, siendo varias veces alcalde ordinario de la villa. Su creciente importancia en la zona lo llevó a casarse con Beatriz Navarro, quien fuera parte de una de las familias más importantes del noreste novohispano. A pesar de esto, don Bernabé no encontró tierras disponibles en Saltillo, lo que lo obligó a mirar hacia el noreste, hacia la recién fundada villa de Monterrey.

En 1604 consiguió que el gobernador regiomontano le otorgara varias propiedades y encomiendas de indios. Entre ellas había estancias ganaderas, molinos y terrenos para sus haciendas. Su interés se centró en el valle de las Salinas, donde se sabía de la existencia de algunas minas sin explotar. Para 1611 ya era el principal terrateniente del Valle de las Salinas.

Todas estas adquisiciones en el Valle de las Salinas estaban encaminadas al aprovechamiento de las minas de San Nicolás de Tolentino. Con la apertura de las minas en 1616, comenzó a llegar una nueva oleada de personas a Saltillo y Monterrey, lo que incrementó la riqueza de la familia.

A pesar del éxito en la Sultana del Norte, Bernabé tuvo que vivir constantemente regresando a Saltillo, puesto que ahí vivían su esposa y sus hijos. Su presencia en esa villa está acreditada hasta 1622, lo que permite suponer que en ese momento se trasladaría definitivamente a Monterrey, localidad donde De las Casas volvería a entrar en la política, primero como alcalde ordinario en 1626 y luego como alcalde mayor regiomontano en 1629. Su gran importancia en la región le permitió asegurarle casamientos muy importantes a sus hijos e hijas, que solo incrementaron la importancia regional de su familia.

En 1632, murió don Bernabé de las Casas en la villa de Monterrey, a los 59 años de edad.

1631

❧ RODRIGO PACHECO OSORIO

R odrigo Pacheco Osorio, marqués de Cerralbo llegó a la Nueva España a finales de octubre de 1624 con instrucciones precisas —y secretas— del rey Felipe IV. Eran tiempos tumultuosos. El año inició con un motín en contra de su predecesor, Diego Carrillo de Mendoza y Pimentel, marqués de Gelves, orquestado por el arzobispo Juan Pérez de la Serna quien se autoproclamó virrey el 15 de enero. A su llegada, Pacheco Osorio destituyó a Pérez de la Serna, revocó la excomunión del marqués de Gelves y, para garantizar el respeto a la autoridad secular, lo reinstaló en el cargo por dos días más. El 3 de noviembre fue proclamado el XV virrey de la Nueva España.

En 1627 arreció la temporada pluvial y se hizo evidente el mal estado en que su predecesor dejó el sistema hidráulico de la Ciudad de México. En un fallido intento de austeridad gubernamental, el marqués de Gelves suspendió las obras de desagüe en 1623. Algunos barrios periféricos y las calles bajas de la ciudad se anegaron, el virrey y el ayuntamiento temían que la situación empeorara y solicitaron nuevos proyectos para reactivar las obras de drenaje. Como medida precautoria, se aprobó un novenario a San Gregorio Taumaturgo, patrón y abogado para las inundaciones.

Empeoró. Dios desató su furia en contra de la urbe más importante de la Nueva España. El 21 de septiembre de 1629 inició el diluvio; duró cuarenta horas que bien pudieron ser cuarenta días como los sufridos por Noé, ya que cuando por fin paró, la ciudad estaba casi completamente sumergida. Sobresalía un pequeño terreno alrededor de la plaza mayor; le llamaron "La isla de los perros", porque allí se refugiaron.

El agua alcanzó más de dos metros. La ciudad recuperó su vocación de lago. Se improvisaron puentes entre los pisos más altos de las habitaciones señoriales e iglesias y la gente se transportó en canoas. Se ofrecieron misas en balcones y azoteas. Para consuelo de los damnificados, en un hecho inédito, el arzobispo Francisco Manso y Zúñiga mandó bajar la imagen de Nuestra Señora de Guadalupe desde su santuario en el Tepeyac y llevarla en canoa hasta el centro de la ciudad.

El problema tomó proporciones apocalípticas debido a que Enrico Martínez, responsable del sistema de desagüe Huehuetoca iniciado en 1607, había aconsejado al virrey cerrar el tajo de Nochistengo para proteger las obras que no estaban concluidas. Se calcula que murieron 30 mil personas como consecuencia de las condiciones insalubres, enfermedades y escasez.

Ante la emergencia, el marqués de Cerralbo recurrió al fraile Andrés de San Miguel. El carmelita reabrió el tajo e inició la reconstrucción de las zonas afectadas. La inundación persistió hasta 1634. Después del diluvio vino el éxodo. Prácticamente una tercera parte de los habitantes de la urbe emigraron. La situación fue tal que el virrey consideró mudar la capital a Puebla pero se estimó que sería más caro que la reconstrucción. Su mandato concluyó en septiembre de 1635.

1632

❧ BARTOLOMÉ GUTIÉRREZ

Uno de los territorios más reacios a la fe católica fue Japón. La mayor parte de las misiones en dicho país fracasaron y dejaron tras de sí una estela de mártires durante casi trescientos años de intentos evangelizadores, persecuciones y suplicios.

San Francisco Javier arribó a la nación nipona en 1549. Los jesuitas se dedicaron a catequizar a las clases poderosas y contaron con el apoyo del *daimyō* o señor feudal Oda Nobunaga, a quien le interesaba consolidar una relación comercial con Portugal y España. Pero Nobunga fue asesinado por el samurái Akechi Mitsuhide, lo que inició la persecución de los cristianos en Japón que duró hasta 1865, año en que se permitió la libertad de culto.

En 1587, Toyotomi Hideyoshi, temeroso de un intento de conquista por parte de las naciones europeas, expulsó a los jesuitas del Japón. Sin embargo, los franciscanos, agustinos y dominicos continuaron su apostolado entre la gente común. Entonces, el 5 de febrero de 1597, Hideyoshi condenó a muerte a 26 misioneros entre los que se encontraba el primer santo mexicano, el franciscano Felipe de Jesús.

El mismo año, en Nueva España, un joven rollizo y entusiasta tomaba el hábito agustino en Michoacán, su nombre era Bartolomé Guitérrez. Soñaba con predicar en Japón pero sus amigos le hacían burla pues les parecía muy gordo para soportar las fatigas de los misioneros, a lo que él respondía con una fuerte dosis de humor negro, que así era mejor pues habría más carne para reliquias después de su martirio. Profetizaba, ¿sin saberlo?, su propia muerte.

En 1607 arribó a las Filipinas en donde fue nombrado maestro de novicios mientras aprendía japonés. Fue nombrado prior del convento de Usuki en Nakasawa en 1613 pero le duró poco el gusto porque un año después se promulgó un nuevo edicto que prohibía la fe cristiana. Volvió a Filipinas mientras la persecución en la nación nipona recrudecía y Fernando de San José Ayala y Alonso Navarrete se sumaban a la lista de mártires. Tras sus muertes y en busca de servir a la comunidad cristiana que practicaba a escondidas, en 1618 volvió clandestinamente a Japón.

Desarrolló su apostolado en secreto. Cuentan que en una ocasión una araña tejió su tela en el quicio de la puerta de la habitación en que dormía, para ocultarlo. Otra vez, escapó haciéndose pasar por músico y tocando magistralmente un instrumento que nunca había practicado. Pero su suerte o la providencia se agotó al cabo de diez años; fue delatado y arrestado el 10 de noviembre de 1629 junto con el catequista Juan Shozaburo y tres auxiliares. De su complexión de antaño quedaba poco después de vivir una década como fugitivo.

Fueron torturados con la esperanza de que renegaran de su fe, bañados en las aguas sulfurosas del Monte Unge y, finalmente, quemados vivos el 3 de septiembre de 1632. Fueron beatificados por Pío IX en 1867.

1633

❧ JUAN GUTIÉRREZ DE PADILLA

Es 18 de abril de 1649, al fondo del atrio se encuentra el imponente edificio con cinco naves. La fachada estilo renacentista aún está incompleta y faltan las torres pero esas carencias son suplidas por el entusiasmo de los fieles que se apresuran al pórtico. Desde su llegada en 1640, el obispo Palafox retomó las obras de construcción que llevaban dieciséis años en completo abandono. Hoy va a consagrar la catedral de Puebla a la Inmaculada Concepción.

Los asistentes agradecen secretamente el refugio del sol que cae a plomo sobre la Plaza Mayor y buscan sus lugares dentro del recinto. La mayor elevación de la nave central permite la entrada de luz natural. Huele a incienso, todavía se escuchan algunos pasos, un susurro aquí, un carraspeo allá… De pronto estalla, como si se hubiera abierto la gloria y dejara oír a sus ángeles en canon: la música. Los timbres de sopranos, contraltos, tenores y bajos se combinan hasta lograr una armonía celestial. Es la misa *Ego flos Campi* a ocho voces y dos coros del maestro de capilla, Juan Gutiérrez de Padilla.

El cantante y compositor malagueño llegó a Nueva España en 1622. Debido a su avanzada edad —cumplía 55 años— Gaspar Fernández, maestro de capilla y organista de la catedral de Puebla solicitó un asistente y propuso a Gutiérrez de

Padilla. No debe haber sido fácil convencerlo, como se supone del alto salario que se le ofreció, pues el músico era maestro de capilla en la catedral de Cádiz. Tras la muerte de Fernández en 1629, Gutiérrez Padilla le sucedió en el cargo y lo desempeñó por más de treinta años. Sin embargo, sus relaciones con el cabildo no fueron tersas, existen varios documentos en los que lo reprenden por faltar a los ensayos del coro. En el archivo catedralicio de Puebla se conserva la mayor parte de su obra coral: cuatro misas y otras piezas en latín, así como sus célebres villancicos en castellano que trascendieron fronteras y llegaron a escucharse en Guatemala, Portugal y, por supuesto, en la metrópoli.

Los villancicos no eran entonados exclusivamente para la fiesta de Navidad sino que eran composiciones populares —de ahí su raíz *villa*— escritos en castellano para diversas festividades. Múltiples influencias, como la mozárabe en el sur de España, los ritmos africanos y, desde luego, las melodías y cadencias indígenas enriquecieron la obra de Juan Gutiérrez de Padilla. El maestro de capilla tuvo además un taller de instrumentos musicales que vendía en Guatemala. En ella trabajaban personas de raza negra —posiblemente esclavos— lo que explicaría la influencia de ritmos africanos para sus negrillas. "A la jácara, jacarilla" y "¡Ah siolo Flasiquiyo!", a cuatro y seis voces respectivamente, son sus villancicos más famosos.

Murió dentro de la catedral el 8 de abril de 1664 y ahí mismo descansan sus restos.

1634

❧ ANA MARÍA DE LOS ÁNGELES

La lucha de las mujeres por el respeto a sus derechos fundamentales y por la igualdad de oportunidades en los distintos ámbitos de su desarrollo ha sido una constante a lo largo de la historia. Es probable que muchas obras de arte realizadas por mujeres permanezcan anónimas, se identifiquen con un pseudónimo o fueran firmadas por algún varón cercano a la autora.

En el terreno del teatro es bien sabido que las obras de Shakespeare fueron representadas exclusivamente por varones. Afortunadamente, esta limitación no ocurrió en España ni se replicó en sus virreinatos aunque la razón no fue precisamente el respeto a las actrices —quienes fueron tachadas de disolutas— sino porque les parecía más condenable la representación en travesti que su presencia en los escenarios.

Cuando pensamos en el teatro novohispano, recordamos con entusiasmo la dramaturgia de Sor Juana Inés de la Cruz pero poco sabemos de la mujer que cuarenta años antes abrió camino para la participación femenina en los escenarios. Ana María de los Ángeles fue autora de comedias, directora y primera actriz de su compañía.

Desde mediados de la década de 1520, la fiesta de Corpus Christi fue la celebración más importante en la Nueva España.

Sirvió para congregar a toda la población en una gran fiesta en la que las fronteras entre lo ritual y escénico, lo sacro y lo profano, se borraban y cuyas procesiones, con frecuencia, adquirieron tintes carnavalescos. La procesión culminaba con la representación teatral de un auto sacramental o una comedia con temática religiosa delante de la puerta del perdón de la catedral.

En el siglo XVII se instituyeron las primeras compañías teatrales y abrió el Real Coliseo de México —el primer teatro de nuestro país—, un corral de comedias cuyas ganancias se destinaban a la manutención del Hospital Real de los Naturales.

En 1632, el administrador del hospital presentó una queja ante el virrey porque la compañía de Hernando Ramos había partido hacia Puebla sin esperar a que la de Ana María de los Ángeles regresara a la capital y no tenían funciones programadas. El virrey la favoreció y obligó a Ramos a volver a la Ciudad de México.

A pesar de contar con el beneplácito de virreyes y el grueso de la población, el teatro virreinal también tuvo detractores, entre ellos el obispo Palafox. En 1644 la fiesta de Corpus estuvo en peligro cuando el religioso anunció que solo asistiría a las funciones de comedias si en ellas no participaban "mujeres ni faranduleros". Los organizadores prefirieron la ausencia del obispo a cambiar esta condición.

Sin embargo, no hay registro de que la compañía de Ana María de los Ángeles se presentara en Puebla o en la Ciudad de México en los trece años que duró la gestión episcopal de Palafox: 1640 – 1653. ¿Habrá pasado esos años al anonimato al que se obligó a tantas mujeres artistas a lo largo de los siglos, protegida su identidad por algún varón?

1635

❧ LOPE DÍEZ DE AUX Y ARMENDÁRIZ Y CASTREJÓN

Asu llegada a la Ciudad de México en 1635, Lope Díez de Aux y Armendáriz fue recibido con bombo y platillo. Hijo del presidente de la Real Audiencia de Quito, nació sesenta años atrás en el virreinato del Perú, lo que lo convertiría en el primer virrey criollo de la Nueva España. Su mandato fue un parteaguas para la sociedad novohispana —y su complejo sistema de castas— pues agitó la esperanza de los hijos de españoles nacidos en América para aspirar a cargos públicos de mayor envergadura y puso, por así decirlo, su granito de arena para lo que sería el movimiento independentista más de un siglo después.

En su carta de relación del estado dirigida a Felipe IV se advierte un hombre prudente, crítico de la corrupción —que ya desde entonces nos aquejaba— y preocupado por la justicia social. Renovó las leyes para evitar la esclavitud y el maltrato que sufrían los indios y quiso mejorar, sin mucho éxito, sus condiciones generales de salud para disminuir la mortandad causada por enfermedades infecciosas. "Hice observar indispensablemente las órdenes y cédulas tan quebrantadas y sin más repartimientos que los permitidos y esos, moderados y con buen tratamiento y mucha atención, sin consentir demasías de poderosos que usaban mal el sudor y sangre de estas gentes," apunta.

Protegió el territorio novohispano en constante amenaza. Fundó la villa de Cadereyta en Nuevo León para apostar por la defensa en contra de los apaches que con frecuencia atacaron a las poblaciones norteñas.

Pero el mayor peligro del virreinato fueron los piratas. En el Pacífico, su predecesor el virrey Rodrigo Pacheco Osorio fortificó San Diego en el puerto de Acapulco tras la invasión del príncipe de Nassau en 1624. El problema en el Golfo y el Caribe recrudeció y en 1628, en la Batalla de Matanzas, los corsarios holandeses asestaron el mayor golpe a la flota de Indias que transportaba dinero y mercancías a la metrópoli. Llegado el turno del marqués de Cadereyta, quien había sido consejero de guerra de Felipe IV y general de los Galeones de la Guardia y Carrera de las Indias, se reforzaron las defensas de San Juan de Ulúa en Veracruz y se creó la Armada de Barlovento, antecedente de nuestra actual Marina Armada.

El financiamiento de la flota se logró a través de impuestos de avería que gravaban la actividad comercial —mercancías y pasajeros— de los súbditos americanos. Los gastos realizados por el virrey para la compra de la flota causaron sospechas y, a decir de él, "calumnias" entre varios políticos del momento, en particular del obispo de Puebla, Juan de Palafox y Mendoza, quien además fue nombrado juez de residencia —una especie de contralor indiano— de los marqueses de Cerralvo y Cadereyta. Esto marcó su destitución del cargo, sin embargo, la Armada operó de forma errática y deficiente durante más de un siglo. Para 1696 solo cinco barcos permanecían a flote.

1636

❧ JUAN GÓMEZ DE TRASMONTE

Juan Gómez de Trasmonte fue uno de los personajes más activos en la vida pública de la Ciudad de México durante la primera mitad del siglo XVII. Lo mismo podía encontrársele discutiendo con el cabildo catedralicio que con el ayuntamiento, los cosmógrafos, el virrey o los obispos. Ajonjolí de todos los moles.

La primera noticia que tenemos de él en la Nueva España fue en 1616, cuando acusó de herejía a un ermitaño portugués que vivía entre las piedras y muros a medio construir de la catedral. En ese entonces, Gómez de Trasmonte era canterista del edificio y declaró que mientras leía el catecismo a sus compañeros, el blasfemo había dicho que los moros y otros infieles podían alcanzar la salvación sin estar bautizados. El pleito llegó a los golpes, primero; al tribunal de la Santa Inquisición, después.

Tras el motín que sufrió en enero de 1624 el virrey marqués de Gelves, quien había detenido las obras de desagüe de la capital, las nuevas autoridades lo consultaron sobre el estado de la cuestión. Se sumó a fray Andrés de San Miguel y otras voces críticas del proyecto hidráulico de Enrico Martínez, cuyas malas decisiones serían responsables de la más terrible inundación de la Ciudad de México.

En 1628 dibujó una hermosa vista de la Ciudad de México tomada, seguramente, desde las colinas de Chapultepec. Se trata de un documento fundamental para entender la historia de la ciudad ya que es el único que presenta una visión total de la urbe en el siglo XVII. A pesar de su minucioso detalle, Manuel Toussaint y Justino Fernández demuestran algunas inconsistencias. Las más notorias fueron la extensión y morfología de la catedral a la que agregó varios edificios y una cúpula que no tenía. ¿Estaría haciendo un proyecto arquitectónico? Dos años después fue nombrado maestro mayor de la catedral, cargo que desempeñó hasta su muerte. Una de sus innovaciones arquitectónicas, que permitió agilizar notablemente los tiempos de construcción, tiene que ver justamente con las cúpulas pues sugirió que en lugar de hacerlas de cantera fueran de tezontle.

Su participación ante la emergencia que representó la inundación de 1629 fue decisiva. Le llovió el trabajo. Participó en las obras de desagüe, revisó los daños a las estructuras de casas, conventos y edificios públicos y, desde luego, participó en la reconstrucción.

En 1634, fue enviado por el virrey a inspeccionar las obras de la catedral de Puebla con miras a reactivar la construcción que se había detenido diez años antes. En solo dos semanas, Gómez de Trasmonte hizo nuevos planos y proyectó cambios en la cúpula, las torres y la nave mayor para permitir la entrada de luz natural. Cuando en 1640, el obispo Palafox se dispuso concluir de una vez por todas la magna obra, retomó el proyecto del arquitecto extremeño.

Gómez de Trasmonte murió en su amadísima Ciudad de México hacia 1647.

1637

DIEGO RODRÍGUEZ

Damos tanto por sentado. Si algo hemos perdido con la edad o los siglos, es la capacidad de asombro. ¿Alguna vez se han preguntado cómo subieron las campanas a la torre de la catedral en el siglo XVII o cómo conocimos la posición geográfica del Valle de México sin usar un GPS? De estos y otros problemas científicos se encargó fray Diego Rodríguez.

En 1637 fue elegido para impartir la primera cátedra de matemáticas y astronomía en la Facultad de Medicina —que en ese momento concentraba todo el saber científico— de la Real y Pontificia Universidad de México. La primera asignatura de su tipo en América Latina incluyó estudios de astronomía, trigonometría, geometría, álgebra y cosmografía. Fue tal su importancia académica que asesoró a uno de los primeros alumnos de intercambio de quien se tiene noticia: Francisco Ruiz Lozano quien más adelante sería cosmógrafo mayor del virreinato del Perú.

Diego Rodríguez introdujo en la Nueva España las ideas acerca del movimiento de los planetas y las órbitas de Johannes Kepler (1571-1630), aun cuando estas no habían sido completamente aceptadas en la metrópoli que mantenía teorías científicas de inspiración aristotélica con un corte más medieval. Incluso el sistema heliocentrista de Nicolás Copérnico (1473 -1543), ampliamente difundido en el siglo anterior, causaba cierta ámpula en las rígidas conciencias inquisitoriales. Aún cuando gracias a maestros como este, la ciencia novohispana probó ser más avanzada y moderna que la española, el terreno no fue fácil. Rodríguez no fue procesado pero salió a relucir durante el juicio en contra de su amigo, el arquitecto, bibliófilo y astrólogo Melchor Pérez de Soto. En el siglo XVII existió en la Nueva España un grupo reducido de matemáticos y astrónomos dados a prácticas astrológicas "ilícitas" y al intercambio de libros prohibidos entre los que seguramente se contaba al fraile mercedario.

Como la mayoría de los hombres de ciencias del virreinato, Rodríguez participó junto con Gómez de Trasmonte y fray Andrés de San Miguel en darle una solución definitiva al problema de desagüe de la ciudad. También diseñó el sistema de palancas que se empleó para subir las campanas a la nueva torre de la catedral.

Entendamos las dificultades para el comercio y los viajes que implicó el desconocimiento de las coordenadas exactas de nuestra ciudad y país. En este siglo en el que basta encender un pequeño aparato para saber exactamente en qué punto del planeta nos encontramos, no podemos más que admirar el trabajo de cálculo trigonométrico que se necesitó para hacer los mismos sin el apoyo de los satélites artificiales que hemos lanzado al espacio y las computadoras. A mediados del siglo XVII, el ingenioso Diego Rodríguez también usó un satélite: la luna. Midió el tiempo del eclipse de 1638 y otros fenómenos astronómicos; después de compararlos con las mediciones de los mismos en Europa y, con base en complejos logaritmos, resolvió la posición geográfica de nuestra ciudad con pasmosa exactitud.

1638

◆ MIGUEL DE GUEVARA

Existe un famoso soneto místico que inicia con el verso: "No me mueve, mi Dios, para quererte...". Se trata de una de las joyas de la poesía religiosa castellana. El soneto clásico es una de las composiciones poéticas más complejas y elegantes, consta de catorce versos de arte mayor —con más de ocho sílabas— generalmente endecasílabos, es decir, de once. Se agrupa en dos cuartetos y dos tercetos con rima consonante.

El "Soneto a Cristo crucificado" reflexiona en torno al amor perfecto, es decir, aquel que no espera nada a cambio. Como es común en la poesía mística, el hablante es el alma que se dirige a Cristo con fervor. Da cuenta del concepto espiritual de la contrarreforma y, por ende, del barroco. Se adhiere a las prácticas católicas españolas del XVI: el ascetismo —que buscaba el perfeccionamiento espiritual con la negación absoluta de los placeres materiales— y el misticismo que extremaba las privaciones y la oración con el fin de alcanzar la unión del alma con el Creador que a menudo derivaba en éxtasis. San Juan de la Cruz y Santa Teresa de Jesús relataron sus experiencias en su poesía. Esto explica por qué el soneto fue erróneamente atribuido a la santa de Ávila; sin embargo, ella no escribió versos de arte mayor.

En 1916 se descubrió una versión manuscrita del poema contenida en el *Arte doctrinal y modo general para aprender la lengua matlaltzinga* que el filólogo y fraile agustino, Miguel de Guevara, redactó en 1638. Desde entonces, el académico mexicano Alberto Carreño lo atribuyó al religioso novohispano. La teoría de Carreño fue acogida con gusto por el público mexicano, ávido de "repatriar" uno de los máximos poemas místicos. Aparece bajo la autoría de Guevara en múltiples antologías de poesía mexicana, como las de Castro Leal, Méndez Plancarte, Novo y Paz, por mencionar algunas.

La atribución fue disputada casi de inmediato cuando se dio a conocer que el poema había aparecido impreso en *La vida espiritual* de Antonio de Rojas en 1628, diez años antes que el manuscrito de Guevara. Sin embargo, no es de Rojas pues él la incluye anónima en su compilación de poesía religiosa.

Fuera de México, el poema fue mayormente atribuido al jesuita San Francisco Javier. Sin embargo, el santo nunca demostró los vuelos líricos que se aprecian en el controvertido soneto. Aunque, la vinculación temática del poema con el ideario ignaciano apunta a que el autor probablemente perteneciera a la Compañía de Jesús.

El soneto, como muchas otras obras poéticas de su tiempo, pasó de boca en boca entre los religiosos españoles y novohispanos durante varias décadas. Como ocurrió con la literatura oral, evolucionó poco a poco hasta alcanzar su forma actual. No se trata, entonces, de encontrar un solo autor, sino al primero, quien le dio origen y que hoy sigue llamándose: anónimo español, segunda mitad del siglo XVI.

1639

❧ BARTOLOMÉ CASTAÑO

Cuando la Compañía de Jesús arribó a la Nueva España en 1540, los franciscanos y dominicos llevaban casi dos décadas predicando en el centro y sur de la Nueva España. Por ello, los jesuitas apostaron sus misiones hacia el norte, sobre todo en Sinaloa y Sonora.

El primer contacto español con los yaquis, mayos, ópatas y otros grupos étnicos de la zona ocurrió en 1533 con la expedición de Diego de Guzmán y Cabeza de Vaca. Los pueblos del norte fueron particularmente beligerantes y presentaron férrea oposición al dominio europeo. Por ello, tristemente, muchos se encuentran al borde de la extinción y otros solo viven en el recuerdo, como los eudeves, de quienes solo queda un vocabulario y una gramática escritos por Baltasar Loaeza S.J. en 1662.

A principios del siglo, el capitán Martínez Hurdaide fue tres veces derrotado por los yaquis; recibió tantas heridas que, creyéndolo muerto, le ofrecieron misas de réquiem. Pero ganó la diplomacia, negoció y en 1610 se celebró la paz. Se permitió que los padres Méndez, Pérez de Rivas y Pedro Velasco continuaran con la evangelización, sin embargo, su avance hacia Durango y Chínipas en la parte oriental de la Sierra Tarahumara continuó siendo lento y peligroso.

En este contexto arribó a Sinaloa el joven sacerdote portugués Bartolomé Castaño, quien se distinguió por su trabajo con los pimas bajos, ópatas y eudeves, cuyas lenguas aprendió, ganándose su aprecio y confianza. Realizó este apostolado durante veinticinco años: diez en Sinaloa y quince en Sonora, en donde fundó las misiones de San Miguel de los Ures, Nuestra Señora de la Concepción de Baviácora, San Pedro de Aconchi, San Lorenzo de Huépac y Nuestra Señora de los Remedios de Banámichi.

La expansión territorial y conformación de nuevas misiones hizo difícil su control desde la villa de San Felipe Sinaloa, por lo que el gobernador Pedro de Perea quiso separar los territorios de Sinaloa y Sonora. Para seguir su plan, mandó traer a los franciscanos para hacerse cargo de la evangelización de los yaquis, lo que, desde luego, ocasionó un fuerte conflicto con los jesuitas asentados en la región. En 1645, el virrey mandó deponer al gobernador. Más o menos por esas fechas, Castaño dio por terminada su labor misionera y se mudó a la Ciudad de México en donde ejerció como catequista y prefecto para el Colegio del Salvador.

En 1649, acusó a las beatas Ana y Josefa Romero ante la Santa Inquisición por fingir raptos místicos y comunicación con las almas del purgatorio para obtener dinero y poder sobre sus seguidores a quienes hacían creer que debían obedecerlas por mandato divino. Las hermanas fueron condenadas.

Su catecismo breve escrito en español y náhuatl en 1644 siguió en uso hasta pleno siglo XIX y fue incluso recomendado en el Concilio de Antequera (1892-1893), sin embargo, el investigador Luis Resines Llorente sospecha que aunque fuera empleado por Castaño, él no fue su autor, si acaso su traductor.

1640

✦ ANDRÉS DE SAN MIGUEL

E n 1593, un joven andaluz de quince años que entonces se llamaba Andrés de Segura se embarcó en Sevilla y marchó al Nuevo Mundo a bordo del galeón *Santa María de la Merced* en busca de aventuras... y las encontró.

En julio del año siguiente, la nave emprendió el regreso. Después de una escala en La Habana, continuaron el viaje. Durante una tempestad perdieron el timón y el trinquete y quedaron a la deriva. A pesar de los cañonazos de alarma, el resto de la flota no acudió a su rescate. Una parte de la tripulación se hizo de la lancha salvavidas y dejaron al resto a su suerte. Entonces, Andrés y alrededor de treinta marineros improvisaron una balsa con la que flotaron 22 días por las aguas del Caribe, rodeados por tiburones y aquejados por el hambre y la sed. Finalmente llegaron a Florida en donde permanecieron un mes hasta que pudieron reembarcarse. Para colmo de males, en la travesía de vuelta a La Habana fueron asaltados por corsarios ingleses que les quitaron lo poco que les quedaba.

Volvió a la metrópoli pero solo temporalmente porque para el cambio de siglo se encontraba en Nueva España. Tomó el hábito carmelita el 24 de septiembre de 1600. El fraile fue un auténtico polímata, un espíritu renacentista, tenía amplios conocimientos de geometría, astronomía, matemáticas e ingeniería hidráulica pero destacó en la arquitectura. Suyas son las obras más destacadas de la orden carmelita del siglo XVII: El Santo Desierto de Cuajimalpa (de los Leones) en cuya construcción sufrió una caída que le dejó secuelas permanentes, y los conventos de Querétaro, Celaya, Valladolid, Puebla, Atlixco y Salvatierra. Destacan el convento y Colegio del Carmen de San Ángel.

Cuentan que el párroco de San Jacinto Tenanitla no vio con buenos ojos la llegada de los carmelitas a San Ángel y arengó a los indígenas en su contra so pretexto de que los frailes les quitarían el agua para usarla en su huerta, de modo que los vecinos entorpecieron las obras de construcción hasta que Andrés de San Miguel ordenó subir a la azotea piedras de río con miras de defender el colegio si fuera necesario. Las hostilidades cesaron.

Pero la rivalidad más sonada del carmelita no fue con el cura de San Jacinto sino con el cosmógrafo Enrico Martínez, encargado de las obras de desagüe de la Ciudad de México y responsable de la inundación de 1629. Tras la muerte de su enemigo, San Miguel tomó las obras de desagüe de la ciudad. Reemprendió el tajo de Nochistengo a cielo abierto y no con túneles como había planeado su predecesor.

En 1634, mientras supervisaba una excavación, encontró el colmillo de un enorme animal antediluviano. Cuentan que Sigüenza y Góngora conservó en su gabinete de curiosidades el incisivo de un elefante gigante —seguramente un mamut— que habían encontrado los ingenieros durante el desagüe de Huehuetoca. ¿Será el mismo?

1641

❧ PAULA BENAVIDES

Tenía veinte años cuando se casó con Bernardo Calderón el 29 de febrero de 1629. Él había llegado a Nueva España tres años atrás y había instalado una imprenta y librería en la calle de San Agustín. Calderón obtuvo de parte del virrey Rodrigo Pacheco y Osorio el privilegio de ser el único impresor autorizado para publicar cartillas con las que se enseñaban las primeras letras a los niños. Esto fue, desde luego, un negocio muy rentable y le ganó algunos enemigos. En 1630 fue acusado ante el Santo Oficio de haber traído libros de España y venderlos en la colonia sin autorización. La acusación resultó falsa, el impresor contó con el testimonio de su colega Diego de Rivera y los cargos fueron retirados.

Bernardo Calderón murió a finales de 1640; dejó viuda a Paula con seis hijos que todavía eran niños. A diferencia de otras mujeres de su tiempo, ella no quiso volverse a casar, ingresar a un convento o subarrendar la imprenta sino que asumió las riendas de la empresa familiar por 43 años ininterrumpidos. Francisco Robledo, uno de sus competidores, aprovechó su reciente viudez y solicitó el privilegio de imprimir las cartillas. Apenas había pasado un mes desde el fallecimiento de Calderón.

Paula Benavides se enteró a tiempo y mejoró la oferta de Robledo y arguyó que con su trabajo en la imprenta podría mantener a sus hijos. El virrey la favoreció y le renovó la licencia de exclusividad. En octubre de 1641, Benavides presentó una queja en contra de Francisco Robledo y Juan Ruiz por imprimir cartillas haciéndolas pasar por catecismos y doctrinas. Nuevamente, las autoridades estuvieron de su lado, confiscaron los panfletos que había impreso su competencia y le autorizaron la venta a ella, además de ampliar la exclusividad a las cartillas en náhuatl. Cuando Robledo murió en 1647, la buena relación de Benavides con las autoridades civiles y religiosas dio fruto y su imprenta quedaría al servicio del Secreto del Santo Oficio, es decir, publicaría sus documentos oficiales. A partir de 1671 también publicó gacetas con las noticias más importantes del virreinato y del otro lado del Atlántico.

Su hija María contrajo matrimonio con Juan de Rivera, hijo del colega que había testificado en favor de su padre. Esta unión significó el inicio de una de las dinastías de libreros e impresores más importantes del virreinato, en la que las mujeres siempre jugaron un papel predominante. Juan y María heredaron a sus hijos Francisco y Miguel quienes continuaron el negocio. A la muerte de Miguel, su hija María de Rivera Calderón y Benavides continuó con el legado de su bisabuela.

En el negocio de la familia Rivera Calderón y Benavides se imprimieron algunas obras de autores de la talla de Sigüenza y Góngora y Sor Juana. En 2011, el Conaculta creó el premio Paula Benavides al libro animado e interactivo con el propósito de incentivar la creación de literatura digital.

1642

❧ JUAN DE PALAFOX Y MENDOZA

En el siglo XVII, el vasto imperio español enfrentaba una grave crisis. En 1640, Juan de Palafox y Mendoza asumió el obispado de Tlaxcala con sede en la ciudad de Puebla de los Ángeles. Ese mismo año inició la sublevación de Cataluña y, en diciembre, se consumó la independencia de Portugal.

En su calidad de visitador, Palafox acusó al virrey Diego López Pacheco y Portugal, duque de Escalona y marqués de Villena, de simpatizar con la causa portuguesa pues era familiar de la dinastía Braganza y, por lo tanto, del autoproclamado rey luso Juan IV. En 1642 recibió la orden secreta de deponer al gobernante, lo mandó arrestar, remató sus bienes y lo deportó a España. El obispo fue virrey muy brevemente, de junio a noviembre de ese año, lo que no evitó que realizara un auto de fe masivo en el que se ejecutó a ciento cincuenta criptojudíos, cincuenta de los cuales eran comerciantes portugueses. Ironía de la historia: Palafox fue beatificado en 2011 por Benedicto XVI, la postulación inició en 1666 cuando se descubrió que su cuerpo permanecía incorrupto siete años después de su muerte.

Otro de sus encargos reales fue limitar el poder de las órdenes religiosas regulares y fortalecer al clero secular. Una de las primeras acciones del obispo fue secularizar a 34 curatos franciscanos de su diócesis.

Pero su mayor conflicto no sería con los franciscanos sino con la Compañía de Jesús que —como se había dedicado casi por completo a la educación de españoles y criollos— gozaba de gran poder y apoyo. Entre sus partidarios se contaba el nuevo virrey, el conde de Salvatierra. Tras varias escaramuzas entre el obispo y los jesuitas, el miércoles de ceniza de 1647 estalló la guerra. Los ignacianos se negaron a presentar sus licencias de confesión. El prelado respondió con una amenaza de excomunión a todo aquel que se confesara o escuchara los sermones jesuitas. La tensión salió a las calles y hubo revueltas, panfletos y cartas, muchas cartas, dirigidas a Felipe IV, al papa y a los simpatizantes de ambos bandos. El asunto creció al grado que el 17 de junio Palafox abandonó la ciudad de Puebla. Desde su refugio continuó escribiendo a sus partidarios. En noviembre de 1647 regresó con la condición de someterse a la autoridad del virrey. No obstante, ambos fueron destituidos de sus cargos a consecuencia de este pleito, el conde de Salvatierra en 1648 y Palafox en 1653.

En 1646, el prelado donó 5 mil volúmenes para fundar la primera biblioteca pública de América. Un siglo después, en 1773, el también obispo de Puebla, Francisco Fabián y Fuero, construyó el magnífico edificio que hoy la alberga. Segunda ironía: con la expulsión de los jesuitas en 1767, la Biblioteca Palafoxiana —la mayor herencia cultural del obispo— se enriqueció con su acervo. Entre esta y otras aportaciones, hoy cuenta con 45 059 volúmenes y fue declarada Monumento Nacional en 1981 y Memoria del Mundo por Unesco en 2005.

1643

◆ MARCOS RAMÍREZ DE PRADO Y OVANDO

I nició su formación con los franciscanos en 1601. Estudió en Salamanca y, después de rechazar los obispados de Yucatán y Caracas, el rey Felipe IV lo comprometió a aceptar la mitra de Chiapas en la Nueva España en 1632. Tomó posesión del cargo en 1635.

Cuatro años después fue nombrado obispo de Michoacán con sede en Valladolid, hoy Morelia. Bajo su mandato, se reunieron los fondos para la construcción de una nueva catedral ya que el edificio anterior, además de ser de factura menor, había sufrido un incendio en 1584. No fue hasta 1660 que fray Marcos Ramírez de Prado colocó la primera piedra del monumento barroco de cantera rosa emblemático de la capital michoacana. En 1666 fue nombrado arzobispo de México pero murió antes de que llegara la bula papal correspondiente.

Tanto José Guadalupe Romero en su *Noticias para formar la estadística del Obispado de Michoacán* (1860) como Francisco Sosa en *El episcopado mexicano* (1877) elogian la figura de Ramírez de Prado como la más virtuosa y fundamental ante la gran epidemia de 1643, la mayor peste que tuvo lugar durante el virreinato y que diezmó la población indígena michoacana al grado que la población de Tzintzuntzan se redujo de 20 mil a 200 personas. Cuentan que el prelado, como San Carlos Borromeo ante la peste de Milán, atendió personalmente a su rebaño, improvisó sanatorios, abrió lazaretos y él mismo administró los santos óleos a los enfermos. La encomiable labor del franciscano así como las consecuencias devastadoras de la infección más virulenta del siglo XVII son dignos de pasar a la historia de nuestro país; excepto porque no ocurrieron.

En 1973, el historiador francés Jean Pierre Berthe publicó su artículo *La peste de Michoacán en 1643* que da nueva luz sobre este acontecimiento. Todo parece indicar que José Guadalupe Romero fue víctima de cierto entusiasmo historiográfico. Berthe apunta que el biógrafo de los obispos michoacanos malinterpretó una de sus principales fuentes: fray Alonso de La Rea quien en su crónica de la provincia franciscana publicada en 1639 —más de un año antes de que Ramírez de Prado asumiera el obispado— narra la catástrofe del 43 y otras más que le sucedieron. Si bien en el texto de La Rea no se precisa el siglo en el que ocurrió la epidemia, la lógica indica que en realidad tuvo lugar en 1543. Aunque eso no explica por qué Romero cita a La Rea como testigo ocular de los hechos, como no se trate de una licencia poética.

Sin embargo, Romero fue la fuente principal para el libro de Francisco Sosa, referencial para la historia de la iglesia en México. Así fue como un número importante de historiadores serios consagró la gran epidemia michoacana. Nos quejamos de vivir en la era de posverdad sin sospechar de cuántas "noticias falsas" se encuentran en los libros de historia más canónicos.

1644

❧ DOMINGO FRANCISCO CHIMALPAHIN CUAUTLEHUANITZIN

Nació en el seno de la nobleza chalca. Fue educado bajo la fe católica y a los quince años ingresó a la ermita de San Antonio Abad. En la primera mitad del siglo XVI, el virrey don Antonio de Mendoza solicitó relaciones históricas sobre los pueblos originarios para legitimar el otorgamiento de privilegios y cargos oficiales a miembros de las casas nobles mesoamericanas. En el caso de Amecameca, Andrés de Santiago Xuchitototzin inició la recopilación de testimonios y documentos que más tarde serían las fuentes para el trabajo historiográfico de Chimalpahin.

Entre 1606 y 1631, Chimalpahin escribió ocho relaciones en náhuatl sobre la vida cotidiana en el Valle de México y la historia de su pueblo. Hasta 1965 se consideraba el autor único del documento, sin embargo, el estudio paleográfico de Víctor Castillo en 1995 reveló la participación de otros.

El *códice Chimalpahin* —como se conoce al conjunto de relaciones— formó parte de la biblioteca de Sigüenza y Góngora y fue encuadernado en conjunto con las crónicas de Fernando de Alva Ixtlixóchitl. A la muerte del intelectual novohispano, su acervo pasó al Colegio jesuita de San Pedro y San Pablo.

En el siglo XVIII, la mayor parte de los códices y documentos de Sigüenza y Góngora formaron parte de la famosa colección de Lorenzo Boturini en el Museo Indiano y, posteriormente, de la Biblioteca Nacional de París; no así los tres tomos que comprenden las obras de Chimalpahin e Ixtlixóchitl. Pero Boturini los conoció, tanto que mandó copiarlos y hoy forman el Manuscrito 74 de la biblioteca parisina. En el siglo XIX, las copias parisinas fueron fotografiadas por orden de Francisco del Paso y Troncoso y se incorporaron al acervo de la biblioteca del Museo Nacional de Antropología. El manuscrito 74 ha sido fuente de numerosos estudios paleográficos y de traducciones, entre ellas, la más conocida realizada por Silvia Rendón en 1965.

¿Pero qué pasó con los originales? Contrario a la creencia popular, estos nunca formaron parte del Museo Indiano —como se dijo, fueron copiados con antelación— sino que del Colegio de San Pedro y San Pablo pasaron a San Ildefonso. Cuando José María Luis Mora dirigía la biblioteca, en 1827, intercambió el *códice Chimalpahin* por un número indeterminado de biblias. Así, el documento pasó a manos del acervo de la Sociedad Bíblica Británica y Extranjera. En 1982 fue trasladado a la Universidad de Cambridge y motivó una traducción al inglés editada por la institución británica en 1997.

En 2014 llegó la noticia de que el códice sería subastado. El Instituto Nacional de Antropología e Historia negoció una compra directa. Así fue cómo el 18 de agosto de ese mismo año, el Códice Chimalpahin y las *Obras históricas* de Fernando de Alva Ixtlixóchitl regresaron a México.

1645

CRISTÓBAL HIDALGO VENDAVAL

La Real y Pontificia Universidad de México abrió sus puertas el 25 de enero de 1553 y la primera lección de medicina se dictó en 1579. Para su estructura tanto administrativa como académica, la institución novohispana tomó como modelo la Universidad de Salamanca. Ya entrados en el siglo XVII, la visión educativa de la universidad mexicana seguía teniendo un corte medieval, sobre todo en lo que atañe a la enseñanza de ciencias. Los autores estudiados fueron Hipócrates, Galeno y, en mucho menor medida, los árabes Rhazés y Avicena. A pesar de que el modelo hipocrático clásico se centraba más en la prevención que en la curación, la práctica médica española y novohispana tuvo fines terapéuticos.

El doctor Cristóbal Hidalgo Vendaval propuso a la universidad una cátedra nueva basada en el *Methodo Medendi* (*El arte de la curación*) de Galeno. En su obra, el médico griego aborda el tema de las propiedades, dosis y combinaciones de los medicamentos, es decir, sienta las bases para la patología y la farmacología. Su cátedra fue aceptada en febrero de 1621 pero se encontró con la resistencia de al menos dos doctores, Francisco de Urieta y Rodrigo Muñoz, quienes argumentaron que el rey Felipe III había decretado que, para validar los estudios universitarios, los alumnos debían acreditar cirugía y anatomía.

Rodrigo Muñoz se postuló para esta cátedra, sin embargo, las autoridades universitarias determinaron que no contaba con suficiente experiencia, por lo que se la otorgaron a su rival, el doctor Hidalgo. En noviembre de ese mismo año se canceló la cátedra de *Methodo Medendi* y, en su lugar, Hidalgo impartió cirugía y anatomía, asignatura que sostuvo hasta 1640.

Siguió la materia de astrología y matemáticas que en 1637 instauró fray Diego Rodríguez. En este entonces se creía que el movimiento de los planetas afectaba el estado de salud de las personas.

El *Methodo Medendi* tuvo que esperar 45 años para ser reinstalada oficialmente dentro del programa de los médicos novohispanos en 1666. Sin embargo, durante todo ese tiempo fue impartido de forma extraordinaria y sin valor curricular por Hidalgo y otros médicos.

El historiador Gerardo Martínez Hernández destaca el impacto político de estas cátedras. En la década de 1640, Palafox realizó una reforma significativa en los estatutos de la universidad. Al desvincular al protomédico general de la Nueva España —máxima autoridad sanitaria— del poder del virrey y subordinarlo al académico dio a los médicos criollos, en su mayoría catedráticos, una auténtica oportunidad de movilidad social. La impartición, así fuera extraordinaria, del *Methodo Medendi* adquirió mucho prestigio entre los médicos pues se consideró tácitamente un requisito para alcanzar la cátedra de prima.

Cristóbal Hidalgo no debe haberse imaginado las repercusiones que tendría su interés farmacológico y que la cátedra que inauguró en 1621 sería un grano de arena para el criollismo que originó, casi doscientos años más tarde, la Independencia. Movimiento que, por cierto, encabezaría su descendiente Miguel Hidalgo y Costilla.

1646

⤚ HORACIO CAROCHI

La Compañía de Jesús fue una de las órdenes regulares más tardías en arribar a la Nueva España, en 1540. Para ese momento, los franciscanos y dominicos que habían llegado quince años antes se habían repartido casi todos los enclaves de evangelización en la zona central de Nueva España. Entonces, los jesuitas establecieron misiones en el norte del territorio y se dedicaron a la educación de los criollos. Pero hubo excepciones, el asentamiento jesuita en Tepotzotlán en 1580 —que hoy alberga al Museo Nacional del Virreinato— tuvo como propósitos principales erigir un noviciado para jóvenes que quisieran ingresar a la Compañía y prestar servicio a la población indígena con el Seminario de San Martín para la educación de los hijos de los "indios principales" y una escuela para que los sacerdotes aprendieran náhuatl, otomí y mazahua. Horacio Carochi fue una de las figuras centrales de esta última tarea.

El joven florentino se unió a la Compañía de Jesús en 1601. Siempre tuvo interés por la filología y los idiomas, a su llegada a Nueva España ya dominaba el español, latín, griego y hebreo, además de su lengua materna, el italiano. Atraído por la maravilla del Nuevo Mundo y por la posibilidad de entrar en contacto con el mosaico lingüístico y cultural que representaba, se enlistó para trasladarse a México cuando aún no concluía sus estudios de filosofía y teología. A su llegada, prosiguió su carrera precisamente en el Colegio de Tepotzotlán. Se ordenó sacerdote en 1609.

Aprendió otomí directamente con un maestro indígena y náhuatl, el padre Antonio del Rincón, mestizo emparentado con la nobleza texcocana, quien lo puso en contacto con la obra poética del periodo prehispánico.

Desde los primeros años como maestro de lenguas indígenas en el Colegio de Tepotzotlán, Carochi inició la obra que le tomaría concluir alrededor de quince años: un manual de gramática y vocabulario de la lengua náhuatl. Su *Arte de la lengua mexicana* fue publicado en 1645 y aún hoy es un texto referencial para el aprendizaje del idioma. Su interés por la literatura precolombina enriqueció notablemente su trabajo filológico pues entre sus fuentes, Miguel León Portilla identifica los textos clásicos de tradición indígena conocidos como *Cantares Mexicanos* que habían sido recogidos un siglo atrás por fray Bernardino de Sahagún y testimonios de los sobrevivientes de la conquista que el historiador compiló en *La visión de los vencidos*. Asimismo, el interés del florentino por la fonología y el habla cotidiana hacen de su estudio un documento invaluable.

Después de cumplir con varios cargos administrativos entre los que destacan las rectorías del Colegio Máximo de San Pedro y San Pablo y de la Casa Profesa en la Ciudad de México, regresó a su amado Tepotzotlán en 1657. Ahí pasó los últimos años de su vida. Es probable que en ese tiempo concluyera el *Arte y vocabulario en lengua otomí* que Ángel María Garibay ubicaba en la Colección de Manuscritos en Lenguas Indígenas de la Biblioteca Nacional de México pero que hoy está perdido.

1647

❧ FERNANDO DE ALVA IXTLIXÓCHITL

El cronista e historiador Fernando de Alva Ixtlixóchitl fue heredero de una de las casas reales más importantes del valle de Anáhuac, el señorío de Acolhuacan, cuya ciudad principal era Texcoco. Fue descendiente por línea directa del célebre tlatoani texcocano Nezahualcóyotl (1402-1472), aunque cinco generaciones los distancian.

Conocedor de la lengua e historia de su pueblo, Ixtlixóchitl fue comisionado por las autoridades virreinales para relatarla; así escribió su *Historia de la nación Chichimeca* concluida hacia 1640. Se trata de una compilación de varias crónicas separadas. El título se debe a Carlos Sigüenza y Góngora, primer dueño del manuscrito. Posteriormente Lorenzo Boturini lo llamó *Historia general de la Nueva España* y, en la edición comentada por Alfredo Chavero de 1891 se le denomina, simplemente, *Obras históricas*. El manuscrito original fue repatriado en 2014 junto con la obra de Domingo Francisco Chimalpahin Cuautlehuanitzi.

Hombre de su tiempo, Fernando de Alva Ixtlixóchitl abreva tanto de la tradición española como de la indígena. Cuenta la historia de los toltecas y chichimecas desde la creación mítica del mundo hasta la llegada de los españoles. Su perspectiva es curiosa, aborda su crónica desde categorías historiográficas europeas ya que, a pesar de ser castizo —hijo de mestizo y español—, su origen noble le permitió gozar de la educación privilegiada destinada a los criollos. Equipara la organización política prehispánica al sistema feudal y describe a Xólotl, el fundador de la nación chichimeca, como un príncipe bárbaro similar al iniciador del imperio persa, Ciro. Asimismo, abunda en la participación definitiva de su bisabuelo Ixtlixóchitl en que juntos, los españoles y los pueblos indígenas conformaran un nuevo país y una nueva identidad. En esta crónica se atisba un incipiente nacionalismo.

Como es de suponerse, Alva Ixtlixóchitl dedica una parte importante de sus textos a su más célebre ancestro y recoge varios de sus poemas, lo que le convierte en uno de los primeros biógrafos de Nezahualcóyotl. Sin embargo, varios académicos —entre quienes destaca el antropólogo Georges Baudot— señalan que el retrato del tlatoani texcocano fue idealizado por su descendiente para adaptar su pensamiento, vida y obra a estándares más adecuados a los héroes europeos.

Baudot apunta a que algunos de los poemas proféticos que Ixtlixóchitl atribuye a su antepasado, no le son propios. Se trata, sobre todo, del canto a *Tloque Nahuaque,* el "Dador de vida" en los que el autor prefigura el cristianismo y plantea una suerte de evolución de la religiosidad prehispánica hacia el monoteísmo. Anuncia un Dios amoroso, misericordioso y único: "el dueño del cerca y el junto", "el inventor de sí mismo" y arquitecto del destino de los hombres. De acuerdo con la teoría de Baudot, más que una profecía, se trata de un texto posterior a la conquista espiritual que adapta el cristianismo al pensamiento del poeta texcocano en un afán de enaltecer su figura y lograr el orgullo de los mexicanos.

1648

❧ ANDRÉS PÉREZ DE RIBAS

Considerado como uno de los cronistas y misioneros jesuitas más importantes del noroeste de México, Andrés Pérez de Ribas nació en Córdoba, Andalucía, en 1575. Desde edad temprana ingresó a la Compañía de Jesús y siendo todavía un novicio emprendió su viaje a Nueva España. En 1602 arribó al puerto de San Juan de Ulúa y se estableció en Puebla de los Ángeles para finalizar sus estudios de noviciado. Auspiciado por el capitán Diego Martínez de Hurdaide, se trasladó en 1604, junto con otros jesuitas, a la villa de Sinaloa para ampliar la evangelización en el noroeste del país.

Sus primeros trabajos misionales se realizaron con los indios ahomes, así como con los indios zuaques, comunidad que hasta entonces había ofrecido gran resistencia, por lo que los zuaques serían descritos por Pérez Ribas como "las naciones más belicosas y arrogantes y que con obstinada porfía se habían opuesto a la cristiandad, de todas las demás de esta provincia".

Asentada la evangelización de Sinaloa, Pérez Ribas entró en contacto con los indios mayos y, finalmente, con los indios yaquis, por lo que solicitó al virrey el permiso para evangelizarlos, lo que le permitió fundar hacia 1617 las primeras misiones en Sonora.

Durante 16 años —e influenciado por la doctrina misional del padre José de Acosta—, Pérez de Ribas estudió las costumbres y las lenguas indígenas de los pueblos evangelizados y se dedicó a introducir nuevos oficios, cultivos y ganadería a las comunidades indígenas, de manera que favorecieran el aprovechamiento de la tierra, y, por ende, los asentamientos en misiones. Hazañas y experiencias misioneras, propias y ajenas, que serían posteriormente retratadas en su crónica *Historia de los Triunfos de Nuestra Santa Fe entre gentes las más bárbaras y fieras del nuevo Orbe: conseguidos por los Soldados de la Milicia de la Compañía de Jesús en las Misiones de la Provincia de Nueva España*, la cual fue editada en Madrid en 1645 como parte del plan de defensa de los jesuitas para mostrar los triunfos de su labor evangelizadora frente a las acusaciones del obispo Juan de Palafox.

Tras la fundación del Rectorado de San Ignacio en 1620 para atender las misiones en territorio mayo, yaqui y nebome, Pérez de Ribas dejó su labor evangelizadora para desempeñar diversos puestos —los cuales ocupó en diversas ocasiones— como rector e instructor de novicios del convento de Tepoztlán, prepósito de la Casa Profesa, rector del Colegio Máximo de San Pedro y San Pablo de México y provincial de la Compañía de Jesús en Nueva España, así como una breve estancia como procurador de la orden en Roma y Madrid.

Desde 1653, fecha en la que se retiró del Colegio Máximo, inició una intensa labor literaria, que le permitió no solo escribir su crónica religiosa sino también la *Historia de la Provincia de la Compañía de Jesús en México*; *Vida, virtudes y muerte del Padre Juan de Ledezma, de la Compañía de Jesús*, e *Historia de Cinaloa*, de la cual solo se tiene referencia histórica.

1649

❧ TOMÁS TREVIÑO DE SOBREMONTE

Mártir de la Inquisición, Tomás Treviño de Sobremonte fue el único de los 108 judíos condenados por herejía que murió quemado en la hoguera tras negarse a besar la cruz, durante el gran auto general de fe del 11 de abril de 1649, el mayor en la historia novohispana y que fuera relatado por el poeta y dramaturgo Matías de Bocanegra.

De madre judía y padre católico, nació en 1592 en Medina de Rioseco, España y llegó al Nuevo Mundo en 1612, tras la detención de su madre y de su hermano, quien después de ser torturado por el Santo Oficio otorgó el testimonio que llevaría al primer arresto de Treviño en Oaxaca.

El famoso comerciante comenzó sus negocios en las zonas mineras de San Luis Potosí y luego de dirigirse a Veracruz con la intención de llegar al virreinato del Perú, se estableció por casi diez años, de 1614 a 1624, en Oaxaca, donde extendió una red comercial con mercaderes de la zona, quienes compraban grana cochinilla y la almacenaban en la tienda de Treviño para ser vendida en México y Puebla, donde a su vez se compraba papel, cacao y tabaco para vender en su almacén en Oaxaca.

Afamado por su interés en las mujeres, su primer arresto se realizó en 1624. Además de confesar algunos "líos de faldas",

Treviño fue obligado a reconocer que sus familiares habían sido condenados a muerte por el Santo Oficio y aceptó haber practicado el judaísmo hasta su llegada a la Nueva España. Como consecuencia del "reconocimiento" y "arrepentimiento" de sus pecados, realizó su *abjuración de vehementi* en la Iglesia de Santo Domingo, lo que —conforme a los procesos de la Inquisición española— le permitiría reintegrarse a la Iglesia católica a cambio de conllevar algunas penas y de ser advertido de que si había una segunda acusación se le impondría la pena de muerte. De este modo, fue condenado por un año a vivir confinado en una celda (a petición suya, fue trasladado al Hospital de los Desamparados cuando estuvo enfermo) y a vestir la de sambenito, una túnica amarilla con la cruz de San Andrés, con la que los detractores de la fe debían de deambular por las calles para el escrutinio público.

En 1626 fue liberado, y se trasladó primero a la Ciudad de México y luego, tras la gran inundación de la capital, a Guadalajara en 1629. Ese mismo año contrajo matrimonio con María Gómez, también judía, con quien tuvo seis hijos.

A pesar de practicar las costumbres judías a escondidas en su vida privada, como rezar cuatro veces al día, respetar el Sabbath, utilizar aceite de oliva para cocinar y evitar la carne de puerco, desde 1629 fue constantemente acusado por haber montado a caballo, vestirse con ropas finas y de seda, actividades prohibidas para los adjurados, o por no haber pronunciado el "Gloria Patria" después del nombre de la Santa Trinidad. Tras librarse durante años de estas acusaciones, finalmente fue apresado y condenado a muerte en la hoguera en 1649.

1650

CATALINA DE ERAUSO

Aventurera, militar, escritora y monja, Catalina de Erauso es un personaje central del mundo novohispano, que ha inspirado estudios históricos, novelas y películas, cuya vida se debate entre la ficción y la realidad, en gran medida por su autobiografía *La historia de la Monja Alférez, escrita por ella misma*, considerada por algunos especialistas como apócrifa y publicada siglos después en París en 1829.

De acuerdo con sus memorias, Catalina de Erauso nació en San Sebastián en 1585, aunque su documento de bautizo establece la fecha de 1592. Fue hija del capitán Miguel de Erauso, un importante militar del País Vasco y creció en el seno de una familia acomodada. Como era costumbre de la época, ingresó al convento de San Sebastián el Antiguo para ser educada conforme a la religión católica y ser desposada, pero siendo todavía una adolescente, deseosa de libertad, la joven Catalina huyó, iniciando su vida errante de prófuga y aventurera.

Conforme a su supuesta autobiografía, viajó por varias ciudades españolas vestida de hombre bajo el nombre de Francisco Loyola, y se embarcó como grumete rumbo a América, donde —entre otras aventuras en Lima y Panamá— luchó contra los araucanos en Chile, con lo que obtuvo el grado de alférez.

Tras ser gravemente herida en un duelo, fue detenida y, para salvarse de la muerte, reveló su verdadera identidad, por lo que —después de vivir en algunos conventos— fue obligada a regresar a España, donde Felipe IV le otorgó una pensión vitalicia por su servicio militar y Urbano VIII le concedió permiso para vivir en ropa varonil. Posteriormente, regresó a América y se presume que se estableció en Orizaba, Veracruz, adoptando de nuevo una identidad masculina, ahora bajo el nombre de Antonio de Erauso, con la que murió hacia 1650 en el pueblo de Cotaxtla.

Retratada como impulsiva, orgullosa y agresiva, la monja de Alférez estuvo nueve veces en la cárcel y desde temprana edad, se identificó con el género masculino. No obstante, como señalan algunos especialistas, el travestismo femenino fue un recurso literario frecuente en las comedias del siglo de oro español, de manera que su vida fue plasmada, desde épocas tempranas, en obras literarias como la *Comedia famosa de la Monja Alférez* de Juan Pérez de Montealban, representada en 1625.

Desde el punto de vista literario, en su autobiografía se funden tres tipos de narraciones propias de la época —la confesión, la novela picaresca y el memorial del servicio militar— lo que sumado a las imprecisiones cronológicas de sus memorias y a la falta de registros históricos para constatar los datos de su vida, intensifican los misterios alrededor de uno de los personajes más fascinantes de la Nueva España.

1651

DIEGO DE BASALENQUE

Hombre de cultura y letras, aficionado tanto a la teología como a la gramática, así como estudioso de las lenguas castellana, náhuatl, purépecha, griega, hebrea e italiana, Diego de Basalenque nació en 1577 en Salamanca y emigró a la Nueva España en 1586, cuando todavía era un niño, junto a su familia y sus trece hermanos.

Tras la muerte de su madre, su educación le fue encomendada a su tío homónimo, quien le enseñó a leer y escribir desde temprana edad, lo que le permitió ingresar al Colegio Máximo de San Pedro y San Pablo, donde estudió gramática. Aunque devoto de la vida sacerdotal y a pesar de que sus maestros buscaron persuadirlo para ingresar a la Compañía de Jesús, el joven Diego prefirió la orden de San Agustín y en 1594 profesó sus votos.

Durante sus primeros años como fraile, se dedicó a empastar pergaminos y su interés por la música lo llevó a componer libros de coro. Asimismo, gracias a sus habilidades filológicas, aprendió rápidamente el griego y el hebrero, de manera que fue llamado para impartir gramática latina a los novicios y a sus compañeros.

Al dividirse la orden de San Agustín, fue nombrado como lector de filosofía y posteriormente, lector de teología en la provincia de San Nicolás de Tolentino de Michoacán, recién fundada en 1621, donde alcanzó por aclamación el título de provincial en 1623. Durante su gestión, impulsó la cultura como base del instituto, estimuló la adquisición de nuevas obras y materiales en las bibliotecas conventuales, creó cátedras y escuelas, y defendió la igualdad del clero criollo frente al peninsular, lo que le ganó enemistades que finalmente le obligaron a abandonar su cargo.

Como sexagenario, se retiró al convento de San Miguel Arcángel en el Charo, Michoacán, donde escribió gran parte de sus obras, de las cuales destacan: *Historia de la provincia de San Nicolás de Tolentino*, que es considerada como una de las crónicas más completas de la época virreinal sobre la labor evangelizadora de diversas órdenes en la región central de Michoacán, la costa del Pacífico y Tierra Caliente, en Guerrero, así como el *Arte de la lengua matlaltzinga* —oriunda de su lugar de retiro— y el *Arte de la lengua tarasca,* dedicadas a la descripción de dichas lenguas indígenas.

Rodeado por la comunidad indígena del Charo y reconocido por su labor intelectual, Diego de Basalenque falleció a causa de disentería a los 74 años de edad a las doce de la noche el 12 de diciembre de 1651.

1652

❧ GABRIEL TEPORACA

Símbolo de la resistencia rarámuri o tarahumara, Gabriel Teporaca, cuyo nombre quiere decir "El hachero", encabezó en 1652 la tercera rebelión de este pueblo indígena frente a la colonización española, iniciada hacia los albores del siglo XVII cuando los misioneros jesuitas se adentraron en la sierra de Chihuahua, y que hacia mediados del siglo se intensificó, primero con la llegada permanente de los evangelizadores y después, con el establecimiento de agricultores, mineros y comerciantes, lo que provocó tanto el trabajo forzado de los indígenas como su desplazamiento hacia la sierra y las barrancas.

Originario probablemente de la región comprendida entre Tomochi y Cocamarachi, donde se refugió al ser derrotada la rebelión, Gabriel Teporaca nació en 1593, como declaró en su juicio de guerra, y ya adulto fue bautizado con su nombre cristiano por el padre jesuita Gerónimo de Figueroa, quien se adentró en la zona hacia 1642, acompañado de las huestes del capitán Pedro de Perea, que se destinaban rumbo a Sonora.

Inicialmente, Teporaca colaboró con los frailes españoles, principalmente con el padre Virgilio Máez, quien construyó las misiones de La Joya, Santa María de las Cuevas y San Javier Satevo en 1640, y con el padre Cornelio Borja, a quien defendió durante el asalto de los tarahumaras durante la fiesta del Corpus en 1648.

No obstante, en 1652, su inconformidad con los españoles se intensificó, quizá por el despojo de tierras en el Valle de Papigóchic y los maltratos en Villa de Aguilar —ambas de reciente fundación—, por lo que su colaboración con los evangelizadores dio un serio revés, al encabezar la rebelión tarahumara mejor organizada con más de 2 mil rebeldes, la cual comenzó con el ataque a Villa de Aguilar el 3 de marzo de 1652 y continuó con la destrucción de otras misiones y poblados.

A pesar de la resistencia tarahumara, en la que también participaron caudillos como Ochavarri, Frasquito, Ternera y Nicolasillo, la rebelión fue aplacada por el gobernador de Nueva Vizcaya, don Diego Guajardo Fajardo.

Dispersas sus huestes, Teporaca huyó hacia Tomochi, donde fue apresado el 28 de febrero de 1653 y, tras exhortarlo al arrepentimiento y la confesión, fue condenado a morir en la horca el 4 de marzo de ese mismo año y colgado de un árbol para mostrar una lección del poderío español.

1653

◆ ANTONIO TELLO

Autor de la *Crónica Miscelánea de la Sancta Provincia de Xalisco*, considerada como una fuente fundamental para la historiografía de la zona, Antonio Tello nació en 1590 en Santiago de Compostela en Galicia, España, y se formó como franciscano en el convento de Salamanca.

A los 26 años se trasladó a la Nueva España en 1619, junto con otros misioneros, para incorporarse a los trabajos de evangelización e inmediatamente a su llegada, se incorporó al trabajo misional en Nayarit, donde se extendían las provincias franciscanas.

Aunque estableció algunas misiones en la zona, varias de ellas fueron destruidas, por lo que se le comisionó como secretario del nuevo padre provincial, cargo que le permitió hacer una visita entre 1636 y 1637 a todos los conventos de la zona y ampliar sus conocimientos sobre la labor franciscana en la colonia.

Asimismo, se desarrolló como procurador de la orden para atender diversos asuntos jurídicos, entre ellos, el conflicto entre los franciscanos con el credo secular por el monopolio espiritual de las misiones, que se había intensificado desde la llegada del obispo Juan de Palafox, primero como visitador y luego como virrey de la Nueva España; querella por la cual se perderían algunas doctrinas en Nayarit.

Esta labor como defensor de su orden frente a las presiones de las autoridades virreinales explica el tono reivindicativo de la labor franciscana en su *Crónica Miscelánea*, la cual escribió en el convento de Cocula por casi quince años.

Su obra magna está compuesta por seis libros que narran diversos hechos históricos, jurídicos o hagiográficos —de ahí su nombre de miscelánea—, de los cuales el primero, dedicado a los inicios del "Nuevo mundo en las Indias Occidentales", está perdido e incluso, es probable que nunca se llegara a escribir.

El segundo, el más voluminoso de todos, aborda la conquista y colonización del occidente mexicano, por lo que también es considerado, por autores como John Van Horne, como "un tratado de la conquista espiritual y temporal de Jalisco".

El tercero está dedicado a los méritos y milagros de los frailes franciscanos establecidos en la provincia de Jalisco desde 1606, y se complementa con el cuarto libro que narra las fundaciones de los conventos de la zona y el quinto que trata de las aportaciones y servicios que ha realizado la orden a la Iglesia católica. Finalmente, el sexto tomo lo destinó a la provincia de Santiago de Compostela y a los "ilustres varones —que como él— florecieron en ella en virtud y santidad".

A pesar de su importancia, Antonio Tello no vio publicada en vida su *Crónica Miscelánea,* la cual ha sufrido una serie de reveses, desde extravíos, avatares y adjudicaciones equivocadas. Pocos años después de concluirla, el fraile franciscano falleció en junio de 1653, en el Convento de San Francisco en Guadalajara.

1654

❧ ALONSO FERNÁNDEZ OSORIO

Poco sabemos de este médico y humanista, nacido en Nueva España, cuyas fechas de nacimiento y defunción se desconocen. Estudió probablemente en la Real y Pontificia Universidad de México, inaugurada desde 1553 y casi con seguridad leyó los libros *De Usurpiatum* de Galeno y *Cirugía* de Guido, dos títulos esenciales de la práctica médica de la época. Asimismo, al igual que otros compañeros destacó en otras ramas del saber tales como la filosofía y las humanidades.

Se desempeñó principalmente como maestro en artes, así como catedrático en filosofía y medicina en la Real y Pontificia Universidad de México, la cual contaba con las facultades mayores de teología, leyes, cánones y medicina, así como la facultad menor de artes.

Impartió cátedra en prima, es decir, en el turno de la mañana, la cual se consideraba como un puesto con el que culminaba la trayectoria académica de muchos médicos, ya que la vida al interior de la universidad, al igual que la publicación de obras, permitía abrirse camino para ocupar uno de los escasos lugares que ofrecía la burocracia virreinal o para cumplir aspiraciones políticas.

En el caso de Alonso Fernández Osorio su vida como catedrático le permitió ser médico de cámara del obispo Juan de Palafox, visitador y virrey de la Nueva España, así como escribir la

Breve relación de las solemnísimas exequias que en la Santa Iglesia metropolitana del Arzobispado de México se hicieron en la translación y entierro del venerable cuerpo del Ilustrísimo Señor D, Feliciano de Vega, obispo de la Paz y Popayán y arzobispo de México, quien murió en el puerto de Acapulco hacia octubre de 1640, poco tiempo después de su llegada a la Nueva España.

La celebración de las exequias era un espectáculo de dolor y triunfo muy frecuente en la época novohispana, donde se manifestaban tanto los méritos del difunto como la piedad del organizador, en este caso, Juan de Palafox, quien se cree promovió las honras fúnebres para Feliciano de Vega tanto por la importancia del personaje como por la amistad que les unía.

La relación de las exequias, descrita por Alonso Fernández Osorio —la cual fue impresa en latín y castellano— sigue la estructura habitual, describiendo todos los detalles de la pompa fúnebre, y transmite el estupor que causó la inesperada muerte del arzobispo, quien enfermó durante el trayecto.

El doctor Alonso Fernández Osorio también es autor de otros tratados como *De Differentiis, Causis et Signis Crisium,* publicada en 1640.

1655

✦ MELCHOR PÉREZ DE SOTO

Arquitecto, bibliófilo, astrólogo y humanista, Melchor Pérez de Soto albergó una de las bibliotecas personales más peculiares de la Nueva España, compuesta por libros de literatura, arquitectura, historia, carpintería, gineta, esgrima y algunos libros prohibidos, sobre todo de astrología, que lo llevarían a morir en su celda, tras ser enjuiciado por la Santa Inquisición.

Nació en Cholula, Puebla, en 1606, en el seno de una familia católica. Siendo él todavía un niño, se trasladó con sus padres a la capital de la Nueva España, donde estudió en los colegios de Francisco Clavijo y de Juan García Becerril.

Al igual que su padre, se dedicó al oficio de la arquitectura llegando a ser el maestro de obras de la catedral metropolitana, lo que le permitió convivir con algunos círculos humanistas.

Su interés por la astrología judiciaria, el trazado de horóscopos y la quiromancia se remonta al viaje en fragata que realizó por California, en compañía del almirante don Pedro Porter Casanate, hombre erudito que cultivaba estas disciplinas prohibidas por la Iglesia católica. Paradójicamente, a su regreso a México tuvo como maestros del "arte de la astrología" a dos frailes: el agustino Felipe de Castro, que le prestaba libros sobre el tema y el mercedario Diego Rodríguez, quien fuera catedrático de matemáticas, geometría y aritmética, y quien realizó los cálculos para colocar las campanas de la catedral.

Apasionado bibliólogo y astrólogo, Melchor Pérez de Soto se dedicó a interrogar "a las estrellas acerca de futuros acontecimientos" como adivinar quién sería el siguiente provincial de los franciscanos o predecir la muerte de don Juan de Mañozca, entre otras hazañas, prácticas que llegaron a los oídos del Santo Oficio, en especial cuando fue enjuiciado el mulato libre Gaspar Rivero Vasconcelos, quien le había ayudado a copiar cuadernos de astrología.

De este modo, el 12 de diciembre de 1654 fue acusado formalmente por haber cometido "muchos delitos contra la fe" y siete días después, declarado culpable por el trazado de horóscopos, por haber adivinado actos futuros y por tener libros de herejes y obras prohibidas.

Asimismo, se ordenó la confiscación de su biblioteca personal, previo inventario conservado hasta nuestros días, la cual estaba compuesta por 1 506 libros de folio más papeles y manuscritos, conservados en arcones y baúles, y que —frente a las bibliotecas conventuales e institucionales, cuyos títulos eran restringidos por la Iglesia— representó un espacio de libre pensamiento y autonomía.

Sentenciado en su celda, lejos de sus pasiones favoritas, fue asesinado por razones aún desconocidas el 16 de marzo de 1655 por el mestizo Diego Cedillo, quien un día antes había sido transferido a su dormitorio a recomendación de los inquisidores, dado que el maestro Melchor Pérez de Soto parecía estar sumergido en "demasiada melancolía, con alguna lesión en la imaginativa".

1656

❧ SEBASTIÁN LÓPEZ DE ARTEAGA

Conocido por obras como *La incredulidad de Santo Tomás*, *Crucifixión*, *Los desposorios de la Virgen* y una serie de retratos de los inquisidores antiguos de la Nueva España, Sebastián López de Arteaga nació hacia 1610, según su acta de bautizo, celebrado en la parroquia del Divino Salvador de Sevilla, en España.

Fue hijo de un platero que murió cuando él era todavía un niño, por lo que su educación quedó a cargo de su madre. A los 20 años de edad, en 1630, realizó su examen como pintor, en 1633 se estableció en Guadalquivir y hacia 1638 en Cádiz, donde se presume que debió de haber trabajado como aprendiz en el taller de Francisco de Zurbarán, pintor internacionalmente reconocido por sus composiciones religiosas y místicas en claroscuro, cuya influencia en Sebastián López de Arteaga —quien arriba al Nuevo Mundo en 1640— se puede apreciar a través de obras como *La incredulidad de Santo Tomás*, fechada en 1643, por lo cual se le identifica como uno de los introductores de la pintura barroca sevillana en la Nueva España.

La primera noticia que se conoce sobre sus actividades en el virreinato data de 1642 y consistió en pintar los tres lienzos del arco efímero que se realizó a la llegada del virrey García Sarmiento de Sotomayor y Luna, conde de Salvatierra.

En 1643 recibió el cargo de notario del Santo Oficio y se le encargaron importantes trabajos, el más destacado la serie de retratos de los inquisidores antiguos, compuesta por 19 o 21 cuadros, de los cuales, según los inventarios del Santo Oficio, terminó solo 16.

Asimismo, realizó otros trabajos de manera independiente como el retrato del obispo de Yucatán, Marcos Torres y Rueda, poco tiempo después de haber tomado su cargo como gobernador de la Nueva España en 1648 o el retablo mayor de la Iglesia de Santa Clara en Puebla, encargado en 1650.

Desde su nombramiento como notario hasta 1652 —año de su defunción— aplicó solicitudes para ser nombrado como "familiar" de la Inquisición, probablemente para convertirse en una especie de pintor oficial y asegurar el futuro económico de su familia; respuesta que, aunque favorable, llegaría cuatro años después de su muerte, la cual sucedió tras un pleito en circunstancias poco claras.

Al igual que sus datos biográficos, las obras de Sebastián López de Arteaga están rodeadas de misterios que, dada su falta de unidad estilística, incluso en las firmas, generan dudas y controversias. Mientras que *La incredulidad de Santo Tomás*, y la *Crucifixión* están marcadas por el tenebrismo, *Los desposorios de la Virgen* tienen un colorido y luminosidad ligados al Renacimiento italiano. Por otro parte, poco se sabe de su oficio como retratista, pues muchos de ellos solo están referenciados en los documentos históricos y tan solo un par han sobrevivido el paso del tiempo.

1657

✒ MIGUEL SÁNCHEZ

Guadalupanos o no es innegable que la imagen de la Virgen de Guadalupe es uno de los símbolos más representativos de México. Es común, incluso, escuchar que el ciento un por ciento de la población mexicana es guadalupana, sentencia que para algunos será exagerada, pero lo cierto es que ver su imagen en iglesias tan icónicas como San Patricio en Nueva York o en la catedral de Notre Dame en París despierta en los mexicanos una emoción patriótica como puede ser, también, corear el Himno Nacional en un Mundial o escuchar mariachis en la Puerta del Sol en Madrid. Dentro y fuera de nuestro país, la Virgen de Guadalupe es sinónimo de mexicanidad. Esta identificación tan singular que sentimos es resultado de un proceso asombroso gestado en los primeros años del siglo XVII, tiempos en los que la sociedad criolla comenzaba a tomar una fuerza unificadora. Parte sustancial de este proceso fue la aparición de la Virgen de Guadalupe, cuya historia fue por primera vez escrita y publicada por el bachiller, teólogo y predicador Miguel Sánchez, quien, según el libro *Testimonios históricos guadalupanos* (FCE, 1982) nació en Puebla, en 1606, aunque Beristáin y Souza afirma que fue en la Nueva España en 1594. Estudió en la Real y Pontifica Universidad de México donde obtuvo el grado de bachiller y en diversas ocasiones fue capellán en la Capilla de Nuestra Señora de los Remedios.

Imagen de la Virgen María, Madre de Dios de Guadalupe fue el nombre de la obra que en 1648 Miguel Sánchez publicó sobre las apariciones de la virgen a Juan Diego. La importancia de este documento va más allá del sentido religioso, pues el sentimiento que lo atraviesa es auténticamente criollo, es decir, conscientemente desligado de una identificación española y que abreva de las raíces indígenas para derivar en uno de los primeros símbolos construidos por y para los mexicanos. En su libro, Sánchez dice: "Yo me constituí pintor de aquesta Santa Imagen describiéndola; he puesto el desvelo posible copiándola; amor de la patria dibujándola [...] movióme la patria, los míos, los compañeros, los de este Nuevo Mundo". Así, Sánchez daba a luz "a uno de los emblemas de la patria criolla, el símbolo de identidad de un grupo hasta entonces huérfano de prestigios propios", afirma Enrique Florescano.

Con esta obra, Sánchez inauguró un género literario en torno a la Virgen de Guadalupe que tuvo su clímax en el siglo XVIII, y se convirtió en el primero de una larga lista de escritores, historiadores y estudiosos guadalupanos. Podríamos decir que más que un símbolo religioso, Sánchez forjó un símbolo nacional que, como bien apuntó Florescano, convertía a México en una tierra de orgullo y optimismo para los nacidos en ella. Sentimientos que laten con fuerza hasta nuestros días, en los que muchos mexicanos, sin importar religión, han llegado a sentir esa cosquilla patriótica, esa emoción nacionalista al ver la imagen de la Virgen de Guadalupe.

1658

🕭 VICENTE BARROSO DE LA ESCAYOLA

os datos biográficos del arquitecto italiano Vicente Barroso de la Escayola, como los de muchos de sus contemporáneos, son escasos, contradictorios e inconexos. Pese a ello, hoy día conservamos muchas de las obras arquitectónicas que nos hablan de su autor, del México virreinal y del espíritu barroco de aquellos años. El mayor legado del italiano fue, sin duda, la catedral de Morelia, una de las más asombrosas construcciones del siglo XVI, y que forma parte de los 260 monumentos históricos que convirtieron a Morelia en una de las diez ciudades Patrimonio Cultural de la Humanidad.

La actual catedral no fue la única que tuvo Morelia. Por motivos geográficos, demográficos y arquitectónicos este edificio se erigió por primera vez en 1580, con un tamaño y unas características artísticas mucho menores con respecto a la que hoy conocemos. Pocos años después la catedral sufrió severos daños a causa de un incendio, aunado a la explosión demográfica que provocó cambios urbanísticos, por lo que el cabildo catedralicio decidió iniciar las gestiones para construir una catedral digna y a la altura de cualquier ciudad. La arquitectura religiosa era un reflejo concreto del poder, la magnificencia y la fuerza de la Iglesia.

Para dicha empresa no hubo nadie mejor que Vicente Barroso de la Escayola, "El romano", como lo llamaron en estas tierras mexicanas. No se tiene registro de cuándo llegó a la Nueva España, pero su prestigio como arquitecto debió ser tal que tras haber rechazado varios proyectos de otros renombrado artistas, por su alto costo y poca viabilidad, en 1658 el virrey Juan de Magaña Pacheco nombró, finalmente, a Barroso de la Escayola maestro mayor y aparejador de la catedral de la entonces Valladolid. Dos años después, el virrey aprobó los planos de la planta de tipo cruz latina y el diseño del edificio, cuya construcción inició oficialmente el 6 de agosto de 1660. Tuvieron que pasar 86 años para que Morelia pudiera disfrutar de la hermosa catedral que tanto anhelaba, pero la espera valió y mucho. El monumental recinto de cantera rosa, tan típica de ciudades coloniales como Morelia y Zacatecas, ostenta dos grandes torres, de las más altas en México, y una fachada barroca que recuerda a las clásicas catedrales de México y Puebla.

A pesar de los muchos años de espera y manos que contribuyeron a la obra, esta conserva casi en su totalidad un estilo uniforme y homogéneo, señal de que el proyecto iniciado por Barroso fue respetado por sus discípulos tras su fallecimiento en 1692, especialmente por Matías de Santiago, su sucesor inmediato, de quien escribió el obispo de Michoacán en 1701: "sumamente instruido en la planta y proporciones de dicha fábrica, como que había sido discípulo y asistido en ella a Vicencio Baroccio Escallola... quien le comunicaba muchos secretos de sus trazos en que había sido sumamente avaro".

1659

✤ GUILLERMO DE LAMPART

Esta es la historia de un irlandés que quiso independizar a México. De un liberal que luchó por los derechos de los judíos y por la emancipación de los indígenas y los esclavos de la Nueva España. Un personaje de sombras, cuya biografía se ha escrito en esa difusa frontera entre la historia y la leyenda, entre la verdad y la ficción. A pesar de su vida de aventuras, de pirata, de prófugo, de espadachín y un poco de brujo, ha sido uno de los hombres menos valorados y más desprestigiados por la historiografía mexicana.

Guillermo de Lampart (como lo nombró Vicente Riva Palacio en su novela *Memorias de un impostor*) o bien, William Lamport, nació en 1615, en el puerto de Wexford, en Irlanda. Su espíritu combativo a favor de las luchas sociales la heredó de su abuelo Patrick, un viejo y excéntrico inglés. Las emocionantes historias que su abuelo le contaba lo motivaron a emprender su propia vida de aventuras. Así viajó una temporada en un barco pirata, en donde se convirtió en experto espadachín. Tiempo después decidió inscribirse en el Colegio de San Patricio en La Coruña, España, donde castellanizó su nombre y pasó a ser Guillermo Lombardo.

Sin dejar su impulso justiciero participó en heroicas batallas, fue capitán de la Armada española y se convirtió en consejero del duque de Olivares, ministro de Felipe IV. En 1643 fue enviado a México con la misión de descubrir si el exvirrey apoyaba secretamente una rebelión en Portugal, pero su estancia tomó un curso desfavorable, pues a los dos años de su llegada fue encarcelado por la Inquisición. ¿Las acusaciones? Brujería, conspiración contra la Corona e incitar a la exvirreina a cometer adulterio, esto último nos da pistas de quién realmente conspiró contra Lampart y se empeñó en complicarle su existencia. Estuvo 17 años en prisión, repartidos en dos temporadas. Primero permaneció siete, en los cuales se dedicó a planear la independencia de indígenas, esclavos negros, judíos y demás castas desfavorecidas en la Nueva España. Logró escapar en la Navidad de 1650, pero la libertad la saboreó unas cuantas horas. En su segunda estancia permaneció otros diez años, tiempo en el que escribió más de 800 salmos místicos en latín (aún inéditos) y muchos documentos donde hace gala de su humanismo, su sentido de justicia social y espíritu liberal.

El final de este hombre, que para algunos fue uno de los precursores de la independencia, llegó el 19 de noviembre de 1659 cuando fue condenado a muerte en la hoguera. Aunque la historia, en especial la escrita durante el siglo XIX, no le hizo justicia y exageró facetas de su vida con una visión conservadora, muchos otros siguieron su ejemplo para comenzar revueltas independentistas en América. A pesar de las sombras que lo envuelven es indudable que Lampart fue un espíritu libre, un hombre multifacético, fascinante y un adelantado a su época, cuya vida deberíamos reescribir con admiración y elogio.

1660

❧ LUIS JUÁREZ

El diablo está en los detalles y el pintor Luis Juárez lo sabía muy bien. Eran los primeros años de una Nueva España que comenzaba a florecer culturalmente tras una larga temporada de guerra armada y espiritual. Las aguas empezaban a calmarse, y así a cultivarse en las artes expresiones abrevadas, por supuesto, de Europa, pero que coqueteaban ya con elementos propios de la realidad americana, como los que se vislumbran en la obra del gran Luis Juárez. Exponente del manierismo novohispano de principios del siglo XVII, su trabajo lo podemos conocer en el Museo Nacional de Arte, el Museo Regional de Guadalajara, el Museo de El Carmen de San Ángel, los conventos de El Carmen en Atlixco y Querétaro, y en el Convento de Guadalupe en Zacatecas.

¿Qué distingue a Juárez, dentro del vasto repertorio de obras sacras novohispanas? ¿Por qué su figura fue trascendental en la pintura colonial? Sin duda, un atributo importante es que perteneció a la primera generación de pintores nacidos en la Nueva España. Dato significativo, pues a pesar de haberse educado bajo la influencia de los estilos europeos de la época, Juárez comenzó a dar, aunque tímidamente, independencia a su estilo, a intensificar los detalles, a insistir en la adición de elementos que tiempo después darían pie al característico barroco mexicano, corriente en la que sus hijos y nietos se constituyeron como los máximos representantes. Fue discípulo de Baltazar de Echave (otro genio de la pintura novohispana, especialista en retablos) de quien trató de imitar el ideal renacentista de que: "la pintura debía actuar como un ojo que, en una síntesis convencional del movimiento, pudiese retener una imagen ideal, inmóvil, de la naturaleza", sentencia Miguel Capistrán, y añade que Juárez nunca logró del todo esa imagen unánime, pues su empeño en el detalle ya anunciaba la corriente del *horror vacui*. Basta mirar *La anunciación* (*ca.* 1615, MUNAL) para confirmar la obsesión de Juárez por los detalles: las ondulaciones y pliegues de la ropa, la luz celestial abriéndose paso entre unas nubes espesas, para iluminar los rostros delicados y angelicales de los protagonistas. Otro rasgo interesante que se asoma como un guiño en sus óleos, son los rostros de sus diablos: morenos, de facciones duras, quijadas grandes, —¿rostros indígenas, quizás?— que surgen en *El ángel de la guarda* (s.f., MUNAL) o en *San Miguel Arcángel* (*ca.*1615, MUNAL).

La vida de santa Teresa es quizá la temática que más plasmó este artista, cuya predilección emanó, probablemente, del misticismo que también identifica a su obra, según nos cuenta Guillermo Tovar de Teresa: "su estilo caracterizado por un colorido suave, esfumado, por composiciones complejas, personajes de rostros aniñados y dibujo delicado, expresividad religiosa e ingenua fantasía mística" fue el puente de paso entre el Renacimiento tardío o manierismo y el inicio del esplendoroso barroco en México.

Gracias al perfeccionismo de Juárez, su obra se ha conservado hasta nuestros días en condiciones casi perfectas, documentos que nos hablan más de él y el México que vivió que lo que cualquier biografía hasta el momento.

1661

❧ JUAN ALONSO DE CUEVAS DÁVALOS

Un fantasma recorre la Nueva España: el fantasma del criollismo. Eran los últimos años del siglo XVI. La grandeza de la ciudad era equiparable a la de España. Había instituciones consolidadas y unificadoras como la universidad, la Iglesia y los tribunales, símbolos de una sociedad en plenitud. Una economía sólida. A pesar de esto, la sociedad seguía dividida en castas. Pese a ello, había otro grupo social que florecía con fuerza: los criollos. Ya en las primeras décadas del siglo XVII comenzaban a enderezar esa identidad dividida. En su mayoría era gente culta y de familias ligadas a la nobleza, con puestos en el poder político, eclesiástico y universitario. Los criollos no solo fueron un sector más de la población novohispana, sino una forma de ser y vivir.

Esta fue la Nueva España que vivió Juan Alonso de Cuevas y Dávalos, nacido un 25 de noviembre de 1590. Pocos eran los caminos que un criollo podía seguir: el de la religión, el del arte o el de la política. Cuevas y Dávalos siguió el camino eclesiástico. En sus primeros años estudió en el Colegio de la Compañía de San Pedro y San Pablo, fue alumno de la Real Universidad (de la que también fue rector en 1632) y catedrático en la Facultad de Teología. Ocupó diversos cargos eclesiásticos:

capitular de Puebla, arcediano de la catedral metropolitana y obispo de Oaxaca, puestos que lo encaminaron a convertirse en el primer arzobispo criollo de México en 1664. Aquel momento significó un triunfo para el criollismo que exigía su espacio y reconocimiento en los más altos puestos de la política y la Iglesia novohispana.

Don Juan Alonso representó el ánimo de una sociedad que en su asumido papel como súbdito de la Corona, salía de la adolescencia para convertirse en un joven adulto capaz de gobernarse por sí mismo. La enorme admiración y esperanza que sus contemporáneos sentían por Dávalos quedó escrita en crónicas y biografías que con un claro estilo hagiográfico describen sus virtudes y hazañas como las de un santo. Estas obras de autores como Antonio Robles, fray Agustín de Betancurt y Juan José de Eguiara y Eguren alimentaron el sentimiento de identidad nacional que se estaba gestando en aquellos años. Cuevas Dávalos representó un ideal de patria criolla, una figura de unificación tanto para la sociedad como para los miembros de la iglesia, que en aquellos años sufrían, también, de una crisis interna que se vio pacificada en cierta medida por la designación de Dávalos como arzobispo. No obstante, nueve meses después de su nombramiento, la tarde del 2 de septiembre de 1665 la ciudad se vistió de luto: el ilustrísimo y docto don Juan Alonso de Cuevas Dávalos había fallecido.

La figura del primer arzobispo criollo de la Nueva España supuso el inicio de un cambio social —que años después sería el motor del movimiento independentista—y la esperanza de saberse igualmente dignos que cualquier peninsular para tomar las riendas de su ciudad virreinal.

1662

❧ FRANCISCO DE BURGOA

El olor a papel viejo y maderas finas nos da la bienvenida a una de las bibliotecas más asombrosas de México. Unos 30 mil libros tapizan de piso a techo el enorme galerón que los aloja en el Convento de Santo Domingo, en Oaxaca. Se trata de la biblioteca Francisco de Burgoa, nombre que recibe en honor al fraile dominico precursor de este proyecto bibliotecario. Basta recorrer con la mirada los títulos escritos en los lomos y cubiertas para conocer más de cerca a los hombres que vivieron en ese convento en los años de la Oaxaca colonial. Ninguna rama del saber queda fuera de los estantes de esta biblioteca. Sin duda, en cada libro, en cada repisa se encuentra impreso el sello del fraile Burgoa.

Viajero incansable, enciclopédico, un hombre de letras, así fue este dominico nacido recién inaugurado el siglo XVII en Antequera. Su sed de conocimiento y su función como provincial de la orden dominica lo llevaron a viajar a lo largo y ancho de Oaxaca. Sus travesías e impresiones las dejó escritas en dos fundamentales obras enciclopédicas: *La palestra historial* (1670) y la *Geográfica descripción* (1672), consideradas documentos pioneros en el estudio de la historia oaxaqueña. Su sensibilidad humanista más parecida a la de los hombres de la Edad Media que del Renacimiento al que perteneció fue el puente que lo unió a los pueblos indígenas de la región. Aprendió zapoteco y mixe a la perfección lo que le permitió adentrarse en su universo, comprender su cultura y costumbres, pero siempre bajo los lentes de hombre católico. Esto queda patente en su escritura, sobre la que Margarita Dalton apunta: "Su mente se ha nutrido de las ideas que prevalecen en Europa, pero les ha añadido los antecedentes mágicos de la tierra propia [...]. Nos habla de constelaciones propicias y astros en conjunción, a la vez que del demonio, del príncipe del averno, de 'hiel de dragones', 'de los humos que exhalaba el corrupto y pestífero licor...' de los pactos con el demonio, de hechiceros, y brujos o nahuales, de conjuras propiciadas por la idolatría".

Pero ese espíritu y formación religiosa fueron también el móvil que lo llevó a construir parte sustancial del acervo libresco que hoy se conserva en el convento de Santo Domingo, en su función como revisor y visitador de las bibliotecas de la Nueva España y vicario general calificador de la Suprema Inquisición de España. Otras de sus herencias documentales son el *Itinerario de Oaxaca a Roma y de Roma a Oaxaca*, obra en la que registra un viaje que hizo a la capital italiana en 1656 para visitar los principales conventos y museos, así como numerosos sermones que dejan constancia de su profundo saber indígena y capacidad de transmitir la ideología católica a través de referentes locales y cercanos a estos grupos étnicos. Tras 81 años de incansable labor eclesiástica y evangelizadora, falleció en 1681 en Zaachila, la antigua capital zapoteca, y es hoy recordado como el primer historiador de Oaxaca.

1663

✤ LUIS DE SANDOVAL ZAPATA

Parece increíble que de los casi tres siglos que conformaron el periodo de la colonia sea una mujer la figura más reconocida en el terreno de las letras novohispanas. Sorprende no solo porque en aquella época el mundo intelectual pertenecía a los hombres, sino, especialmente, porque fueron años de prolífica actividad literaria y de numerosos poetas y escritores poco o nada estudiados en nuestra actualidad. Tal es el caso de don Luis de Sandoval Zapata, antecesor de nuestra afamada Décima Musa.

Era 1937 cuando salió la primera edición de la revista *Ábside*, en cuyas páginas aparecía un interesantísimo artículo titulado "Para la historia de nuestra poesía colonial. Don Luis de Sandoval Zapata. Siglo XVII", escrito por Alfonso Méndez Plancarte, a quien le debemos los estudios pioneros de poesía novohispana. En dicho texto daba a conocer 29 sonetos inéditos de uno de los poetas más laureados y prolíficos de su época, sin embargo desconocido por los intelectuales del México de Lázaro Cárdenas.

Descendiente de conquistadores, Sandoval y Zapata nació muy probablemente en 1619 y "casi con seguridad", nos dice Marta Lilia Tenorio, en la Ciudad de México. Su producción poética se compone de sonetos, romances, décimas, un texto en prosa y algunas obras de teatro (hoy perdidas y de las que se sabe por un texto de Julio Jiménez Rueda en donde las cita), todos ejemplos grandiosos del barroco novohispano en los que se percibe la innegable herencia de Quevedo y Góngora, pero también una autenticidad propiamente criolla. Su obra aborda los grandes tópicos de la época: la muerte, el amor cortés, la fugacidad del tiempo y la impermanencia, bajo un estilo igualmente inscrito en la tradición de aquellos años, por lo que, para muchos lectores modernos, sus imágenes conceptistas, simbólicas y "cerebrales", resultan oscuras o intrincadas, cuando no son más que obra del espíritu barroco que vivió Sandoval y que en su momento fue sumamente admirado. Prueba de ello fueron las decenas de certámenes poéticos que ganó y los muchos textos panegíricos y celebratorios que escribió por encargo.

Como buen hombre religioso y devoto guadalupano, la mayor parte de sus poemas están dedicados a esta virgen. El más conocido es aquel que habla sobre las transubstantación de la Virgen de Guadalupe en rosas, cuyos versos finales son de los más admirados: "Más dichosas que el Fénix morís, / flores; / que él para nacer pluma, polvo muere, / pero vosotras para ser María". Este breve ejemplo, sin embargo, parece ser de lo poco que se aplaude, pues tras ser publicado por Plancarte, mucha de la crítica subsecuente puso en duda la calidad literaria de Sandoval, que afortunadamente se confronta con pocos, pero exaltados estudios que ven en su obra a uno de los más encumbrados poetas de nuestro país, y para muestra basta un botón: "Dichosamente entre sus lumbres arde, / porque al dejar de ser lo que vivías / te empezaste a volver en lo que amabas". Seamos nosotros los que demos el veredicto final.

1664

✎ DIEGO OSORIO DE ESCOBAR Y LLAMAS

Diego Osorio de Escobar y Llamas nació en 1608, en La Coruña, y desde muy joven se dedicó a la vida eclesiástica. Como muchos de sus hermanos religiosos, fue un viajero incansable motivado por los diversos oficios que ejerció en este y el otro lado del océano: fue vicario general e inquisidor de la diócesis de Toledo, canónigo de la catedral de aquella ciudad, obispo de Puebla y virrey interino de la Nueva España.

Su amplia experiencia clerical y administrativa, así como su cercanía a los jesuitas lo volvían el indicado para estar al mando del obispado de una de las principales ciudades de la Nueva España. Así, en 1661 asumió el cargo en Puebla. Durante su gobierno impulsó la construcción de destacados monumentos religiosos como el Convento de la Santísima Trinidad, el templo del Oratorio de San Felipe Neri y parte de la construcción de la catedral.

El México que recibió a Escobar y Llamas era un México de esplendor cultural. Por aquellos años, se escuchaban los nombres de pintores como Cristóbal de Villalpando y Baltasar de Echave, se presentaban las *Comedias* y el auto *La inmunidad del sagrado* de Calderón de la Barca, y las obras dramáticas de Juan Vélez de Guevara. Sin embargo, en lo político y lo social se vivían tensiones entre el virrey, el conde de Baños y la población criolla. El gobierno del conde de Baños se caracterizó por ser corrupto y fomentar el nepotismo, destituyó arbitrariamente a muchos criollos de sus cargos y otros tantos los desterró para colocar a sus allegados. Promovió el comercio informal y clandestino, especialmente las pulquerías. Así entre el virrey y el obispo nunca hubo una buena relación, pues Escobar y Llamas siempre apoyó a este sector y constantemente denunciaba ante la Corona las injusticias del virrey.

A principios de 1664, Escobar se enteró que en Madrid habían emitido cédulas reales en las que destituían al virrey y le encomendaban el gobierno, mismas que jamás llegaron a México, pues fueron desviadas por órdenes del conde de Baños. Aquello significó una guerra pública entre pueblo criollo, obispo y virrey que culminó en la mañana del 29 de marzo de aquel año, cuando Osorio de Escobar entraba triunfal a la capital rodeado por una multitud emocionada para reunirse con la Audiencia en el Palacio Arzobispal, entregar las cédulas reales que logró recuperar y ser proclamado oficialmente virrey interino. Su mandato, aunque breve, trajo muchos cambios importantes. Destituyó de sus cargos a los funcionarios corruptos, se regularizó la venta del pulque, atendió las quejas del pueblo, entre ellas la reestructuración y modernización del servicio postal, se ocupó de la fortificación de Campeche ante los ataques piratas.

La estrecha relación que mantuvo con el pueblo novohispano le ganó su popularidad y cariño, por lo que su muerte en 1673 significó una gran pena y una ausencia irreparable. Sus restos descansan en el convento poblano de la Santísima Trinidad.

1665

❧ MATÍAS DE BOCANEGRA

Dramaturgo, poeta y sacerdote jesuita, nacido en Puebla de los Ángeles en 1612, que alcanzó popularidad en el mundo novohispano con la célebre *Canción a la vista del desgaño* y la *Comedia de San Francisco de Borja*.

Ingresó hacia 1628 a la Compañía de Jesús y, de acuerdo con el bibliógrafo José Mariano Beristáin de Souza, fue muy estimado por los virreyes y obispos de la Nueva España y "uno de los jesuitas de la provincia de México de más vivo ingenio y de más instrucción en las letras humanas y en las ciencias sagradas".

Considerada como una de las mejores poesías líricas mexicanas, *Canción a la vista del desgaño* aborda diversos temas y estilos barrocos que fueron imitados y glosados en México hasta finales del siglo XVIII, por lo que se considera como la culminación de una serie imitativa del siglo de oro español, influenciada por autores como Francisco de Quevedo, Calderón de la Barca y fray Luis de León, quien inició la cadena al imitar la *Canzone delle Visioni* de Petrarca.

Por otro lado, *Comedia de San Francisco de Borja* aborda la vida de este santo, también virrey de Cataluña, duque de Gandía y miembro de la corte de Carlos V, quien —tras contemplar los restos de la emperatriz Isabel de Portugal— renunció a las vanidades mundanas para ingresar a la Compañía de Jesús e impulsar las misiones jesuitas en la Nueva España.

A pesar de la desproporción dramática de sus actos, que se explica por su finalidad no solo literaria sino como instrumento didáctico y político, esta comedia de corte hagiográfico ha ganado importancia en los estudios literarios pues se compuso para conmemorar —junto con otros festejos de la corte novohispana— la visita del nuevo virrey, Diego López Pacheco, hacia 1640. Inmerso en el ambiente contrarreformista de la época, Matías de Bocanegra buscó mostrar, a través de su *Comedia de San Francisco de Borja*, cómo los gobernantes deberían de ejecutar su poder, guiados por un ideal del príncipe cristiano, orientado por virtudes como la humildad, la compasión y la obediencia, frente a los postulados maquiavélicos que también influenciaban a los gobernantes de la época.

Asimismo, Matías de Bocanegra fue autor de otras obras como *Viaje de tierra y mar, feliz por mar y tierra, que hizo el excelentísimo señor Marqués de Villena* (1640); *Teatro jerárquico de la luz, pira cristiana política del gobierno que la Ciudad de México erigió en la real portada que dedicó al Excmo. Sr. Don García Sarmiento de Sotomayor, Conde de Salvatierra en su feliz entrada por virrey, capitán general de Nueva España* (1642), así como diversos sermones, dictámenes, elogios y documentos históricos como el auto de fe más grande de la Nueva España titulado *Historia del auto público y general celebrado en México el 11 de abril de 1649.*

1666

❧ LEONOR CARRETO

Leonor Carreto era rubia, hermosa, de origen alemán y sumamente culta. Destacaba por su ingenio y altanería, o al menos así la recuerdan algunos de los estudiosos del virreinato, como Antonio Rubial García. Pero si de destacar se trata, tendríamos que decir que los rasgos más interesantes de doña Leonor fueron su inteligencia, su sensibilidad y pasión por el arte, en especial la poesía y la música, aficiones que compartió con su esposo Antonio Álvarez de Toledo y Salazar, marqués de Mancera y virrey de la Nueva España entre 1664 y 1673. Su corte, por tanto, se caracterizó por ser un entorno dedicado a la cultura, el escenario propicio para que Sor Juana Inés de la Cruz comenzara a desarrollar su deslumbrante personalidad e intelectualidad.

Y es que atrás de una gran mujer, hay otra o muchas mujeres, como lo fueron algunas virreinas para nuestra Décima Musa, quienes, en un sentido pionero de sororidad, la apoyaron y defendieron férreamente frente a la sociedad conservadora, católica y patriarcal de la Nueva España. Por ello, en lo mucho que se ha escrito sobre Sor Juana es común encontrar la figura de doña Leonor Carreto, entre otras, como mecenas de la poeta, quien desde muy joven formó parte sustancial de la corte virreinal bajo el título de "muy querida de la señora virreina", quien la protegió, le permitió continuar con sus estudios y promovió que fuera públicamente conocida. Si bien, Diego Calleja nos cuenta que "la señora no podía vivir un instante sin su Juana Inés", Octavio Paz matiza que lo que algunos describen como una estrecha y profunda amistad, más bien fue una relación ambivalente pues "el afecto de la virreina fue un compuesto en el que se mezclaban el egoísmo y la admiración, la simpatía y la piedad. [Aunque] es indudable que los dones intelectuales de Juana Inés impresionaron a la virreina no menos vivamente que su belleza". De uno u otro modo, lo cierto es que el mecenazgo de la virreina Carreto fue fundamental para Sor Juana, lo mismo que para las capuchinas, que gracias al apoyo y preferencia de doña Leonor, fue posible fundar por primera vez esa orden femenina en la Nueva España.

Tras finalizar su periodo de virreyes, los marqueses de Mancera se dispusieron a regresar a España, plan que no pudo cumplir doña Leonor pues falleció en Tepeca, rumbo a Veracruz de donde zarparía a la península ibérica.

A pesar de ya no ser virreina, recibió los honores fúnebres como si aún lo fuera. Su protegida y gran amiga Sor Juana escribió en su honor algunos poemas, donde la evoca bajo el nombre de Laura, en referencia a Petrarca. Estos versos son un sentido e íntimo retrato de una mujer que logró brillar allende la figura de su esposo y las imposiciones de su género. Un retrato labrado con la pluma de otra gran mujer que no tuvo más que agradecimiento, amor y admiración hacia su virreina, prueba fehaciente de que mujeres juntas hasta difuntas.

1667

❧ CATHARINA DE SAN JUAN

Su historia se forja en la Nueva España, pero comenzó en la India. No existe una fecha concreta de su nacimiento, pero hay rastros que indican que nació en el seno de una familia hindú, en un principado tributario del imperio mongol. Su nombre original era Meera. Según los hagiógrafos su madre fue hija de un emperador del Oriente y su padre un príncipe, médico y "vidente".

Tras una persecución de turcos en la India, Meera, de aproximadamente diez años, y su familia escaparon hacia un puerto seguro, sin embargo, fue secuestrada por un grupo de piratas. Su historia, ahora como esclava, transcurrió entre diversos dueños, pero el destino la unió a los jesuitas que habitaban en Cochin, India, donde fue evangelizada y bautizada con el nombre de Catharina de San Juan, por el que se le recuerda.

En 1621, llegó un barco de Manila al puerto de Acapulco. En la *Nao de China* arribaron esclavos, entre ellos la joven esclava, con aproximadamente 16 años de edad. Miguel de Sosa, acaudalado mercader de Puebla, acogió a Catharina en el Barrio Alto de San Francisco. Así fue como esta "China" adquirió su apellido de "poblana" y habitó con el matrimonio Sosa, donde encontró protección hasta la muerte de sus amos. Cuando falleció don Miguel, en su testamento dictó que Catharina era libre, pero que debía servir a su viuda. Sin embargo, la patrona poco después ingresó al convento de las Carmelitas, dejando a Catharina desamparada.

A los 19 años llegó a la casa del presbítero Pedro Suárez, donde sirvió como doméstica. Ahí, se casó con Domingo Suárez —un esclavo de la misma residencia que adquirió el apellido de su amo—, pero puso la condición de que ella permanecería virgen en el matrimonio, por lo que Catharina siempre conservó su castidad. Debido a estas condiciones, tras pasar 18 años juntos, Domingo, su esposo, se unió a otra mujer y tuvo hijos.

Después de enviudar, en 1644, Catharina sirvió en el Colegio jesuita del Espíritu Santo durante más de cuarenta años, de los cuales casi no se sabe nada de su vida. Finalmente, el 5 de enero de 1688, entre campanadas, murió la virgen y mártir Catharina de San Juan.

Su biografía se halla repleta de atisbos milagrosos. Desde la anunciación de tres ángeles por el nacimiento de un ser prodigioso, hasta la castidad que mantuvo desde muy pequeña, pues vivió en un contexto en el cual las niñas se casaban con quien la familia eligiera; además, permaneció inmaculada en su matrimonio con Domingo Suárez.

Un siglo más tarde, Catharina resurgió con la imagen de la China Poblana, un símbolo del encuentro de las distintas razas de la Nueva España, cuyo mestizaje resaltó en la Independencia de México. Su fama también la debe al hecho de que fue descrita por su confesor, el padre Ramos, como beata, visionaria y protagonista de hechos prodigiosos en Puebla.

1668

❧ ANTONIO SEBASTIÁN ÁLVAREZ DE TOLEDO Y SALAZAR

Creció en suelo peruano, pero nació en Madrid en 1625. Provenía de familia noble, ya que su padre, Pedro de Toledo, fue virrey de Perú. Su origen privilegiado le permitió desde joven entrar a trabajar al servicio de la corte española. Su desempeño fue muy bueno y se considera que fue un gran diplomático y embajador en la república de Venecia y en Alemania.

Antonio de Toledo siguió los pasos de su padre, pues Felipe IV lo nombró el 25° quinto virrey de la Nueva España. Mantuvo el cargo durante nueve años, del 15 de octubre de 1664 al 20 de noviembre de 1673, tras el reinado de su antecesor, el virrey interino Diego Osorio de Escobar y Llamas, quien tuvo que reemplazar a Juan de Leyva de la Cerda cuando el segundo fue enjuiciado por corrupción.

Arribó a la Ciudad de México al lado de su esposa Leonora del Carretto, quien fue una de las virreinas benefactoras —que protegió y patrocinó— de la entonces niña Juana de Asbaje, mejor conocida, más tarde, como Sor Juana Inés de la Cruz.

La época en que llegó al poder Antonio Sebastián de Toledo y Salazar estuvo marcada por el conflicto. Al igual que muchos de sus antecesores, tuvo que lidiar con el problema de la piratería, pero en su caso ya se llevaba a cabo una costosa guerra contra los corsarios ingleses que constantemente azotaban las costas y el puerto de Veracruz.

En ese contexto de inseguridad y complicaciones económicas en la Nueva España, don Antonio se distinguió por su conducta moderada y por tener una vida austera, lo cual trajo un periodo de paz y relativa prosperidad a la colonia. Una de las medidas instauradas por el virrey fue la de reducción de gastos, que logró al no dar remisiones a España. Aunque la decisión lo llevó a enfrentar dos juicios por extrañezas en las cuentas de las cajas reales, de los que finalmente salió absuelto.

Impulsó la minería como una actividad prioritaria en la Nueva España y reforzó la vigilancia en las costas de Veracruz para evitar ataques piratas. Durante su gobierno, continuó con las obras de reconstrucción de la catedral metropolitana, específicamente del ornato interior, que seguía inconcluso, y finalmente fue el propio marqués de Mancera el que la inauguró. Sin embargo, uno de sus decretos más importantes fue la prohibición de la esclavitud, del maltrato a los indígenas y de la comercialización de esclavos.

El 20 de noviembre de 1673, cedió el virreinato a Pedro Nuño Colón de Portugal, tras una petición de Toledo para dejar el mando. Don Antonio regresó a España, donde ocupó otros cargos en la corte. Desafortunadamente, en el trayecto a Europa murió su esposa. Lo mismo le sucedería al exvirrey varias décadas más tarde, en 1715, cuando Antonio de Toledo y Salazar falleció a la impresionante edad de 93 años.

1669

❧ FERNANDO DE BARRIONUEVO

Por mucho tiempo, la historia del norte de la Nueva España fue la de una conquista inconclusa. Durante años muy poco se conocía de esa enorme región que conformaba más de la mitad del virreinato. Sin embargo, principalmente por los recursos mineros, a la Corona española le interesó de sobremanera explorar la zona por lo que apoyó diversas expediciones. A principios del siglo XVII, colonizadores, comerciantes y aventureros trazaron nuevos caminos por el septentrión y empezaron a delimitar el llamado Camino Real de Tierra Adentro que se extendía desde la Ciudad de México hasta la ciudad de Santa Fe. Dicha ruta fue crucial en la constitución de lo que actualmente conocemos como el estado de Chihuahua.

Una de las instituciones clave para lograr la colonización en dichos territorios fue la Iglesia. Los misioneros, al lado de militares y exploradores, se convirtieron en los personajes clave de las sociedades del norte. Los primeros en llegar a las lejanas tierras fueron los franciscanos, que establecieron misiones en las áreas aledañas al lado del Camino Real de Tierra Adentro, principalmente con los indígenas conchos y chinarras. Los jesuitas, fundamentales también en la actividad misionera, se expandieron hacia la zona central y suroeste del actual estado de Chihuahua, donde se encontraron una enorme variedad étnica: caxees, cocoyomes, chonchos, guazapares, huites, janos, jococames, jovas, julimes, pimas, tarahumaras, temoris, tepehuanes, tobosos, varijios, xiximes y otros tantos.

Fernando de Barrionuevo fue uno de esos misioneros, que llevó a cabo una importante labor misionera en la región. Nació en 1627 en Andalucía, España. En 1642 ingresó a la Compañía de Jesús y hacia 1648 decidió embarcarse hacia la Nueva España, junto con otros doce compañeros que viajaban bajo las instrucciones del padre Andrés Pérez Rivas. En la Nueva España, estudió filosofía en la capital y teología en el Colegio Máximo de San Pedro y San Pablo. En 1655 fue destinada por la Compañía a las misiones en la sierra de Piaztla, donde estuvo seis años. En 1661 viajó hacia las misiones en Sonora y después de diez años hacia Chihuahua. Fundó, junto con otro jesuita, Juan Manuel Gamboa, las primeras misiones de San Bernabé y Coyachi, en el municipio de Cusihuiraichi, en el año de 1673 y dio principio a la provincia que recibió el nombre de Alta Tarahumara, en Chihuahua.

Aunque por problemas de salud tuvo que abandonar la noble tarea que se le había asignado, dejó los cimientos para que más tarde otros sacerdotes como, José Tardá, vieran florecer la misión de San Bernabé. En poco tiempo bautizaron a cientos de indígenas, combatieron enfermedades como la lepra, enseñaron el castellano, instruyeron a los nativos en asuntos religiosos y crearon formas elementales de organización social.

Una vez recuperado de sus males, Fernando de Barrionuevo regresó a las misiones de Durango, hasta 1681 cuando fue nombrado rector de Guadiana. En 1684 ingresó al Colegio de Puebla y luego al de Querétaro, donde la muerte lo alcanzó en 1686.

1670

❧ JOSÉ JUÁREZ

José Juárez fue un pintor novohispano que vivió en el virreinato español. Sus padres fueron el pintor exitoso Luis Juárez y su esposa Elena López. Llevó a cabo su formación artística en la Nueva España, bajo la dirección de su padre, hombre que, indudablemente, influyó en él para que siguiera sus pasos y se convirtiera en pintor. Los historiadores que se han especializado en su vida y obra han determinado que el estilo de su padre cae dentro de la corriente denominada de arrebato místico y que se ve reflejada en los trazos de su hijo.

Las obras conocidas y documentadas de José Juárez las hizo en los años que van de 1641 a 1661. Aquella época de la Nueva España estuvo marcada por graves periodos de crisis económicas y por una religiosidad ferviente, así como por una serie de inundaciones que convirtieron las calles en canales. Un contexto e imaginario que tuvieron un impacto importante en la vida del pintor y que ayudaron a forjar su estilo particular.

Su fama se consolidó hacia 1646. En ese año realizó los cuadros de la capilla de las Reliquias de la catedral de México. En 1650, recibió un trabajo por encargo de don Tristán de Luna y Arellano, rector de la archicofradía del Santísimo Sacramento y Caridad, para que al lado de Antonio Maldonado realizara un retablo para la capilla de la Cena de la catedral de México.

Como ocurría con sus colegas, la obra de Juárez fue de temática religiosa, de hecho muchas de sus pinturas las dedicó a San Francisco de Asís. Si bien se considera que sus lienzos son sacros, los expertos también señalan que contó con una identidad periférica, es decir, fiel a la religión, pero con vistas a la modernidad de esa Nueva España que estaba inmersa en un proceso de cambio.

Tuvo una obsesión con plasmar el mundo en un punto medio entre lo terrenal y lo divino, algo que mostraba en elementos que pintaba, como joyas, orfebrería y flores, ángeles y guirnaldas. Su paleta se caracterizó por el manejo de colores sobrios, y porque supo combinar los primarios y secundarios con maestría; su estilo se clasifica dentro del tenebrista y manierista. Entre sus cuadros más reconocidos están *El tránsito de San Francisco*, *San Francisco a quien se le aparece un ángel* y *Aparición de la Virgen y el niño a San Francisco*, por nombrar algunas.

Se dice que don José convivió con otros pintores de la época, como García Ferrer y Diego de Borgraf. Tal hecho muestra que no había núcleos artísticos cerrados, también en la Nueva España hubo espacios culturales dinámicos donde se establecían diálogos, tal como ocurrió en el imperio de los Austrias. Estas relaciones artísticas dejaron una huella en lo que hoy conocemos como la plástica novohispana.

A los 44 años José Juárez enfermó gravemente y realizó su testamento, en el que se declaró "pobre de bienes". Su muerte llegó en los últimos días de 1661 o los primeros de 1662.

1671

❧ JUAN DE CHAVARRÍA VALERA

C riollo acomodado que vivió en la Nueva España durante la primera mitad del siglo XVII, Juan de Chavarría Valera nació en la Ciudad de México el 4 de junio de 1618. Hizo su fortuna gracias a una variedad de negocios que tuvo a lo largo de su vida, por ejemplo: una serie de estancias ganaderas que explotaba en Hidalgo (Mixquiahuala y Ulapa); dos minas, la de Taxco y la de Fresnillo, en Zacatecas; y aproximadamente 84 sitios de extensión de ganado, que se encontraban en los territorios del norte del virreinato.

Además de esto, don Juan fue bachiller y militar, pues en 1648 el virrey Juan de Palafox y Mendoza le concedió el rango de capitán, por haber comandado un batallón que el soberano había organizado para la defensa de la ciudad. En el mismo año, se casó con doña Luisa de Vivero y Peredo, hija de don Luis de Vivero e Ircio, segundo conde del Valle de Orizaba. El matrimonio tuvo tres hijas: doña Leonor María, doña María Juana y otra cuyo nombre se ignora, pues murió cuando todavía era pequeña. Tanto Leonor María como María Juana tomaron los hábitos a temprana edad, ambas en el convento de San Lorenzo.

En 1643, Chavarría fue el responsable de que se cumplieran las cláusulas testamentarias de Juan Fernández de Río Frío y María de Gálvez, que también eran tíos del acaudalado criollo, para poder reconstruir la iglesia del convento de San Lorenzo. No obstante, tales recursos resultaron no ser suficientes para lograr que el edificio luciera lo más elegante posible, por lo que tuvo que destinar parte de su dinero para procurar lo necesario para que se le dotara del mayor lujo. Su esfuerzo no fue en vano, pues fue justo por esa inversión que el templo consiguió la admiración de importantes cronistas de la época, tales como Antonio Núñez de Miranda y Agustín de Vetancurt.

El 26 de diciembre de 1652, por sus servicios al rey y a la ciudad, le fue concedido el hábito de los caballeros de la Orden de Santiago, los cuales recibió precisamente en el convento de San Lorenzo, del que también era benefactor y miembro de su patronato.

Debido a su posición económica y a su fama como comerciante, fue una figura muy respetada entre los habitantes y las autoridades de la Ciudad de México. Pero no fue únicamente por su dinero, pues también se ganó el cariño de la gente por sucesos como el ocurrido en 1676, cuando durante un incendio de tres días ocurrido en la iglesia de San Agustín, Chavarría penetró entre las llamas para rescatar una custodia que estaba en el altar mayor. Como reconocimiento a su hazaña, el rey le concedió un escudo personal, el cual consistía en la figura de una mano levantando una custodia.

Don Juan de Chavarría Valera murió el 29 de noviembre de 1682 y fue sepultado en la iglesia de San Lorenzo, donde se erigió una estatua en su honor.

1672

❧ DIEGO DE RIBERA

L
as relaciones que estableció Sor Juana durante su vida hicieron que algunos de sus contemporáneos fueran recordados más por sus interacciones con ella que por sus propios logros. Aunque también hay otros que precisamente gracias a la Décima Musa consiguieron que su obra fuera mejor estudiada siglos después de su muerte. Tal es el caso de Diego de Ribera, escritor novohispano que formó parte de los grupos literarios en los que se movió la monja más querida de la historia de México.

No se sabe mucho de su vida, pero los grandes estudiosos de Sor Juana, como Octavio Paz, han pintado un retrato de este criollo, mismo que llevó a otros historiadores del arte a buscar más de su información biográfica.

Nació en la Nueva España en la primera mitad del siglo XVII, hay quienes ubican el año en 1630, aunque también pudo haber sido en 1631. Se cree que fue hijo de una pareja de nobles, aunque sus nombres no se conocen. Para 1674 consiguió el grado de bachiller en artes, por lo que se sabe que tuvo una formación como escritor. Sin embargo, tal como sucedió con Sor Juana, también se insertó en las filas del clero, algo que se fomentaba mucho en aquella época, por lo que ejerció varios cargos religiosos al mismo tiempo que dedicaba buena parte de su tiempo a las letras.

A lo largo de su vida, según diversos historiadores, ocupó puestos en iglesias de la Ciudad de México y sus alrededores, entre ellas dentro del Arzobispado de México, y también fue administrador del Real Hospital de San Antonio de Abad. Claro que no es por su trabajo en cada uno de estos recintos que su nombre terminó apareciendo en estas páginas. A la par de sus labores religiosas, fue el autor de varios textos que retrataron eventos importantes de la vida colonial, como la llegada o muerte de autoridades peninsulares y virreinales, el ir y venir de las fiestas religiosas o las celebraciones a un santo del panteón católico.

Algunos ejemplos de estos son: *Narración de la espléndida demostración con que celebró México la entrada de su virrey, el excelentísimo señor marqués de la Mancera*, en el que narra cómo fue la presentación del 25º virrey de la Nueva España, Antonio de Toledo y Salazar; *Descripción poética de las funerales pompas que a las cenizas de la Majestad Augusta don Filipo IV*, cuando murió el rey Felipe IV de España en 1665 y la Corona pasó a su hijo Carlos II; y *Descripción de los edificios públicos de México*.

Además, también fue poeta, que concursó en varios certámenes literarios, y un compositor de villancicos religiosos. Hoy es recordado como un escritor exitoso que nos ayuda a comprender un poco mejor cómo fue la vida en el México del siglo XVII, aunque no vio el cierre del mismo, pues murió unos años antes de que terminara.

1673

🖎 JUAN DE LARIOS

Los esfuerzos evangelizadores muestran ejemplos memorables en muchos puntos del país, en sitios muy poblados y lugares casi desérticos a donde fueron llagando exploradores y misioneros. Esta labor, además, fue creciendo a medida que se incorporaron a las congregaciones llegadas de España personajes nacidos en América, como Juan De Larios.

Nacido en Sayula en 1633 e hijo de criollos de este mismo pueblo, optó por la carrera sacerdotal en el convento de San Francisco de la ciudad de Guadalajara.

Tras su estancia en varias poblaciones, en 1673 optó por acercarse a una zona aguerrida y destendida, la de los indios coahuiltecas que se refugiaban más allá del Camino Real de Tierra Adentro. Ya no era un joven y, sin embargo, se lanzó a terrenos agrestes e incomunicados donde pudo comprobar los abusos cometidos contra los grupos locales, lo que justificaba, en mucho, su belicosidad.

Al mismo tiempo que buscaba integrar a las comunidades, se decidió a luchar contra quienes los explotaban. Es conocida la carta que envió al ministro comisario general de la orden de San Francisco, donde enumera los males que aquejaban a los indígenas y propone una serie de medidas para protegerlos. Entre esas propuestas estaban el crear zonas libres de influencia de conquistadores, como si fueran reservas de protección especial.

Esta visión chocó con las comunidades ya asentadas, en especial cuando Larios intentó crear comunidades independientes. Sin embargo, el fraile era un ejemplo de tesón y fuerza, por lo que no se doblegó ante un panorama tan adverso, convirtiéndose en un implacable defensor de los indios, en ocasiones apoyado por personajes como Antonio Balcárcel, alcalde de la provincia de Coahuila.

Al año de empezar esta labor nace el poblado de Nuestra Señora de Guadalupe de la Nueva Extremadura, donde quedaban las ruinas de la antigua Nueva Almadén, la hoy Monclova. Unos meses más tarde, San Miguel de Luna (hoy integrado a la ciudad), una población de indios anexa a Guadalupe, que estaba habitada por españoles. También llegaron en su ayuda dos franciscanos, con quienes extiendió su labor hasta Texas. Sin embargo, los conflictos y la falta de apoyo impidieron la consolidación del proyecto. En unos años los indígenas fueron desplazados de las mejores tierras.

En apenas tres años, ya que falleció entre 1675 y 1676, Juan de Larios dejó una profunda huella que aún hoy perdura con la creación de un aguerrido centro defensor de derechos humanos que lleva su nombre.

1674

❧ JOSÉ TARDÁ

Durante siglos, la presencia de los jesuitas en la zona de las barrancas y la Sierra Tarahumara ha dejado grabado el perfil de quienes hoy mantienen su personalidad propia, pero en convivencia con las comunidades que fueron avanzando hacia el norte.

Imposible separar a dos personajes fundamentales en la labor misionera del norte del país, especialmente en la Sierra Tarahumara. Sus nombres caminan de la mano y se diferencian únicamente en pequeños detalles y textos, aunque su labor a la par obliga a reconocer su enorme aportación y su presencia en cualquier referencia histórica sobre el virreinato.

José Tardá, valenciano, nació alrededor de 1646 y llegó a México a los 21 años, para terminar sus estudios en Tepotzotlán y en el Colegio de San Pedro y San Pablo en la Ciudad de México. Al terminar su preparación en teología fue enviado a la sierra para apoyar las misiones jesuitas debido a la enfermedad de su predecesor, el padre Barrionuevo, quien había estado apenas un mes. Era fundamental no retroceder en el avance misionero, así que le encomendaron una labor ardua pese a tener poca edad. Sin embargo, compensó su inexperiencia con una gran habilidad para acercarse a indígenas y recién llegados.

Desde su llegada en 1673 y hasta 1684, la actuación de Tardá como superior y visitador de los jesuitas fue intensa y, además, muy bien documentada.

Coautor, con Thomas de Guadalaxara, de una crónica sobre la experiencia tarahumara, Tardá supo formar una estructura sólida y un sistema de participación continua en la comunidad que, aún hoy, son utilizados parcialmente en los trabajos en la zona.

Apoyado en Guadalaxara, pudo relatar la vida y los logros pastorales en las montañas chihuahuenses. La *Crónica de la Sierra Tarahumara* retrata, en tres informes, cuatro años de viaje, luchas, conversiones y sinsabores, con un detalle que ha permitido tener gran claridad sobre su personalidad y el alcance de sus trabajos.

En los últimos años de su estancia en el norte del país, Tardá asumió las funciones de visitador, sin embargo, las necesidades de la congregación hicieron que fuera removido de la zona más tarde y trasladado a otras partes del país.

Todavía tuvo participación en Pátzcuaro, donde estuvo tres años, y otros tres en el Colegio de Oaxaca, antes de ser llamado a España.

Durante la congregación provincial celebrada a finales de 1689 fue electo procurador para asistir a Roma y Madrid. Sin embargo, falleció durante el trayecto marítimo.

1675

ANTONIO NÚÑEZ DE MIRANDA

Aunque su nombre pasó a la historia por haber sido el famosamente estricto confesor de Juana Inés de Asbaje, mejor conocida como Sor Juana Inés de la Cruz, el jesuita Antonio Núñez de Miranda fue toda una figura en su tiempo, tanto en el mundo eclesiástico, como en el de las letras novohispanas. Lector ávido y de memoria prodigiosa, desempeñó varios puestos de gran influencia, entre ellos el de confesor de miembros de la más alta aristocracia, incluso de los virreyes.

Fue un hombre de carácter fuerte, que ejercía su autoridad de manera brusca, algo que contrastaba mucho con la manera de ser de Sor Juana y que hizo que la relación entre los dos fuera una de respeto, pero atravesada por el conflicto. Por influencia del jesuita, la Décima Musa optó por el convento y la vida como monja, aunque fuera para tener acceso a las letras y el estudio, sus intereses verdaderos.

Hay versiones encontradas respecto al rol que desempeñó Núñez de Miranda durante su época como confesor de Sor Juana. Algunos dicen que hizo lo posible por lograr que abandonara las letras y se enfocara de lleno en la religión, esfuerzos que, por suerte para nosotros, no fructificaron. Sin embargo, hay quienes contradicen esa postura y argumentan que en realidad apoyó a la prodigiosa escritora para que desarrollara sus habilidades, pues no estaban peleadas con una vida dedicada al ejercicio católico.

Además, los hay otros que consideran que, incluso si se empeñó en parar la praxis poética de Sor Juana, esta actitud no debería de convertirlo en un villano, pues únicamente actuaba según la época en la que vivió, comprometido con lograr la salvación de su pupila. Precisamente esa dedicación y disciplina lo convirtieron en un personaje sumamente respetado en la sociedad novohispana.

Sea cual sea la versión verdadera (aunque parece que la primera es la más acertada), lo cierto es que Núñez de Miranda fue una de las figuras que más influencia tuvieron en la vida de Sor Juana, tanto positiva como negativamente, no por nada fue destinatario de cartas escritas por la brillante poetiza, incluida una en la que le informó de su decisión de cambiar de confesor, presentándole las razones detrás de la movida, siempre con su dominio incomparable del lenguaje.

En ella se asoman cuestionamientos presentes en otros célebres escritos de Sor Juana, entre ellos el de las diferencias de oportunidades que había entre hombres y mujeres en la Nueva España, y reclamos por la dureza del trato de Núñez, que al final del día no lograban su cometido. A pesar de que hace críticas agudas a Núñez, la carta reitera en varias ocasiones que Sor Juana agradece el cariño y compromiso de su confesor, al que describe como un hombre virtuoso y dedicado.

Figura controversial y por lo mismo interesante, Antonio Núñez de Miranda sigue intrigando a historiadores y estudiosos de la vida de la que sería una de nuestras escritoras más talentosas.

1676

❧ THOMAS DE GUADALAXARA

Thomas de Guadalaxara, complemento de nuestro personaje de 1674, José Tardá, nació en Puebla de los Ángeles en 1648. Personaje igualmente fundamental en la evangelización de la Sierra Tarahumara, este jesuita novohispano fue reconocido desde sus primeros años en el noviciado de Tepotzotlán como un alumno brillante, ingenioso y de buen juicio, además de tener aptitud para las letras.

Siguiendo el mismo esquema de estudios de Tardá, terminó su formación en la Ciudad de México. Un año después de la llegada a la zona de Tardá, Guadalaxara se trasladó a la Tarahumara por un motivo similar: suplir a otro misionero enfermo. Tenía 27 años. A partir de ahí, la pareja Tardá - Guadalaxara transformó las misiones de aquel trozo agreste de nuestro país.

Ambos recorrieron distancias que aún hoy parecen enormes, llegando hasta Sinaloa. Sus experiencias quedaron retratadas en una relación precisa e interesante con preferencia en los detalles pastorales, pero también con muchas notas geográficas, sociológicas y etnográficas.

Los tres reportes que forman la *Crónica de la Sierra Tarahumara* describen su andar misionero. En el caso de Guadalaxara, dada su afición por la escritura, estos detalles son algo más detallados y describen su paso por las distintas misiones, como San Joaquín, Santa Ana Yéguachi, Temechi, San Bernabé y Papigochi, entre otros.

Las conversaciones e intercambios con los habitantes de las cañadas son providenciales. Con cercanía y apertura, Guadalaxara buscó entender los conceptos religiosos y las leyendas de cada comunidad, aunque algunos estuvieran en franca discrepancia con sus propias creencias.

Afortunadamente, en 1676 recibieron apoyo con la llegada de nuevos misioneros, ya que era imposible cubrir todo el territorio. Eso permitió a Guadalaxara apoyar en su recorrido al visitador general de las misiones, llegando hasta Sonora. El reporte que se envió a la congregación hablaba de la extraordinaria labor desarrollada.

Para limitar sus viajes, que habían afectado su salud, en 1681 fue nombrado rector de la unidad misional de la Tarahumara Alta. Allí recibió a otros misioneros, entre los que destacó Joseph Neumann, de Bélgica, quien vivió en las comunidades un poco más de cincuenta años. Más tarde, fundó el primer Colegio de Chihuahua y continuó escribiendo tratados sobre la lengua tarahumara y sus experiencias en la zona.

Murió en 1720, en la misión de San Jerónimo Huexotitlán, donde había pasado los últimos 27 años de su vida.

1677

◆ PAYO ENRÍQUEZ DE RIBERA

Para historias de humildad y sencillez, pocas rivalizan con la del agustino Payo Enríquez de Ribera, un hombre que, por medio de la dedicación absoluta a su desarrollo espiritual e intelectual, logró alcanzar algunos de los cargos de mayor poder que hubo durante el virreinato, entre ellos: obispo de Guatemala, arzobispo de México e incluso el de virrey de la Nueva España. Sin embargo, lo que vale la pena resaltar no es el éxito político del que gozó, sino su compromiso absoluto con la sociedad novohispana al ocupar esos puestos y la facilidad con la que pudo dejarlos atrás para regresar a una vida sencilla, dedicada al estudio y la oración.

Aunque su padre era el duque de Alcalá, Fernando Enríquez de Ribera, un hombre poderoso y con una trayectoria política impresionante, Payo no fue su hijo legítimo, lo que lo hizo acreedor del calificativo de bastardo. Desde muy joven optó por dedicar su vida a la religión, por lo que ingresó a la orden de San Agustín. Su carrera teológica fue sobresaliente y lo llevó a dar clases en instituciones muy reconocidas, como las universidades de Burgos, Valladolid y Alcalá de Henares. El rey Felipe IV —inmortalizado varias veces por el pintor Diego Velázquez— terminó por agarrarle cariño, por lo que le ofreció el obispado de Guatemala, cargo que ejerció durante diez años.

Para 1668, se le designó obispo de Michoacán. Sin embargo, mientras se trasladaba hacia su nuevo hogar desde Guatemala, murió el arzobispo de México, Marco Ramírez de Prado y Ovando. Fray Payo tuvo tomar en su lugar y se convirtió en la máxima autoridad de la Iglesia católica en la Nueva España. Durante sus años como arzobispo, trabajó por mejorar las costumbres de los miembros del clero, fue incluyente con las pueblos indígenas y llevó a cabo labores que beneficiaron a los pobres. Pero el destino le tenía guardada una sorpresa más.

Así como le sucedió con el arzobispado, la muerte del virrey Pedro Nuño Colón de Portugal, apenas unos días después de su nombramiento, hizo que fray Payo se viera obligado a asumir el puesto. Desde 1674 y hasta 1681, ejerció su doble labor, como virrey y arzobispo, de manera ejemplar: fortaleció las defensas de la colonia, emprendió obras importantes de infraestructura y cooperó para el florecimiento de la economía novohispana. Además, continuó siendo una aliado de los pueblos indígenas, a los que reconoció sus derechos.

A pesar de su gran capacidad de mando, en 1680 optó por renunciar a ambos cargos que ostentaba. Entregó un gobierno en perfecto orden y sin una moneda que faltara. Donó sus posesiones, entre ellas su preciada biblioteca al oratorio San Felipe Neri, y volvió a España, donde pasó el resto de sus días dedicado a la oración en un convento agustino. Ahí mismo fue donde murió, en 1684, un hombre sencillo al que el destino convirtió en uno de los virreyes más respetados que tuvo la Nueva España.

1678

✦ ANTONIO DE LAYSECA Y ALVARADO

S e sabe poco de la juventud del almirante y futuro gobernador de Yucatán, Antonio de Layseca y Alvarado. El libro
Historia de Yucatán menciona que nació en Madrid en 1639
y que pasó un parte importante de su vida como almirante de la
flota que recorría las aguas entre el puerto de Cádiz, en Andalucía,
y las costas novohispanas. Su trabajo le mereció prestigio en
España y ciertos lujos, entre ellos el de asegurarse una encomienda
en Valladolid, que se encontraba en el actual estado de Yucatán.

Con los ojos puestos en hacerse de mayor poder y riqueza,
y aprovechándose del reconocimiento del que gozaba, solicitó
el puesto de gobernador y capitán general de la provincia de
Yucatán. El rey se lo concedió y en 1677 se volvió la máxima autoridad de lo que hoy son los estados de Yucatán, Quintana Roo,
Campeche, parte de Guatemala y Belice.

Ahora bien, aunque puede sonar como un puesto soña-
do para cualquiera, dada la inmensidad del territorio bajo su
mando y la riqueza de sus suelos, la península era una zona
muy difícil de gobernar en el siglo XVII. A cada rato habían
levantamientos de indígenas que no habían sido sometidos por
los conquistadores y las costas del Golfo eran continuamente
atacadas por piratas europeos.

Ambas cosas sucedieron en varias ocasiones durante la gubernatura de Layseca y Alvarado. Para complicar la situación aún más, el exalmirante contaba con recursos muy limitados para hacerles frente con contundencia. Los soldados a su mando eran pocos, muy inexpertos y propensos a cometer errores graves, y los almacenes de armamento a su disposición estaban prácticamente vacíos.

El gobernador hizo lo que pudo por proteger los poblados y ciudades campechanas y yucatecas, pero sus esfuerzos no fueron suficientes en más de una ocasión. Cualquier movilización de tropas, por más pequeña que fuera, dejaba vulnerables a los puertos desde los que marchaban. Fue el caso de la ciudad de Campeche, que fue duramente saqueada por piratas en 1678, sin que la población pudiera hacer nada para defenderse. El suceso generó tanto revuelo, que Layseca y Alvarado fue suspendido de su puesto, a pesar de que el español decía que la responsabilidad era de las autoridades virreinales, que se rehusaban a invertir lo necesario para proteger la península.

Volvió a la gubernatura en 1680, cuando se le absolvió de los cargos que se habían presentado en su contra, pero la situación siguió siendo la misma, con levantamientos de indígenas y ataques piratas. A su regreso a la península, sin embargo, emprendió una expedición militar a la que hoy en día es la Isla del Carmen, guarida de piratas que en ese entonces era conocida como Isla de Tris, y tras un fuerte enfrentamiento, expulsó a los corsarios del territorio.

Su tiempo como gobernador llegó a su fin en 1683 y el propio Antonio de Layseca y Alvarado murió en Sevilla cinco años después, en 1688.

1679

❧ POLONIA DE RIBAS

Mucho se habla del pasado esclavista de los Estados Unidos de América, nuestros vecinos del norte, sin embargo, el tema es mucho menos recurrente en nuestro país. Tenemos claro que la situación de las poblaciones indígenas durante el virreinato era paupérrima, pero por alguna razón la palabra "esclavitud" no se menciona tanto en las clases de historia, esto a pesar de que la sociedad novohispana también utilizó mano de obra esclava, tanto indígena como africana. Aunque la primera fue abolida en el siglo XVII, la segunda se mantuvo hasta la Independencia.

Fue precisamente en este contexto en el que se crió Polonia de Ribas, cuyo caso es excepcional en los tres siglos de dominio español. A pesar de que nació mulata —hija de una esclava de Guinea que fue liberada de la hacienda azucarera donde trabajó por años—, ella fue también dueña de esclavos. Esta realidad no fue única para Polonia, en esos tiempos hubo otras mujeres afrodescendientes que poseyeron esclavos al igual que ella, pero su caso resalta por el hecho de que dos de esos esclavos fueron, también, sus medios hermanos.

Su vida comenzó en Veracruz, en el poblado de San Antonio Huatusco —como relata Danielle Terrazas Williams en su tesis sobre Polonia—, hija de una esclava liberada y de un hombre cuya identidad no se conoce, cargó toda su vida con un estigma social importante. A pesar de las dificultades, fue una mujer rica, madre soltera de cinco hijos: cuatro mujeres y un hombre, que supo administrar su dinero y propiedades de manera inteligente, que consiguió contactos en las esferas más pudientes de la sociedad veracruzana, algunos de los cuales le obsequiaron a sus esclavos.

Gracias a sus posesiones fue una mujer que alcanzó un estatus social importante, que logró seguridad económica y que pudo darles una vida cómoda y hasta dejarle herencias a sus hijos. En el caso de los tres esclavos que se le conocen, terminó por liberarlos a todos. Terrazas explica que hay documentos que demuestran que en 1675 uno de sus medios hermanos, Juan de Yrala, quedó en libertad tras veinte años de trabajo; lo mismo le tocó al año siguiente a Diego de Yrala (que no era pariente de Polonia); y, finalmente, su otro hermano Gerónimo dejó atrás su vida como esclavo cuando Polonia ya estaba enferma y confinada a su cama. Las razones que dio la mulata para liberarlos fueron que siempre se mantuvieron leales y amorosos con ella.

Aunque nació rodeada de desventajas, Polonia de Ribas halló la manera de abrirse paso para asegurarse una vida de riqueza, hechos que demuestran que fue poseedora de una fuerza de voluntad descomunal. Desafortunadamente lo hizo en una época de la que rara vez hablamos actualmente, un contexto en que algunos miembros de la sociedad podían poseer a otros como si fueran ganado, aún cuando eran integrantes de su propia familia.

1680

❧ FRANCISCO AGUIAR Y SEIJAS

Figura controversial, tanto en su tiempo como ahora, siglos después, cuando historiadores y literatos siguen debatiendo para determinar si Francisco Aguiar y Seijas fue, o no, un hombre de bien. Por un lado están las bondades del que fuera arzobispo de la Nueva España (el cargo religioso de mayor poder que había en ese tiempo) durante 18 años y cuyo mandato se distinguió por iniciativas de apoyo a los pobres y a los sectores más marginados de la sociedad colonial. Sin embargo, aquellos que lo critican resaltan que también fue autoritario, cruel y colérico, y, por si fuera poco, uno de los grandes victimarios de Sor Juana Inés de la Cruz.

Nació en 1632 en Betanzos, pueblo gallego. Su misma vida fue vista como un milagro desde el principio, pues, a pesar de que se creía que moriría como recién nacido, de alguna forma pudo sobrevivir. La formación religiosa a la que dedicaría sus días la llevó a cabo bajo la tutela del arzobispo de Santiago de Compostela, quien lo puso bajo su protección al morir su padre. Una vez que se le ordenó sacerdote, tuvo puestos importantes en Santiago y en la ciudad de Astorga.

Para 1678, Carlos III lo nombró obispo de Michoacán, por lo que emprendió el viaje al Nuevo Mundo para asumir el cargo. Sin embargo, este no le duraría mucho, pues tres años después pasó a ser el arzobispo de la Nueva España. Durante su tiempo al frente de la Iglesia virreinal, Francisco de Aguiar y Seijas se distinguió por sus labores reformadoras, así como por su ascetismo extremo y la magnitud de dádivas que hacía a los más pobres.

Fue por él que se fundó el seminario conciliar, que permitió que por fin se formaran sacerdotes en la Nueva España. Además hizo que una cuarta parte del salario que se le pagaba a los sacerdotes fuera entregado a los pobres, a veces él mismo era quien repartía el dinero. Llevó una vida austera e hizo lo posible por enfrentar a la ostentación que caracterizaba a la aristocracia novohispana. Su compromiso con la salvación de su gente también lo hizo viajar por todo el país, el único arzobispo que visitó todos los territorios que gobernaba.

Sin embargo, también fue un hombre radical en ciertos temas. Llevó a cabo importantes reformas referentes a las mujeres, a las que parecía temer: prohibió las visitas de las mismas a su palacio y abrió hospitales y asilos para mujeres abandonadas o exprostitutas. En su afán por moralizar a la población, prohibió que se montaran algunas obras de teatro y quemó libros de comedia, por ejemplo. Pero fue por su relación con Sor Juana que se ganó el desprecio de muchos, pues se dice que hizo lo imposible por parar su escritura e incluso que se quedó con sus pertenencias cuando ella murió.

Su arzobispado concluyó en 1698, a su muerte. Legó una Iglesia reformada y casi ninguna posesión terrenal, consecuencia de su ascetismo.

1681

❧ DIEGO OSORIO DE PERALTA

Médico, escritor, académico, sacerdote, Diego Osorio de Peralta fue una verdadera navaja suiza virreinal, un hombre que encontró el éxito en cada una de las áreas profesionales a las que decidió dedicar su talento e inteligencia. Sin embargo, fue por la publicación de un libro sobre anatomía, el primero de su tipo en la historia de la Nueva España, que alcanzó la inmortalidad.

Nació en la Ciudad de México en 1635, hijo de una pareja de criollos que no era particularmente acaudalada. Su pasión por las ciencias médicas lo hicieron entrar al Colegio de San Ildefonso, de donde se graduó como bachiller en artes y medicina, y para 1662 ya contaba con el título de doctor en medicina. A pesar de que ejerció sus labores en el plano práctico, Osorio de Peralta también se desempeñó como profesor y catedrático universitario, dando clases sobre anatomía y cirugía a lo largo de su carrera profesional, y alcanzando algunos de los puestos más importantes de enseñanza en la Real y Pontificia Universidad de México.

Al paralelo de esto, además, fue ordenado presbítero de la Iglesia metropolitana después de la muerte de su esposa, así que también tuvo obligaciones religiosas a las que dedicaba una parte importante de su tiempo.

Su trabajo como médico particular, que también desempeñó en cárceles y conventos, le permitieron hacerse de conocimientos profundos de la medicina. Esta experiencia, que se combinó con su interés pedagógico, lo llevó a escribir el primer libro de anatomía que se publicó en la Nueva España: *Principia medicinae et epitomen de totius humani corporis fabrica*, que se imprimió en 1685.

Además de su importancia histórica, la obra también se destacó por incluir secciones que estaban escritas en castellano y no en latín, para que así el texto fuera accesible para los médicos del virreinato que no hablaran esta lengua antigua. Se volvió un referente de las publicaciones científicas novohispanas y marcó el punto cumbre de la carrera de Osorio de Peralta, quien se retiraría de sus cátedras universitarias un par de años después de terminarlo.

Su amplia trayectoria le trajo una vida cómoda y llena de lujos. Aunque no tuvo hijos con su esposa, adoptaron a un niño al que nombraron Diego Fernando, quien terminaría siendo el heredero de la fortuna de su padre. Como buen doctor, don Diego se dio cuenta de que la muerte se aproximaba desde un año antes de que terminara su vida, razón por la cual ordenó sus papeles mucho tiempo antes de partir, cosa que sucedió en 1690.

Hombre respetado y polifacético, Diego Osorio de Peralta fue una de las figuras del campo científico más reconocidas de su tiempo, un individuo que consiguió el éxito en cada rama del conocimiento a la que se aventuraba y que demostró que el talento y la genialidad estaban presentes en la Nueva España, y no tenían por qué importarse de la península.

1682

✦ MARÍA LUISA MANRIQUE DE LARA Y GONZAGA

Son muchas las figuras del virreinato que despiertan la curiosidad de algunos historiadores especialmente por las relaciones que establecieron en su tiempo con Sor Juana Inés de la Cruz, esa tejedora de versos cuyas palabras siguen seduciéndonos hasta el día de hoy. No es poca cosa el haber convivido directamente con la Décima Musa, mucho menos ser una de las responsables de que Juana de Asbaje tuviera los medios o la libertad para dedicarse a la escritura. Si viviera, María Luisa Manrique de Lara y Gonzaga, condesa de Paredes, marquesa de la Laguna y virreina de la Nueva España, podría presumirnos precisamente eso, pues fue una de sus mecenas más importantes.

Desde antes de convertirse en la mujer más poderosa de la colonia, María Luisa ya contaba con una colección de títulos nobiliarios bastante respetable, pues sus padres eran miembros de la nobleza italiana y española. En 1675 se casó con Tomás de la Cerda, tercer marqués de la Laguna, y en 1680 la pareja llegó a la Nueva España para ejercer los cargos de virreyes, posición que mantendrían hasta 1686.

Se dice que María Luisa fue una mujer de una belleza impresionante, por lo menos así la retrató Sor Juana en los poemas que le dedicó a lo largo de su vida, mismos que han hecho que algunos historiadores sospechen que su relación no era solamente profesional, sino que la monja estuvo enamorada de quien sería una de sus amigas más cercanas y de las promotoras más importantes de su obra.

Desde su primer encuentro, ambas mujeres se simpatizaron mutuamente. La admiración de la virreina por la monja hizo que empezara a frecuentar el convento de San Jerónimo, hogar de la segunda, que vivía rodeada de libros. Además, empezó a recomendar el trabajo de su amiga en España, a donde enviaba sus obras para que fueran publicadas. De hecho fue por influencia de la virreina que fue posible que Sor Juana se librara de su estricto confesor, el jesuita Antonio Núñez de Miranda, quien aparentemente interfería con su escritura.

Muchos estudiosos de la obra de Sor Juana han escrito sobre la relación que mantuvieron estas dos mujeres, entre ellos grandes figuras literarias de la talla de Octavio Paz. Ellos insisten en que el amor que la Décima Musa sintió por su compañera fue puramente platónico, basado en su mutua admiración y el respeto que le inspiraba su gran intelecto. Sea cual haya sido la razón, el hecho es que María Luisa tuvo la suerte de ser inmortalizada de la manera más envidiable posible: en las palabras de la más grande escritora que ha tenido nuestro país.

Una vez que su marido terminó su cargo como virrey en 1686, la pareja y su hijo regresaron a España, dejando atrás a la que sería la amiga más famosa que conocieron durante sus años a cargo del virreinato.

1683

❧ ISIDRO DE ATONDO Y ANTILLÓN

La historia de la conquista de México es larga y accidentada. Aunque en los libros generalmente se marca el día de la caída de México-Tenochtitlan como la fecha oficial en que los españoles lograron subyugar a los indígenas mesoamericanos, en realidad fue un proceso que tomó mucho tiempo. Varias provincias resistieron los embates españoles aún décadas después de la desolación de la población mexica, muchas de ellas en la zona norte del país, incluso cuando tenían que hacer frente a grandes guerreros y estrategas provenientes de la península ibérica.

Isidro de Atondo y Antillón tuvo una carrera militar sobresaliente. Español nacido en Navarra en 1639, sus días como soldado comenzaron en Galicia, donde se enlistó en las fuerzas armadas en 1658. Tras ganarse cargos de importancia por sus labores de batalla, como el de capitán de infantería y maestre de campo, para 1669 fue enviado a la Nueva España, donde fue nombrado gobernador y teniente de capitán general de Sinaloa.

Fue hasta 1679 que se le asignó la misión por la que pasaría a la historia. Por órdenes del virrey, se le encargó la exploración y colonización de la península de Baja California, que en esos años se creía que era una isla. Para ello construyó barcos para navegar por el Mar de Cortés y los ríos del norte, ya con su nuevo título de almirante.

El objetivo de sus viajes era el de construir asentamientos españoles en esos territorios, que seguían bajo el dominio de pueblos indígenas muy aguerridos, así como la conversión al catolicismo de los paganos que encontraran. Para lo segundo contó con el apoyo de dos padres jesuitas: Eusebio Francisco Kino y Matías Goñi, quienes zarparon con Isidro desde un puerto en Sinaloa y lo acompañaron durante sus expediciones californianas.

La misión no fue en absoluto sencilla, y de hecho terminó en un relativo fracaso. A pesar de los esfuerzos de los españoles, la hostilidad de los indígenas, así como el suelo tan poco fértil de la zona hicieron que construir asentamientos que se mantuvieran fuera complicadísimo. Aunque lograron tomar el control de lugares como la bahía de La Paz, tenían que abandonarlos después de un tiempo, pues las condiciones de vida se volvían imposibles.

Aunque Atondo y Atillón no pudo cumplir con creces con su misión original, sus labores de exploración de estos territorios que continuaban siendo desconocidos para las autoridades virreinales de esos años fueron fundamentales para ubicar lugares óptimos para la fundación de ciudades más adelante, incluso si en su momento la expedición le costó una fortuna a la Corona.

Cuando se le denegaron los recursos necesarios para continuar con la conquista californiana, Isidro regresó a su carrera militar, por lo menos hasta 1688, cuando se mudó a Oaxaca para ser asistente del obispo Isidro Sariñana, su tío. Aunque, eso sí, lo soldado nunca se le quitó, pues un año después entró a la Orden de Santiago.

1684

❧ SOR JUANA INÉS DE LA CRUZ

Imposible hacerle justicia a la vida de la mujer que nació con el nombre Juana de Asbaje y Ramírez en apenas un par de páginas. A más de tres siglos de su muerte, sumergirse en sus escritos es confirmar lo que sabemos desde siempre: fue la mejor escritora del virreinato y probablemente la mejor de todo lo que vino después.

San Miguel de Nepantla fue el pueblo que la vio nacer, aunque no se sabe con certeza si el hecho ocurrió en 1648 o en 1651. Hija de madre criolla y padre español, ella misma contaría en su *Carta a Sor Filotea de la Cruz* que empezó a leer a los tres años, a escondidas. De ahí en adelante, los libros se convertirían en su obsesión, evidencia de esto es que desde los ocho años pedía a su madre que la enviara a la universidad, aunque para lograrlo tuviera que disfrazarse de hombre.

A esa misma edad, la familia se mudó a la Ciudad de México. En esa época la niña empezó a llevar a cabo un ritual que se volvería legendario: se cortaba el pelo hasta que no lograba aprenderse algo que deseaba, pues para ella una cabeza que no estuviera llena de conocimiento no merecía ser hermosa.

Cuando creció un poco más, su inteligencia y belleza la hicieron una figura popular en la corte. Sin embargo, la rigidez de la sociedad hizo que optara por una vida religiosa, guarecida en el convento de San Jerónimo, pues consideró que ahí podría dedicarse a las letras y la escritura. Fue así que se convirtió en Sor Juana Inés de la Cruz.

Su decisión resultó ser la acertada, evidencia de ello son los cientos de escritos que produjo a los largo de su vida, muchos de los cuales se publicaron en España, honor que pocos escritores novohispanos alcanzaron. No todo estuvo libre de dificultades. Una monja que dedicaba la mayor parte de sus días a la lectura y escritura de textos que no eran religiosos generó mucho revuelo entre las autoridades eclesiásticas.

Por un lado, encontró en el virrey Tomás de la Cerda y su esposa María Luisa Manrique de Lara a sus protectores y amigos. Por el otro, personajes influyentes como el confesor de los mismos, el padre Antonio Núñez de Miranda, y el obispo de Puebla, Manuel Fernández de Santa Cruz, se empeñaron en hacer que abandonara la escritura para dedicar su tiempo a la fe católica.

Algo bueno salió de aquello, pues en respuesta a los esfuerzos por silenciarla, obtuvimos escritos en los que Sor Juana defendía su amor por las letras y el conocimiento, y criticaba duramente las estructuras virreinales que trataban tan injustamente a las mujeres, el ejemplo más claro es la *Carta a Sor Filotea de la Cruz*.

Al final de su vida, que llegaría en 1695, víctima de una grave epidemia, Sor Juana dejaría un legado literario de valor incalculable que sigue deleitándonos hasta el día de hoy.

1685

❧ CRISTÓBAL DE VILLALPANDO

En 2017, el Museo Metropolitano de Nueva York, uno de los museos más grande e importantes de la ciudad de Estados Unidos, se vistió de gala para recibir varias piezas de un pintor novohispano que es considerado uno de los más grandes exponentes del barroco mexicano: Cristóbal de Villalpando. Ha sido una de las pocas exposiciones dedicadas al arte de la colonia española que se han montado en aquel país y si hay un pintor que la merecía, Villalpando era el indicado.

Hay pocos datos sobre la vida del maestro. Se cree que nació en la Ciudad de México, pero es incierto el año en el que ocurrió. En cambio sí se tiene información sobre las fechas de su boda y de su muerte, la primera se llevó a cabo en 1669, mientras que la segunda fue en 1714, también en la capital virreinal. Aunque son pocos los documentos oficiales que nos permitan vislumbrar cómo fueron las idas y venidas del día a día de Villalpando, lo más importante sí nos llegó y se mantiene en perfecto estado hasta hoy: sus obras.

Dado que su carrera artística se llevó a cabo en el siglo XVII, las temáticas de sus pinturas siempre fueron religiosas, así como lo fueron las de sus colegas europeos. Sin embargo, su estilo novohispano contrastaba en cierta forma con el que se estaba desarrollando del otro lado del océano. El barroco era diferente en el Nuevo Mundo, los trazos eran más libres y se permitía el uso de colores más brillantes en los lienzos. Villalpando explotó esas diferencias para posicionarse como uno de los artistas más interesantes de la época.

Su talento era tal que se le encomendaron obras de suma importancia para las autoridades religiosas de su tiempo. Tal vez las más destacadas son los cuatro frescos que decoran la catedral de la Ciudad de México, para las que dedicó tres años de arduo trabajo, de 1685 a 1688, y que pueden admirarse hasta el día de hoy. Sin embargo, pueden encontrarse obras firmadas por el artista distribuidas a lo largo de casi todo el territorio nacional.

La catedral de Puebla es uno de los edificios que pueden presumir de poseer una colección bastante respetable de pinturas de Villalpando. Quizá la más reconocida es el fresco que adorna la Cúpula de los Reyes, que terminó en 1689 y que lleva por título *El recibimiento que los ángeles hicieron a María en el Cielo*. Es una escena con un color azul brillante, sumamente cargada de figuras humanas y en la que se puede apreciar la influencia que tuvo el trabajo de Peter Paul Rubens en la carrera del pintor novohispano.

A lo largo de su vida, Cristóbal de Villalpando demostró que los grandes artistas no solo podían ser europeos, en el Nuevo Mundo también había talento suficiente y una visión única para capturar escenas de una belleza que ha alcanzado la inmortalidad.

1686

JUAN BRUNO TÉLLEZ DE GUZMÁN

Arrojado a una situación de inmensa complejidad, sin contar con la experiencia militar suficiente, Juan Bruno Téllez de Guzmán pasó a la historia como un hombre que supo enfrentar los obstáculos que implicaba el ser gobernador de Yucatán en el siglo XVII, cuando los piratas y las rebeliones indígenas mantenían a la zona inmersa en una sucesión de batallas y saqueos violentos.

La historia de las costas del sureste del país está llena de capítulos que serían la fascinación de algunos niños pequeños, pues tiene como figuras protagónicas a piratas de carne y hueso. En el caso particular de Juan Bruno Téllez de Guzmán, su trayectoria como gobernador lo hizo verse enfrentado a dos de los corsarios más famosos de la historia novohispana: Laurens de Graff, mejor conocido como "Lorencillo", y Michel de Grammont, un par de filibusteros europeos que se dedicaron a saquear los puertos de Campeche y Yucatán por años.

Los dos criminales ya eran el terror de los habitantes para cuando Téllez de Guzmán llegó a la zona en 1683. Fue por esto que los que serían sus súbditos no le recibieron con mucha tranquilidad, pues se sabía que era un hombre con poca experiencia militar, atributo que percibían como fundamental para hacer frente a las tripulaciones piratas.

Sin embargo, a pesar de su poca preparación, Téllez de Guzmán puso manos a la obra para proteger a su gente. Durante su gobierno se empezaron a construir en serio las murallas y baluartes que protegieron al puerto de Campeche de los agresores europeos, mismos que se mantienen en pie hasta nuestros días. Además, fue un estratega eficiente, que pudo expulsar a los forajidos cuando lograban desembarcar en los territorios de la península, a veces exitosamente, a veces no tanto, pues no era cosa fácil: las tripulaciones de Lorencillo y Grammont eran en realidad ejércitos de varios cientos de soldados aguerridos.

La gravedad del asunto era tal que en ocasiones la resistencia de los novohispanos llegaba a depender de la suerte. Cuando los piratas desembarcaron en la Bahía de la Ascensión en 1686, su avance hacia Valladolid se vio interrumpido por una tropa de hombres locales, a cargo del general Luis de Briaga. Aunque los piratas derrotaron rápidamente a los defensores, terminaron malinterpretando la situación y, creyendo que vendrían más soldados a hacerles frente emprendieron la huida, sin llegar a la ciudad, por suerte para los habitantes.

A esto hay que unirle la obligación que tuvo para detener las revueltas provocadas por los mayas del sur en la península, mismas por las que Téllez de Guzmán inició la construcción de un camino que uniera Yucatán con Guatemala, para apaciguar a los rebeldes.

Aunque su gubernatura apenas duró cinco años, de 1683 a 1688, estuvo a la altura del cargo, desempeñando sus labores con elegancia y sabiduría, demostrando una pericia que iba más allá de su escasa experiencia en batalla.

1687

❧ FRANCISCO EUSEBIO KINO

Las aventuras del jesuita Francisco Eusebio Kino en pro de la colonización de la península de Baja California lo metieron de lleno a las páginas de los libros de historia. Nació en Italia en 1644, en el pueblo de Segno, que se encuentra en la zona norte del país. Desde muy joven decidió entrar a la Compañía de Jesús, donde pudo hacer estudios de teología, filosofía, geografía y matemáticas, así como dar clases en la Universidad de Ingolstadt, en Alemania. Sus conocimientos y capacidad de enseñanza le terminarían siendo muy útiles cuando emprendió el viaje hacia el Nuevo Mundo en 1681. Aunque para ello tuvo que pasar tres años en Sevilla, en espera para conseguir un barco que lo llevara a América después de que una serie de complicaciones le hicieron perder el que originalmente iba a tomar en 1678.

Al poco tiempo de llegar a la Nueva España, se le envió al norte del país para integrarse a la expedición de Isidro de Atondo y Antillón, gobernador de Sinaloa, quien tenía la misión de explorar y colonizar los territorios de Baja California, Sonora y Sinaloa, así como de evangelizar a los indígenas que encontrara. El padre Kino no fue el único jesuita del equipo, pues compartió aventuras con Matías Goñi, también miembro de la Compañía de Jesús.

En total, el padre emprendió más de 40 viajes a los territorios del norte, repartidos a lo largo de 24 años. Fue el responsable de la fundación de una serie de misiones que serían las piedras angulares sobre las cuales se construirían ciudades más adelante. Mientras Atondo y Antillón emprendía las campañas de conquista, el padre Kino y el padre Goñi se encargaban del "rescate de las almas" de los indígenas locales, aunque también, fieles a sus principios humanistas, se aprovecharon de la experiencia como docente del primero para enseñarles a los recién conversos técnicas de ganadería y cultivo de la tierra.

El padre Kino fue directamente responsable por la construcción de más de once misiones que se convertirían en asentamientos españoles, entre ellas la de Nuestra Señora de Dolores, la primera de la zona. Además de sus labores evangélicas, también fue un escritor prodigioso, dibujante de mapas y apasionado por la lenguas locales, mismas que tradujo al castellano. Su trabajo fue tan reconocido que —según cuenta el investigador Mario Arturo Ramos— para 1708 sería nombrado superior de las misiones de la Pimería Alta (como se le llamaba a la zona de Sonora y Sinaloa durante el virreinato).

El padre Kino murió en 1711 en el pueblo de Magdaleno, Sonora, pero de él nos quedan muchos de sus escritos, de entre los cuales el más reconocido es *Favores celestiales*, en el que narra cómo fueron las labores de evangelización de indígenas y la construcción de las misiones del norte. Es una figura muy querida en los estados del norte, recordado por su mirada humanista y respetuosa hacia las poblaciones locales.

1688

✦ FRAY ANTONIO DE MONROY

Diariamente decenas de peregrinos de todas partes del mundo recorren el Camino de Santiago. Su destino: la catedral en honor a este santo quien propagó la religión católica por toda la península ibérica. Al llegar a esta magnífica construcción, uno de los puntos más importantes es la Capilla Mayor que resguarda un hermoso altar de plata, debajo del cual se encuentra el sepulcro de Santiago de Compostela. La tradición dicta que al llegar aquí se debe ofrendar un abrazo a la estatua del santo hermosamente ataviado de plata y piedras preciosas. Esta obra barroca fue lograda gracias al mecenazgo del criollo novohispano fray Antonio de Monroy, uno de los pocos hombres nacidos en América que viajaron a España a ejercer su labor eclesiástica con un alto reconocimiento de sus hermanos, del pueblo, e incluso de los reyes.

El destino de Monroy estaba escrito desde su nacimiento, pues fue Santiago de Querétaro el pueblo que lo vio nacer en 1634, sin saber que cincuenta años después su vida concluiría en otro Santiago allende el mar.

Sus biógrafos y contemporáneos lo describen como un hombre humilde y caritativo, que llevó a cabo una enorme labor misionera inspirado en el ejemplo de santo Domingo de Guzmán, fundador de la orden de predicadores a la que perteneció desde los 19 años. A partir de entonces inició una carrera eclesiástica dedicada al estudio y la enseñanza. Fue catedrático y rector del Colegio de Santo Tomás en la Ciudad de México, y en 1677 fue designado prior de su orden. Su vida cambió totalmente en 1674 cuando emprendió un viaje a Roma, para después pasar el resto de su vida en Santiago de Compostela.

Además de su caridad y humildad, Antonio de Monroy fue un hombre con una sensibilidad como pocas, prueba de ello fue su amistad con el rey Carlos II, mejor conocido como "El hechizado", mote que recibió por la vida de infortunios que tuvo y el rechazo que recibió de sus allegados. No obstante, recién llegado a la corte, fray Monroy entabló una estrecha relación con el rey, convirtiéndose en uno de sus consejeros principales. Años más tarde, Carlos II le otorgaría a Monroy diversos cargos y honores, muchos de ellos por primera vez concedidos a un criollo novohispano, como el de Grande de España de primera clase, la máxima dignidad que la nobleza española puede otorgar. Fue el mismo rey quien promovió al fraile con el papa Inocencio XI para ser designado, en 1685, arzobispo de Santiago de Compostela, cargo que desempeñó por treinta años con gran diligencia y compromiso, hasta que la terrible enfermedad que invadió su cuerpo dejándolo paralítico terminó con su vida el 7 de noviembre de 1715. Sus restos descansan en la catedral que gobernó con un emotivo epitafio que culmina con la sentencia: "Cante ya la sonora fama: *Plus Ultra*", que nos recuerda que más allá del mar hay vida y esa vida fuimos nosotros americanos, fue el fraile Antonio de Monroy.

1689

❧ JUAN MARTÍNEZ DE LA PARRA

La historia del virreinato no puede contarse sin incluir a la orden católica de los jesuitas, reconocida por sus labores evangélicas y su compromiso en pro de la educación en el Nuevo Mundo.

Uno de sus grandes representantes fue el padre Juan Martínez de la Parra, quien nació en la ciudad de Puebla en la década de 1650 (la fecha exacta es fuente de debate). Desde pequeño optó por una vida dedicada a la labor religiosa, por lo que se incorporó a la Compañía de Jesús. Tras formarse exitosamente en el sistema educativo de los colegios jesuitas, fue enviado al ahora estado de Chiapas para ser asistente del obispo de la zona, Marcos Bravo de la Serna.

Aunque en un inicio Martínez de la Parra mantuvo una relación cordial con su superior —según Javier Cárdenas Ramírez, historiador de la UNAM—, después de un tiempo el joven jesuita fue despedido de su puesto. Todo debido a roces surgidos por su denuncia de abusos efectuados por autoridades religiosas de la zona sobre los ciudadanos.

Su siguiente parada sería en la ciudad de Guatemala, a la que llegó en 1678 y donde ejerció el puesto de maestro de filosofía, artes y latín en el Colegio de San Lucas, materias en las que se había destacado cuando fue estudiante. Su carrera como docente, donde lució sus capacidades como orador y su erudición legendaria, le trajo tal reconocimiento que, para 1686, el propio Francisco de Aguiar y Seijas, en ese momento arzobispo de la Nueva España, lo mudó a la Ciudad de México para que diera clases en la Casa Profesa.

Fue ahí donde Martínez de la Parra se volvió una figura muy respetada por la sociedad novohispana, pues sus dotes oratorias le ganaron el cariño de la gente y del propio arzobispo, quien se convirtió en su protector. El padre daba sermones a españoles, criollos e indígenas sobre temas de moral, dedicación a los principios religiosos, pero también de la importancia del estudio de las letras y las artes. Varios de ellos fueron recolectados en el libro *Luz de verdades católicas y explicación de la doctrina cristiana*, publicado en tres tomos, y que gozó de tal éxito que llegó a tener más de 45 ediciones.

Además de su trabajo catequístico, el propio Aguiar y Seijas le encargó la construcción de un hospital para mujeres dementes, uno de los últimos proyectos que tuvo el arzobispo antes de su muerte. En 1691, fue invitado a formar parte de la Congregación del Divino Salvador, institución reservada para las personas más ilustres de la ciudad que llevaba a cabo labores caritativas por los más necesitados. Para 1695 se convirtió en rector de la misma, cargo que mantendría hasta 1700.

Juan Martínez de la Parra finalmente murió en la Casa Profesa a finales de 1701, es recordado como un hombre de un inmenso intelecto, dedicado a la educación y comprometido con el trabajo por los más desfavorecidos.

1690

❧ MANUEL FERNÁNDEZ DE SANTA CRUZ

Al igual que muchos personajes de los que se ha hablado en este libro, el obispo Manuel Fernández de Santa Cruz es mejor recordado por la relación que mantuvo con Sor Juana Inés de la Cruz, mujer a la que admiró y quien le escribió una de las cartas más famosas de las letras novohispanas.

Fernández de Santa Cruz nació en Palencia, España, el 10 de enero de 1637. Realizó sus estudios en la prestigiosa Universidad de Salamanca, donde fue un alumno destacado. Para 1672 el rey Carlos II lo nombró obispo de Chiapas; sin embargo, nunca desempeñó el cargo, pues poco antes de partir hacia el Nuevo Mundo, lo ascendieron a obispo de Guadalajara. Llegó a las costas del continente americano en 1673 y a la capital del Reino de Nueva Galicia al año siguiente, pero su estancia sería corta. En 1677, la diócesis de Puebla quedó vacante y su título cambió nuevamente, esta vez al de obispo de Puebla.

Durante su tiempo al frente del obispado —explica Montserrat Galí Boadella, investigadora de la UAP— se distinguió por su mecenazgo y por las muchas obras que hizo en favor de niños, mujeres y monjas. Fundó y reformó colegios y conventos, algunos para niñas pobres, otros para mujeres abandonadas;

invirtió en el embellecimiento y expansión de templos y edificios religiosos; y también creció la colección de libros del colegio de San Pablo, que se convertiría en la Biblioteca Palafoxiana. Su labor fue bien recibida por la Corona española y en 1696 se le nombró virrey de la Nueva España, cargo que declinó.

Estas acciones serían suficientes para asegurarle un lugar especial en la historia del virreinato, pero Manuel Fernández de Santa Cruz logró la inmortalidad por una carta que le envió Sor Juana Inés de la Cruz —quien se dice fue su amiga— titulada *Carta atenagórica*, respuesta de la monja a un sermón pronunciado por el sacerdote António Vieira. El obispo la publicó sin el consentimiento de Sor Juana en 1690.

La razón de su actuar no se conoce, el contenido de la carta era delicado, pues en ella Sor Juana criticaba a la sociedad novohispana. Lo que sí se sabe es que además de la carta, Fernández de Santa Cruz también publicó su respuesta a la misma, firmada bajo el pseudónimo de Sor Filotea de la Cruz, en la que pedía a la monja que se dedicara a la lectura religiosa y no a las letras profanas, pues no era adecuado para una mujer. El impacto del escrito fue inmediato, así como lo fue la respuesta de Sor Juana.

En 1691 la monja escribiría la *Respuesta a Sor Filotea de la Cruz*, uno de sus textos más celebrados por la defensa que hace de su dedicación y amor por las letras y por su contenido feminista. Fue el obispo de Puebla el responsable de que se redactara y por ello es por lo que más se le recuerda desde su muerte en 1699.

1691

◆ FERNANDO DE VALENZUELA

Hay un personaje cuya estancia en nuestro país fue corta, pasó la mayor parte de su vida en España y las Filipinas, pero cuya historia había que incluir en este libro por lo intrigante de la misma. Su nombre es Fernando de Valenzuela, español que llegó a los círculos más altos de la corte real, pero que lo perdió todo por envidias políticas.

Nació en Nápoles en 1636, hijo de una familia noble, pero no muy rica, que se mudaría de vuelta a Madrid unos años más tarde. En 1661, tras pasar un tiempo como paje del virrey de Sicilia, Fernando se casó con María Ambrosia de Ucedo, camarera de la reina Mariana de Austria. La posición de su esposa le permitió tener contacto cercano con el rey Felipe IV, quien le agarró mucha confianza. Gracias a ello pudo acceder a la alta aristocracia española y logró que se le confirieran títulos nobiliarios y puestos de gran importancia en la corte.

Su cercanía a la pareja, especialmente a la reina Mariana, hizo que se ganara el apodo de "El duende del palacio" y que despertara envidias entre los nobles de la época y burlas por parte de caricaturistas y escritores —así lo relata Miguel Luque Talaván, historiador español—. El mayor de sus rivales fue el medio hermano del rey, Juan José de Austria, quien se encargó de que don Fernando fuera apresado y desterrado a las Filipinas.

Emprendió el viaje en 1678, pero partió por su cuenta, su familia decidió no acompañarlo para buscar la manera de recuperar la fortuna que les habían arrebatado. Alcanzó su destino a mediados de 1679, tras hacer escala en la Nueva España, y en total pasó diez años confinado a la habitación de un castillo en el puerto de Cavite, siempre sometido a una estricta vigilancia, sin poder hablar con nadie a solas ni comunicarse con el mundo exterior.

En 1685 se le permitió escribir, cosa que don Fernando aprovechó, pues su gusto por las letras era bien conocido en España aun antes del destierro, y a lo largo de su vida redactó poesía, textos de comedia y obras de teatro.

Finalmente fue liberado en 1688, pero con la condición de que no volviera a España y que en su lugar se dirigiera a las colonias americanas, a las que llegó en 1689, nuevamente portando los títulos nobiliarios, que se le regresaron al salir de prisión. Tuvo una vida sumamente cómoda en México, en parte gracias a que el virrey Gaspar de la Cerda y Mendoza había sido su amigo de la corte, pero le duró poco, pues a finales 1691 un caballo lo pateó con mucha fuerza y murió una semana después, en enero de 1692.

Su deseo de volver a España, algo que imploró varias veces al rey desde que salió de prisión, no fue respetado siquiera en muerte y su cuerpo descansa en el exconvento de San Agustín, en el Centro Histórico de la capital.

1692

❧ CARLOS DE SIGÜENZA Y GÓNGORA

De entre las grandes mentes que vivieron durante el periodo virreinal, hay dos que han sido especialmente destacadas, personajes cuya obra sigue celebrándose hasta nuestros días. La primera es Sor Juana Inés de la Cruz, que alcanzó una maestría del lenguaje que le ha asegurado la inmortalidad. El segundo fue un hombre renacentista, criollo de muchos intereses y mayores talentos: el científico, historiador y escritor Carlos de Sigüenza y Góngora.

Nació en la Ciudad de México en 1645. Su formación académica la debemos a los jesuitas, pues entró a su seminario en Tepotzotlán cuando tenía quince años, aunque finalmente sería expulsado de la orden por indisciplinado. Su siguiente parada intelectual fue en la Real y Pontificia Universidad de México, a la que llegó con la intención de volverse sacerdote, aunque siempre con un interés muy particular por las matemáticas, una de las muchas disciplinas en las que se destacó.

Una vez recibido sacerdote, se le asignó la cátedra de astronomía y matemáticas en la misma universidad, un puesto prestigioso que mantendría por gran parte de su vida. Su interés por los cuerpos celestes lo llevó a escribir el *Manifiesto filosófico contra los cometas despojados del imperio que tenían sobre los tímidos*, con el que buscaba apaciguar los ánimos de la gente ante la aparición de un cometa que había generado presagios oscuros. El texto provocó que figuras respetadas de la época, desde científicos hasta religiosos como el padre jesuita Eusebio Kino, fueran críticos de don Carlos, pero el criollo terminó por salir airoso del duelo público y su fama creció dentro y fuera de la Nueva España.

El resto de su vida mantuvo puestos cercanos a las autoridades virreinales: fue limosnero del arzobispo Francisco de Aguiar y Seijas; trabajó con el virrey Gaspar de la Cerda y Mendoza para diseñar un plan de defensa de las costas del Golfo de México, que eran atacadas frecuentemente por barcos europeos; dirigió las primeras excavaciones de Teotihuacan; exploró y fundó asentamientos humanos en la zona nororiental de la colonia española; y fue responsable de elaborar mapas de estos mismos territorios, aún inexplorados, pues, como buen todólogo, don Carlos era un brillante geógrafo.

Una de las grandes constantes de su vida fue la escritura, que mantuvo durante cada expedición y todo el tiempo que fue catedrático y funcionario virreinal. Como ocurrió con todas las otras disciplinas en las que se interesó, Sigüenza y Góngora también se destacó por la calidad de su pluma. Desde poemas y novelas de aventuras, hasta ensayos filosóficos y libros de historia, don Carlos nos legó un sinfín de textos que siguen siendo objeto de estudio y admiración, tanto por académicos como por amantes de la literatura.

Desafortunadamente una extraña enfermedad acabó con su vida en 1700, aunque hasta en muerte demostró su sed de conocimiento, pues pidió que a los doctores que estudiaran su cadáver para evitar que otros murieran de lo mismo que él.

1693

❧ ROQUE DE SOBERANIS Y CENTENO

La historia que forjan los jóvenes idealistas es una de lucha contra los valores tradicionales, contra las injusticias que sus mayores muchas veces no ven o con las que han aprendido a vivir después de años de costumbre. Los capítulos que escriben en los libros de historia capturan nuestra imaginación y nos muestran que las cosas sí pueden cambiar, aunque el camino para lograrlo no será en absoluto fácil. La vida de Roque de Soberanis y Centeno es un ejemplo de idealismo y de la lucha por volverlo realidad.

Aunque nació en 1665 dentro de una familia noble de inmenso poder e influencia, De Soberanis terminaría despreciando a su clase social. Originario de Cádiz, para 1691 fue nombrado caballero de la Orden de Santiago, prestigioso organismo que se encargaba de proteger a los peregrinos que iban rumbo a Santiago de Compostela, y de hacer guerra con los musulmanes que habían conquistado parte de los reinos españoles. Se dice que a pesar de su juventud y gracias a la influencia de su familia, consiguió hacerse con el cargo de capitán general y gobernador de Yucatán, provincia novohispana a la que llegó en 1693.

Desde el comienzo de su mandato, se convirtió en una figura incómoda para la élite de la zona. Se rehusaba a comportarse según las costumbres de su tiempo, le gustaba vivir rodeado de placeres y, por encima de todo, sentía un profundo amor y dedicación por los pobres, al mismo tiempo que odiaba a los ricos y poderosos. Ante el prospecto de que el propio gobernador parecía comprometido con terminar con la subyugación de los pueblos indígenas de la península, cosa que podría generar revueltas contra los españoles, personajes influyentes hicieron lo posible por destituirlo de su puesto e incluso lograron su excomulgación, algo que no le importó mucho a De Soberanis.

La estrategia para conseguirlo fue presentar una serie de denuncias contra don Roque frente a la Real Audiencia de México. En un principio el gobernador ignoró lo sucedido y continuó ejerciendo sus funciones, pero en 1695 se le retiró del cargo para que respondiera a las acusaciones y tuvo que viajar a la capital para limpiar su nombre. En su lugar quedó Martín de Urzúa y Arizmendi, él sí conquistador a la antigua, que se dedicó a derrotar a las poblaciones mayas que seguían resistiéndose al dominio español.

De Soberanis regresó al cargo de gobernador en 1696 e hizo lo posible por enfrentarse a Urzúa, intentó retirarlo de sus labores de conquista, pues representaba un peligro para su gobierno, pero la Corona española se puso del lado de su rival. A pesar de que ya cargaba con la enemistad de los nobles de la península y de no contar con el apoyo de las autoridades virreinales, el joven de Cádiz no se dio por vencido y luchó contra Urzúa hasta el día de su muerte, que desafortunadamente llegaría en 1699, cuando cayó víctima de fiebre amarilla.

1694

❧ CRISTÓBAL DE MEDINA VARGAS

Las labores de evangelización en la Nueva España era responsabilidad de sacerdotes y autoridades religiosas, que se apoyaban en soldados para alcanzar y subyugar a las poblaciones más aguerridas del Nuevo Mundo. Sin embargo, hay un grupo de personajes que también jugaron un papel central en la conversión de las almas de los locales: los arquitectos, quienes utilizaban los diseños de sus edificios como una herramienta para impresionar a los indígenas y convencerlos de la existencia del dios católico. Cristóbal de Medina Vargas fue arquitecto durante el virreinato y uno de los más importantes de la historia de nuestro país.

Nació en el mismo lugar en el que encontraría la fama más tarde: la Ciudad de México, en 1635. No se conoce mucho de su vida temprana, pero sí se sabe que en 1684 fue nombrado maestro mayor de la catedral de México tras la muerte de Luis Gómez de Trasmonte, arquitecto más tradicionalista. El puesto que obtuvo De Medina le permitió gozar de mucha libertad para ir más allá de los estilos que se utilizaban en ese tiempo, algo que aprovechó para diseñar la fachada del edificio muy a su manera.

El arquitecto optó por incorporar columnas salomónicas en la portada de la catedral, un estilo que se popularizaría en todo el país. Este tipo de diseño de columnas tenía una carga simbólica importante, pues las columnas originalmente se usaban en los interiores de las iglesias, en los retablos. El ejemplo más famoso de esto se encuentra en la Basílica de San Pedro en el Vaticano. De Medina decidió incorporarlas a las fachadas para que pudieran verse desde las calles. La presencia de las columnas salomónicas en los frentes de edificios es una de las características más distintivas de la arquitectura barroca novohispana, particularmente durante su etapa churrigueresca.

De esta manera, el arquitecto fue responsable de definir el estilo más popular de las siguientes décadas de construcciones virreinales. Además de la fachada de la catedral capitalina, De Medina también diseñó el frente de la Iglesia de Santa Teresa la Antigua (actual museo Ex Teresa Arte Actual) y ciertas modificaciones que se hicieron a la Parroquia de Santa Catarina Mártir, por nombrar solo un par de ejemplos de edificios suyos que se mantienen en pie hasta el día de hoy, ambos en el centro de la capital.

Desafortunadamente, Cristóbal de Medina Vargas murió en 1699 —también en la ciudad en la que nació y donde trabajó la mayor parte de su vida—, por lo que no tuvo la oportunidad de ver con sus propios ojos el tamaño del impacto que tendría su trabajo. Pero su legado se mantiene vivo tanto en los edificios que el diseñó como en los de otros arquitectos que fueron influenciados por su innovadora propuesta, desde México hasta España. El estilo barroco sería el más popular del virreinato y tiene mucho que agradecer a este arquitecto del siglo XVII.

1695

❧ FRANCISCO MARÍA PÍCCOLO

Considerado uno de los fundadores de Baja California, el jesuita Francisco María Píccolo tuvo una vida de aventuras, llena de expediciones a territorios desconocidos, que se complementó con un compromiso férreo con la expansión de su fe, misma que le trajo el reconocimiento de la Compañía de Jesús.

Nació en Palermo, capital de la isla italiana de Sicilia, en 1654, y optó por unirse a los jesuitas en 1673. Inmediatamente después de su llegada a la Nueva España en 1684, fue enviado al norte del territorio virreinal como misionero, para evangelizar a los indígenas de la zona, específicamente a los pueblos rarámuri que habitan hasta nuestros días en la Sierra Tarahumara, a los indígenas de la península de Baja California y a los del desierto de Sonora.

Después de unos años de cumplir con su labor, en 1697 se mudó a la misión de Loreto en el actual estado de Baja California Sur —la primera que pudo establecerse con éxito—, con el objetivo de trabajar como asistente del fundador de la misma, Juan María Salvatierra. El mismo Píccolo se encargaría de inaugurar la segunda misión de la zona en 1699, a la que nombró San Francisco Javier Viggé Biaundó y que se encontraba a 35 kilómetros de la primera, pero en un punto muy alto en la sierra y de difícil acceso.

Sin embargo, sus labores evangelizadoras no son lo único por lo que es recordado el jesuita. Fue un escritor habilidoso que se encargó de dar difusión al proyecto de las misiones californianas. En 1702 publicó su *Informe del estado de la nueva cristiandad de California*, documento en el que describe la región, desde su accidentada geografía hasta la flora y fauna que habitaban en la misma, así como las características de las misiones que fundaron los sacerdotes en los años anteriores. El documento fue traducido a muchos idiomas, generalmente acompañado de un mapa elaborado por el propio Eusebio Francisco Kino, quien se convertiría en un amigo cercano de Píccolo.

Tras presentar el informe, el jesuita volvió a la península y se dedicó a la exploración, siempre en busca de establecer más misiones evangelizadoras. En 1705 lo nombraron visitador de las misiones de Sonora y California y para 1709 quedó a cargo de la de Santa Rosalía Mulegé, que se ubicaba en un punto estratégico a partir del cual se pudieron fundar otras en la sierra bajacaliforniana. Mantuvo el puesto hasta 1720, pero durante todo ese tiempo siguió emprendiendo expediciones para explorar la zona y reconocer el terreno.

Al terminar su estancia en Santa Rosalía, regresó a Loreto, donde ejerció el cargo de superior de las misiones de California hasta el día de su muerte, nueve años más tarde. A lo largo de su vida tuvo un acercamiento muy eficaz con los indígenas del norte, lo que le ganó el respeto de sus colegas, además los textos que publicó han sido objeto de estudio hasta nuestros días por su valor historiográfico.

1696

❧ FELIPE GALINDO CHÁVEZ Y PINEDA

Generalmente se recuerda a los jesuitas y franciscanos como los grandes responsables de la evangelización y edificación de misiones en los territorios no explorados de la Nueva España. Sin embargo, fueron sacerdotes de varias órdenes los que tuvieron papeles destacados en estas labores. Uno de los más importantes fue el dominico Felipe Galindo Chávez y Pineda, quien llegó a ser obispo de Guadalajara.

Hijo de una pareja de españoles que fue enviada a vivir a Zacatecas, pues su padre fue nombrado inspector de las minas de la ciudad, Galindo nació en Veracruz en 1632, al poco tiempo de que sus padres desembarcaran del viaje. Optó por incorporarse a la orden de los dominicos cuando era joven y se destacó como estudiante, pues cuando tenía apenas 31 años ya se desempeñaba como profesor de teología.

Después de dar clases en la Ciudad de México por un tiempo, fue nombrado prior (superior de un monasterio dominico) en la misma capital y se cree que en ciudades como Guadalajara, Puebla, Veracruz y San Luis Potosí. Incluso fue elegido prior provincial por sus hermanos dominicos, máxima autoridad de la orden en la zona.

Por encargo del virrey, emprendió labores de evangelización en los estados de Querétaro e Hidalgo, que empezaron en el año de 1687. Logró edificar una serie de misiones, conventos y vicarías que trabajaron por proteger y dignificar a los indígenas locales, que eran víctimas de abusos por parte de sus patrones españoles. Los más destacados fueron en la ciudad de Querétaro y en San Juan del Río. Su labor fue tan buena que el padre Galindo se ganó el respeto de los líderes de la orden y de las autoridades virreinales, particularmente porque la llevó a cabo en poco tiempo y con recursos muy limitados.

En 1695 fue nombrado el decimoquinto obispo de Guadalajara, segundo perteneciente a la orden de los dominicos. Durante su obispado, mandó construir la sacristía y el atrio de la catedral de la ciudad, y le donó un cáliz para las celebraciones del Jueves Santo. Fue responsable de que se construyeran dos conventos: el de Jesús María y el de Santa María de Gracia, y se considera que fue por su iniciativa que décadas más tarde se fundaría la Universidad de Guadalajara, una de las más antiguas en nuestro país.

Desafortunadamente Felipe Galindo Chávez y Pineda ocupó el cargo por poco tiempo, pues murió el 7 de marzo de 1702, pero su gran legado se mantiene con vida, especialmente por el trabajo que hizo en la Sierra Gorda durante su tiempo como evangelizador, y por sus siete años al frente de la Iglesia en Guadalajara. En ambos puestos se destacó por su inteligencia, capacidad para organizar y liderar a la gente, y por su compromiso en pro de los derechos y la dignidad de los indígenas que estaban a su cargo.

1697

❧ JUAN MARÍA DE SALVATIERRA

Los jesuitas fueron la punta de lanza de los españoles para fundar asentamientos católicos en el norte del país, específicamente en el ahora estado de Sonora y en la península de Baja California. De entre los sacerdotes mejor recordados por sus labores evangelizadoras se encuentran personajes como el padre Kino y el padre Píccolo, lo mismo ocurre con Juan María de Salvatierra, responsable del establecimiento de la primera misión bajacaliforniana, Loreto.

Así como los dos jesuitas recién mencionados, Salvatierra nació en Italia, en la ciudad de Milán en 1648, hijo de una familia noble. Su educación la llevó a cabo en colegios de la Compañía de Jesús y para 1675 ya estaba desembarcando en la Nueva España. Continuó con su educación en la capital virreinal para después trabajar como maestro en la Ciudad de México y en Puebla.

En 1680 se le encargó que se fuera de misionero a los territorios del norte, por lo que se mudó a Chihuahua, a la misión de Chínipas, donde pasó diez años enseñando la religión católica a indígenas locales. Era una región conflictiva y peligrosa para los sacerdotes, pero el padre Salvatierra se mantuvo firme y fiel a su visión humanista con los indígenas, misma que le rindió frutos. Además de su labor misionera, aprendió sus lenguas y hasta pudo escribir traducciones para ayudar a sus colegas.

Más adelante fue nombrado visitador de las misiones de Sonora, Sinaloa y Chínipas, puesto que mantuvo por tres años, de 1690 a 1693. Durante este tiempo tuvo que lidiar con rebeliones indígenas. En su primer año del cargo conoció al padre Kino, con quien recorrió gran parte del territorio donde este trabajaba. A partir de sus conversaciones, surgió el proyecto de evangelizar la península de Baja California, algo que Kino ya había intentado, sin éxito. Salvatierra buscó apoyo de las autoridades virreinales para lograrlo, pero no lo obtuvo, por lo que trabajó como rector en colegios de Guadalajara y Tepotzotlán durante unos años.

Consiguió el visto bueno hasta 1697 y emprendió el viaje a los territorios bajacalifornianos con apenas seis soldados y tres sirvientes. A los pocos días de su llegada fundó la primera misión de la península, a la que llamó Nuestra Señora de Loreto, y a partir de la cual pudo inaugurar seis más, mismas que lograron mantenerse gracias al apoyo de su amigo, el padre Juan de Ugarte, quien le ayudó a conseguir el financiamiento privado que aseguró el proyecto.

En 1704 fue llamado a la Ciudad de México a ocupar el cargo de padre provincial de la Compañía de Jesús, pero para 1707 ya había regresado a Baja California, donde continuó trabajando en las misiones y explorando territorios de la península.

Murió en la ciudad de Guadalajara en 1717. El padre Salvatierra iba rumbo a la capital para cooperar con la redacción de un libro encargado por el rey Felipe V, viaje que emprendió a pesar de que estaba enfermo y que no pudo completar.

1698

❧ AGUSTÍN DE VETANCURT

Fueron muchos los españoles que llegaron al territorio que ahora llamamos México y que se vieron obligados a aprender las lenguas de los pueblos indígenas locales para poder llevar a cabo labores de conquista y, más comúnmente, de evangelización. Sacerdotes y misioneros se volvieron verdaderos expertos en los idiomas autóctonos.

Este fue el caso de fray Agustín de Vetancurt, sacerdote franciscano e importante cronista de su tiempo que escribió libros sobre y en náhuatl, y que mantuvo una relación cercana con los indígenas novohispanos.

Criollo nacido en la Ciudad de México en 1620, Agustín se mudó a Puebla para formarse en la orden franciscana. A lo largo de su vida, fue un estudioso destacado de filosofía y teología, mismas que enseñaba en castellano y más tarde en náhuatl, una vez que aprendió el idioma. A la par de las labores religiosas que desempeñó a lo largo de su larga vida, se le pidió que fungiera como cronista de la orden, obligación que cumplió de manera magistral.

Su obra más conocida es el libro *Teatro Mexicano: descripción breve de los sucesos exemplares, históricos, políticos y religiosos del Nuevo Mundo Occidental de las Indias*, que se publicó un par de años antes de que muriera (1698) y que ha sido una fuente histórica importante, pues fray Agustín no se conformó únicamente con escribir sobre el trabajo hecho por sus hermanos franciscanos. *Teatro mexicano* es el recuento de primera mano de un hombre que siempre se mantuvo cercano a los indígenas con los que convivía y que ocupaba un puesto influyente en la sociedad de la Nueva España.

No fue el único libro que escribió. Más allá de sus labores como cronista, fray Agustín dedicó muchas páginas al estudio del náhuatl, entre ellas manuales para que sus hermanos aprendieran la lengua, así como distintos escritos religiosos en el idioma que permitió a los indígenas acceder a los sermones litúrgicos. Ejemplos de estos son el *Manual para administrar los sacramentos, con los indultos apostólicos a favor de los indios* y *Sermones en lengua mexicana.*

Su amplio conocimiento del tema lo obtuvo gracias a que trabajó directamente y de manera muy cercana con miembros de los pueblos originarios, pues fue cura en un parroquia de indígenas en la capital del virreinato durante cuatro décadas.

La muerte le llegaría en la Ciudad de México en el año de 1700. Fue una figura intrigante, un hombre dedicado a su fe católica, pero que no permitió que esta le impidiera comprender la riqueza del mundo nuevo que se aventuró a explorar durante su vida. Comprometido con la salvación de las almas de los indígenas, fray Agustín de Vetancurt fue uno de los grandes estudiosos del náhuatl de su tiempo y un cronista que con sus textos nos permite vislumbrar cómo era la vida de las sociedades novohispanas en el siglo XVII.

1699

☙ ALONSO FELIPE DE ANDRADE

La piratería en la Nueva España fue un grave problema al que no encontraron solución definitiva las autoridades del virreinato. Las poblaciones de las costas de Tabasco, Campeche y Veracruz pasaron décadas sometidas a los ataques de capitanes europeos y sus tripulaciones, que robaban, asesinaban, violaban y secuestraban a hombres, mujeres y niños pequeños. Sin embargo, hubo personajes que les hicieron frente de manera heroica en varias ocasiones.

Se sabe poco de la vida de Alonso Felipe de Andrade. Incluso el lugar de su nacimiento es fuente de discusión, pues hay quienes dicen que fue criollo tabasqueño de origen, proveniente del pueblo de Jalapa, mientras que otros historiadores defienden que su cuna se encuentra en la península ibérica, donde hizo una carrera militar de muchos años y más reconocimientos.

Para 1703 —según Carlos Moreno Amador, historiador de la Universidad de Sevilla— y como una forma de recompensa por su trayectoria, la Corona lo nombró alcalde mayor de Mazapil, pero en 1704 se mudó a Tabasco con el cargo de alcalde mayor de la provincia. Sus habilidades para la batalla influyeron en el nombramiento, pues la zona era peligrosa por la actividad de piratas que habían hecho de la Laguna de Términos su base naval desde la que coordinaban ataques a los poblados de la zona.

Su tiempo al frente del gobierno tabasqueño fue controversial —también según la versión de Moreno—, pues cumplió con sus obligaciones militares al apoyar en el desalojo de los piratas de dicha laguna y de la hoy llamada Isla del Carmen, una batalla a la que él mismo acudió, no contento con enviar a otros en su representación. La misión fue un éxito y sus hombres capturaron a varios tripulantes ingleses que intentaron huir de las fuerzas novohispanas. Pero se dice que su gobernatura, que terminó en 1708, estuvo marcada por una vena autoritaria y escándalos de corrupción.

El nombre Alonso Felipe de Andrade pasaría a la historia, sin embargo, unos años más tarde, en 1716, cuando emprendió una segunda expedición a la Laguna de Términos, que había sido tomada nuevamente por tripulaciones piratas. Las tropas virreinales lograron expulsarlos otra vez, pero el gusto les duró pocos meses. Los corsarios regresaron con refuerzos y a mediados de 1717 se armó la batalla en fuertes que recién habían construido los soldados de don Alonso en la Isla del Carmen.

Aunque parecía que la derrota estaba asegurada, los tabasqueños lucharon valientemente y lograron prevalecer sobre sus enemigos europeos. El propio Andrade perdería la vida durante la pelea, aunque las historias que nacieron del enfrentamiento le traerían elogios por su heroísmo y fiereza, que mantuvo aún cuando todo estaba en su contra.

La figura de don Alonso sigue generando fascinación hasta el día de hoy, producto de su historial como gran enemigo de los piratas, guerrero valiente y estratega militar destacado.

1700

✦ LUIS SÁNCHEZ DE TAGLE

El virreinato de la Nueva España aportó una cantidad inmensa de riquezas a la península ibérica. Los mineros, mercaderes y terratenientes españoles sacaron el mayor provecho de las colonias americanas, gracias a la explotación de metales como la plata y de materias primas que llegaban a comercializarse en España y otras naciones europeas. Sin embargo, de entre todos los ricos novohispanos, hubo un hombre que sobresale del resto, únicamente por el tamaño de fortuna que consiguió: Luis Sánchez de Tagle.

Español nacido en Santillana del Mar en 1642, perteneció a una de las familias más adineradas y poderosas de la región. Cuando era joven, y al no ser el hijo mayor, y por lo tanto no ser el principal heredero de sus padres, decidió aventurarse a la Nueva España para hacer fortuna, a donde viajó acompañado por su hermano, Pedro. En la Ciudad de México se casó con Damiana Dávila y Rojas, criolla noble y también adinerada.

A lo largo de su vida, don Luis destacó por su habilidad para hacer negocios de todo tipo. Empezó como importador de productos de lujo que traía desde Europa y el lejano Oriente, y que vendía entre españoles y criollos ricos. Eventualmente diversificó sus intereses para consolidar un banco de plata, que resultó ser una verdadera "mina de oro" y que le trajo un inmenso poder e influencia en todos los niveles de la sociedad novohispana. Su riqueza le permitió donar en 1686 un frontal de plata labrada a una colegiata en su natal Santillana del Mar, pieza que se conserva hasta el día de hoy.

Debido al prestigio del que gozaba, se convirtió en prior del Consulado de Comerciantes de México, el puesto más alto de dicha institución, que se encargaba de controlar el comercio que se llevaba a cabo dentro y fuera de la Nueva España, y que también incluía la dirección de tropas armadas. De esta manera, además de poder económico, don Luis también ostentó poder militar y político durante buena parte de su vida.

Los parientes de Sánchez de Tagle también gozaron de gran fortuna en el Nuevo Mundo, tanto su hermano como varios de sus sobrinos participaron en los negocios de don Luis e hicieron los propios por su lado. La familia logró establecer una red comercial que se extendía por todo el mundo, desde América hasta las Filipinas, algo que le trajo grandes riquezas, en parte aseguradas por medio del arreglo de bodas con figuras influyentes de la alta alcurnia española.

Su relación con la Corona fue tan cercana que para 1704 el rey Felipe V de España lo nombró marqués de Altamira, título nobiliario que heredaría a su sobrino Pedro, quien tomó las riendas de los negocios de su tío. Don Luis murió en 1710 como uno de los hombres más ricos y poderosos que hubo en la historia del virreinato.

1701

❧ JOSÉ SARMIENTO VALLADARES

El trigésimo segundo virrey de la Nueva España, duque de Atrisco y conde de Moctezuma y de Tula, José Sarmiento Valladares, estuvo a la cabeza del gobierno colonial durante un periodo complicado. Tuvo que hacer frente a hambrunas y estancamiento económico. A pesar de ello, el noble español demostró estar a la altura de las circunstancias y halló soluciones pragmáticas y, en ciertos casos, controversiales para sacar adelante a la sociedad novohispana.

Nació en la actual Galicia, en el poblado de Saxamonde, en 1643, el hijo menor de una pareja de nobles de gran influencia. Contrajo matrimonio en 1688 con María Jerónima Moctezuma y Jofre, nieta del antepenúltimo emperador mexica. Ella contaba con el título de condesa, así como los privilegios, tierras y riquezas que este implicaba. Por su unión, don José también gozó del título y de la fortuna de su esposa.

Su llegada a la Nueva España se dio en el año de 1696, cuando fue nombrado virrey tras la muerte de su predecesor, el conde de Galve, quien le heredó varios problemas a los que Sarmiento debió responder, y con mano dura, en cuanto asumió el puesto. Una de las situaciones más delicadas fue el estado de abandono y deterioro en el que se encontraban las minas en el territorio mexicano.

Por falta de azogue, elemento que se utilizaba para refinar la plata, la producción del mineral había disminuido de manera importante, lo que metió en problemas a las finanzas virreinales. El conde de Moctezuma consiguió asegurar la importación de azogue desde las Filipinas, lo que permitió que se reactivara la economía novohispana.

Más allá de esto, un periodo de malas cosechas generó una crisis de hambruna entre los habitantes de la colonia, hecho que alebrestó los ánimos y pudo haber generado revueltas violentas de los indígenas contra españoles y criollos. Sarmiento demostró sus capacidades para tomar decisiones pragmáticas y muy estrictas: utilizó las herramientas de represión del virreinato para evitar que se disparara el la violencia y el crimen. Instauró penas severas a todo aquel que participara en los mismos, incluso si los culpables eran nobles de gran influencia.

No todo fue crisis, durante el gobierno de Sarmiento se dieron los esfuerzos de colonización del ahora estado de Sonora y de la península de Baja California, labor encabezada por dos sacerdotes jesuitas, el padre Kino y el padre Salvatierra. En el extremo sureste del país continuó con la construcción de un camino que uniera Yucatán con Guatemala para tener mayor presencia española en la región maya.

Dejó el virreinato en 1701, cuando murió Carlos II, último rey ibérico perteneciente a la familia Habsburgo. Sin embargo, cuando regresó a su país, el nuevo monarca Felipe V, le otorgó los títulos de duque de Atlixco, presidente del Consejo de Indias y Grande de España, uno de los más importantes a los que podía aspirar un noble. Murió rodeado de riquezas y privilegios en 1708.

1702

❧ ARCHIBALDO MAGDONEL

El problema de los piratas fue muy serio en la Nueva España. A los pocos años de la conquista de América, los poblados de las costas mexicanas empezaron a ser atacados constantemente por corsarios europeos que saqueaban y asesinaban a los habitantes novohispanos.

La Corona española no enviaba los recursos necesarios para que las autoridades virreinales pudieran terminar con el problema de manera definitiva, por lo que los esfuerzos que se llevaron a cabo por expulsar a los piratas de las aguas y el territorio mexicanos nunca fueron suficientes. La Laguna de Términos, que en ese tiempo se conocía como Laguna de Tris, en Campeche, era la base desde la cual los capitanes franceses, ingleses y holandeses atacaban ciudades y barcos, a la par que emprendían expediciones a tierra firme para recolectar palo de tinte, que se utilizaba para la industria textil y era muy codiciado en Europa.

Fueron muchos los virreyes, gobernadores y militares que hicieron lo posible por acabar con la piratería en el Golfo y el Caribe —que tanto le costaba a la Corona— y cada uno alcanzó distintos grados de éxito. En varias ocasiones se enviaron tropas a la Laguna de Tris y a la Isla del Carmen para liberarlas de las tripulaciones de corsarios, pero cuando triunfaban, los piratas únicamente dejaban las costas, conseguían refuerzos y volvían unos meses después a recuperar los territorios perdidos y de paso masacraban a todo aquel que los defendía.

Archibaldo de Magdonel fue uno de los encargados de dirigir misiones militares en la Laguna de Tris. No se sabe mucho de su vida, los únicos datos que se tienen de él son que era irlandés y aquellos que se refieren a sus expediciones de guerra. La primera fue en 1701, salió de Campeche con varios soldados y, tras días de abrirse paso entre los ríos y la selva que rodeaban la laguna, consiguieron capturar embarcaciones piratas y a los tripulantes que venían a bordo, a la par que quemaron sus rancherías, para expulsarlos de la costa.

Al año siguiente, dirigió a un grupo de 128 voluntarios armados que salieron desde Villahermosa con el mismo objetivo. Al igual que en la ocasión anterior, los novohispanos mataron a unos cuantos piratas y consiguieron aprisionar a otros más, regresaron triunfantes a la ciudad. Su desempeño en batalla le trajo mucho reconocimiento y puestos dentro de la milicia novohispana, específicamente como tripulante de una galeota de guerra, esto a pesar de que era extranjero.

Su suerte se terminó, sin embargo, en 1710, cuando emprendió su último viaje a la Isla del Carmen como capitán de una galeota de guerra. En esa ocasión, las tropas novohispanas no pudieron hacer nada frente a los barcos ingleses, que estaban mucho mejor armados y abastecidos. Tras un enfrentamiento de varias horas, Magdonel cayó muerto, junto con once de los tripulantes a su mando, y la nave fue incendiada.

1703

◆ NICOLÁS RODRÍGUEZ JUÁREZ

No es común que se hable de grandes artistas novohispanos, por lo menos no entre los mexicanos con un conocimiento promedio de historia del arte. Hay excepciones, como Sor Juana Inés de la Cruz o Manuel Tolsá, pero en términos de pintores, la cosa se pone más complicada. Son pocos los que ubican a los grandes maestros nacidos en la sociedad virreinal, por más que la calidad de su obra fue equiparable a la de sus contemporáneos en Europa.

Nicolás Rodríguez Juárez nació en la Ciudad de México en 1667, en el seno de una familia de pintores que habían alcanzado la fama a lo largo de varias generaciones. Su abuelo materno fue el famoso tenebrista español José Juárez, quien murió a los pocos años del nacimiento de Nicolás. Dado el historial de sus parientes, el joven llevó a cabo su formación artística directamente con su padre, quien tenía su propio y prestigiado estudio.

Para 1688 ya contaba con el título de maestro pintor y dos años más tarde colaboraría con un cuadro para la iglesia de La Profesa (Oratorio de San Felipe Neri), titulado *Profeta Isaías*. Todavía se expone en la Pinacoteca de dicho edificio, junto a obras de otros grandes pintores virreinales, como Cristóbal de Villalpando y Miguel Cabrera, e incluso algunas de su propio hermano, Juan. Son varias las piezas de don Nicolás que terminarían resguardadas en el interior de La Profesa, entre ellas su *Apostolado* y la *Sagrada Familia*, así como un retrato que hizo del entonces arzobispo de México, Antonio Aguiar y Seijas.

En 1695 pintó uno de sus cuadros más famosos *Triunfo de la Iglesia*, que se encuentra en el templo del Carmen de Celaya, en el que muestra el estilo tenebrista característico de su primera etapa como artista, lleno de sombras y fondos negros. Su vida transcurrió en un momento de transición de la pintura barroca novohispana, cuando se empezaron a incorporar y terminaron prevaleciendo colores más claros que se traducían en cuadros más luminosos. Este cambio salta mucho en el trabajo de don Nicolás.

De este segundo estilo, más cercano a lo que después se denominaría rococó, sobresalen sus retratos de personajes de la aristocracia novohispana, pero también las escenas con temáticas religiosas que predominaron durante toda su carrera, por ejemplo en *San Cristobalón*, de 1722. Además del cambio de paradigma artístico, el propio Rodríguez Juárez sufrió la pérdida de su esposa, Josefa Ruiz Guerra, hecho que lo llevó a ordenarse sacerdote y a firmar sus obras con el título de "Presbítero", aunque hay discusión sobre si esto ocurrió en 1699 o hasta 1721.

El artista murió en la misma ciudad que lo vio nacer en 1734, tras una carrera exitosa. Muchos de sus cuadros se mantienen hasta nuestros días y están repartidos por todo el país, algunos incluso llegaron al extranjero, a España y Estados Unidos.

1704

❧ PEDRO SÁNCHEZ DE TAGLE

Don Luis Sánchez de Tagle fue uno de los hombres más ricos del virreinato. Sin embargo, al morir, su sobrino don Pedro se convirtió en su gran heredero, traído desde joven a la Nueva España para continuar con el legado del mercader, de quien también obtendría el título nobiliario de segundo marqués de Altamira.

Al igual que su tío, nació en Santillana del Mar, pero en 1661. Ramón Goyas Mejía, historiador de la UdeG, narra que fue precisamente por don Luis que Pedro llegó a la colonia a aprender de sus negocios. La influencia que el mayor de los Sánchez de Tagle tenía en la sociedad virreinal era inmensa, especialmente porque por muchos años fue prior del Real Consulado de Comerciantes, organismo que controlaba el comercio novohispano. En 1700, el sobrino ocupó la misma posición que su tío, que siempre lo mantuvo cerca, como su protegido.

La principal fuente de riqueza de la familia fue un banco de plata con el que realizaban préstamos a grandes personalidades e instituciones de aquel tiempo, incluyendo a varios virreyes. Goyas Mejía menciona que tan solo en un día de julio de 1683, don Pedro y otro mercader de plata, Juan Antonio de Urrutia y Retes, hicieron un préstamo de 200 mil pesos al virrey Tomás de la Cerda y Aragón, una cantidad gigantesca de dinero y que no sería la cifra más alta que los Sánchez de Tagle proporcionaron a los gobernantes novohispanos. Hay quienes calculan que en total hicieron préstamos de más de un millón y medio de pesos, repartidos entre varios virreyes.

Tanto dinero puesto a disposición de la Corona venía con una influencia política enorme, que en ocasiones llegó a superar el poder con el que contaban los propios virreyes, pues las finanzas del gobierno eran dependientes de los Sánchez de Tagle. También se tradujo en poder militar. A lo largo de su vida, don Pedro y su tío estuvieron al frente de fuertes milicias que eran puestas al servicio del virrey para situaciones de emergencia.

La red mercantil de la familia estaba presente en todos los territorios de la Corona española, y los Sánchez de Tagle sabían aprovecharla legal e ilegalmente para enriquecerse y para asegurar puestos de poder desde Perú y hasta las Filipinas. Don Pedro además fue un gran terrateniente: compró haciendas y grandes extensiones de tierra a todo lo largo y ancho de la Nueva España, la mayoría de las cuales dedicó a la crianza de ganado.

El comerciante murió en 1723 y heredó su fortuna a su esposa, Luisa María Sánchez de Tagle, quien al fallecer la repartiría equitativamente entre las tres hijas que tuvieron. Hoy en día, don Pedro es recordado mejor por ser el "padre del tequila", aunque hay evidencia que señala que no se merece el título. No que importe mucho, pues hay suficientes razones para distinguirlo como uno de los personaje más influyentes del virreinato.

1705

◆ GREGORIO DE SALINAS VARONA

Militar destacado que más tarde se convertiría en explorador y gobernador de más de una provincia de la Nueva España, Gregorio de Salinas y Varona dejó su huella en la historia del virreinato por su valentía y capacidad de liderazgo.

Su carrera empezó en España. No se sabe con certeza el año en el que nació, pero se cree que fue en 1650. Desde muy joven escogió dedicar su vida a las armas, por lo que se enlistó como soldado en el Ejército real. Su inteligencia y habilidad natas hicieron que fuera ascendido rápidamente, hasta conseguir el rango de capitán de infantería en 1687, tras pasar 19 años en Flandes, en la actual Bélgica, pero que en esa época era territorio español.

Al poco tiempo emprendió el viaje a la Nueva España y una vez ahí se le envió a Tehuantepec con la misión de combatir a las tripulaciones piratas que continuamente atacaban las costas del Pacífico, aterrando a la población y provocando inmensas pérdidas para la Corona. No fue un encargo sencillo y Salinas salió herido en más de una ocasión en que entabló batalla con los corsarios.

Su situación mejoraría en 1690, pues el virrey Gaspar de la Cerda y Mendoza hizo que cambiara la costa del Pacífico por los desiertos texanos al pedirle que acompañara al explorador Alonso de León en su expedición al norte del territorio novohispano, en la que los españoles buscarían construir asentamientos humanos. Durante el viaje establecieron la primera misión franciscana de la zona, llamada San Francisco de los Tejas.

Salinas Varona participó en un viaje parecido el año siguiente. Esta vez se embarcó en el puerto de Veracruz para llegar a la Bahía de Matagorda, en la costa texana. Desde ahí y en compañía del gobernador de la provincia de Texas, Domingo Terán de los Ríos, se abrió paso hacia el este para visitar y reforzar una serie de misiones españolas.

A su regreso a la Ciudad de México en 1692, fue nombrado gobernador de Coahuila y de Texas, un puesto complicado, dado lo salvaje del terreno y la presencia de grupos aguerridos de indígenas que constantemente atacaban a los pobladores. Por lo mismo dedicó los siguientes cinco años de su vida a fortalecer las misiones de la región y a enfrentar a los nativos.

No sería la única gubernatura que se le encargó, pues en 1705 se convirtió en gobernador de Nuevo León, en 1707 de Honduras y finalmente en 1709 lo nombraron comandante del presidio de Santa María de Galve, razón por la que vivió varios años en la bahía de Pensacola, que hoy forma parte del estado de Florida y que en esa época estaba en disputa con tropas francesas.

Tras décadas de servicio a la Corona española, don Gregorio terminó sus días en la Ciudad de México, donde murió en 1720.

1706

❧ MARTÍN DE URZÚA Y ARIZMENDI

La península de Yucatán fue uno de los territorios mexicanos que más resistieron a la conquista española. Los poblados indígenas de la región del Petén, en el norte de la actual Guatemala se mantuvieron independientes hasta finales del siglo XVII, un constante dolor de cabeza para las autoridades virreinales. Sin embargo, uno de los principales responsables de poner fin a la situación fue Martín de Urzúa y Arizmendi, soldado y eventual gobernador de Yucatán, quien emprendió labores exitosas de conquista.

Empezó su vida en España, pues nació en el pueblo de Arizcun en 1653, y emprendió el viaje al Nuevo Mundo unos años más tarde. Su carrera militar hizo que pasara por varios rangos durante los siete años que pasó en Yucatán, hasta que finalmente se le asignó la labor de conquista y evangelización de los territorios mayas itzaes del Petén. Para ello contó con el apoyo del rey Carlos II y de las autoridades virreinales, aunque tuvo un gran rival: el gobernador Roque de Soberanis, joven y rebelde, que se opuso sin éxito a la expedición de Urzúa.

De Soberanis fue relegado de su cargo en 1695 y don Martín lo sustituyó de manera provisional, mientras el primero viajaba a la Ciudad de México a responder a una serie de acusaciones que se hicieron en su contra. Fue entonces que el conquistador tuvo los medios para emprender el viaje hacia el Petén, a subyugar a los pueblos mayas gobernados por Canek. La estrategia que utilizaron los españoles para lograrlo fue la de construir un camino que conectara Campeche con la laguna Itzá, al mismo tiempo que evangelizaban a los nativos que encontraran y enfrentaban a los guerreros que se resistieran a su avance.

Aunque había intención de lograr la conquista por una vía relativamente pacífica —proyecto que casi logran, pues Urzúa llegó a establecer comunicación con Canek para negociar la rendición de los itzaes—, eventualmente los españoles se impusieron por medio de la guerra y tomaron la corte del gobernante indígena en 1697. De esta manera, el último reino maya quedó bajo el control de la Corona española.

Como recompensa por su labor, Urzúa fue nombrado gobernador y capitán del Petén, así como conde de Lizárraga, algo que no gustó nada a De Soberanis, quien había sido restituido como gobernador de Yucatán, pero que murió poco después, en 1699. Don Martín tomó su lugar como principal autoridad de la península por segunda vez. Su mandato no sería sencillo, pues se enfrentó a piratas y a las élites de la sociedad yucateca, que lograron que se le quitara la gubernatura. Urzúa viajó a España a presentarse frente a la Real Audiencia para defender su caso y volvió hasta 1706, de nuevo con el cargo que le habían arrebatado.

Terminó su vida en las Filipinas, a donde llegó en 1709 como gobernador, capitán general y presidente de la Real Audiencia, puestos que mantuvo por seis años, hasta su muerte en 1715.

1707

❧ ANTONIO MARGIL DE JESÚS

Los esfuerzos de evangelización que llevaron a cabo sacerdotes españoles durante el virreinato fueron arduos y peligrosos. Muchos de ellos tuvieron que adentrarse en territorios inhóspitos, donde habitaban indígenas que los recibían con violencia. A pesar de ello, muchos continuaron comprometidos con su labor. Tal vez ninguno, sin embargo, conoció tanto del territorio novohispano ni entró en contacto con un número mayor de sus pobladores nativos como el franciscano Antonio Margil de Jesús.

Nació en Valencia en 1657. Ingresó a la vida de convento cuando cumplió los 16 años y concluyó su formación religiosa en 1682, cuando fue ordenado sacerdote. A la Nueva España llegó el año siguiente, al puerto de Veracruz. A partir de entonces, pasaría el resto de sus días recorriendo el territorio virreinal, desde lo que hoy es Texas en el norte hasta la actual Costa Rica en el sur, siempre junto con el fray Melchor, quien fue su compañero de viaje.

El afamado caminar de ambos empezó cuando hicieron el recorrido del puerto veracruzano a la ciudad de Querétaro. El dúo franciscano paraba en cada pueblo por el que pasaban para difundir la palabra de Dios y para bautizar a los indígenas que desearan convertirse al catolicismo. Acto seguido, se dirigieron hacia el sur. Paso a paso se abrieron camino hasta llegar a la Ciudad de México, atravesaron las montañas de la zona centro, continuaron por el istmo de Tehuantepec para después adentrarse en las selvas de Yucatán y de Chiapas.

El viaje no fue sencillo, las condiciones del terreno eran duras y el fray Margil siempre hizo los recorridos descalzo y cargando con lo mínimo indispensable para subsistir. Sumado a ello tuvieron encuentros peligrosos con indígenas que estuvieron cercanos a matarlos. Sin embargo, superaron cada obstáculo y llegaron hasta Costa Rica. Su paso por Centroamérica les llevaría trece años, tiempo suficiente para que el fray Antonio aprendiera varios de los idiomas locales y que bautizara a miles de nativos.

En 1697 regresó a Querétaro, esta vez se quedó en el convento de la Santa Cruz, del cual fue nombrado guardián. Para 1702 estaba de vuelta en el sur, esta vez en Guatemala, donde fundó un convento y emprendió labores de misionero en la zona. Fundó un colegio en Zacatecas y sería guardián de un par de conventos más, pero su caminar no se detuvo y en esa ocasión se encaminó hacia la zona norte del territorio. A partir de 1722, hizo unos recorridos que lo llevaron hasta Durango, Coahuila y Texas, donde fundó una serie de misiones.

Regresó al centro del país en 1723, caminó hasta Guadalajara y Querétaro, para finalmente morir en el convento de San Francisco de la Ciudad de México en 1726. El bondadoso y sencillo fray Antonio Margil de Jesús fue responsable de la conversión al catolicismo de decenas de miles de indígenas, una figura religiosa importante en la historia de nuestro país.

1708

❧ DOMINGO RUIZ DE TAGLE

La alta alcurnia novohispana gozó de grandes riquezas y privilegios enormes durante el virreinato. Una familia que ejemplifica perfectamente esta situación es la Sánchez de Tagle, nobles españoles provenientes de Santillana del Mar que hicieron fortuna en el Nuevo Mundo, en gran parte por la influencia política que ostentaban y por los negocios turbios que pudieron hacer al amparo del propio poder.

Aunque los más recordados de la dinastía Sánchez de Tagle fueron don Luis y don Pedro, también hubo otros personajes, como Domingo Ruiz de Tagle, sobrino del primero y primo del segundo, que estuvieron muy involucrados en los negocios familiares. Como la mayoría de sus parientes, Domingo nació en Santillana del Mar, en el año de 1657. Hizo carrera en el Ejército y alcanzó el rango de general, en parte por su prestigioso apellido.

En 1703, cuando ya estaba en la Nueva España, se casó con Ignacia María Cruzat, hija de Fausto Cruzat, gobernador de las Filipinas que murió antes de que la pareja pudiera celebrar su boda. La familia Sánchez de Tagle tenía muchos enemigos en la sociedad virreinal y ellos hicieron lo posible por deshacer su unión. Se desencadenó una lucha entre el recién llegado duque de Alburquerque —el virrey nuevo que se unió a los enemigos de la familia— y el arzobispo novohispano (aliado de los Tagle).

La rivalidad hizo que Domingo y Pedro Sánchez de Tagle fueran encarcelados por traficar plata al extranjero sin el permiso de las autoridades, uno de los negocios ilegales que tenían, pero la situación se solucionó cuando Ignacia cayó enferma y murió.

Al poco tiempo, Ruiz de Tagle se casó con Clara de Mora y Medrano, viuda muy adinerada que también murió en 1712 y que dejó todas sus posesiones a nombre de él. Para este punto, Domingo ya contaba con una fortuna importante, tanto por los negocios familiares como por el título nobiliario que le fue otorgado en 1708: primer marqués de la Sierra Nevada, que además le confirió una cantidad inmensa de tierras. Pasó a ser un hombre sumamente rico, poseedor de terrenos que se encontraban a las faldas del Pico de Orizaba, rancherías, esclavos y encomiendas de indígenas.

Con tanto poder le llegaron también muchos problemas —según cuenta el historiador Gonzalo Aguirre Beltrán—, pues las tierras en cuestión llevaban años olvidadas y la población negra e indígena que habitaba en ellas había sufrido abusos serios por parte de los españoles. Domingo tuvo que lidiar con todo esto.

Al año siguiente de que murió su segunda esposa, se casó por tercera y última vez con la criolla María Ana Bregón Fernández. Con ella tendría una hija, María Cirila, que optó por volverse monja de un convento poblano y que por lo mismo renunció a la herencia que le dejó su padre al morir en 1717. El título de marqués de la Sierra Nevada pasó a doña María Ana, quien se casó otra vez más adelante.

1709

☙ PEDRO DE ARRIETA

Cada año, aproximadamente 20 millones de personas viajan a la Basílica de Guadalupe en la Ciudad de México, el segundo templo más visitado en el mundo, tan solo por detrás de la Basílica de San Pedro en el Vaticano. Los edificios más modernos, como la Nueva Basílica de Guadalupe, fueron obra de grandes arquitectos del siglo XX, entre ellos Pedro Ramírez Vázquez; pero una de las construcciones más antiguas, la que recibió a todas esas personas durante siglos antes de que construyeran las demás, fue obra de un arquitecto novohispano llamado Pedro de Arrieta.

No se sabe mucho de su vida temprana, ni siquiera hay datos que indiquen el año en que nació, aunque se cree que fue en la ciudad de Pachuca. Su formación como arquitecto la llevó a cabo en España, donde recibió el título de maestro y para 1692 ya había regresado a la capital del virreinato a trabajar en la construcción de la iglesia de San Bernardo, que se encuentra en el actual Centro Histórico. De ahí en adelante, participaría en el diseño y edificación de una serie de iglesias y conventos de gran importancia.

En 1695 estuvo al frente de la obra del Palacio de la Inquisición, por ejemplo. Ese mismo año empezó con la construcción del que sería su edificio más famoso: la Antigua Basílica de

Guadalupe y que tardó catorce años en terminar, en 1709. Sin embargo, el producto final fue intervenido varias veces en las décadas siguientes, incluso los cambios que sufrió en el interior los hizo el renombrado arquitecto Manuel Tolsá.

Don Pedro también fue responsable del diseño de la iglesia de La Profesa, aunque en ese tiempo se llamaba Templo de San José del Real y era una iglesia jesuita; del convento para mujeres indígenas nobles del Corpus Christi; de la cúpula de la iglesia de Santa Teresa la Antigua; y de la capilla de las Ánimas, que forma parte de la catedral metropolitana.

Esto es apenas una pequeña selección de los edificios que hizo Arrieta a lo largo de su carrera, pues fue un arquitecto sumamente prolífico cuyo trabajo se encuentra muy presente en el paisaje de la Ciudad de México. Desafortunadamente, algunas de sus construcciones han sufrido daños severos o se han perdido por completo.

Un aspecto interesante de su obra es que utilizó materiales tradicionales de la zona centro del país, como el famoso tezontle, que daba un bello color rojizo a los edificios en los que se utilizaba, y la cantera local.

Se cree que Pedro de Arrieta murió en 1738. Su legado se mantiene vigente hasta el día de hoy, y no solo en términos de los edificios que construyó y que siguen en pie, también fue responsable de redactar, junto con varios de sus colegas, las ordenanzas del gremio de arquitectos del virreinato, por lo que su conocimiento fue aprovechado por las generaciones que le siguieron.

1710

✦ FRANCISCO FERNÁNDEZ DE LA CUEVA ENRÍQUEZ

El trigésimo cuarto virrey de la Nueva España venía de una de las familias de mayor alcurnia de la sociedad española. A la muerte de sus padres contó con múltiples títulos nobiliarios que le permitieron abrirse paso a puestos importantes tanto en la península como en América. Tuvo una actuación destacada durante sus años al frente de la colonia, especialmente por lo conflictivo de su época, que estuvo marcada por la inestabilidad que trajo la llegada del primer rey Borbón a la Corona española.

Nació en Génova en 1666, hijo del noveno duque de Alburquerque, Melchor Fernández de la Cueva. Fue un militar exitoso que alcanzó los rangos de capitán general de Granada y de la costa de Andalucía, donde se dedicó a erradicar el contrabando marítimo. En 1684 se casó con Juana de la Cerda y Aragón, que también venía de una familia acaudalada y poderosa.

Cuando en 1700 murió el rey Carlos II sin dejar descendientes, subió al trono Felipe V, su sobrino y el primero de la dinastía Borbón, de origen francés. El cambio de familia generó conflictos graves dentro de España y en sus colonias fuera de Europa. De hecho, se cree que el nombramiento del duque de don Francisco como virrey de la Nueva España en 1702 fue en parte para calmar a la aristocracia del Nuevo Mundo, que temía que sus privilegios corrieran peligro.

El duque de Alburquerque llegó a América con la misión de mantener la estabilidad. Los españoles corrían peligro de perder sus colonias frente a otras potencias europeas y el virrey hizo lo posible para que esto no sucediera. Para ello necesitó establecer una relación cercana con la aristocracia novohispana, cosa que logró, pero no sin dificultades. Los borbones no toleraban muchas de las corruptelas a las que estaban acostumbradas las familias más poderosas de la colonia y esto generó mucho descontento entre los segundos.

El caso más sonado de conflicto ocurrió cuando el virrey encarceló a Domingo Ruiz de Tagle —miembro de la familia Sánchez de Tagle, la más rica de Nueva España— por casarse con una criolla muy rica. Eventualmente ella murió y tuvo que liberarlo, en parte por el inmenso poder que poseía el tío de Domingo, Luis Sánchez de Tagle, el principal prestamista de la Corona.

Para mejorar las finanzas virreinales, empezó a cobrarle impuestos a la Iglesia por una cantidad equivalente a la décima parte de lo que ganaran, con lo que se cargó como enemigo al arzobispo de México, su predecesor como virrey, Juan Ortega y Montañés.

Durante su reinado, don Francisco popularizó los objetos de lujo franceses entre los ricos novohispanos, mejoró la Armada de Barlovento para hacer frente a los piratas europeos que atacaban embarcaciones y poblados mexicanos, y emprendió medidas (muchas de ellas severas) para disminuir las tasas de crimen y mejorar la seguridad de los ciudadanos.

Dejó el puesto en 1711 y volvió a España, donde murió en 1733.

1711

JUAN DE ESTEYNEFFER

Las misiones religiosas establecidas por los europeos en México constantemente eran golpeadas por enfermedades graves que terminaban con las vidas de sus residentes. Hubo quienes hicieron frente al problema y encontraron métodos de curación que salvaron a muchos.

Johannes Steinhöffer fue una de estas personas. Nació en Jihlava, pueblo que se encuentra en la actual República Checa, en 1664. Cuando cumplió 18 años, entró al noviciado jesuita que había en la ciudad de Brno. Su objetivo no era el de ordenarse sacerdote, quería emprender labores de misionero para ayudar a la gente más vulnerable de la sociedad: pobres y enfermos. A la par de su formación religiosa, también estudió y trabajó como boticario.

Los conocimientos médicos y curativos que adquirió le resultaron muy útiles más adelante en su vida. Especialmente cuando emprendió el viaje a la Nueva España en 1692.

Para esto castellanizó su nombre y lo cambió a Juan de Esteyneffer, como se le recuerda. En 1696 se convirtió en enfermero y boticario del Colegio de San Pedro y San Pablo, donde se encargaba de curar a sacerdotes, maestros y alumnos. Poco tiempo después se vio obligado a regresar a Europa, pues el conde de Galve, exvirrey, pidió que fuera puesto a su servicio.

No duró mucho y para 1699 ya estaba de vuelta en la Nueva España. Esta vez se le envió a la zona norte del país, a trabajar en las misiones de Sonora, Sinaloa, California y de la sierra Tarahumara.

Las condiciones de salud con las que se encontró ahí eran deplorables, por lo que puso manos a la obra y aprovechó su experiencia y estudio como médico y boticario para convertirse en un personaje fundamental en la sanación de indígenas y de los sacerdotes encargados de su evangelización. Tenía recursos muy limitados con los cuales trabajar, así que se distinguió por su capacidad para aprovechar lo poco que tenía para ser un médico de gran calidad.

Por lo que más se le recuerda, sin embargo, es por ser el autor del libro de medicina *Florilegio nacional*, que se publicó en 1712. Fue y sigue siendo un texto fundamental sobre enfermedades y métodos de curación de la época. Juan incorporó técnicas de medicina europeas y de los pueblos indígenas con los que trabajó, entre ellas el uso de plantas medicinales americanas. Además de su contenido práctico, también incluyó pasajes sobre ética médica, diciendo que se debía trabajar por y para la gente, sin buscar ganancias económicas.

Esteyneffer murió en 1716 en la misión de San Ildefonso. Nunca se ordenó sacerdote, él lo que quería era ser misionero y ayudar a los que más lo necesitaran, sin tener que dedicar tiempo a todo lo demás que implicaba la labor religiosa. Fue un hombre comprometido con los pobres y los enfermos, y que terminó ayudando a incontables personas, directamente con su trabajo como médico e indirectamente con los conocimientos que legó en su libro.

1712

❧ ANTONIO DE SALAZAR

El desarrollo de la música en la Nueva España se dio a la par del que ocurría en el continente europeo durante el siglo XVII, cuando el estilo barroco dominaba tanto la arquitectura y la pintura como las orquestas de la Corona y del virreinato. A lo largo de la historia de México, varios compositores novohispanos se destacaron por la calidad de su obra y por lo innovador de sus propuestas. Una de las grandes figuras fue Antonio de Salazar, poblano que es mejor recordado por su colaboración con, ni más ni menos que, Sor Juana Inés de la Cruz.

Don Antonio nació en Puebla en 1650. Estudió música desde muy joven y su talento y dedicación hicieron que fuera nombrado maestro de capilla de la catedral de esta ciudad en 1679, un puesto de gran prestigio y que estaba reservado para los mejores artistas de cada ciudad, pues los hacía responsables de la música que se escuchaba dentro de las iglesias, un tema sumamente serio en la sociedad virreinal.

Ganó mucho reconocimiento por la carrera que hizo en su tierra. Durante sus años como maestro de capilla, tuvo lugar una colaboración con la poetisa más famosa de la historia de nuestro país, Sor Juana Inés de la Cruz, pues se encargó de musicalizar unos villancicos compuestos por la escritora cuando visitó Puebla.

La definición actual que tenemos del villancico, sin embargo, no es la de ese tiempo. Hoy los asociamos con la época navideña, pero en los siglos XVI, XVII y XVIII los villancicos eran un género musical, que sí, era festivo, pero que no únicamente se tocaba durante las celebraciones decembrinas. Constaba de canciones cortas que en sus inicios fueron profanas y populares, pero que con el tiempo se volvieron de contenido religioso. La Décima Musa escribió varias de ellas a lo largo de su vida, generalmente por encargo de sus superiores.

Para 1688, don Antonio cambió de aires, pues se mudó a la Ciudad de México para convertirse en el maestro de capilla de la catedral capitalina. Ahí siguió componiendo piezas de gran calidad y musicalizando poemas, labores que le trajeron gran fama en su tiempo y hasta el día de hoy. También se encargó de organizar el archivo de la catedral y fue un excelente maestro de música. Entre sus alumnos más famosos estuvo Manuel de Sumaya, otro de los grandes compositores novohispanos de la historia.

Murió en 1715 en su nuevo hogar en la Ciudad de México, dejó un legado de varias composiciones que se guardaron en iglesias de la capital, en Puebla, Durango, Oaxaca y Guatemala, aunque su obra no estuvo confinada a nuestro país: se tocó por todo el territorio virreinal y llegó hasta países como Bolivia. Su gran especialidad fue la música polifónica vocal, muchas de sus piezas estaban escritas para coros de doce a catorce personas, género que desarrolló mucho.

1713

❧ JOSÉ DE LA PUENTE

Mantener la labor misionera que se llevó a cabo en la Nueva España no fue tarea fácil, ni barata. Los sacerdotes necesitaron del apoyo de la Corona, de las autoridades virreinales y de donativos privados para poder lograr el objetivo.

José de la Puente es considerado uno de los mayores benefactores de las misiones jesuitas que se fundaron en el norte del país, a las cuales cedió cantidades inmensas de dinero, así como terrenos y propiedades de gran valor para apoyar en la evangelización de los pueblos indígenas californianos.

Nació en España en 1663, en el municipio de Muriedas que se encuentra en el Valle de Camargo, hijo de una pareja de nobles acaudalados. Desde muy joven (doce años) emprendió el viaje a las colonias americanas, resultado de la influencia de su tío, Francisco de la Peña, que era un comerciante muy exitoso. Una vez ahí, se dedicó a las armas y tuvo una carrera militar destacada, que incluyó, entre otras cosas, puestos como capitán de las reales guardias de la Ciudad de México y alcalde de la capital, además pasó ocho años en la Armada de Barlovento y lideró distintas tropas de milicia.

Al paralelo de sus labores como soldado, también siguió los pasos de su tío y entró al mundo de los comerciantes, con lo que se hizo de una fortuna enorme. Por su trayectoria en el Ejército y el éxito que consiguió con sus negocios, se convirtió en caballero de la Orden de Santiago y en 1703 fue nombrado marqués de Villapuente. Con esto le llegaron privilegios y riquezas. Sin embargo, a lo largo de su vida don José se distinguió por su apoyo a labores benéficas y de impacto religioso y social.

Por lo que más se le recuerda en nuestros días es por el financiamiento que dio a las misiones jesuitas del norte del país. Donó varios cientos de miles de pesos al Fondo Piadoso de la Compañía de Jesús para mantenerlas en pie y para que los sacerdotes tuvieran dinero suficiente para subsistir. Además, tanto él como su esposa, doña Gertrudis de la Peña (también era su prima), cedieron varias estancias de su propiedad a la orden, que incluían terrenos, edificios, sembradíos y ganado.

No fue únicamente a los jesuitas a los que el marqués de Villapuente dio dinero, tampoco el territorio novohispano fue el único beneficiado. Sus donativos impactaron en todo el mundo, tanto en América y Europa, como en Asia y África, donde su riqueza sirvió como apoyo a sacerdotes, ya sea para construir o reparar misiones, o para defenderlos cuando trabajaban en poblados en los que no eran bien recibidos.

Don José emprendió varios viajes a España mientras vivía en México, el último de los cuales fue en 1737, pues murió en el Colegio Imperial de Madrid dos años más tarde. Su compromiso con las causas en las que creía mucho en la sociedad del virreinato.

1714

✦ DIEGO DE CUENTAS

Los pintores novohispanos que alcanzaron la fama durante el virreinato radicaron en su mayoría en la Ciudad de México, pero eso no quiere decir que no hubo algunos con carreras destacadas en otras urbes.

No se conoce el año en que Diego de Cuentas nació, pero sí se sabe que fue en Acámbaro, Guanajuato. Fue hijo natural de Juan Martínez de Alencaster y de María de Sandoval y Gamboa. Precisamente por ser ilegítimo, no portó con el apellido de su padre. De hecho se cree que la relación entre ambos fue sumamente complicada, pues cuando Juan Martínez murió, su hijo tuvo que emprender acción legal para que le dieran la herencia que le correspondía.

Su formación como pintor la llevó a cabo en la Ciudad de México, adonde partió con su tío abuelo (el hombre del que tomaría el apellido) cuando era muy joven. En la capital pudo trabajar como aprendiz en talleres de artistas reconocidos de aquella época. Hay historiadores que dicen que pudo haber sido con personajes de la talla de Juan Correa y Cristóbal de Villalpando.

En 1684 se casó con Teresa Patiño y la pareja se mudó a la ciudad de Valladolid, la actual Morelia, donde vivieron por 21 años. Tuvieron cuatro hijos, dos hombres y dos mujeres, los primeros siguieron los pasos de su padre y también trabajaron como pintores, lo mismo que su nieto. Durante sus muchos años en Valladolid, perfeccionó su técnica y visión, y llegó a ser un artista respetado de la sociedad virreinal.

La familia se mudó a Guadalajara en 1705, la ciudad con la que más se asocia a Diego de Cuentas y en la que actualmente se expone la mayor cantidad de sus pinturas. Fue ahí donde pasaría el resto de su vida. Su taller se encontraba en la casa que habitaba la familia, pero hay quienes dicen que trabajaba en un anexo del convento de San Agustín.

Aunque la mayoría de sus pinturas más famosas se encuentran en Guadalajara, como la *Glorificación de la Orden de la Merced*, que cubre el muro oeste de la Sacristía del templo de la Merced, o la *Visión del Apocalipsis*, otro lienzo monumental en el templo de San Agustín; varios de sus cuadros están en exhibición en Morelia (en el Museo Regional Michoacano, por ejemplo) y en la Ciudad de México (como el lienzo *Evangelistas*, en la pinacoteca de la iglesia de La Profesa).

Al estudiar la obra de don Diego, puede notarse la evolución en la pintura de aquella época. Sus cuadros pasaron de tener un estilo sobrio y realista a ser más coloridos y a acentuar el sentimentalismo de las escenas capturadas, este cambio ocurrió por la influencia que tuvo el pintor flamenco Pedro Pablo Rubens en Europa y que después llegaría a Nueva España.

Diego de la Cuenta murió en 1744 en Guadalajara. Hoy en día es recordado como uno de los mejores artistas del virreinato.

1715

❧ FERNANDO DE ALENCASTRE NOROÑA Y SILVA

El trigésimo quinto virrey de la Nueva España fue uno de los más destacados en la historia de la colonia. Fernando de Alencastre Noroña y Silva llegó a América ya avanzado de edad, pero su tiempo al frente del gobierno quedó marcado por su eficiencia a la hora de tomar decisiones.

Nació en 1641 en España. Sus padres pertenecían a dos familias nobles de Portugal y fue de ellos de quienes heredó sus muchos títulos nobiliarios, como duque de Linares y marqués de Valdefuentes. Se casó en 1685 con Leonor de Silva y la pareja tuvo tres hijos, pero dos murieron cuando todavía eran niños. Su vida estaría marcada por la pérdida, pues para cuando llegó a la Nueva España a ejercer el cargo de virrey en 1711, su esposa ya había muerto.

Su primer año al frente del gobierno colonial fue caótico, tuvo que hacer frente a dos desastres naturales graves: un terremoto que derribó edificios en la capital y que cobró muchas vidas, y una helada que acabó con las cosechas y generó hambruna entre la población. Fue pragmático al abordar ambos problemas, por un lado se encargó de la reconstrucción de la ciudad, labor para la cual aportó parte de su propio dinero, con lo que se ganó la simpatía de la gente; en cuanto a la helada, se aseguró de que los granos se mantuvieran a precios accesibles para que la gente no pasara hambre.

Fue apenas el segundo virrey nombrado por Felipe V, primer monarca de la Casa de Borbón, así que a don Fernando le tocó lidiar con la inestabilidad política generada por la Guerra de Sucesión Española, que enemistó a España con otras potencias europeas. Reforzó la Armada de Barlovento para enfrentar a los piratas que atacaban las costas del Golfo e hizo lo posible por expulsarlos de la Laguna de Términos, donde tenían su base. Abrió rutas comerciales entre Nueva España y Perú, e inauguró el tribunal de la Acordada, para castigar a ladrones y autoridades corruptas, aunque estas formaran parte del clero.

Además de todo esto, apoyó a las labores evangelizadoras y de establecimiento de misiones en el norte del territorio. De hecho, durante sus años como virrey se organizaron dos expediciones a Texas en los que se abrieron misiones y en 1712 se fundó la ciudad de San Felipe de Linares, en el actual estado de Nuevo León. También fue un impulsor de la cultura: inauguró la primera biblioteca pública de la colonia, el primer museo de historia natural y permitió que se hicieran los primeros montajes de ópera novohispana.

En apenas cinco años de gobierno, Fernando de Alencastre y Noroña dejó su marca en la Nueva España. En 1716 terminó su periodo como virrey y murió al año siguiente en la Ciudad de México, pues su estado de salud ya no le permitió regresar a la península.

1716

❧ JUAN CORREA

Son tres los que se considera que fueron los mejores pintores de la historia novohispana: Cristóbal de Villalpando, Miguel Cabrera y Juan Correa. El tercero es probablemente el que despierta mayor curiosidad, tanto por la calidad de su obra como por el color de su piel.

Juan Correa nació en la década de 1640 en la Ciudad de México. Sus padres fueron Juan Correa, médico, y Pascuala de Santoyo, ambos tenían ascendencia negra, por lo que vivió con la etiqueta de mulato durante su vida. Sin embargo, en esa época el sistema de castas no era tan rígido ni impedía que personas con piel oscura accedieran a ciertas áreas de la sociedad virreinal, entre ellas al gremio de pintores.

Por lo mismo, el joven Juan pudo formarse como artista y crecer hasta convertirse en una figura muy reconocida dentro y fuera de América. Fue sumamente prolífico, algo que se vio acentuado por el hecho de que fue un hombre muy longevo para su tiempo. Sus cuadros se encuentran repartidos por todo el territorio mexicano, en iglesias y museos, e incluso algunos llegaron a Europa.

Quizá sus obras más famosas son las que se encuentran en la catedral de México, dos lienzos de gran tamaño titulados *La Asunción de la Virgen* y *La entrada de Cristo a Jerusalén*, que muestran lo bien posicionado que estuvo en sus años de trabajo, pues las autoridades virreinales le dieron espacio en la iglesia principal de la ciudad.

El color de su piel tampoco impidió que eventualmente fuera elegido veedor del gremio de pintores, un puesto de gran prestigio y poder, ni que estableciera su propio taller, muy exitoso y en el que trabajaron otros mulatos como él. Su familia tuvo una vida bastante acomodada, aunque algunos de sus parientes más lejanos sí fueron esclavos.

Además de ser uno de los grandes exponentes del estilo barroco en el arte, también se le considera una figura transgresora. Esto porque en algunas de sus pinturas, que en su mayoría fueron de temáticas religiosas, representó a personajes importantes del catolicismo con tonalidades oscuras de piel. En el lienzo *El Niño Jesús con ángeles músicos*, que se encuentra en el Munal, dos de los ángeles que rodean al Niño Jesús son mulatos. Esto era algo inaudito para la época, pero lo repitió en su *Virgen del Apocalipsis*, aunque esta vez es el propio Jesús el que tiene piel oscura.

Otra razón por la que se le recuerda es por haber sido el pintor guadalupano por excelencia. Durante su vida fue un devoto a la Virgen de Guadalupe y se distinguió por el empeño que ponía cada vez que capturaba su imagen y la calidad de los lienzos que pintaba de ella. Varias de sus copias se comercializaron en España.

El maestro Juan Correa murió en la Ciudad de México, se cree que en 1716. Fue uno de los grandes artistas del barroco novohispano, un hombre exitoso que rompió paradigmas.

1717

❧ MARTÍN DE ALARCÓN

Un territorio particularmente relevante en la geografía y en la historia de México es el de Texas. El personaje que más contribuyó a alcanzar el dominio español de este territorio fue sin duda Martín de Alarcón.

Nació en España a finales del siglo XVII. Fue soldado en Orán y prestó sus servicios en la Armada Real. En reconocimiento a sus méritos, fue nombrado sargento mayor de las milicias de Guadalajara, en 1691 y en 1696 se le designó capitán de guerra y protector de naturales en Mazapil y en San Esteban de Nueva Tlaxcala. Debido a sus buenas gestiones y a su habilidad para mantener el orden y en las regiones que se le encomendaban, fue nombrado gobernador de la provincia de Coahuila entre 1705 y 1708, puesto que volvió a ejercer entre 1716 y 1719. En ambos periodos desempeñó un papel fundamental en el intento español por dominar el territorio de Texas.

Durante su primer mandato como gobernador de Coahuila, no había asentamientos españoles en Texas, pues las misiones que se habían fundado anteriormente en aquel territorio habían sido ya abandonadas por las difíciles condiciones y la falta de alimentos. Los franceses, que ocupaban la provincia de Luisiana (al norte de Texas) cada vez establecían asentamientos más al sur con la intención de ocupar Texas.

Ante las claras intenciones francesas, en 1707, el virrey Francisco Fernández de la Cueva, ordenó a todos los gobernadores impedir la entrada de extranjeros en sus territorios. Martín de Alarcón propuso, además, que se estableciesen nuevamente misiones en Texas; sin embargo, esta iniciativa no prosperó, ante lo que Alarcón envió una expedición a Texas para disuadir a las poblaciones nativas de que entablasen contacto con los franceses.

Los problemas por parte de los españoles para asentarse en Texas y los intentos de los franceses por ocupar este mismo territorio continuaron en los años subsecuentes.

En 1717, el nuevo virrey Baltazar de Zúñiga y Guzmán, pidió ayuda a Martín de Alarcón para afianzar definitivamente la ocupación española del territorio de Texas. Para ello le ordenó encabezar una expedición en la que debía establecer un presidio, introducir cincuenta soldados con sus respectivas familias y llevar provisiones a las misiones establecidas.

Los testimonios documentados sobre la labor de Alarcón en el territorio de Texas dan cuenta de que consiguió la paz con diferentes naciones de nativos, estableció el presidio solicitado por el virrey, hizo construir varios canales de irrigación para proveer de agua tanto al presidio como a varias de las misiones y fundó el primer asentamiento civil de españoles en Texas (hoy día, la ciudad de San Antonio). Además de esto, Martín de Alarcón, consciente de los problemas de hambruna en la región, introdujo parras, higueras, y semillas de calabazas, chiles y sandías entre otros alimentos. También llevó cerdos y otros animales de ganado para criar. De este modo, los colonos que se establecieron allí y las misiones, sobrevivieron gracias a la agricultura y la ganadería.

1718

✦ GERÓNIMO DE BALBÁS

Si hay una obra que no pasa desapercibida en la catedral metropolitana de la Ciudad de México es, sin duda, el *Retablo de los Reyes*, obra maestra del arquitecto y ensamblador Gerónimo de Balbás en la que comenzó a trabajar en 1718.

Los datos que se conocen sobre Gerónimo de Balbás son algo imprecisos. Nació en España, probablemente en Zamora, durante la segunda mitad del siglo XVII. Su figura empezó a destacar a partir del siglo XVIII, en Sevilla, donde se encargó de la elaboración de un retablo para el Sagrario de la catedral de esa ciudad. Dicho retablo, *Furibunda Fantasía*, data de 1712, aunque hoy día solo se conserva del mismo una escultura de San Clemente; el resto del retablo fue destruido en 1824.

Balbás también realizó el diseño de la sillería del coro de la iglesia de San Juan Bautista en Marchena y se le atribuye el retablo de la Capilla Sacramental de la Iglesia de San Isidoro de Sevilla.

Jerónimo de Balbás fue alumno del destacado arquitecto y retablista José de Churriguera, de quien adquirió el estilo churrigueresco que Balbás introdujo en México. Además de incorporar el estilo churrigueresco, tan característico del arte virreinal, fue el introductor de uno de los elementos más representativos del barroco mexicano: el estípite, esto es, pilares con soporte cuadrado o rectangular, con forma de pirámide trunca invertida y con múltiples elementos figurativos superpuestos en la parte superior, que se utilizaron en sustitución de las habituales columnas cilíndricas.

La principal obra que Gerónimo de Balbás realizó en México y su obra maestra, es el mencionado *Retablo de los Reyes* de la catedral metropolitana de la Ciudad de México. El retablo, o altar, lo comenzó a construir en 1718 y fue el primero de los tres que construyó para la catedral (los otros dos, el *Retablo del Perdón* y el *Retablo Mayor* o *Ciprés*, fueron destruidos). El *Retablo de los Reyes* es una obra compleja que se adecua a la planta de la capilla que lo alberga. Se divide en tres espacios verticales separados por estípites. En los espacios laterales se abren varias hornacinas y en el central hay dos cuadros del pintor Juan Rodríguez Juárez. Para completar el conjunto, Gerónimo de Balbás diseñó también la media bóveda bajo la que se ubica. El conjunto de la obra se completó en 1724. También para la catedral metropolitana, Balbás se encargó de ajustar y colocar otra obra maestra: la reja del coro (diseñada por Nicolás Rodríguez Juárez y que se mandó a hacer en Macao).

Parece que Balbás dirigió las obras del Hospital Real de Indios en 1726 y fue autor del desaparecido retablo de la capilla de la Orden Tercera del convento de San Francisco de la Ciudad de México en 1732. Sin duda, en esos años debe haber realizado numerosos trabajos para las iglesias de México.

Todo parece indicar que Gerónimo de Balbás regresó a España en 1761, donde moriría poco después.

1719

❧ JUAN RODRÍGUEZ JUÁREZ

El arte novohispano contó con un importante linaje de pintores mexicanos que dejó grandes obras para la posteridad de la pintura barroca de la Nueva España. Este linaje culminó con la figura del pintor Juan Rodríguez Juárez.

Juan Rodríguez Juárez nació en México en 1675 en el seno de una extensa familia de pintores del México colonial. Su bisabuelo fue el pintor Luis Juárez; su abuelo, hijo de este, fue José Juárez, uno de los pintores más reconocidos de la época y discípulo de Sebastián de Arteaga. La hija de José Juárez se casó con el pintor Nicolás Rodríguez y de este matrimonio nacieron los hermanos Nicolás y Juan Rodríguez Juárez, importantes pintores novohispanos que perpetuaron este largo linaje de artistas.

El maestro de Juan Rodríguez Juárez fue su propio padre. Las enseñanzas de este, unidas al talento innato de aquel, se reflejaron pronto en las obras de Juan, que a los 19 años de edad firmó su primer cuadro original, *Imagen de Nuestra Señora de San Juan.*

Se ha considerado a Juan Rodríguez Juárez como el último gran pintor del arte barroco mexicano y lo encontramos, junto a su hermano Nicolás, como parte de la transición artística del barroco novohispano al barroco tardío y el rococó.

La calidad en sus obras es desigual; algunas muestran un trabajo urgido y falto de técnica, mientras otras son consideradas obras maestras del barroco mexicano. En términos generales el estilo de Rodríguez Juárez se caracteriza por una gran precisión en el dibujo, por el gran manejo del claroscuro y por la solidez de las figuras. Destacó principalmente como retratista y también como pintor de cuadros religiosos.

Sus obras más destacadas son, sin duda, los cuadros que realizó para el *Retablo de los Reyes* de la catedral metropolitana de la Ciudad de México: la *Asunción de la Virgen* y la *Adoración de los Reyes*. De tema religioso también encontramos otras obras como la *Vida de la Virgen*, una numerosa serie de pinturas que hizo para el Seminario de Tepotzotlán.

Como retratista, género pictórico en el que más sobresalió, destacan el *Retrato de Don Juan de Escalante y Colombre* (1697), un *Retrato de Felipe V* (1701) y el *Retrato del Arzobispo Lanciego y Eguiluz* (1714) que se conserva en la catedral de México y que supone una expresión de magnífico realismo. Otros retratos importantes son los de los virreyes Fernando de Alencastre (duque de Linares) y Juan de Acuña y Bejarano (marqués de Casa Fuerte), ambos conservados en el Museo Nacional de Historia, y un magnífico autorretrato.

Como complemento a su labor de pintor, durante los años 1726 y 1727 se dedicó a hacer avalúos de pinturas.

Falleció en 1728 en su casa, que se encontraba frente al arzobispado, y fue enterrado en el lugar que alberga su obra maestra, la catedral metropolitana de la Ciudad de México.

1720

✎ FRANCISCO DE BARBADILLO Y VICTORIA

Francisco de Barbadillo y Victoria nació en Escaray (La Rioja, España) en 1675. Estudió leyes en la Universidad de Valladolid y el Consejo Real le autorizó para ejercer como abogado en 1699. Pronto obtuvo el puesto de asesor y auditor de guerra para el gobernador de Yucatán, don Martín de Urzúa y Arizmendi, y así consiguió la licencia para viajar a la Nueva España, donde se mantuvo como asesor del gobernador de Yucatán hasta 1710. Después, se trasladó a la Ciudad de México donde fue nombrado, en 1711, alcalde del crimen de la Audiencia de México, cargo que ostentó hasta su muerte en reconocimiento a la rectitud con la que siempre aplicó la ley.

Debido al buen desempeño en su labor como alcalde del crimen, el virrey Fernando de Alencastre lo envió en 1714 al Nuevo Reino de León para que se ocupase del problema de las encomiendas, pues muchos indios estaban rebelándose ante los malos tratos que recibían por parte de los colonos españoles. A su llegada, Barbadillo abogó por los derechos de los indios, les dio tierras, reubicó a miles de ellos en misiones y prohibió las encomiendas. Esto lo enfrentó con la burguesía de la región, que no dudó en denunciarlo ante el virrey por su mala labor y por despojarlos de sus legítimas propiedades para dárselas a los indios. Tras un intenso conflicto con los colonos españoles, Barbadillo continuó su labor hasta 1716 y consiguió dejar la región pacificada y establecido el trato que se debía dar a los indios.

Poco después, los abusos de los españoles se volvieron a dar y el nuevo virrey, Baltazar de Zúñiga, satisfecho con la labor que había hecho Barbadillo, lo envió de nuevo al Nuevo Reino de León en 1719, ahora con el cargo de gobernador. Esta designación no fue del agrado de los terratenientes, pero Barbadillo se mantuvo firme y en cuanto llegó restableció su política de protección a los indios.

Durante su gobierno, Barbadillo mejoró el aspecto de las ciudades, se aseguró de que los españoles pagaran a los indios por los trabajos que realizaban, promovió la minería, la agricultura y el comercio de los productos hechos por los indios, abrió escuelas en las misiones. Con todas estas medidas consiguió establecer la paz y hacer cumplir las Leyes de Indias, que efectivamente velaban por los derechos de los indios.

En 1723 Barbadillo regresó a la Ciudad de México. Se casó el 29 de septiembre de ese año con doña Juana Rosa Bolio Ojeda y Guzmán, viuda del gobernador de Yucatán, don Martín de Urzúa. Barbadillo no tuvo hijos y testó, ante el escribano real, en 1724. Murió en su casa, en la Ciudad de México, el 14 de mayo de 1726 y fue sepultado en la capilla del Rosario del convento de Santo Domingo en México, donde dejó pagadas quinientas misas para que se rezase por su alma.

1721

❧ BALTAZAR DE ZÚÑIGA Y GUZMÁN

Hubo lapsos convulsos en el gobierno de la Nueva España. Uno de estos periodos, aparentemente tranquilo pero cargado de conflictos de diferente índole, es el que le tocó gobernar al virrey Baltazar de Zúñiga y Guzmán.

Nació en España en 1658 y ostentó varios títulos nobiliarios: fue duque de Arión, marqués de Valero, marqués de Ayamonte y Grande de España. En 1700 fue nombrado consejero de Indias por el rey Carlos II. Después, Felipe V lo nombró virrey de Navarra, virrey de Cerdeña y, finalmente, en 1715, lo nombró 36° virrey de la Nueva España, cargo que mantuvo desde 1716 hasta 1722.

El periodo en el que Zúñiga y Guzmán gobernó el virreinato de la Nueva España se caracterizó por una complicada situación de enfrentamientos en diferentes regiones que supo solventar de forma siempre ventajosa para la Corona española. En el norte del país, con la ayuda de Martín de Alarcón, consiguió afianzar la incorporación de Texas a los dominios de la Nueva España; en el sur, logró expulsar a los ingleses de la isla de Tris; y al interior sometió a los coras y conquistó definitivamente la provincia de Nayarit.

Durante su gestión mandó reconstruir varias fortificaciones de la Florida, se publicó el primer periódico en la Ciudad de México y fundó el convento de Corpus Christi para indias nobles. Hizo un buen manejo de las finanzas y pudo incrementar las partidas de varias instituciones públicas, con las consiguientes mejoras que esto conllevó. Logró monopolizar la producción de tabaco y con ello aumentó considerablemente las rentas enviadas a la metrópoli.

En 1721 informó al rey de que su estado de salud no le permitía mantenerse en su cargo y la Corona envió en 1722 a su sucesor, Juan de Acuña y Bejarano, marqués de Casa Fuerte. Zúñiga y Guzmán regresó entonces a España y para recompensar su buen gobierno, Felipe V lo nombró presidente del Consejo de Indias. Mantuvo este cargo hasta 1728, año en el que falleció. En su testamento había dejado orden de que sepultasen su corazón en el convento de Corpus Christi que había fundado en la Ciudad de México.

Varias leyendas se ciernen sobre la fundación del mencionado convento. Algunos sostienen que el marqués de Valero, que nunca se casó, se había enamorado en México de una mujer que no lo correspondió porque había decidido entrar al noviciado; el virrey mandó entonces construir un convento para esta mujer. Otras versiones afirman que el virrey fue asaltado en la Alameda por un hombre privado de sus facultades mentales que le apuñaló repetidas veces en el pecho; al sobrevivir a tan grave incidente, Zúñiga mandó construir un convento consagrado al Corpus Christi. Sea cual sea el motivo real que llevó al virrey a levantar el convento, lo cierto es que en 2004 se descubrió una lápida fechada en 1728 y un cofre con un corazón embalsamado que corresponde a Baltazar de Zúñiga y Guzmán.

1722

● JUAN IGNACIO MARÍA DE CASTORENA URSÚA Y GOYENECHE

El primer órgano informativo regular de la Nueva España fue la *Gazeta de México*, fundada en 1722 por Juan Ignacio de Castorena. Nació en Zacatecas, México, el 31 de julio de 1688. Su padre era el capitán español Juan de Castorena Ursúa y Goyeneche y su madre la zacatecana Teresa de Villarreal, por lo que Juan Ignacio era el hijo criollo de una familia acomodada.

Estudió los primeros años en Zacatecas e ingresó, posteriormente, al Real Colegio de San Ildefonso de la Ciudad de México. Ahí se distinguió por ser uno de los alumnos más destacados. En el Colegio de San Ildefonso obtuvo el título de doctor en derecho y después viajó a España, donde continuó estudiando en la Universidad de Ávila, en la que obtuvo el título de doctor en teología. En Madrid trabajó en el Colegio de Santa María de Santos, para el que consiguió el título de Colegio Mayor.

Amigo, admirador y defensor de Sor Juana Inés, quien le dedicó una décima en agradecimiento a su apoyo, publicó en 1700 *Fama y obras póstumas del Fénix de México, Décima Musa, Poetisa Americana Sor Juana Inés de la Cruz*.

Tras su regreso a México en 1702 desempeñó diferentes labores y cargos. Fue catedrático de Sagrada Escritura en la Real y Pontificia Universidad de México, de la que también fue rector.

Dentro de la iglesia fue chantre, inquisidor ordinario, abad, provisor de indios, vicario general de los conventos y religiosas, y predicador del rey Carlos II. Estableció varias fundaciones entre las que destaca el Colegio Para Niñas Los Mil Ángeles Custodios de María Santísima que fundó en Zacatecas en 1721.

En enero de 1722, siendo virrey de la Nueva España Baltazar de Zúñiga y Guzmán, y con motivo del inicio del tercer siglo de vida de la Nueva España, Juan Ignacio de Castorena fundó la *Gazeta de México y Noticias de Nueva España*, que fue el primer periódico impreso en México y por ello es considerado el primer periodista mexicano. Lamentablemente, la *Gazeta* solo se imprimió durante seis meses. La suspensión de esta publicación bien pudo deberse a la carestía de papel de la época y a la falta de recursos económicos para continuar con la impresión de la misma.

En 1729 Castorena fue elegido obispo de Yucatán, cargo del que tomó posesión en 1730. Entre sus labores más destacadas, reconstruyó la capilla de Nuestra Señora del Pilar del cerro de Chapultepec, apoyó la beatificación de Juan González, canónigo de México, organizó en la Casa Profesa de México la fiesta de la conversión de San Ignacio de Loyola, en la Universidad de México organizó la fiesta de la Concepción que hacían los padres dominicos, en la Iglesia de San Sebastián de los Carmelitas Descalzos estableció el aniversario de la santificación de San José y legó a la posteridad varios escritos y discursos religiosos.

Murió en Mérida, Yucatán, siendo obispo, el 13 de julio de 1733.

1723

❧ ANDRÉS DE PEZ

Andrés de Pez nació en Cádiz, España, aproximadamente en 1654, en el seno de una familia de tradición marítima, pues tanto su padre como su hermano eran capitanes de la Armada española.

A los quince años, y siguiendo la vocación familiar, entró a servir en los buques de la Armada de la Guarda de la Carrera de Indias. Este servicio le proveyó de una gran experiencia al viajar constantemente de la metrópoli a la Nueva España, escoltando los galeones que viajaban entre las dos entidades y protegiéndolos de los ataques corsarios.

Debido a su buen desempeño, durante sus primeros años de servicio, lo pusieron al mando de la compañía del puerto de Veracruz y, posteriormente, fue nombrado almirante de la Armada de Barlovento. Esta se ocupaba de mantener las costas libres de piratas franceses. En el ejercicio de su labor, Andrés de Pez recibió no pocas heridas de gravedad, ganándose una sólida reputación de marino de gran valentía.

Pez se familiarizó cada vez más con la geografía del litoral mexicano y se interesó en la elaboración de mapas detallados que ayudaran y proveyeran seguridad a los marineros en sus viajes. El virrey, consciente de las grandes capacidades de Pez, le ordenó salir en expedición a explorar las costas del norte del

Golfo de México, aún desconocidas. Andrés de Pez navegó entonces desde el puerto de Veracruz hasta la bahía de Pensacola, en La Florida. Como resultado de la expedición, Pez redactó varios reportes informando de las excepcionales condiciones de la bahía y de la necesidad de poblar la costa norte mexicana con asentamientos españoles que asegurasen la defensa de estos territorios frente a los extranjeros.

El virrey envió a Pez a España para que presentase sus informes, mapas y consideraciones frente a Carlos II. El rey entendió la importancia del proyecto de Pez y la necesidad de hacer una expedición mucho más minuciosa en la bahía de Pensacola.

Junto a 120 marineros y 20 soldados, Andrés de Pez partió nuevamente del puerto de Veracruz hacia la bahía de Pensacola. En esta nueva expedición redactó informes y elaboró mapas que detallaban con total precisión la forma de la costa de la bahía, señalando ríos y documentando la desembocadura del río Mississippi. Poco tiempo después de la expedición de Pez, se envió una flota española para que estableciera un asentamiento en el lugar que había indicado como el más idóneo y se fundó el presidio militar de Pensacola en La Florida.

Tras estas expediciones, Pez regresó a España. Allí, consciente de las dificultades que suponía para los galeones remontar el río Guadalquivir para llegar a Sevilla, Pez fue un férreo defensor de trasladar la Casa de la Contratación de Sevilla a Cádiz, lo cual ocurrió en 1717. En la metrópoli, Andrés de Pez ostentó diversos cargos como el de gobernador del Consejo de Indias, secretario de Estado y secretario del Despacho de Marina. En este último cargo se desempeñó desde 1721 hasta su muerte en 1723.

1724

❧ FRANCISCO DE FAGOAGA YRAGORRI

Uno de los negocios que proliferó durante el virreinato y que produjo no pocas riquezas para quienes los gestionaban fue el de la plata. El empresario y banquero que más se enriqueció con este negocio fue, quizás, Francisco de Fagoaga Yragorri. Nació el 11 de junio de 1679 en Oiartzun (Guipuzcoa, España). Era hijo de Juan Fagoaga Bengoechea y Magdalena Yragorri Oyerzábal.

Fagoaga Yragorri se convirtió en uno de los mercaderes y banqueros más ricos y poderosos de la Nueva España. A lo largo de su vida se dedicó a diversas actividades como el comercio, la minería, los bienes inmuebles y el crédito. Sus negocios en la Nueva España los inició en 1706, cuando comenzó a separar el oro de la plata en unas barras que después se enviaban a la capital del virreinato.

Después de varios años desempeñando esta labor, en noviembre de 1728, recibió el título de oficio de apartador del oro y de la plata; esta legitimidad en su labor posibilitó que Fagoaga convirtiese su negocio en un banco de plata y esto es lo que lo llevó, en 1730, a ser considerado uno de los banqueros de la plata más importantes y reconocidos de la Nueva España.

La riqueza que adquirió a lo largo de los años con su negocio le abrió posteriormente las puertas para acercarse al poder político. En 1733 fue nombrado prior del Consulado de México, instancia que se había fundado en 1592 y que servía para reunir y representar a los más prominentes comerciantes de la Nueva España. Fagoaga ostentó otros cargos públicos y fue diputado y rector de la Archicofradía del Santísimo Sacramento, que era una de las congregaciones religiosas más importantes de la Nueva España.

Francisco de Fagoaga Yragorri mantuvo un espíritu altruista durante toda su vida y siempre utilizó parte de las riquezas que logró obtener para apoyar económicamente a personas necesitadas, como viudas, enfermos y huérfanos. Del mismo modo, en su testamento, dejó indicaciones para que parte de su fortuna se destinara a la ayuda de ciertas personas e instituciones. También hizo importantes aportaciones económicas a diversos hospitales de la Ciudad de México como el hospital del Divino Salvador, el de San Juan de Dios o el de San Lázaro, y ofreció cuantiosos donativos a iglesias y conventos, como el convento del Carmen o el de San Felipe de Jesús.

Hombre de fe, Fagoaga utilizó su posición para apoyar las beatificaciones de Sebastián de Aparicio, de la madre María de Jesús de Agreda y la del exobispo de Puebla, Juan de Palafox y Mendoza. También apoyó la canonización de san Felipe de Jesús.

Fagoaga Yragorri se casó el 29 de junio de 1716 en la Ciudad de México con María Josefa Arosqueta de las Heras y fruto de este matrimonio tuvieron diez hijos.

Falleció el 25 de noviembre de 1736, a los 57 años de edad, en la Ciudad de México, y fue sepultado en el convento carmelita de San Sebastián.

1725

JOSEPHA DE ZÁRATE

El estereotipo del virreinato como una época protagonizada solo por hombres ha quedado superado a la luz de las vidas recientemente reveladas de mujeres como Josepha de Zárate, cuya historia muestra la importancia que tuvieron varios personajes femeninos en la conformación de la sociedad novohispana.

Pocos datos certeros se conocen sobre Josepha de Zárate y la información que se tiene proviene mayoritariamente de los documentos sobre el juicio inquisitorial al que fue sometida en 1723.

Josepha de Zárate habría nacido en Tuxtla a finales del siglo XVII, de padre mestizo (Joseph de Zárate) y madre india (Anastasia). Se casó a los doce años con un pescador que la llevó a vivir al puerto de Veracruz desde 1695. Aquí, no se sabe en qué momento enviudó y, desde entonces trabajó por sí misma para sustentarse; fruto de su trabajo alcanzó prestigio y reconocimiento social.

Josepha de Zárate, mejor conocida en el puerto de Veracruz como Madre Chepa, ejerció como partera y curandera. A la par de estas actividades, convirtió su casa en una casa de huéspedes para los muchos marineros extranjeros que llegaban al puerto. Josepha ofrecía lavar su ropa, cocinarles y curarlos cuando lo necesitaban. Además, preparaba polvos y amuletos que podían servir para asuntos amorosos, para ganar fortuna o contra naufragios y guerras. En el caso de las mujeres, no solo las asistía en los embarazos y los partos, también las ayudaba con otros problemas de salud y de amores.

Parece que la mayoría de las personas buscaban a la Madre Chepa por sus servicios de curandera y, a juzgar por los bienes que la Inquisición le confiscó, ella habría tomado muy en serio su labor para curar a los enfermos de flujos de sangre, llagas y otras muchas dolencias. Esta actividad es la que le habría proporcionado el gran prestigio que alcanzó entre los habitantes de Veracruz.

Josepha de Zárate fue una mujer devota de la religión católica, aunque su devoción la practicaba de forma muy peculiar y personal. Josepha legitimaba sus hechizos al utilizar en ellos símbolos de la religión católica que, por otro lado, seguramente ella misma reconocía y respetaba. Además perteneció a la Orden de San Benito de Palermo (para lo que se habría hecho pasar por mulata) cofradía de negros y mulatos que también le habría proporcionado reconocimiento social y legitimidad en sus actividades.

Como fruto de todas estas actividades, Josepha fue una mujer autosuficiente y con recursos económicos no escasos (era dueña de una casa, de dos esclavos y entre sus posesiones se encontraban varios objetos valiosos), pero estas mismas actividades la llevaron a ser juzgada por la Inquisición. En el juicio fue declarada culpable de hechicería, de tener un pacto implícito con el demonio y de herejía; fue condenada a recibir en público doscientos azotes y a diez años de prisión, por lo que la llevaron a las cárceles secretas del Santo Oficio de la Ciudad de México en 1724.

1726

✤ MANUEL DE SUMAYA

L a evangelización católica en México y la proliferación de catedrales e iglesias coadyuvó al desarrollo de la música barroca mexicana desde las capillas. En este contexto, el músico más importante del virreinato fue Manuel de Sumaya. Nació en la Ciudad de México aproximadamente en 1680. En 1690 se incorporó a la capilla musical de la catedral de México, donde destacó por sus habilidades musicales. El maestro de la capilla, Antonio de Salazar, lo acogió bajo su tutela e hizo cambiar su registro de bautizo al llamado *Libro de los Españoles*. De este modo, Sumaya pasó a ser considerado español y a gozar de los derechos de estos.

Debido a su gran talento musical, el deán le autorizó un apoyo económico a condición de que tomara clases de órgano con el organista titular de la catedral, Joseph de Idíaquez, y de composición con Antonio Salazar. Mientras continuaba su carrera musical dentro de la capilla de la catedral, Sumaya escribió, en 1708, *El Rodrigo*, un drama que se representó en el Palacio Real de México con motivo del nacimiento del Príncipe Luis Fernando. En 1711 escribió, en honor al rey Felipe V, la ópera *La Parténope*, basada en un libreto del músico Silvio Stampiglia.

En 1715, cuando Sumaya ya era el organista titular de la catedral, ganó el concurso para ser el nuevo maestro de capilla de la catedral metropolitana, el cargo musical más importante de la Nueva España y en el que Sumaya se desempeñó por casi 25 años, impulsando la incorporación de nuevos y variados instrumentos para la capilla y adquiriendo un gran prestigio como músico.

En 1738 su amigo Tomás Montaño fue nombrado obispo de Oaxaca y lo invitó a trasladarse a esa ciudad. En 1739 Sumaya aceptó ir a Oaxaca donde, por varios años, fungió solo como capellán personal del obispo. No fue hasta 1745 que lo nombraron maestro de capilla de la catedral de Oaxaca, donde su labor fue notable, tanto por la nueva y excelente música que compuso como por la sólida formación que dio a los músicos y la preocupación con la que conservó los libros de música de la iglesia.

Manuel de Sumaya no solo fue un gran compositor, organista y director de coro, sino que fue el músico con mayor producción del barroco musical mexicano (compuso misas y otras obras religiosas no litúrgicas, como villancicos y cantatas) y el más famoso del periodo colonial.

Sus obras reflejan las características de la música barroca de la época: la incorporación de arias y recitativos, el empleo de instrumentos de cuerda y de nuevos instrumentos de vientos (como clarines u oboes) y el uso de formas híbridas como las cantatas a solo. Recibió la influencia del estilo italiano que imperaba en Europa y que recibió de los músicos italianos que emigraron a América en el siglo XVIII (como Roque Ceruti o Ignacio de Jerusalem) y conservó también elementos del estilo español.

Sumaya murió en Oaxaca en 1755.

1727

❧ FERNANDO DE LA CAMPA Y COS

Zacatecas fue una de las provincias más relevantes de la Nueva España y uno de los personajes que más contribuyó a su desarrollo fue Fernando de la Campa y Cos. Nació en Cantabria, España, en 1676, hijo de Diego Campa Cos y Juana Cos Sánchez de la Garzada.

A los 17 años, siguiendo los pasos de su hermano mayor, Antonio, viajó a la Nueva España y se asentó en la hacienda de este, en Zacatecas. Ahí se distinguió por su carrera dentro de la milicia. Un grupo de militares, entre los que se encontraban Fernando y su hermano, enfrentó a varios pueblos rebeldes de la sierra de Tepic, logrando vencerlos. Por esta victoria, Fernando de la Campa y Cos fue nombrado teniente. Posteriormente se le nombró también teniente general y capitán de guerra.

En 1720 fundó junto a otros españoles los asentamientos de San Ildefonso, San Fernando de Ameca y Santa Teresa. Como agradecimiento por contribuir a expandir y consolidar la presencia española en la Nueva España, el virrey Baltazar de Zúñiga lo nombró coronel de la Infantería Española y, más adelante, caballero de la Orden de Alcántara.

Además de sobresalir en sus campañas militares, Fernando de la Campa se dedicó a otras actividades como la minería, la ganadería y la agricultura, con las que logró acumular una gran fortuna y convertirse en uno de los hombres más ricos del virreinato. Llegó a poseer numerosas tierras en los estados de Zacatecas, Jalisco, Durango y San Luis Potosí. Construyó en diferentes lugares del norte de México numerosas capillas y haciendas, destacando la Hacienda de San Mateo de Valparaíso en la que Fernando fue un pionero en la cría de toros de lidia.

Asentado durante muchos años en la ciudad de Zacatecas, de la que llegó a ser incluso alcalde, fue un ferviente promotor de la educación en esa ciudad, benefactor de sus colegios y seminarios, y generoso mecenas.

En 1725, De la Campa solicitó a la Corona que le fuera concedido el título de conde en reconocimiento a sus méritos. El rey Felipe V aprobó la solicitud el 14 de agosto de 1727 y le otorgó el título de conde del Condado de San Mateo de Valparaíso.

En cuanto a su vida personal, Fernando de la Campa y Cos se casó en 1701 con María Rosalía Dozal, con la que tuvo dos hijas: María Ildefonsa y Juliana Isabel. En 1724 Fernando quedó viudo y sus hijas le reclamaron entonces su parte de la herencia.

En 1733 De la Campa contrajo matrimonio con Isabel Rosa Ceballos, con quien vivió en su Hacienda de San Mateo y con la que tuvo otra hija, Ana María. Dados los problemas que tuvo con sus otras hijas por la herencia de su madre, Fernando designó a Ana María heredera del Condado de San Mateo de Valparaíso.

Fernando de la Campa y Cos falleció en 1742 en su Hacienda de San Mateo.

1728

❧ PEDRO DE RIVERA Y VILLALÓN

Para el siglo XVIII se había establecido en la Nueva España multitud de presidios que presentaban graves irregularidades en su administración. El encargado de inspeccionar los presidios del virreinato y establecer su reglamentación fue Pedro de Rivera y Villalón. Nació hacia 1664 en Antequera, España, hijo de Andrés Rivera Villalón y Catalina Rodríguez.

Inició su carrera militar muy joven y prestó su primer servicio en Extremadura. Después fue nombrado oficial naval. De su llegada a la Nueva España no se tienen datos, sin embargo, hay registro de que era capitán de la compañía de presidios de San Juan de Ulúa en 1694.

Destacado militar, Rivera ascendió gradualmente de rango. Fue coronel de infantería, maestre de campo y, para 1710, fue nombrado gobernador de Tlaxcala. Ocupó este cargo durante varios años aunque de forma interrumpida, pues regresó a España por un breve lapso en el que fungió como teniente general de la Armada de Barlovento. En 1718 fue nombrado gobernador militar de Yucatán.

En 1724 el virrey Juan de Acuña nombró a Rivera inspector general de presidios de tierra adentro con rango de brigadier y le ordenó realizar una inspección por los presidios del norte. La inspección comenzó el 21 de noviembre de 1721, día en el que Rivera salió de la Ciudad de México, y concluyó el 21 de junio de 1728. Durante esos casi cuatro años, Pedro de Rivera inspeccionó todos los presidios de los estados ubicados al norte de la Ciudad de México.

Al término de su expedición Rivera presentó al virrey un informe sobre cómo había encontrado los presidios y cómo había llevado a cabo su reorganización. Incluyó además recomendaciones para la mejor organización de los presidios que sustentaba en su propia expedición y en el reglamento de La Habana.

El virrey Juan de Acuña concedió permiso para que se informara al rey de los resultados de la misión de Pedro de Rivera. El informe de Rivera, una vez conocido y aprobado por el rey, fue publicado como *Reglamento para todos los presidios de las provincias internas de esta governación*.

Pedro Rivera llevó un detallado registro de su viaje en un diario en el que asentó planos, registró la delimitación de los linderos entre provincias, las coordenadas geográficas y etnográficas de los pueblos indígenas, los recursos naturales con los que contaba cada provincia y los lugares donde había asentadas misiones. De este diario hubo una primera publicación en Guatemala en 1736, una segunda edición en México en 1945 a cargo de Porras Muñoz y una tercera en 1946 publicada por Vito Alessio Robles.

Cuando terminó su expedición, Rivera fue ascendido como recompensa por su misión a mariscal de campo. Después fue nombrado castellano del Castillo de San Juan de Ulúa y gobernador de Veracruz. En 1732 ascendió a presidente de la Real Audiencia de Guatemala y, posteriormente, a gobernador y capitán general de Guatemala. Rivera falleció en la Ciudad de México en noviembre de 1744.

1729

✦ EUSEBIO VELA

El teatro novohispano vivió su época de mayor importancia histórica durante la primera mitad del siglo XVIII, cuando se independizó de la Iglesia y se convirtió en un arte autónomo y secular. La figura más representativa de este periodo es la del dramaturgo Eusebio Vela. Nació en Toledo, España, en 1688, hijo de Manuel de Labaña y de Ángela García. Desde muy joven se dedicó a la actuación y a la dramaturgia y fue seguidor de la escuela del afamado Pedro Calderón de la Barca.

En 1713 viajó a la Nueva España con su hermano José y juntos se incorporaron a la compañía de teatro del Coliseo de la Ciudad de México. Con su llegada a México, Eusebio Vela se convirtió en la figura más destacada del teatro de la Nueva España de la primera mitad del siglo XVIII.

Su influencia en el medio dramatúrgico se vio reforzada porque el teatro novohispano del siglo XVIII vivió un importante proceso de secularización respecto de la Iglesia. Hasta ese momento, las representaciones teatrales estaban casi exclusivamente dominadas por la Iglesia, que utilizaba el teatro como medio para reforzar su proyecto de evangelización. Sin embargo, a partir del siglo XVIII y con la llegada de Eusebio Vela al panorama teatral mexicano, el teatro se fue independizando y adquirió una autonomía propia.

Durante esa época se experimentaron grandes cambios en el teatro de la Nueva España, principalmente porque aparecieron espacios fijos destinados de forma exclusiva a las representaciones teatrales, primero los llamados corrales y posteriormente los coliseos. Estos espacios coadyuvaron al desarrollo del arte dramático y a su consolidación como arte secularizado. El desarrollo del teatro durante el siglo XVIII contó con el apoyo de los diferentes virreyes de la época, aunque nunca estuvo exento de la misma censura que sufría en la metrópoli.

Las obras de teatro escritas por Eusebio Vela son sin duda la máxima expresión del teatro barroco de la Nueva España. A Vela se le atribuye la autoría de 17 comedias de las cuales solo conocemos tres: *El apostolado en Indias y martirio de un cacique*, que trata sobre la conquista del imperio azteca por parte de los españoles, *Si el amor excede al arte, ni amor ni arte a la prudencia*, sobre las aventuras de Telémaco en la isla de la ninfa Calipso, y *La pérdida de España*, que versa sobre la derrota del rey godo Rodrigo frente a los musulmanes.

Las comedias de Eusebio Vela fueron muy bien aceptadas por el virrey y por la nobleza, por lo que alcanzaron una gran popularidad no solo en la Nueva España sino también en la metrópoli, al grado de que su obra *Si el amor excede al arte, ni amor ni arte a la prudencia*, fue representada en la corte durante la celebración del cumpleaños del Rey Felipe V.

Vela falleció de viruela en la ciudad de Veracruz en 1737.

1730

✦ JUAN DE UGARTE

Cuando los españoles llegaron a California, se dudó por mucho tiempo si este territorio correspondía a una isla cercana a tierra firme o si era una península saliente del continente. La expedición que finalmente comprobó la condición peninsular de California estuvo encabezada por el padre Juan de Ugarte. Nació el 22 de julio de 1662 en San Miguel Tegucigalpa, Honduras. Desde muy joven se trasladó a la capital del virreinato e ingresó en el noviciado de los jesuitas de Tepotzotlán, donde se ordenó sacerdote el 14 de agosto de 1679.

Fue profesor de latinidad en el Colegio de Jesuitas de Zacatecas y profesor de filosofía en los Colegios de San Pedro y San Pablo de México. También fue rector del Colegio de San Gregorio de México. Desempeñaba este último cargo cuando el padre Salvatierra lo designó procurador de las misiones de California y le encomendó después quedar al frente de la misión de San Javier. A la muerte del padre Salvatierra, Ugarte le sucedió como superior de las misiones de California.

Ahí, el padre Ugarte se ocupó en primer término de la misión de San Javier; además, en los años que estuvo allí, fundó varias misiones al norte de la península y se ocupó del cuidado de las ya existentes. Se caracterizó por su cercanía con los indios: les enseñó el idioma castellano y él aprendió su lengua.

Consciente de las difíciles condiciones en las que vivían, les enseñó el oficio de la albañilería, el labrado de madera y la labor de la siembra, procuró que recibiesen tierras comunales, les dio animales domésticos y sementeras propias para cultivar, también instaló en la misión un hospital y una escuela. Sin embargo, todo el esfuerzo realizado en San Javier se arruinó debido a una persistente sequía.

Uno de los eventos más significativos de la estancia del padre Ugarte en California fue su empeño por determinar la condición peninsular. Algunos testimonios que llegaron a sus oídos manifestaban que había habido embarcaciones que habían conseguido navegar alrededor de toda California, lo que implicaría que esta era una isla. Sin embargo, Ugarte dudaba que esto fuera cierto y decidió emprender él mismo una expedición para corroborarlo.

La expedición del padre Ugarte salió de Loreto hacia el norte el 15 de mayo de 1721 en una embarcación que los indios habían ayudado a construir, a la que llamaron *El Triunfo de la Santa Cruz*, y que iba acompañada por un pequeño esquife, *Santa Bárbara*, desde el que tendrían mayor acceso al escrutinio de las costas de California.

Durante la expedición, el padre Ugarte y sus acompañantes pasaron no pocos trabajos y peligros, además de que sufrieron una continua escasez de provisiones. Sin embargo, y pese a todas las dificultades, se consideró la misión un éxito pues lograron llegar a la desembocadura del río Colorado y constatar que California no estaba separada del resto del continente.

El padre Ugarte falleció en la misión de San Pablo en 1730.

1731

✎ JUAN LEAL GORAZ

En 1730 Felipe V decidió patrocinar a algunas familias canarias para que emigrasen a Texas y reforzasen la presencia española en la Villa de San Fernando, fundada por Martín de Alarcón años antes. Juan Leal Goraz fue el encargado de encabezar la comitiva de colonos canarios. Nació en Teguise, en las Islas Canarias de España, en 1676. Interesado en la vida política de su ciudad, Leal era concejal de Teguise cuando le informaron del proyecto del rey y fue el primero en responder a la oferta y en reunir a varias familias para zarpar hacia Texas.

La comitiva de familias canarias que partió hacia la Nueva España salió el 27 de marzo de 1730 desde Santa Cruz con destino a Veracruz. Cuando llegaron, el 19 de julio, fueron recibidos por el alcalde, quien los saludó en nombre del virrey Juan de Acuña, los proveyó de carros, caballos y mulas, y les asignó un guía para su travesía terrestre hasta Texas. Aprovechando su paso por Cuautitlán Izcalli, población cercana a la Ciudad de México, Leal solicitó una audiencia con el virrey para solicitarle algunos recursos que el virrey le concedió junto a unas cartas de presentación para el gobernador de Texas y para el capitán del presidio de San Antonio en las que les daba instrucciones de ayudar a los canarios a constituir el nuevo cabildo.

La comitiva canaria atravesó el territorio norte de la Nueva España, no sin dificultades ni frecuentes conflictos entre ellos, pero lograron llegar al presidio de San Antonio el 9 de marzo de 1731. Leal fue elegido alcalde y regidor de la ciudad. Desde su nuevo cargo, se enfrentó a problemas tanto con los soldados del presidio, que no colaboraban con el nuevo cabildo, como con los misioneros franciscanos, quienes se oponían a que los colonos recién llegados ocupasen unos territorios que ellos reclamaban de su propiedad. Leal decidió viajar a la Ciudad de México para hablar directamente con el virrey de estas dificultades. Este, asesorado por el brigadier Rivera, dio órdenes al capitán del presidio para que respetase la voluntad el cabildo y finalmente Leal pudo establecer de forma pacífica la nueva colonia.

Leal fue alcalde de San Antonio hasta 1733, año en el que cumplió su mandato y fue reemplazado por Antonio de los Santos. En 1735 fue nombrado nuevamente alcalde, en el que sería su segundo mandato. La administración de Leal se considera exitosa porque consiguió establecer a los colonos canarios con éxito en territorio texano, sin embargo, los registros de la época manifiestan que Leal no fue un hombre tolerante ni razonable, ni entre los militares del presidio ni con los misioneros e incluso con los propios colonos y, por ello, parece que se ganó un desprecio generalizado. Esto implicó que su segundo mandato solo durase un año, antes de ser reemplazado nuevamente por Antonio de los Santos.

Leal Goraz murió en Texas, en la Villa de San Fernando, en 1743.

1732

✦ JOSEFA TERESA DEL BUSTO Y MOYA

No podemos referirnos a la historia de la Universidad de Guanajuato sin mencionar a su olvidada fundadora, Josefa Teresa del Busto y Moya. Nació en Guanajuato en 1682, cuando la ciudad aún regentaba el título de villa. Fue hija del capitán Francisco Busto Muñoz de Xerez y de Francisca Moya Monroy. A pesar de ser originaria de Guanajuato, Josefa Teresa vivió gran parte de su niñez y de su juventud en la ciudad de Santiago de Querétaro, lugar al que sus padres tuvieron que mudarse. Sin embargo, la guanajuatense regresó a su ciudad natal tras casarse en 1701 con Manuel Gonzalo Aranda y Saavedra.

El esposo de Josefa Teresa era español, originario de Extremadura, pero se tiene registro de que vivía en la villa de Guanajuato al menos desde 1696, por este motivo el matrimonio y los ocho hijos que tuvieron, asentaron su residencia en ese lugar.

Siendo aún muy pequeño el menor de los hijos del matrimonio, en 1729, Josefa Teresa quedó viuda. Se tuvo entonces que hacer cargo de su numerosa familia y para ello tomó el mando de los negocios de su esposo que hasta ese momento ella ayudaba a administrar. La herencia que recibió Josefa Teresa era una refinería, una hacienda en la que cultivaban cereales en

Silao, la Hacienda Zamorano, que se situaba cerca de Querétaro y varios terrenos dedicados al pastoreo en el norte del país.

Mujer generosa que veló siempre por el bien de su ciudad natal, el 23 de mayo de 1732, por iniciativa propia, en su casa y con el apoyo de varios ciudadanos destacados de la sociedad guanajuatense, Josefa Teresa creó el hospicio de la Santísima Trinidad. Ofreció además una cuantiosa suma de dinero para la manutención del hospicio a condición de que el rey Felipe V enviara una autorización real para poder establecerlo bajo la categoría de colegio.

Sumándose a la iniciativa de Josefa, algunos otros empresarios de la ciudad, dedicados a la minería, donaron cuantiosos montos para el hospicio, bajo las mismas condiciones, que el rey enviara su autorización para convertirlo en colegio en un plazo de ocho años. Entre estos otros benefactores, destacaron el marqués Francisco Matías de Busto y Moya, hermano de Josefa, y Juan de Herbás.

Cuando Josefa falleció, en 1742, el rey aún no otorgaba la cédula real para el colegio, sin embargo, Josefa manifestó en su testamento que, aunque no se llegara a fundar el colegio, ella dejaba el apoyo necesario para mantener en funcionamiento el hospicio. No fue sino hasta 1744 que el rey Felipe V emitió y envió la cédula real autorizando la fundación del colegio y consignado este al cuidado de la Compañía de Jesús. Así, el hospicio creado por Josefa se convirtió en el Colegio de la Santísima Trinidad Real, posteriormente en el Colegio de la Purísima Concepción, después en el Colegio Nacional de Guanajuato, en el Colegio del Estado y, a partir de 1945, en la Universidad de Guanajuato.

1733

❧ MANUEL RODRÍGUEZ SÁENZ DE PEDROSO

Una de las bebidas más características y propias de México es el pulque. Manuel Rodríguez Sáenz de Pedroso fue un pionero en la producción y distribución de esta bebida durante el siglo XVIII. Nació en La Rioja, España. Un tío suyo, Miguel Alonso de Hortigosa, era un comerciante asentado en la Nueva España y por lo que se sabe, lo más probable es que Manuel haya viajado al nuevo continente como agente mercantil de su tío, esto es, custodiando alguna mercancía de gran valor o algún documento.

Ya en México, Manuel se casó con Juana García de Arellano en la Ciudad de México, el 13 de diciembre de 1722, pocos días antes del nacimiento de su primogénito. Rodríguez Sáenz, para guardar las apariencias del precipitado casamiento, asentó como fecha del mismo en diferentes documentos, como su testamento, el 25 de mayo del mismo año. El matrimonio entre Manuel Rodríguez y Juana García duró apenas cinco años pues Juana falleció el 4 de noviembre de 1727.

Manuel contrajo matrimonio por segunda vez en 1732 con Josepha Petronilla Soria y Villaroel, quien provenía de una importante familia de mercaderes establecida en la ciudad de Pátzcuaro, en Michoacán.

Rodríguez Sáenz, que desde muy joven se destacó por sus habilidades comerciales, se convirtió en uno de los más destacados mercaderes de la Nueva España y manejó importantes inversiones comerciales tanto en la ruta transpacífica como en la transatlántica. Debido a los éxitos comerciales que alcanzó, el rey Fernando VI le premió con el título de conde de San Bartolomé Xala.

Entre sus diferentes actividades comerciales, el negocio que le dio mayor reconocimiento fue el cultivo del maguey y el comercio del pulque, actividad en la cual fue un pionero, convirtiéndose en el primer y más importante productor y abastecedor de pulque a la Ciudad de México durante la segunda mitad del siglo XVIII.

Las ganancias de sus actividades comerciales y principalmente del comercio del pulque le posibilitaron hacerse con la propiedad de 17 haciendas y ranchos que dedicó a este mismo negocio. Manuel Rodríguez también fue cónsul del Consulado de Comerciantes de la Ciudad de México, poseedor de la Cruz de la Orden de Santiago e impulsor de importantes edificaciones como el Palacio de los Condes de San Bartolomé de Xala, situado en la antigua calle de Capuchinas y que se convirtió en un importante centro de reunión de la aristocracia virreinal.

Hacia el final de su vida, en 1767, fundó junto a su hijo mayor, Joseph Julián Rodríguez García Arellano, la compañía comercial más importante de la época pues, con una inversión de 600 mil pesos era la compañía con mayor capital de entre todos los miembros del Consulado de Comerciantes.

El nombrado conde de San Bartolomé de Xala falleció en la Ciudad de México, en 1772.

1734

JUAN DE ACUÑA

Una de las mejores gestiones del virreinato corresponde a Juan de Acuña, marqués de Casafuerte y trigésimo séptimo virrey de la Nueva España.

Juan de Acuña y Bejarano nació el 9 de marzo de 1658 en Lima, Perú. Entró muy joven en la corte de Carlos II y en 1679 consiguió ingresar en la Orden de Santiago, iniciando así una carrera militar en la que pronto destacó notablemente. Participó en la Guerra de Sucesión española en favor de Felipe V quien, en recompensa por sus servicios, creó para él el título de marqués de Casafuerte en 1708. Fue capitán general del Ejército español y era comandante militar de los reinos de Aragón y Mallorca cuando el rey lo nombró virrey de la Nueva España.

Tomó posesión del cargo el 15 de octubre de 1722. Desde su llegada a México recibió la aprobación y la simpatía de la población pues veían en él, un virrey criollo alejado de la nobleza, la posibilidad de una mejor administración del virreinato.

Hombre inteligente y honesto, Juan de Acuña se rodeó de colaboradores capacitados que le ayudaron en su gestión. En primer lugar destaca el saneamiento que hizo de las finanzas del virreinato. Con unas arcas prácticamente vacías, aplicó un recorte de gastos y privilegios y recuperó fuentes de ingresos regulares, de este modo consiguió reducir la deuda de la Nueva España y aumentar las cuotas enviadas a la metrópoli.

Durante su gobierno sometió a los coras en Nayarit, un grupo indígena que había conseguido mantener su independencia aún dos siglos después de la conquista de México; combatió a los ingleses en Belice; se preocupó por poblar los territorios del norte, en especial Texas, para lo que mandó traer colonos de las Islas Canarias; y envió al brigadier Pedro de Rivera a inspeccionar los presidios del norte de México, logrando como resultado la creación del Reglamento General de Presidios.

Construyó la Casa de la Moneda y la Aduana de Veracruz, donde también mejoró los suministros de agua; creó una fundición de cañones en Orizaba; y mejoró el desarrollo de las minas de Pachuca. Fue, además, el primer virrey que se rechazó abiertamente a las persecuciones de la Inquisición y se opuso a sus castigos; amparó la creación de la *Gazeta de México*, el primer periódico del virreinato; se preocupó por dar mantenimiento y mejorar las construcciones de la capital, y por reconstruir los edificios más deteriorados, como el Hospital de San Lázaro o el Colegio de Santa Cruz de Tlatelolco.

La labor del marqués de Casafuerte en el manejo del virreinato destacó sobremanera y sus resultados fueron tan positivos que el rey prorrogó su mandato y lo mantuvo al frente de la Nueva España hasta su muerte.

Antes de morir, Juan de Acuña testó dejando como único heredero a su sobrino José Joaquín de Acuña y Figueroa. Acuña falleció el 17 de marzo de 1734 y, según sus propias indicaciones, fue enterrado en el convento de San Cosme y San Damián.

1735

✎ JUAN ANTONIO DE URRUTIA Y ARANA

Una de las construcciones más emblemáticas de México y el símbolo por antonomasia de la ciudad de Querétaro es el acueducto de esta ciudad. Su construcción se debe a la generosidad de Juan Antonio de Urrutia y Arana, segundo marqués del Villar del Águila.

Juan Antonio de Urrutia y Arana Pérez Esnauriz nació en la localidad vasca de Llantero, España, el 30 de noviembre de 1670. Con apenas 16 años se trasladó a la Nueva España por llamado de su tío, el marqués del Villar del Águila que, sin descendencia directa, eligió a su sobrino como heredero de sus títulos y posesiones.

Urrutia y Arana desempeñó diferentes cargos públicos desde su llegada a la Ciudad de México. Fue guarda mayor de la Casa de la Moneda en 1690, capitán de Caballos y Carrozas, alcalde de la Alameda en 1693, regidor de la ciudad entre 1694 y 1697, ingresó en la Orden de Alcántara en 1698 y fue justicia mayor en 1713. Este fue el último cargo público que ostentó.

El 9 de febrero de 1699 Juan Antonio se había casado con María Josefa Paula Guerrero Dávila Moctezuma y Fernández del Corral, quien provenía de una familia noble que aportó importantes riquezas al matrimonio. En 1721 su esposa le pidió acompañar a las madres capuchinas a la ciudad de Querétaro para ayudarlas a fundar un convento. Tras esto, los marqueses empezaron a visitar regularmente la ciudad de Querétaro y Juan Antonio, consciente de la mala calidad del agua que recibían los habitantes y de las enfermedades que sufrían en consecuencia, decidió construir un acueducto para llevar agua potable a la ciudad. La construcción comenzó en 1726. Con 71 arcos y diseñado para transportar agua de un manantial situado a diez kilómetros de la ciudad, el acueducto tardó trece años en levantarse y el marqués financió más de la mitad del costo total de la construcción.

Sobre los motivos de Juan Antonio para implicarse en esta construcción existe una leyenda que dice que el marqués se enamoró de una de las monjas capuchinas, la cual no correspondió este amor, pero solicitó al marqués la construcción del acueducto para poder abastecer de agua potable a la ciudad.

Además del acueducto, Urrutia y Arana mandó construir un puente para comunicar las dos partes de la ciudad de Querétaro, un estanque en el convento de Santa Cruz para uso de todos los habitantes de la ciudad y una hermosa construcción colonial para alojamiento de su esposa que se conoce como la Casa de la Marquesa.

Al igual que su tío, Juan Antonio tampoco tuvo descendencia directa por lo que nombró heredero de sus títulos y patrimonio a su sobrino Juan Antonio de Jáuregui y Urrutia.

El marqués murió en la Ciudad de México el 29 de agosto de 1743 y sus cenizas reposan actualmente en la Rotonda de los Queretanos Ilustres.

1736

❧ MARÍA ANNA ÁGUEDA DE SAN IGNACIO

L as letras de la Nueva España se vieron enriquecidas por las aportaciones de gran calidad de algunas mujeres escritoras. El caso más conocido es el de Sor Juana Inés de la Cruz, sin embargo, hubo otras escritoras que, sin haber alcanzado el mismo reconocimiento, también hicieron aportaciones muy valiosas a la literatura mexicana. Una de estas escritoras fue Sor María Anna Águeda de San Ignacio.

María Aguilar Velarde nació en la localidad de Atlixco, en Puebla, el 3 de marzo de 1695. Su madre fue la poblana Manuela Velarde y su padre, el español Pedro de la Cruz Aguilar, quien murió cuando María era aún muy joven, dejando a la familia en una precaria situación económica.

En 1714, cuando contaba con 19 años de edad, María ingresó en la ciudad de Puebla al beatario de Santa Rosa y allí tomó el nombre de sor María Anna Águeda de San Ignacio. Desde muy joven fue una apasionada de la lectura y cuando ingresó al beatario se dedicó al estudio y la enseñanza, principalmente de la mística teológica.

Sor María fue muy activa en la promoción del ascenso del beatario, que se había fundado en 1683, para que se convirtiera en convento. No fue sino hasta 1740 cuando el papa Clemente XII otorgó el título de Convento de Santa Rosa por medio de una bula papal. Sor María se convirtió entonces en la primera priora del convento y permaneció en ese cargo hasta su muerte.

Además de las labores administrativas que debía realizar como priora del convento, sor María dedicó gran parte de su tiempo a la escritura y llegó a escribir y llevar a imprenta más de diez obras. La más destacada de todas llevó por título original *Devociones Varias Compuestas por la Venerable y R.M. Madre Sor María Anna Agueda de San Ignacio, Priora y Fundadora que fue del Sagrado Convento de Recoletas Dominicas de Santa Rosa de Santa María de esta Ciudad de la Puebla de los Angeles. Sacadas de la vida y obra de la misma V. M. Reimpresas y unidas en este quaderno para su más fácil uso. Por orden y a expensas De el Illo Sr. Dr. Don Domingo Thadeo de Ortega y Bonilla. En el portal de las Flores de 1758.* Otras de sus obras, *Maravillas del divino amor*, fue impresa en la Ciudad de México en el mismo año que la anteriormente citada y se reimprimió unos años después, en 1791, en Puebla. Esta segunda edición fue muy valorada por tener en la portada un grabado del corazón de Jesús hecho por el reconocido grabador poblano José de Nava.

Sor María se destacó también por ser una de las primeras mujeres que trabajó en establecer una fundamentación teórica para demostrar el derecho, la habilidad y la autoridad que tienen las mujeres de participar en la administración de la Iglesia.

Sor María murió en la ciudad de Puebla el 25 de febrero de 1756.

1737

◆ MANUEL DE ALDACO, FRANCISCO DE ECHEVESTE Y AMBROSIO DE MEAVE

Uno de los colegios más emblemáticos de la Ciudad de México es sin duda el Real Colegio de San Ignacio de Loyola, conocido como Colegio de Las Vizcaínas. Fundado en 1767, los promotores de esta institución fueron Manuel de Aldaco, Francisco de Echeveste y Ambrosio de Meave.

Manuel de Aldaco nació en Oyarzun (Guipúzcoa, España) en 1696. Muy joven se trasladó a la Nueva España donde trabajó como apartador general de oro y plata y fue prior del Real Tributo del Consulado. Con grandes aptitudes para los negocios, logró reunir una importante fortuna y destinó parte de esta a diferentes causas benéficas. Falleció en la Ciudad de México en 1770.

Francisco de Echeveste nació en Usurbil (Guipúzcoa, España) en 1683. En la Nueva España se desempeñó como general de galeones de Filipinas, como embajador de Tonkin y como prior del tribunal del Consulado de la Ciudad de México. Echeveste también se desempeñó como comerciante, actividad que le permitió hacerse de gran dinero que utilizó en muchas ocasiones para ayudar a gente desamparada. Falleció en la Ciudad de México en 1753.

Ambrosio de Meave nació en 1710 en Durango (Vizcaya, España). En la Nueva España, a donde emigró muy joven, se convirtió en un comerciante destacado y próspero, logrando hacerse de una cuantiosa fortuna. El Ayuntamiento de la Ciudad de México le encargó administrar los presupuestos de algunas construcciones como la del Hospital de San Hipólito y la del Colegio de las Doncellas. Ambrosio falleció en la Ciudad de México en 1781.

Aldaco, Echeveste y Meave, vascos los tres, comerciantes y dueños de considerables fortunas, se unieron a la Cofradía de Nuestra Señora de Aránzazu, que tenía el propósito de reunir y fortalecer la comunidad vasca de la Nueva España y de colaborar en causas benéficas. La Cofradía emprendió el proyecto de fundar un asilo en el que amparar a mujeres de escasos recursos.

Los tres comerciantes se percataron del nada halagüeño futuro que les esperaba a muchas niñas sin acceso a la educación y propusieron, como alternativa al asilo, la construcción de un colegio para niñas huérfanas y mujeres viudas a las que se les pagase su educación y su manutención.

El edificio, de estilo barroco y situado en el Centro Histórico, se empezó a construir en 1735. Aldaco aportó 66 mil pesos a la construcción, Echeveste 80 mil y Meave 36 mil, y la Cofradía ayudó a reunir un total de un millón de pesos para levantar y sustentar el colegio. El proceso no estuvo exento de dificultades debido a que Aldaco, Echeveste y Meave querían que el colegio fuese independiente del Estado y de la Iglesia. Finalmente, el Real Colegio de San Ignacio de Loyola abrió sus puertas el 9 de septiembre de 1767.

La importancia de este proyecto radica en que fue el primer colegio laico para mujeres de toda América y en que es la única institución en México de la época colonial que ha funcionado de manera continua y hasta nuestros días.

1738

❧ CAYETANO CABRERA QUINTERO

L as letras barrocas novohispanas contaron con Cayetano Cabrera Quintero como su más prolífica figura. Su obra, además de extensa, supone una de las referencias de información más importantes sobre la historia del virreinato.

Nació en la Ciudad de México en los últimos años del siglo XVII. Pocos datos son los que se conocen sobre su vida. Estudió en el Seminario Tridentino de la Ciudad de México, en el que se ordenó presbítero; estudió después en la Real y Pontificia Universidad de México, donde obtuvo el título de doctor; se desempeñó como profesor de derecho civil y de derecho canónico, y destacó por sus amplios conocimientos en letras tanto sagradas como profanas. En su carrera eclesiástica ostentó el cargo de capellán de pajes de Juan Antonio de Vizarrón y Eguiarreta, arzobispo de México y virrey de la Nueva España; Cayetano fue siempre reconocido como un sacerdote erudito, dedicado y ejemplar.

Como escritor, Cayetano Cabrera Quintero fue el autor más prolífico del barroco novohispano. Gran conocedor y admirador de la obra del afamado Luis de Góngora, se apegó como ningún otro escritor de la época al estilo gongorino. Sus obras están llenas de cultismos, de oraciones rebuscadas y de conceptos desconocidos. La lectura de sus textos es, por tanto, complicada y requiere de un gran esfuerzo por parte del lector. Este es el principal motivo por el que Cayetano ha permanecido en un segundo plano dentro del panorama literario novohispano. Sin embargo, sus obras, muy numerosas, destacan sobre las de cualquier otro escritor de la época como importante documento histórico de la época virreinal y constituyen para los historiadores una preciada fuente de información.

Cabrera fue un importante latinista y era el encargado de escribir, en latín, las inscripciones de los grandes monumentos que se erigían. Muchas de sus propias obras las escribió en latín y se dedicó a la labor de traducir al castellano, del latín, del griego y del hebreo, numerosas obras, entre las que destacan textos de Horacio y de Juvenal.

Entre su numerosa producción encontramos multitud de poemas líricos, tanto en castellano como en latín, varios himnos y algunas sátiras. También se desempeñó como poeta dramático con dos reconocidas comedias. Se conservan los muchos sermones y panegíricos que escribió, así como sus disertaciones académicas. Cabrera emprendió, además, una importante labor como historiador al recoger por escrito la descripción de muchas de las fiestas celebradas en México en su tiempo.

Su obra más importante es sin lugar a dudas *Escudos de armas de México*, publicada en 1746 y dedicada al rey Fernando VI. Esta obra contiene una extensa historia sobre la epidemia de matlazahuatl (peste) que asoló a México entre los años 1736 y 1737 y sobre las medidas que se establecieron para combatirla, y supone la mayor fuente de referencia que se tiene hasta nuestros días sobre este acontecimiento. Cayetano Cabrera falleció en la Ciudad de México en el año de 1775.

1739

❧ MANUEL BERNAL DE HUIDOBRO

Entre los territorios del norte de la Nueva España se encontraban las regiones de Sonora y Sinaloa. Si bien en el siglo XVIII estas regiones ya estaban pobladas por colonos españoles y misiones, los ataques de los indígenas no cesaban. El virrey decidió entonces enviar a Manuel Bernal de Huidobro para apaciguar militarmente la situación y para administrar, como primer gobernador de Sonora y Sinaloa, el territorio.

Manuel Bernal de Huidobro nació en España en 1685. Ingresó en 1705 como cadete en el Ejército y en 1718 ya era teniente de caballería. Ese mismo año le ordenaron viajar a la Nueva España para ocupar el cargo de alcalde mayor de Huejotzingo, en Puebla. Al acabar su mandato, se trasladó a Sinaloa y allí sirvió como capitán del presidio de esta ciudad.

Para 1727 la situación en la región se había complicado y resultaba muy difícil mantener apaciguadas a las diferentes poblaciones indígenas. Manuel Bernal solicitó permiso para establecer un nuevo presidio en Sinaloa, sin embargo, su petición fue rechazada. El motivo del virrey para no concederle esto es que había recibido el informe del brigadier Pedro de Rivera sobre la inspección de los presidios. El brigadier recomendaba incluso reducir la presencia militar en los presidios del norte y, guiado por el informe de Rivera, el virrey no estimó conveniente crear un nuevo presidio tal y como se lo solicitaba Huidobro. Este, mientras tanto, seguía combatiendo a los indios seris y tepoacas en un intento por apaciguarlos y lograr la paz en la región.

En recompensa a la buena labor que había realizado en sus diferentes cargos, el virrey lo nombró en 1733 gobernador vitalicio de Sonora y Sinaloa. Ya como gobernador, Bernal de Huidobro se enfocó en someter a los seris que se habían sublevado en California y para ello preparó una campaña militar en 1735. Después, en 1740 se vio obligado a enfrentar una sublevación de los indios yaquis y de los mayos. La campaña fue larga y complicada pero finalmente los indígenas se rindieron.

Además de estas actividades militares, Huidobro se ocupó también de los asuntos administrativos. Primero hizo una extensa visita por todo el territorio. En este recorrido se percató de los conflictos que existían en varias comunidades a causa de los vascos y de los jesuitas. Ambas comunidades gozaban de un gran poder en la región y pretendían el control sobre la población. El gobernador quiso apaciguar estos conflictos estableciendo algunas reformas sobre la administración interna de los pueblos indígenas, pero los jesuitas rechazaron estas reformas y acusaron a Huidobro ante el virrey de querer apoderarse del control de las comunidades indígenas por las que ellos velaban.

Enterado el virrey de la situación y a pesar de los éxitos militares de Manuel, la Compañía de Jesús había alcanzado tal influencia política que tomó la decisión de destituir a Huidobro de su cargo y, más tarde, lo mandó llamar a la capital para una investigación sobre su gestión; con ello abandonaba definitivamente su cargo de gobernador vitalicio.

1740

☙ LORENZO RODRÍGUEZ

Junto a Gerónimo de Balbás, uno de los arquitectos más importantes de la Nueva España fue Lorenzo Rodríguez, que se convirtió en la figura más relevante del barroco arquitectónico virreinal.

Lorenzo Rodríguez nació en Guadix, España, en 1704. Era hijo del maestro mayor de Reales Alcázares del obispado de Guadix por lo que desde niño estuvo familiarizado con la labor arquitectónica y pronto entró a formarse con su padre. En España trabajó en varias ciudades de Andalucía. En Cádiz colaboró con el arquitecto de la catedral, Vicente Acero. También participó en algunas obras en Granada y Sevilla, donde sin duda conoció el trabajo de Gerónimo de Balbás.

Aunque no se conoce el año exacto en el que llegó a la Nueva España, debió ser antes de 1731 pues en ese año se sabe que estaba trabajando en la construcción de las puertas de la Casa de la Moneda de la Ciudad de México. Asentado en la capital del virreinato, acreditó sus conocimientos arquitectónicos y adquirió el título de maestro del gremio de arquitectos en 1740. Posteriormente, Lorenzo también se convirtió en veedor dentro del gremio.

Si bien es a Gerónimo de Balbás a quien le debemos la introducción del estípite en la arquitectura mexicana, fue Lorenzo Rodríguez quien consagró este elemento.

Una de las obras más representativas del trabajo de Lorenzo fue la fachada del antiguo Colegio de San Ildefonso, que Lorenzo construyó en 1740. En esta fachada, el arquitecto utilizó el estípite a modo de pilastras pareadas que flanquean la puerta de acceso.

El otro trabajo más representativo de su labor es la fachada de la capilla del Sagrario de la catedral metropolitana. En ella Lorenzo hizo labrar estípites en piedra como si fuera madera. Esto supuso una gran innovación en el modo de elaborar las fachadas barrocas y fue rápidamente imitado en toda la Nueva España, especialmente en la región del Bajío.

Con los títulos de maestro mayor de la catedral, del Real Palacio y de la Inquisición, Lorenzo Rodríguez realizó otras obras importantes para la arquitectura de la Ciudad de México; construyó las portadas de la Real y Pontificia Universidad; entre 1763 y 1764 edificó la casa del conde de San Bartolomé de Xala, en la antigua calle de las Capuchinas; y en 1786 elaboró la portada de la capilla del Colegio de Las Vizcaínas.

También trabajó en otras obras como la capilla de Balvanera en el convento de San Francisco y en el palacio de los marqueses del Valle de Oaxaca, levantado sobre lo que había sido el Palacio de Moctezuma.

Se cree que la cárcel de La Acordada, construida en 1775 y hoy desaparecida, también fue obra suya, así como las fachadas de los templos de San Felipe Neri y de Santa Catalina.

Cuando falleció, en 1774, Lorenzo Rodríguez era uno de los arquitectos más reconocidos de la corte virreinal.

1741

✦ JOSÉ DE PALACIO

Las cofradías creadas por los españoles residentes en la Nueva España jugaron un papel importante en la sociedad de la época. Una de las cofradías más representativas fue la de Nuestra Señora de Aránzazu, creada por la comunidad vasca.

Joseph Luis de Palacio y Romaña, uno de sus integrantes, es uno de los personajes más desconocidos del siglo XVIII novohispano. Los datos existentes sobre su persona son escasos e inciertos, pero se puede afirmar que nació en la región del País Vasco, en España, en los últimos años del siglo XVII. Palacio emigró a la Nueva España muy joven, animado por los éxitos comerciales de otros vascos. Ya en México se asentó en la capital del virreinato donde se vinculó con diversas casas comerciales y participó en las industrias más importantes de la época, como la minera, actividad que estaba en auge en diversas regiones de la Nueva España y gracias a la cual se enriquecieron no pocos empresarios. La agudeza de Palacio para el comercio y los negocios lo llevó a reunir una pequeña fortuna.

Como la mayoría de los españoles asentados en México, José de Palacio buscó reunirse con oriundos de su misma región. La comunidad vasca era por entonces amplia y fuerte, y buscó diferenciarse de otras comunidades de españoles. En la época eran muy comunes las cofradías, asociaciones que creaban grupos de personas con el mismo origen y con intereses compartidos y que tenían una finalidad benéfica y piadosa principalmente.

La comunidad vasca fundó su propia asociación en 1681, la Cofradía de Nuestra Señora de Aránzazu. Esta se fundó en una capilla franciscana en la que acostumbraban reunirse, pero los franciscanos donaron después a los vascos un pequeño terreno contiguo a la capilla del convento en la que se reunían, y la cofradía pudo así construir su propia capilla, la cual consagraron a la virgen de Aránzazu. A esta capilla podían asistir todos los vascos o descendientes de vascos que habitaban en la Nueva España, y también podían ser enterrados en ella.

Joseph Luis de Palacio y Romaña entró a formar parte de la Cofradía de Nuestra Señora de Aránzazu cuando se asentó en la Ciudad de México. La cofradía tenía por objetivo servir de beneficencia para los necesitados y siempre buscó llevar a cabo obras de caridad. Este espíritu fue el que llevó a la cofradía a plantear el proyecto de la construcción del Real Colegio de San Ignacio de Loyola, mejor conocido como Colegio de las Vizcaínas, e impulsado por Aldaco, Echeveste y Meave. Durante la época de la construcción del colegio, el tesorero de la mesa de la cofradía fue precisamente José de Palacio, puesto que desempeñó por varios años.

José de Palacio falleció en la Ciudad de México aunque se desconoce el año exacto de su deceso. Se puede aventurar que su cuerpo haya sido enterrado en la Capilla de Nuestra Señora de Aránzazu.

1742

JOSÉ DE ESCANDÓN

Tras la conquista de Texas y ante la presencia de los franceses en Luisiana, el virrey Juan Francisco de Güemes y Horcasitas comprendió la importancia de conquistar el territorio del Nuevo Santander para reforzar el dominio español en la región. El encargado de llevar a cabo esta empresa fue el estratega militar José de Escandón. Nació en Soto de la Marina, España, el 19 de mayo de 1700. Era hijo de Juan de Escandón y Rumoroso y de Francisca de Elguera y Llata. Llegó a la Nueva España con apenas quince años y sirvió, en primer lugar, como cadete voluntario en Mérida. Ahí participó en la lucha contra los ingleses de la Laguna de Términos. Tras un tiempo en Mérida fue ascendido y enviado a Querétaro.

En la región queretana Escandón alcanzó algunas victorias para el Ejército español. En 1727 luchó contra los pames en Celaya; en 1732 y 1733 sometió a los rebeldes de las minas de Guanajuato e Irapuato; y en 1734 pacificó a los indios rebeldes de San Miguel el Grande. Por todos estos logros fue nombrado sargento mayor y posteriormente coronel.

La región de lo que se llamó el Nuevo Santander estaba poblada por pueblos indígenas que solían atacar los asentamientos del Nuevo Reino de León. El virrey Güemes y Horcasitas decidió emprender la conquista de este territorio para afianzar el dominio español sobre la región. Varios estrategas militares presentaron sus propuestas de conquista y en reunión del Consejo de Guerra, el proyecto de José de Escandón salió vencedor.

Entre el 25 de diciembre de 1748 en que Escandón fundó el primer asentamiento español, hasta 1755 en que acabó la conquista del territorio, logró fundar más de veinte pequeñas poblaciones y multitud de misiones. Además, fue el propio Escandón el que propuso el nombre de Nuevo Santander para la región recién conquistada.

José de Escandón fue nombrado gobernador del territorio, cargo que ostentó por algunos años. Durante su gestión fomentó el cultivo y otras actividades en los asentamientos, implementó un sistema de riego y construyó caminos y puentes. Mandó edificar una gran misión en Santander, capital del territorio, que se conoce como el Palacio del Conde. También construyó la iglesia y un depósito de agua potable. Mandó llevar albañiles, carpinteros y herreros que ayudasen con las construcciones y estableció ingenios y molinos. A pesar de estas labores, Escandón siempre estuvo en conflicto con los jesuitas de las misiones, que lo acusaban de tratar con mucha crueldad a los indígenas. Los jesuitas acusaron a Escandón frente al virrey y este lo destituyó de su puesto, aunque como recompensa por su exitosa campaña de conquista, la Corona le concedió el título de conde de Sierra Gorda.

A lo largo de su estancia en la Nueva España, Escandón acumuló considerables riquezas. Se le reconoce también como uno de los grandes estadistas de la Nueva España en el siglo XVIII.

José de Escandón, que se había casado en 1718 con María Josefa de Llera, originaria de Querétaro, falleció en 1770.

1743

❧ LORENZO BOTURINI

Ningún personaje del virreinato se interesó tan a fondo por la historia del México prehispánico como Lorenzo de Boturini, y no se puede estudiar esta sin remitirse a la colección Boturini. Nació en Sondrio, obispado de Como, en Italia, en 1702.

Estudió en Milán donde recibió la influencia del pensamiento de Giambattista Vico. En España conoció a la condesa de Santibáñez, con la que entabló amistad. La condesa le otorgó un poder para que pudiera cobrar en las Cajas Reales de México una pensión que le correspondía por ser descendiente de Moctezuma.

Lorenzo viajó a la Nueva España en 1736. Durante los años que estuvo en México, sostuvo dos intereses: promover el culto y la Coronación de la Virgen de Guadalupe, y recopilar todos los documentos y objetos posibles de la historia de México.

Sobre el primer interés, la Virgen de Guadalupe, Boturini hizo una investigación sobre su aparición en el cerro del Tepeyac y proyectó escribir la historia de la Virgen, aunque finalmente nunca llegó a escribirla. Además, promovió la idea de que se Coronase a la Virgen, pero esta propuesta tampoco llegó a concretarse.

En cuanto a su segundo interés, la historia de México, Boturini hizo una exhaustiva labor de recopilación y consiguió reunir mapas, códices, manuscritos, pinturas y documentos, la mayoría de ellos perteneciente a diferentes poblaciones indígenas de México, reuniendo la mayor colección europea sobre el pasado prehispánico de México. Para reunir todo este material, Lorenzo averiguó qué personajes poseían antigüedades mexicanas para entrevistarse con ellos.

En 1743 se acusó a Boturini de haber entrado sin licencia en la Nueva España. Efectivamente, Boturini no pidió el acostumbrado permiso, en consecuencia, pasó unos meses en la cárcel, después fue deportado a España y se le confiscaron todos sus bienes, incluyendo la colección que había reunido.

De vuelta en España en 1744, Lorenzo conoció a Mario Fernández de Echeverría y Vaytia, quien le brindó su apoyo y su amistad. Fernández de Echeverría ayudó a Boturini a llevar su caso ante el Consejo de Indias, donde el historiador fue absuelto, se le nombró Cronista Real de las Indias y se le concedió el derecho de regresar a la Nueva España y recuperar todos sus bienes.

Como cronista oficial escribió *Idea de una Nueva Historia General de la América Septentrional. Fundada sobre material copioso de figuras, manuscritos de autores indios, últimamente descubiertos*, que publicó en 1746. También redactó un catálogo de todas las piezas de su colección, sin embargo, Boturini nunca regresó a la Nueva España. Fue su amigo Mario quien viajó a México y solicitó parte de las piezas de la colección; una parte de las posesiones de Boturini nuca salió de México y se encuentran en el Museo Nacional de Antropología. Otra parte, la que recuperó Fernández, fue cambiando de dueños y actualmente se encuentra en la Biblioteca Nacional de París, bajo el nombre de colección Aubin-Goupil.

Boturini falleció en Madrid en 1753.

1744

✒ PEDRO LASCURÁIN DE RETANA

Una vez fallecida Josefa Teresa del Busto y Moya, cuando aún no se había recibido la autorización real para el colegio que fundó, el personaje que más se implicó en conseguir establecer dicho colegio, que con el paso de las décadas se convirtió en la actual Universidad de Guanajuato, fue Pedro Lascuráin de Retana. Nació en la provincia de Guipúzcoa, en Mendaró, España, el 29 de junio del año 1674. Se trasladó desde muy joven a la Nueva España y se asentó en la entonces Villa de Santa Fe, Real y Minas de Guanajuato, donde se dedicó principalmente y con éxito al negocio de la minería. De carácter trabajador y dedicado, logró con los años hacerse de una pequeña fortuna y comprar varias haciendas que se dedicó a hacer producir y a administrar.

Lascuráin, a quien describen como un hombre alto y fornido, de ojos azules y semblante amable, se caracterizó siempre por ser un hombre caritativo que cuidó de ayudar a los indios de la región y a los habitantes de menos recursos. Algunos relatos cuentan cómo Lascuráin se sentaba en las tardes en el pórtico de su casa a conversar con quien por allí pasase o fuera a visitarlo y que siempre tenía una bolsa de semillas o algo de dinero que repartía entre los necesitados que se acercaban a él.

Pedro Lascuráin fue el fundador de las misiones que los jesuitas establecieron en Guanajuato, a quienes otorgó altos donativos para la construcción de las mismas. Asentado en la población de Valle de Santiago, Lascuráin consiguió que se construyeran dos cuerpos de la torre y la portada principal del templo de los jesuitas, que fue de estilo plateresco y contó con un bajorrelieve del apóstol Santiago a caballo en mitad de la portada. Para seguir la construcción más de cerca, Lascuráin fue mayordomo de esta iglesia desde el año 1700 hasta su muerte.

Pedro Lascuráin, amigo cercano y compadre de Josefa Teresa del Busto y Moya, se hizo cargo a la muerte de esta del proyecto del Colegio de la Purísima Concepción. Cuando por fin llegó la autorización real para la fundación del mismo, Lascuráin donó gran parte de las ganancias de sus haciendas para contribuir a la manutención del mismo. Además heredó sus haciendas a los jesuitas para que las administrasen en beneficio del colegio, ya que el rey les otorgó a ellos la administración del mismo. Esto suponía una fortuna para el colegio pues Lascuráin llegó a reunir casi 65 mil hectáreas de propiedad en la provincia de Guanajuato.

Una vez establecido el colegio, Pedro Lascuráin puso todo su empeño en establecer una cátedra de filosofía, materia que consideraba fundamental para la educación de los jóvenes.

Pedro Lascuráin de Retana falleció el 2 de abril del año 1744 en el estado de Guanajuato y fue sepultado en el presbiterio de la iglesia parroquial.

1745

❧ JOSEFA AROZQUETA DE FAGOAGA

En los tiempos del virreinato el apellido Fagoaga estuvo directamente vinculado con el negocio de la minería, pues se reconoce a la familia Fagoaga como la primera familia minera de la Nueva España. Dentro de la estirpe de los Fagoaga, Josefa Arozqueta de Fagoaga ocupa un lugar prominente.

María Josefa Arozqueta de las Heras Alcocer nació en la Ciudad de México el 7 de junio de 1701. Era hija de María Teresa de las Heras Alcocer y de Juan Bautista de Arozqueta, un próspero comerciante de origen vasco asentado en la Ciudad de México y que había fundado una importante casa comercial.

María Josefa contrajo matrimonio en el año 1716 con el empresario vasco Francisco de Fagoaga Yragorri, y desde entonces tomó el nombre de Josefa Arozqueta de Fagoaga. Cuando falleció su padre, Juan Bautista de Arozqueta, Josefa heredó la casa comercial que este había establecido y que era una de las más prósperas de la Ciudad de México, con un valor estimado de 118 464 pesos. Además, Josefa heredó varias minas, algunas haciendas y varios terrenos que hasta entonces se dedicaban al cultivo agrícola. Los bienes heredados por Josefa se unieron al patrimonio de Francisco de Fagoaga y la pareja construyó sobre ello la gran fortuna de su familia.

Según era costumbre entre los colonos españoles llegados a la Nueva España, los Fagoaga mandaron llamar a uno de sus sobrinos para que les ayudara con la administración de la fortuna familiar. El joven elegido para tal empresa, también de origen vasco, era Manuel Aldaco (uno de los promotores del Colegio de Las Vizcaínas), que se casó con una de sus hijas.

Los Fagoaga eran ampliamente respetados entre la burguesía y la nobleza de la Nueva España. Eran un ejemplo de crecimiento y prosperidad y, además, su enlace supuso una clara manifestación de la normalización que habían alcanzado los matrimonios mixtos, esto es, entre españoles de la metrópoli y criollos.

Josefa y Francisco tuvieron diez hijos: Agustina María (1717), Juana María (1719), José Joaquín (1720), Ana Viviana (1721), Ignacia Gertrudis (1723), Francisco Manuel (1724), Antonio Julián (1725), Andrés Carlos (1728), María Isabel (1729) y Juan Bautista (1730).

Para 1736 los negocios familiares vivían un excelente momento, pues habían conseguido ponerse a la cabeza de la industria minera que cada vez ofrecía mayores rendimientos, sin embargo, ese año murió Francisco de Fagoaga dejando diez hijos que aún no alcanzaban la edad adulta pues su hija mayor todavía no cumplía los veinte años y el más pequeño tenía apenas seis. Josefa pasó, por tanto, a ocuparse del control de los negocios y de la fortuna de la familia, que supo mantener e incluso incrementar.

Josefa Arozqueta de Fagoaga falleció en la Ciudad de México el 14 de octubre de 1772. Había elaborado su testamento un par de años antes, dejando como únicos herederos de toda la fortuna familiar a dos de sus hijos: Francisco Manuel y Juan Bautista.

1746

❧ JUAN FRANCISCO DE GÜEMES Y HORCASITAS

En 1746 Juan Francisco de Güemes y Horcasitas es nombrado 41° virrey de la Nueva España por el rey Felipe V. Horcasitas llegó a México el 9 de julio de ese año, mismo día en el que falleció el rey. Sin embargo, la noticia no llegaría a la Nueva España sino semanas después.

Juan Francisco de Güemes y Horcasitas nació en Reinosa, España, en 1681, hijo de Francisco de Güemes Cordón y de Francisca de Horcasitas Sáenz de Vila de Mollinedo. A los 19 años, Juan Francisco se alistó como soldado en los tercios españoles. Participó en la Guerra de Sucesión a favor de Felipe V, en el sitio de Gibraltar y en la toma de Orán, y fue nombrado inspector de infantería de Aragón, Navarra y Guipúzcoa.

En 1734 lo nombraron capitán general de La Habana. La isla sufría graves problemas en su administración y la buena labor de Güemes no solo mejoró la situación de la isla, sino que lo llevó a ser nombrado, en recompensa, virrey de la Nueva España por Felipe V.

La primera noticia que el nuevo virrey recibió de la metrópoli fue la de la muerte de Felipe V. Se organizaron unos actos fúnebres póstumos en honor al rey fallecido y meses después los actos de celebración de la llegada del nuevo rey, Fernando VI.

Durante su gestión Horcasitas tuvo que enfrentar varios problemas. En primer lugar, tuvo que ocuparse de recuperar las finanzas del virreinato que, tras la buena gestión del virrey Juan de Acuña, volvían a encontrarse en una situación muy deficiente. En cuanto a los avances de ingleses y franceses sobre el territorio español, Francisco de Güemes vio la necesidad de poblar el Nuevo Santander pues apenas había alguna misión y se temía que los franceses invadieran este territorio. Para esta empresa, envió a José de Escandón a fundar diversas villas de colonos españoles y varias misiones. Mientras tanto, en el sureste, el virrey se tuvo que ocupar de combatir a los ingleses, a los que, tras muchos esfuerzos y batallas, logró controlar.

Francisco de Güemes se desempeñó como virrey de la Nueva España desde 1746 hasta 1755. En estos años, al interior de las provincias, hubo varias sequías fuertes que produjeron hambrunas en regiones como Guanajuato y Zacatecas. El virrey tuvo que desviar apoyos a estas provincias para evitar una alta mortandad. También hubo problemas en el sector de la minería debido a la escasez de azogue. Sin embargo, a pesar de estos imprevistos, Horcasitas consiguió mejorar las finanzas del virreinato y aumentó las cuotas que se enviaban a la península por lo que su gestión se valoró de forma positiva desde la metrópoli.

De vuelta a España en 1755 Horcasitas fue nombrado, por Fernando VI, conde de Revillagigedo como recompensa por su buena gestión. En España todavía siguió en activo, ascendió a capitán general del Ejército y fue presidente del Consejo de Castilla.

El conde de Revillagigado falleció en Madrid el 27 de noviembre de 1766.

1747

✦ FERNANDO KONSHAK

El problema sobre la condición peninsular de California siguió pendiente incluso después de la expedición del padre Juan de Ugarte en 1721. Fernando Konshak fue el encargado de inspeccionar de nuevo las costas de California en 1746. Sus expediciones le llevaron a la misma conclusión, California no era una isla sino una península.

Fernando Konshak nació en Varazdin, Croacia, el 2 de diciembre de 1703. Estudió la primaria y la secundaria en su pueblo natal. A los 16 años entró como novicio en el seminario de la Compañía de Jesús de Trencin (Eslovaquia). Estudió dialéctica y retórica en Leoben y filosofía y teología en Graz (ambas en Austria). Al completar su formación fue profesor de gramática y de estudios clásicos en varios colegios jesuitas. Publicó *Nagadia versibus latinus*, un libro de poemas, en 1728.

En 1730 se trasladó a la Nueva España donde se le encomendó la misión de San Ignacio en California, a la que llegó en 1732. Durante su estancia en California, Konshak participó en tres expediciones.

La primera tuvo lugar en 1746 y en ella se quiso confirmar lo que el padre Ugarte ya había establecido dos décadas antes, que California era una península y que solo estaba separada del resto del continente por el río Colorado, cuya desembocadura dividía

California de Sonora. Konshak registró un diario durante esta expedición con un mapa que había obtenido del libro *Noticias de California y de su Conquista Temporal y Espiritual*, del jesuita Miguel Venegas. El problema sobre la peninsularidad de California siguió a discusión durante tres décadas más a pesar de esta expedición.

La segunda expedición en la que participó salió en 1751 y fue un viaje por tierra hasta la costa del Pacífico. El padre Konshak también registró un diario del viaje y este formó parte del libro *Apostólicos Afanes de la Compañía de Jesús*, de José Ortega, publicado en México en 1754.

La tercera y última expedición, en 1753, tuvo como objetivo explorar el lado oeste de la península de California, cerca de la bahía San Luis Gonzaga. Estas dos expediciones terrestres las hizo junto al capitán Fernando Rivera y Moncada.

Desde que llegó a California en 1732, Fernando Konshak participó de forma activa en la evangelización de los pueblos indígenas. Además de realizar las mencionadas expediciones, Konshak fundó varias misiones, abrió nuevos caminos para comunicarlas, construyó presas, canales de drenaje y las primeras minas de plata, y aprendió las lenguas de los indígenas. Escribió multitud de cartas a lo largo de esos años en las que puso de manifiesto las difíciles condiciones a las que se enfrentaron los misioneros.

En 1748, en reconocimiento a su labor, le asignaron la misión de San Ignacio de Kadakaaman. En ella Konshak hizo levantar una magnífica construcción de cantera que aún se conserva. Ese mismo año fue nombrado superior de todas las misiones de California y en 1758, hacia el final de su vida, fue nombrado visitador de las mismas.

Fernando Konshak falleció el 10 de septiembre de 1759.

1748

❧ MATÍAS ÁNGEL DE LA MOTA PADILLA

La historia más completa y detallada sobre la Nueva Galicia, actual Jalisco, se le debe a Matías Ángel de la Mota Padilla un importante historiador y abogado tapatío del siglo XVIII.

Matías Ángel López de la Mota Padilla nació en Guadalajara, México, el 2 de octubre de 1688. Sobre su infancia se conocen muy pocos datos, pero se cree que estudió en su ciudad natal, en el Colegio de San José de Gracia. El 4 de mayo de 1711 obtuvo el grado de bachiller en leyes en la Ciudad de México.

Al completar sus estudios Matías de la Mota regresó a Guadalajara, donde ocupó varios puestos importantes en el transcurso de su larga carrera. Su primer cargo fue el de abogado defensor del Juzgado General de Bienes de Difuntos en 1713; fue nombrado alcalde ordinario de Guadalajara en 1717; se convirtió en asesor de la Caja Real de Guadalajara desde 1721 hasta 1747 y la Real Audiencia lo nombró alcalde mayor de Aguascalientes en 1730.

Durante su gobierno en la ciudad de Aguascalientes colaboró para mejorar las condiciones de la población, abasteció a la ciudad de agua potable, continuó la construcción de la iglesia y reedificó la cárcel, entre otras actividades.

Posteriormente fue fiscal interino de la Real Audiencia de Guadalajara en 1739, después pasó a ser asesor del gobierno de la ciudad de Guadalajara en 1743 y se adjudicó el oficio de regidor perpetuo del Ayuntamiento de Guadalajara en 1746, título que le expidió el virrey Juan Francisco de Güemes.

Durante su regencia en la ciudad de Guadalajara destaca que arregló las calles, mandó construir el paseo de la Alameda, actual parque Morelos, e hizo las gestiones para el establecimiento de la Universidad de Guadalajara.

Además de estos cargos públicos, de la Mota fue un gran estudioso de la historia de México. Escribió por mandato del rey la *Historia de la Conquista del reino de la Nueva Galicia*, que concluyó en 1742; envió copia al rey, pero al parecer nunca la recibió y tuvo que pagar de su bolsa nuevas copias para volver a enviar. Estos gastos, pues el papel era muy caro en la época, junto al hecho de que nunca recibió pago alguno por el trabajo dedicado a esta obra, supusieron una considerable disminución de su fortuna, al grado de que terminó su vida viviendo en extrema pobreza. No pudo siquiera dotar a sus dos hijas y tuvo que ceder sus posesiones e incluso vender la biblioteca que durante años había logrado reunir.

La obra corrió mejor suerte que su autor y aunque tardó, finalmente fue publicada en dos volúmenes en ediciones de 1855, 1871 y 1920.

Cuando Matías de la Mota enviudó emprendió la carrera sacerdotal, no se sabe en qué año con exactitud, pero sí es cierto que en 1767 ya pertenecía a la Iglesia. Falleció en la ciudad de Guadalajara el 12 de julio de 1766.

1749

✦ BERNARDO MIERA Y PACHECO

Ante la conquista de extensos territorios por parte de los españoles, se hacía necesario elaborar mapas de los mismos que otorgasen información a la metrópoli sobre la Nueva España y que también sirviesen de guía a los propios novohispanos. El cartógrafo más prolífico del siglo XVIII en la Nueva España fue Bernardo Miera y Pacheco. Nació el 4 de agosto de 1713 en el norte de España. Hijo de un capitán de caballería, recibió formación de ingeniero militar. Se desconoce la fecha en la que viajó a la Nueva España, pero se sabe que el 20 de mayo de 1741 se casó en México con Estefanía de los Dolores Domínguez de Mendoza y que en 1743 se había instalado en El Paso.

Miera y Pacheco prestó sus servicios durante varios años como ingeniero militar y como cartógrafo en el presidio de El Paso y participó en varias campañas militares que se emprendieron desde allí. Como cartógrafo, sus servicios fueron solicitados durante numerosas expediciones, pero sin duda destacan dos mapas elaborados a petición de los gobernadores de Nuevo México.

En 1756 Miera se trasladó a Santa Fe como alcalde mayor y capitán de frontera de Pecos y Galisteo, y un año después, el gobernador Francisco Antonio Marín del Valle le encargó la elaboración de un mapa lo más detallado posible de Nuevo México por solicitud del virrey Agustín de Ahumada. Para poder trazar dicho mapa, Miera salió a recorrer el territorio junto al gobernador en una expedición de varios meses en la que recopiló toda la información geográfica y social que necesitaba.

De regreso a Santa Fe, en 1758, Miera trazó el mapa solicitado con tal precisión y detalle que se convirtió en el mapa más conocido de Nuevo México durante todo el virreinato. El mapa señala todos los asentamientos españoles de la región, así como los territorios que estaban ocupados por los indígenas. Traza la topografía del territorio, el curso de los principales ríos, y acompañan a la imagen textos sobre estadísticas de la población. El original del mapa desapareció durante el siglo XX y solo se conservan algunas copias del mismo.

En 1779 el nuevo gobernador de Nuevo México, Juan Bautista de Anza, solicitó a Miera la elaboración de un nuevo mapa. En esta ocasión el cartógrafo se centró en señalar las divisiones políticas al interior del territorio, delimitando las ocho alcaldías o jurisdicciones en las que estaba dividido: Taos, Santa Cruz de la Cañada, Santa Fe, Los Queres, Sandía, Alburquerque, La Laguna y Zuni.

Además de cartógrafo e ingeniero, Miera se desempeñó a lo largo de su vida en otras muchas funciones: tenía especial talento para la pintura y la talla, fue comerciante, recaudador y ranchero. Sus mapas fueron revisados en 1803 por Alexander von Humboldt antes de establecer los suyos propios.

En 1783 la esposa de Miera, Estefanía, con quien había tenido dos hijos, falleció; poco después, el 4 de abril de 1785 falleció también Bernardo Miera y Pacheco.

1750

❧ JOSÉ ANTONIO VILLASEÑOR Y SÁNCHEZ

En la mapoteca Manuel Orozco y Berra de la Ciudad de México se puede contemplar un plano de la ciudad realizado en 1753 con una gran precisión. El valor histórico de este documento es incalculable y su autor fue José Antonio Villaseñor y Sánchez. Nació en San Luis Potosí, México, probablemente en los primeros años del siglo XVIII. Hijo de mineros y terratenientes, estudió en el Colegio de San Ignacio de San Luis Potosí y luego en el de San Ildefonso de la Ciudad de México.

A partir del año 1723 comenzó a trabajar para la administración virreinal para la que desempeñó diferentes cargos. Primero trabajó en la contaduría general de tributos, que era la encargada de calcular los impuestos que debían pagar los indios y los vasallos del rey. Tras varios años en la administración tributaria, pasó a trabajar en la Contaduría de Reales Azogues. El azogue o mercurio era necesario para el funcionamiento de las minas y, por tanto, suponía un elemento indispensable para la Corona española.

Villaseñor y Sánchez, con otros intereses, se convirtió en uno de los más grandes eruditos de la primera mitad del siglo XVIII. Se desempeñó como matemático, historiador, astrónomo, ingeniero y como cartógrafo, probablemente la disciplina en la que más destacó.

Escribió varias obras entre las que encontramos un tratado para el mejor manejo de la plata y el oro titulado *Pantómetra matemática combinatoria de las leyes de la plata de toda ley* y publicado en 1733 y un *Matemático cómputo de los astros* publicado en 1756. Pero la obra más destacada de su producción es sin duda *Teatro Americano, descripción general de los reinos y provincias de la Nueva España y sus jurisdicciones*, que se publicó en dos volúmenes entre 1746 y 1748.

Felipe V envió en 1741 una real cédula en la que solicitaba una recopilación de noticias de los reinos de la Nueva España, Perú y Nuevo Reino de Granada. La Nueva España fue la única que tomó en serio la empresa solicitada y cumplió con ella. Para ello, el virrey Pedro Cebrián y Agustín encargó a José Antonio Villaseñor la descripción solicitada por el rey. Villaseñor realizó un enorme esfuerzo para la elaboración de la obra pues en primer lugar tuvo que recorrer todo el reino recopilando información y después tuvo que ordenar de forma coherente todo el material. El resultado fue su encomiable *Teatro Americano*.

A la par de estas actividades, Villaseñor también hizo el diseño de una ciudad en Texas que sería poblada por los colonos mandados traer de las Islas Canarias. Además, trazó un plano de la Ciudad de México en 1753, no solicitado por ninguna instancia y que fue el segundo plano elaborado sobre la capital del virreinato. El plano, que todavía se conserva, delimita con claridad las diferentes cuadras que conformaban la ciudad a mediados del siglo XVIII y marca la ubicación de templos, hospitales y colegios, entre otros edificios.

Se desconoce el año de fallecimiento de José Antonio Villaseñor y Sánchez.

1751

☙ JOSÉ DE LA BORDA

La industria de la minería en el virreinato creció notablemente durante el siglo XVIII propiciando algunas de las mayores fortunas de la época. El personaje más importante y más polémico de la minería novohispana fue José de la Borda, "el Fénix de los mineros".

Joseph de Laborde nació en Oloron entre 1699 y 1700. Su llegada a la Nueva España fue un acontecimiento controvertido. La Corona otorgaba con mucho recelo los permisos a los extranjeros para viajar a la Nueva España y, en cualquier caso, se les prohibía dedicarse al negocio de la minería, por lo que Laborde tuvo que eludir la ley de algún modo. Lo más probable es que unos mineros taxqueños lo hayan ayudado a castellanizar su nombre y a cambiar su lugar de nacimiento para que pasase por español y pudiera viajar a México.

José de la Borda llegó a Veracruz en julio de 1716, en la misma embarcación en la que viajaba el recién nombrado virrey Baltazar de Zúñiga. En 1720 se casó con Teresa Verdugo con quien tuvo tres hijos: Antonia Ignacia, que falleció siendo bebé, Ana María y Manuel, que nació en 1727 y en cuyo parto falleció Teresa. Tras la muerte de su esposa, De la Borda se abocó a su fe religiosa, consagró a su hijo Manuel al servicio de la Iglesia a la cual hizo importantes donativos a lo largo de toda su vida.

En cuanto a los negocios, De la Borda se dedicó a la minería. Desarrolló un gran talento para rescatar vetas abandonadas y hacerlas producir por otros mecanismos. Después de trabajar con su hermano, De la Borda fundó su propia mina en Tlalpujahua; de esta mina obtuvo grandes riquezas. Además, en 1738 heredó la fortuna y la mina de su hermano, La Lajuela, en la que poco después encontró una veta especialmente productiva que lo convirtió en uno de los hombres más ricos de la Nueva España.

Asegurada su fortuna, De la Borda donó la mayor parte de esta a la Iglesia católica y a varios proyectos arquitectónicos de los que destacan tres: el templo de Santa Prisca en Taxco, el Jardín Borda en Cuernavaca y la Casa Borda en la Ciudad de México. De estas construcciones el templo de Santa Prisca es sin duda el más relevante.

De la Borda es recordado por la Iglesia católica y por el gobierno del virreinato como un hombre piadoso, dadivoso y ejemplar, sin embargo, también es sabido que De la Borda era un hombre especialmente cruel. Capturaba indígenas y los llevaba encadenados hasta sus minas donde eran maltratados, marcados a fuego y obligados a trabajar hasta que caían desfallecidos. Todo ello suponía una clara violación de las leyes de Indias y se le abrieron algunos procesos por ello, pero debido a la influencia que tenía en el virreinato, estos no tuvieron mayores consecuencias.

Al momento de su muerte, De la Borda recibió los últimos sacramentos de su propio hijo. Falleció el 30 de mayo de 1778.

1752

❧ MIGUEL DE BERRIO Y ZALDÍVAR

La burguesía novohispana se caracterizó por combinar sus negocios particulares con altos cargos en la administración del virreinato. Un claro ejemplo de esta élite novohispana es Miguel de Berrio y Zaldívar.

Miguel José Calixto de Berrio y Zaldívar Ortiz de Landázuri Retes Palacio Paz Ayala y Vera nació en la Ciudad de México en 1716. Fue hijo de Andrés Berrio Díez-Palacios y de Teresa Josefa Zaldívar. Su madre, Teresa Josefa, era heredera de la fortuna de don Dámaso de Zaldívar, que a su vez había heredado su fortuna de su tío, el apartador de plata y oro, capitán José de Retes Largache.

Miguel de Berrio tuvo doce hermanos y en 1750 contrajo matrimonio en Zacatecas con Ana María de la Campa y Cos Ceballos, condesa de San Mateo Valparaíso con la que tuvo tres hijos: Mariana, José Mariano y María de Guadalupe Manuela.

Berrio y Zaldívar se desempeñó en diferentes puestos públicos a lo largo de su vida. Lo nombraron alcalde y corregidor de la Ciudad de México, ministro honorario del Consejo de Hacienda y hasta abril de 1757, año en el que se concedió la jubilación, se desempeñó como contador mayor del Real Tributo de Cuentas. También fue rector de la Real y Pontificia Universidad de la Ciudad de México entre los años 1755 y 1756 y diputado de la Cofradía de Aránzazu.

En otras actividades alejadas de la administración pública, Miguel de Berrio y Zaldívar cobró notoriedad como empresario dentro de la agricultura y también dentro de la industria minera. Explotó minas en las provincias de Guanajuato, Querétaro, Nueva Galicia y Nueva Vizcaya. De la producción de estos negocios logró juntar una envidiable fortuna con la que pudo hacerse de numerosas haciendas tanto cercanas a la Villa de Guadalupe como por la región del Bajío. Entre sus haciendas destacan: la Hacienda de San Diego del Jaral, la Hacienda de El Huizache, la de San Miguel y la de Carboneras. Pudo reunir tantas tierras de su propiedad que se jactaba de poder trasladar a su ganado desde Durango hasta Cuautitlán Izcalli sin tener que pasar por propiedad ajena.

Además de los cargos antes mencionados, Berrio y Zaldívar fue nombrado caballero de la Orden de Santiago en 1772 y miembro benemérito de la Real Sociedad Vascongada de los Amigos del País en 1773. Le fue otorgado el título de marqués de Jaral de Berrio en 1774 como recompensa por los servicios que tanto él como sus antepasados prestaron a la Corona y heredó, de su madre, el título de conde de San Mateo de Valparaíso.

Berrio también fue mecenas del matemático y literato Juan José Ignacio Bartolache, editor del periódico científico-literario *Mercurio Volante*. Además, encargó al reconocido arquitecto Francisco Guerrero y Torres la construcción de dos palacios, para él y para su hija, en la Ciudad de México.

Miguel de Berrio y Zaldívar falleció en 1779, a los 63 años de edad, en la Ciudad de México.

1753

⮞ JUAN JOSÉ DE EGUIARA Y EGUREN

El origen de la idea de una nacionalidad mexicana, resultado de la fusión de los grandes valores de las culturas prehispánicas con la cultura española, lo encontramos en el siglo XVIII en la figura de José de Eguiara y Eguren. Nació en 1696 en la Ciudad de México. Tras haber tenido profesores particulares en su niñez, Juan José ingresó al Colegio de San Ildefonso y posteriormente a la Real y Pontificia Universidad, donde estudió teología y derecho. Obtuvo el título de doctor en teología en 1715 y, además de cumplir con sus obligaciones pastorales, Eguiara y Eguren se dedicó a la docencia. A lo largo de los años profesó las cátedras de retórica, prima de teología, prima de sagradas escrituras y vísperas de filosofía. En 1749 fue nombrado también rector de la universidad.

Además de sus funciones en la universidad, Eguiara y Eguren ocupó varios cargos importantes dentro de la Iglesia, como canónigo magistral de la catedral, consultor del Santo Oficio de la Inquisición, examinador del Sinodal del Arzobispado y director y confesor del convento de las capuchinas.

En 1747, Juan José se jubiló de sus cargos en la universidad y poco después, en 1752, el Rey Fernando VI lo designó obispo de Yucatán, sin embargo, el sacerdote rechazó el cargo pues, tras su jubilación, había encontrado el tiempo necesario para sacar adelante el proyecto más importante de su vida: la *Bibliotheca Mexicana*, una recopilación bibliográfica de personalidades que sistematiza toda la producción literaria y científica de México desde la época prehispánica y hasta le época de Eguira. Para escribir esta obra, consultó todas las bibliotecas existentes en la Ciudad de México, recopiló noticias sobre escritores de la Nueva España y retomó un catálogo de escritores que había elaborado Diego Antonio Bermúdez de Castro. Para 1747, Eguiara había reunido ya datos de unos 2 mil escritores mexicanos y en 1755 publicó el primer volumen de su *Bibliotheca*.

Escrita en latín, esta obra incluye la referencia de todos los trabajos tanto impresos como manuscritos de los que Eguiara y Eguren tuvo noticia. Ordenadas las referencias por el nombre de pila del autor, el primer volumen comprende de la letra A a la C. Este es el único volumen que el sacerdote alcanzó a publicar, sin embargo, se conserva el manuscrito de las letras D a la J, que hoy en día se encuentra en la Universidad de Austin, en Estados Unidos. Lamentablemente la obra quedó inconclusa y no hay información de la letra K en adelante.

El proyecto de la *Bibliotheca Mexicana* de Eguiara y Eguren supone un esfuerzo de incalculable valor histórico y documental. Por primera vez se recogía en una misma obra toda la información sobre la producción literaria y científica de México y supuso el punto de partida de las posteriores investigaciones bibliográficas.

Eguiara y Eguren, que fue descrito como un hombre parco en el comer y beber, y discreto y limpio en el vestir, falleció el 29 de enero de 1763.

1754

❧ MIGUEL CABRERA

E

l 1753 se fundó en la Ciudad de México la primera Academia de Pintura de México. En el proyecto, encabezado por varios artistas de la época, participó el pintor novohispano más destacado del siglo XVIII, Miguel Cabrera. Nació en Oaxaca, en 1695 y allí se destacó desde niño por su habilidad para la pintura. Se trasladó a la Ciudad de México en 1719. Se desconoce si trabajó con alguno de los grandes pintores vivos de su tiempo, Villalpando, Correa y los hermanos Rodríguez Juárez. En la capital del virreinato, Cabrera entabló amistad con el pintor José Ibarra que influyó a tal grado en el estilo del joven que es difícil distinguir algunos de los cuadros de estos dos pintores.

Miguel Cabrera contrajo matrimonio con Ana María Solano y Herrera en 1740 y tuvo varios hijos. Entró como pintor de cámara del arzobispo José Manuel Rubio y Salinas, hecho que contribuyó notoriamente al crecimiento de su fama, y trabajó constantemente para los templos y colegios de la Compañía de Jesús, que se convirtió en uno de sus principales clientes.

Cabrera fue uno de los pintores que inspeccionó el ayate original con la imagen de la Virgen de Guadalupe y en 1756 escribió una breve obra titulada *Maravilla americana y conjunto de raras maravillas observadas con la dirección de las Reglas de el Arte de la Pintura*, en la que expone sus conclusiones sobre el lienzo de la Virgen. Además, en esta obra también aporta interesantes datos sobre los pintores novohispanos de su época.

Las obras realizadas por Cabrera son muy numerosas. Para los templos y colegios que la Compañía de Jesús tenía por las diferentes provincias de la Nueva España, realizó multitud de trabajos. Destaca entre todos, el trabajo realizado en la iglesia de San Francisco Javier de Tepotzotlán que ha sido considerado como su trabajo más complejo y el que mejor representa el verdadero estilo de Cabrera.

En esta iglesia Cabrera se desempeñó en varias facetas artísticas, pues además de pinturas, realizó esculturas, cooperó en el proyecto arquitectónico y hasta aportó conocimientos musicales para mejorar la acústica del edificio. Este compendio de labores artísticas llevó a que lo calificasen como "el Miguel Ángel mexicano".

Entre sus demás obras destaca un magnífico retrato de Son Juana Inés de la Cruz, cuatro lienzos ovalados que se sitúan en el crucero de la catedral metropolitana de la Ciudad de México, las representaciones del vía crucis de la catedral de Puebla y el espléndido martirio de San Sebastián que realizó por encargo de José de la Borda para el templo parroquial de Santa Prisca de Taxco.

En 1753 fundó, junto a otros pintores, la primera Academia de Pintura de México, de la que Cabrera fue presidente por varios años y que motivó la posterior creación de la conocida Academia de San Carlos.

Miguel Cabrera falleció en 1768 y fue sepultado en el templo de Santa Inés de México.

1755

✦ FRANCISCO JAVIER GAMBOA

En 1755 se envió a representar los intereses de México ante la corte española a uno de los abogados más reconocidos de la Nueva España del siglo XVIII, el jurista Francisco Javier Gamboa, quien además legó a la posteridad dos interesantes y disímiles obras: una sobre los esclavos negros y otra sobre la industria minera.

Francisco Javier Gamboa nació en Guadalajara, México, en 1717. Estudió primero en su ciudad natal, posteriormente se trasladó al Colegio de San Ildefonso de la Ciudad de México y finalmente se graduó en leyes en la Real y Pontificia Universidad.

Gamboa se distinguió por ser un experto orador y por su gran erudición. Comenzó su carrera defendiendo reos en el Tribunal de la Fe. En 1755 lo designaron para representar los intereses de México ante la corte española. En 1765 lo nombraron alcalde del Crimen de la Ciudad de México; después fue miembro de la Audiencia de Barcelona y hacia el final de su vida ostentó los cargos de regente de la Audiencia de Santo Domingo y rector de la Audiencia de México.

Francisco Javier Gamboa escribió varias obras entre las que destacan dos que son de suma relevancia en el contexto de su tiempo: *Comentarios a las ordenanzas de minas* y *el Código Negro Carolino* de 1784.

Durante su primera estancia en España se interesó por estudiar los pormenores de la industria minera. Resultado de ello son los *Comentarios a las ordenanzas mineras*, de 1761. El texto recoge varios comentarios sobre la legislación de minas de la época y sobre algunas medidas que propone para aumentar y mejorar el desarrollo de esta industria. La obra constituye un verdadero tratado sobre la historia y la técnica de la minería, pues ofrece un listado de nueve actividades que debe saber desarrollar quien se dedique a la industria minera y que suponen avanzados conocimientos en matemáticas y, específicamente, en geometría. Como complemento se incluye también un listado de instrumentos necesarios para las actividades señaladas anteriormente, lo cual convierte la obra en un interesante documento histórico sobre la tecnología minera del siglo XVIII.

La segunda obra importante de Francisco Javier Gamboa es su *Código Carolino* o *Código de legislación para el gobierno moral, político y económico de los negros de las Indias*, popularmente conocido como *Código negro*. Se presupone que escribió esta obra para regular el gobierno y los derechos de la población negra cuando fue designado en la Audiencia de Santo Domingo.

Dividida en tres partes, la obra ofrece una serie de disposiciones. En la primera parte serán disposiciones morales, como la prohibición de la práctica de ritos africanos o el requerimiento de separación de niños blancos y negros en las escuelas. La segunda aborda disposiciones cívicas y económicas, como los requisitos para la obtención de la libertad o el derecho a cambiar de amo. La última parte hace referencia al sistema de inspección para verificar el trato que se le daba a los esclavos.

Gamboa falleció en la Ciudad de México en 1794.

1756

❧ FRANCISCA GONZAGA CASTILLO

La astronomía mexicana del siglo XVIII contiene el nombre de una mujer injustamente olvidada por la historia: el de la matemática y astrónoma Francisca Gonzaga Castillo. Se conocen muy pocos datos de la vida de esta mujer científica. María Francisca Gonzaga del Castillo vivió durante la primera mitad del siglo XVIII, aunque se desconoce el año exacto en el que nació. Aunque tampoco se sabe dónde se formó, es indiscutible que Francisca vivió el esplendor cultural de su siglo, que dejaba atrás la tradicional escolástica y se sumergía en la modernidad.

En la época en la que vivió Francisca, la elaboración de efemérides, almanaques o piscatores (nombres con los que se conocían los pronósticos meteorológicos del año) ya no estaba en auge, sin embargo, aún había sectores de la población que los buscaban y hacían uso de ellos. No solo los campesinos se beneficiaban de estas predicciones que les ayudaban en sus cosechas, también los marineros y los médicos ajustaban sus oficios a estas predicciones, incluso los habitantes de las grandes ciudades, con mayor o menor posición social, gustaban de conocer con anticipación los fenómenos celestes.

Ante este continuado uso de los almanaques, surgió en el siglo XVIII en la Nueva España un grupo de astrónomos, principalmente en la Ciudad de México y en Puebla que se dedicaron a investigar y escribir sobre estas cuestiones y aparecen una serie de publicaciones de gran valor para la astronomía mexicana como las *Ephemeris y Tablas astronómicas* de Pedro de Alarcón o el *Cálculo Astronómico* de Cristóbal Savatierra, ambas en 1756, y las *Efemérides calculadas al meridiano de México* de Francisca Gonzaga Castillo en 1757.

Aunque se conocen muy pocos datos sobre Francisca Gonzaga, la constatación de su existencia se la debemos al sacerdote Mariano Beristain, quien publicó un libro titulado *Biblioteca Hispano-Americana septentrional* entre 1816 y 1821, en el que recoge datos de estos astrónomos novohispanos del siglo XVIII y, entre ellos, hace referencia a Francisca Gonzaga Castillo de quien dice que se dedicó al estudio de las matemáticas y que en 1757 publicó su *Efemérides*.

Recientemente se ha encontrado un ejemplar de la obra que escribió Francisca Gonzaga Castillo en la biblioteca de la Universidad de Brown en Estados Unidos. Este descubrimiento elimina cualquier posible duda sobre la existencia real de la astrónoma. Además, parece que esta no fue la única obra publicada por Francisca pues todo indica que en 1758 publicó otro almanaque.

La obra de Francisca concuerda con las características de los trabajos astronómicos de la época: contiene dedicatorias, notas cronológicas, temporales, velaciones, pronósticos para las estaciones del año y también pronósticos para cada día del año, así como predicciones de eclipses.

A pesar de poder situar a Francisca en el contexto científico de la época, la poca información sobre ella constata las dificultades que las mujeres tuvieron para ser consideradas y destacar en el mundo académico y científico novohispano.

1757

❧ IGNACIO JERUSALEM Y STELLA

En la religión católica la música es considerada como una de las mejores expresiones para reverenciar a Dios y estaba estrechamente ligada a la oración. Como puede observarse en cientos de pinturas de la época, tanto en Europa como en Nueva España, eran los ángeles los encargados de interpretar la música celestial. En el ámbito terrestre, la sublimación musical era una ventana para acceder a lo divino, una manera de humanizar lo misterioso.

En el siglo XVIII, la música sacra en Nueva España estaba en pleno esplendor, por lo cual también se le conoce como el Siglo de Oro de la música novohispana. Evidentemente, los principales centros musicales eran las catedrales, templos, conventos, colegios religiosos y misiones evangelizadoras. De ellos, aún se conservan importantes archivos en las catedrales de México, Puebla, Oaxaca, Morelia, Durango y Guadalajara.

El maestro de capilla era la máxima autoridad y lograr ese puesto era algo sumamente difícil. Uno de los más sobresalientes músicos que obtuvo ese cargo en la catedral de la capital novohispana fue Ignacio Jerusalem y Stella.

Nació en la ciudad de Lecce en la primera década del siglo. De acuerdo con algunas fuentes en 1707 y con otras en 1710. Proveniente de una familia de músicos, estudió en los conservatorios de Nápoles, principalmente violín y composición. Además estuvo fuertemente influenciado por la ópera y el bel canto. También fue conocido como "Ignazio Gerusalemme" o como "el milagro musical".

En 1732 se trasladó a España, donde trabajó en el Coliseo de Cádiz. Diez años después fue contratado, junto con una veintena de músicos, por José Cárdenas como director y violinista del Coliseo de México, escenario principal de la Nueva España hasta mediados del siglo XVII, donde produjo una gran cantidad de ópera y música para teatro.

Años más tarde, el cabildo de la catedral lo llamó como maestro de la capilla de la ciudad, donde fue director hasta el día de su muerte. Con él, la música catedralicia se enriqueció con el acento teatral y operístico que Jerusalem tenía en las venas. Su música viajó por todo el territorio, alcanzando las catedrales más importantes de América Central.

Jerusalem y Stella creó un nuevo estilo en la manera de escribir e interpretar música religiosa, con un gran protagonismo de los instrumentos en general y de los violines en particular.

A pesar de haber sido un prolífico compositor, a la fecha hay apenas unas cuantas obras grabadas, en las que, sin embargo, brilla su genio, en la elegancia, la armonía, el ritmo de piezas como *Oiga el orbe Virgen pura, Cuando alegre vivo, La ciudad que a María… o Misa de niños.*

Murió en 1769. Su desaparición tuvo un fuerte impacto en la catedral de la Ciudad de México, que fue perdiendo la importancia central en la vida musical de la Nueva España, que tuvo bajo la tutela de Ignacio Jerusalem y Stella.

1758

✦ JUNÍPERO SERRA

Cuando en 1988, el Papa Juan Pablo II declaró bendito al fraile franciscano Junípero Serra dijo: "en momentos clave de la humanidad, Dios eleva a los hombres y mujeres en quienes confía a roles de importancia decisiva para el desarrollo futuro de la sociedad y la iglesia. Nos regocijamos aún más cuando sus logros están acompañados por una santidad en vida que realmente se puede llamar heroica. Esto ocurrió con Junípero Serra, quien, en la providencia de Dios, estaba destinado a ser el apóstol de California".

Su nombre era Miguel José Serra Ferrer. Nació en septiembre de 1713 en Mallorca, en el seno de una familia humilde. Sus padres eran analfabetos pero, buscando que su hijo tuviera una mejor formación, lo llevaron a la escuela del convento franciscano de San Bernardino. A los 15 años empezó a estudiar filosofía y a los 16 comenzó a vestir el hábito de la orden, cambiando su nombre a Junípero.

El padre Serra se convirtió en un gran maestro, en la cátedra del convento de San Francisco y en la cátedra de Teología Escotista en la Universidad Luliana de Palma de Mallorca. Además era considerado un extraordinario predicador y orador.

En 1749 se le concedieron los permisos para trasladarse al Colegio de Misioneros de San Fernando en la capital de la

Nueva España. Desde ahí inició su carrera misionera. Primero en la Sierra Gorda, donde estuvo ocho años enseñando a los nativos desde cultivar las tierras hasta ciencia, arte y, por supuesto, los principios de la fe católica. De su paso por este lugar, queda como testigo un templo churrigueresco en Jalpan, construido bajo su dirección.

En aquellas épocas, los jesuitas fueron expulsados de los territorios españoles, por lo que las misiones de Baja California quedaron abandonadas. El virrey pidió a los franciscanos ocupar ese lugar y fray Junípero se ofreció como voluntario para ir al mando de la expedición, junto con otros 16 religiosos.

Entre 1769 y 1782 fundó 21 misiones, que luego se convertirían en las ciudades más importantes de California, como San Diego, San Francisco, Santa Bárbara y Santa Clara. Su amor a los indígenas era paternal y sin condiciones. En una carta a Teodoro de Croix escribió: "Los neófitos son nuestros hijos, pues ninguno otro los ha engendrado en Cristo y es consiguiente estimarlos como los estimamos paternalmente". Y, efectivamente, dedicó su vida a ellos. Les enseñó diferentes oficios, empezando por la agricultura, la construcción de casas y de canales de riego y otros como herrería, carpintería y albañilería. Además los educó, los defendió de militares y malos gobernantes y, por supuesto, los evangelizó. Junípero Serra confirmó a 5 309 personas, la mayoría de ellos indígenas que se convirtieron al cristianismo durante los quince años de su obra misionera.

El padre Serra murió a los 71 años, en agosto de 1784, en la misión de San Carlos Borromeo. En enero de 2015 fue canonizado por el Papa Francisco.

1759

❧ MARÍA IGNACIA DE AZLOR Y ECHEVERZ

María Ignacia de Azlor y Echeverz nació el 9 de octubre de 1715 en la Hacienda de San Francisco de Patos, en lo que hoy es el municipio General Cepeda, en Coahuila. Fue descendiente de don Francisco de Urdinola, conquistador de Nueva Vizcaya, de los vizcondes de Zolina, de los condes de Javier y de los marqueses de San Miguel de Aguayo.

La riqueza de su familia se remontaba hasta los tiempos de Urdinola, quien además de conquistador y gobernador, se había dedicado a la minería, la ganadería y la vitivinicultura, fundando la primera bodega comercial de vino del continente americano.

Su padre, José Ramón de Azlor y Virto de Vera, originario de Huesca, España, fue un militar que comandó una expedición para expulsar a los invasores franceses del actual territorio de Texas. De su madre, Ignacia Javiera De Echeverz y de Valdés, recibió una gran riqueza cuando quedó huérfana a los 18 años, convirtiéndose en la segunda marquesa de Aguayo.

Sin embargo, a María Ignacia de Azlor no le iba a interesar la vida de la nobleza, sino que entonces decidió dejar la tranquilidad y los lujos en la hacienda y, con el apoyo del virrey, ingresar al Claustro de la Purísima Concepción en la capital. Sin embargo, sus sueños iban más allá. Ella quería fundar su propio colegio-convento para mujeres y se trasladó a España para pedir permiso al rey. En la península se estableció en el Convento de la Orden de la Enseñanza, en Tudela, en la comunidad de Navarra.

Años más tarde, regresó a México para realizar su sueño. Invirtió su patrimonio heredado (más de 72 mil pesos, joyas de oro y plata, piedras preciosas, obras de arte y ganado) para fundar el Convento de Nuestra Señora del Pilar de Religiosas de la Enseñanza y Escuela de María, para educar a mujeres de todas las clases socioeconómicas.

Así, estableció en la Nueva España la primera escuela formal para mujeres, sin distinción de origen, ni edad, ni raza. En su colegio buscaba salvar el alma a través de la educación, ir más allá del convento para educar y preparar a las religiosas para combatir a los enemigos de la iglesia.

Una vez que terminó la construcción del monasterio planeó y mandó a construir un templo dedicado a la Virgen del Pilar. Sor María Ignacia no pudo verlo terminado, sin embargo, dejó como legado una joya arquitectónica del barroco mexicano del siglo XVIII, que a la fecha es conocida como la Iglesia de la Enseñanza, ubicada en la calle Donceles #102, en el Centro Histórico de la Ciudad de México.

Murió el 6 de abril de 1767 en el convento. A su funeral asistieron el conde de San Miguel de Aguayo y el Conde de San Pedro del Álamo, así como importantes personajes del México virreinal, dándole el adiós a una religiosa que es considerada una precursora de enseñanza para mujeres, venciendo obstáculos de todo tipo, frente a una sociedad misógina y prejuiciosa.

1760

❧ ANDRÉS CAVO FRANCO

"Año de 1521. Libro primero. En un ameno y espacioso valle, en donde hacen remanso los manantiales que corren de las sierras de que México está cercada, se forman muchos lagos (…) el bajo está salitroso, y por lo mismo mas útil á los Mexicanos (…) En el medio de este lago estaba México fundada". Así comienza la historia de México con la llegada de los españoles. Al menos la contada por el jesuita Andrés Cavo y que luego continuaría Carlos María de Bustamante, para convertirla en la primera historia de la Nueva España, desde la llegada de los españoles hasta la entrada del Ejército Trigarante.

Andrés Cavo nació en Guadalajara, la capital de la Nueva Galicia, en 1739. Estudió con los jesuitas en el Colegio de Santo Tomás de Aquino, donde obtuvo el grado de bachiller en filosofía, y comenzó el noviciado en el seminario de Tepotzotlán en 1758. Como estudiante de teología asistió al Colegio Máximo de San Pedro y San Pablo, y vivió en el Colegio Seminario de San Ildefonso en la Ciudad de México. Ya como sacerdote impartió cátedra en el Seminario de San Ignacio, de Puebla, y en el Colegio de San Jerónimo, de la misma ciudad.

En 1764 fue enviado a la misión de la Santísima Trinidad, en Nayarit. Ahí atendía a cientos de indios. Sin embargo, el 27 de febrero de 1767 Carlo III ordenó la expulsión de los jesuitas de la Nueva España, por lo que a principios de 1768 partió hacia el destierro en la fragata *Nuestra Señora del Buen Suceso*, llegando a La Habana un mes después y al puerto de Cádiz en junio de ese año. De ahí viajó hacia Roma con el objetivo de dirigirse con las autoridades eclesiásticas para obtener la licencia que le permitiera regresar a su tierra, lo cual nunca sucedió.

En 1785, desde la capital italiana, el padre Cavo le propuso al Ayuntamiento de la capital novohispana escribir una historia de México. La propuesta fue bien recibida y se le enviaron los libros capitulares de la ciudad con toda la información histórica. Doce años se dedicó a escribir su *Mexici historia*, originalmente en latín, y traducida después por él mismo como *Historia civil y política de México*. La obra pone énfasis en los acontecimientos de la capital de la Nueva España, ordenados cronológicamente entre 1521 y 1766.

Cavo envió el manuscrito a su amigo el padre Pichardo para que lo entregara al Ayuntamiento. Sin embargo, el interés se había perdido. Años después, Carlos María de Bustamante encontró una copia en la biblioteca del obispo Joaquín Madrid y decidió completarla y publicarla con el título *Los tres siglos de México bajo el gobierno español, hasta la entrada del Ejército Trigarante*, editada y publicada en1836. En la biblioteca de la Universidad de Texas pueden encontrarse varios de los manuscritos del padre Cavo, incluyendo el texto original en latín, que hasta la fecha sigue inédito.

Andrés Cavo murió el 23 de octubre de 1803.

1761

JACINTO CANEK

En el centro de toda la vida maya, de su pensamiento, su sistema de mitos y creencias, de sus estructuras sociales, económicas, culturales, religiosas, e incluso de su vida cotidiana, se encuentra una concepción cíclica del tiempo, que se repite ininterrumpidamente cada trece katunes (ciclos de veinte años). De acuerdo con las profecías, regresaría un hombre–dios. Por ello, cuando Jacinto Uc de los Santos se autonombró Jacinto Canek (*Kaan Ek*, en lengua maya quiere decir "serpiente negra"), y que no era otro sino Moctezuma, cuya venida había sido profetizada, los indígenas no dudaron en reconocerlo como su legítimo rey. Jacinto Canek nació en 1731 en el barrio de Laboríos en el puerto de Campeche. Probablemente haya estudiado historia y latín con religiosos franciscanos en el convento de Mérida, pero más bien era un espíritu libre, que viajaba por la región del Petén como mendigo, adivinador y chamán, curando enfermos y participando en distintos rituales. Era un hombre inteligente, educado y audaz, que conocía no solamente la historia del pueblo maya, sino del pueblo azteca, la Biblia y la historia de España.

El 19 de noviembre de 1761 se alzó contra los españoles en el pueblo de Cisteil, dando muerte a un comerciante español, así como a un grupo de militares que acudieron a la represión, entre ellos, el general Tiburcio Cosgaya. El día siguiente se entronizó al rey indígena y durante los días próximos llegaron diversos grupos mayas a otorgarle obediencia al nuevo rey. En pocos días, Canek, quien afirmó que era el tiempo propicio para expulsar a los españoles, ya tenía bajo sus órdenes a un grupo de más de 2 500 indígenas. Canek abolió los tributos, el sistema de repartimiento y nombró un gobierno de mayas libres.

Sin embargo, los españoles establecieron un cerco con más de 3 mil hombres armados y el 26 de noviembre atacaron a los mayas rebeldes, quienes cayeron rápidamente. El rey maya compareció ante el gobernador José Crespo y Honorato y fue sentenciado al suplicio y a la muerte, la cual sucedió el 14 de diciembre. De acuerdo con Justo Sierra O'Reilly: "Se le hace pasar un suplicio de los más horrorosos que se leen en la historia, quemándose su cadáver y arrojando al aire sus cenizas; sus ocho compañeros fueron ahorcados dos días después y otros cien infelices fueron condenados a sufrir la durísima pena de doscientos azotes y la pérdida de la oreja derecha".

Si bien la sublevación de Canek solamente duró una semana, se renovó la cosmovisión maya y el antiguo mito mesoamericano del regreso del hombre-dios, que puede identificarse con Quetzalcóatl o Kukulkán, y fue un histórico símbolo de resistencia contra la explotación colonial. Incluso, una zona de la frontera Belice y el Petén guatemalteco se convirtió en una región de refugio de mayas libres. De acuerdo con Anthony Wallace, la rebelión maya de 1761 fue "el esfuerzo deliberado, organizado y consciente de los miembros de una sociedad para construir una cultura más satisfactoria", en el siglo XVIII.

1762

✎ JOSÉ RAFAEL CAMPOY

Un ilustrísimo mexicano del siglo XVIII, un pensador adelantado a su época, un célebre hombre de letras que ponía en duda todos los prejuicios y conocimientos dados para formar su propio pensamiento, un erudito humanista de enorme sabiduría según sus amigos, compañeros y discípulos, pero que desgraciadamente su registro ha sido perdido junto con toda su obra escrita.

José Rafael Campoy es parte de la generación de jesuitas que fueron desterrados a Italia, por Carlos III, en 1767, un grupo de humanistas, filósofos, historiadores, intelectuales, poetas, oradores que renovaron la cultura novohispana, del que Campoy fue considerado el decano y del que destacan Clavijero, Agustín Castro, Abad, Alegre, Cerdán, Parreño, Dávila, Agustín Márquez, Galiano, Cisneros, Antonio López Portillo, Francisco Zevallos y Juan Antonio Baltasar, desarrolladores de la llamada "filosofía moderna en México". Ellos trajeron las nuevas ideas de Europa, con lo que renovaron los diversos campos de la enseñanza y la cultura en el país.

Su pensamiento fue revolucionario pues comenzaron a dejar de lado el pensamiento escolástico metafísico y comprendieron que la filosofía debía de ser un instrumento para transformar la realidad, particularmente la situación en la que se encontraba el país. Hubo una importante transición de la física más bien especulativa desde Aristóteles hasta Santo Tomás, a las nuevas doctrinas y descubrimientos de Bacon, Copérnico, Galileo, Kepler, Descartes, Leibnitz y Newton. En términos sociales y políticos, abrevaron del pensamiento de los franceses Voltaire, Rousseau y Montesquieu, así como de los enciclopedistas, y sus ideas se convirtieron en las semillas de una ideología que llevó a la Independencia de México. Tan es así que Carlos III se dio cuenta de ese despertar de la conciencia crítica y fue uno de los motivos reales para decretar la expulsión de los jesuitas.

José Rafael Campoy nació el 15 de agosto de 1723, en Álamos, Sinaloa —entonces Nueva Navarra—. A los ocho años fue enviado a la Ciudad de México para que estudiara con los padres betlemitas. Los estudios superiores los realizó en San Ildefonso y a los 18 años fue a Tepotzotlán con la Compañía de Jesús y se volvió un estudioso de Aristóteles. Posteriormente fue enviado a Puebla a enseñar filosofía, a San Luis Potosí a impartir gramática. Años más tarde regresó a la capital para dedicarse de lleno a los estudios teológicos.

Una vez ordenado como jesuita viajó a Veracruz, donde se volvió un gran orador. Su fama de gran literato llegó incluso a la península ibérica. Durante los siguientes años se dedicó a estudiar y comentar la obra *De la naturaleza de las cosas*, de Plinio, hasta el destierro.

En Italia vivió en Bolonia, donde continuó estudiando filosofía, zoología y botánica, cayó presa de una enfermedad y murió en la pobreza total el 29 de diciembre de 1777. Su cadáver fue sepultado en la iglesia de Santa María de la Caridad, convento de religiosos terceros de San Francisco de Bolonia

1763

➤ JOSÉ BERNARDO DE GÁLVEZ Y GALLARDO

Originario de Macharaviaya, en Málaga, España, José Bernardo de Gálvez y Gallardo (2 de enero de 1720-17 de junio de 1786) fue un importante político y jurista que transformó la política y la administración pública en la Nueva España, en la segunda mitad del siglo XVIII. Pertenecía a una familia dedicada al servicio de la Corona. Sus tres hermanos y un sobrino —que sería conde de Gálvez— fueron personajes destacados en la vida pública de su tiempo.

El obispo de Málaga se fijó en el y le becó los estudios eclesiásticos. Sin embargo, José Bernardo no sentía el llamado y desertó para estudiar derecho en la Universidad de Salamanca y ocupó diversos cargos en la península: abogado de la embajada de Francia en Madrid, fiscal general, secretario personal del ministro Jerónimo Grimaldi, abogado de cámara del príncipe Carlos y alcalde de Casa y Corte.

En 1765 fue nombrado visitador del virreinato de la Nueva España y miembro honorario del Consejo de Indias. De acuerdo con el Real Decreto del 20 de febrero de ese año, sería "Visitador General de todos los tribunales de justicia, cajas y ramos de la Real Hacienda y de los propios y arbitrios de las ciudades, villas y pueblos de esa Nueva España". Sus principales objetivos serían: primero, controlar la hacienda mexicana, inspeccionar las aduanas del virreinato —tanto marítimas como terrestres— y acabar con los abusos, fraudes y contrabando que de forma crónica imperaban en los puertos de Veracruz y Acapulco.

Llegó a tierras americanas con la misión de restablecer el orden colonial y quitarle el poder a los criollos, con lo que se dio lo que se conoce como el reformismo borbón en América. Entre sus acciones está la expulsión de los jesuitas —por orden directa de Carlos III—, el establecimiento del estanco del tabaco —acabando con su libre comercio desordenado—, la expedición norteña para instalar la intendencia de Arizpe, reguló el recaudo y manejo de las rentas en las Cajas Reales, combatió el virrey Joaquín Juan de Montserrat y Cruïlles —a quien se acusaba de malas prácticas— y desarrolló el proyecto —junto con el marqués de Croix, el virrey que sucedió a Montserrat y Cruïlles— de establecer intendencias en la Nueva España —apegados a las ordenanzas de intendencias de España de 1718 y 1749—, lo cual no pudo ver logrado, ya que no se llevó a cabo sino hasta 1786, un año antes de su muerte, cuando él ya estaba de vuelta en España.

En 1769, Gálvez estableció una base naval en el puerto de San Blas, Nayarit, donde fundó una escuela naval y un centro astronómico. Desde ahí, organizó una expedición hacia California para establecer fuertes y prevenir la expansión de los rusos desde Alaska. También realizó una expedición hacia Sonora y Sinaloa para terminar con la rebelión de los indígenas. Por ello, a su regreso recibió de parte del rey Carlos III, el título de marqués de Sonora y vizconde de Sinaloa. Murió en Aranjuez, España.

1764

✎ FRANCISCO JAVIER ALEGRE

Humanista, erudito, teólogo, historiador, filósofo y traductor, Francisco Javier Alegre fue uno de los grandes sabios del virreinato. Nació el 12 de noviembre de 1729 en el puerto de Veracruz, hijo de padres españoles, Juan Alegre e Ignacia Capetillo. Desde pequeño aprendió gramática y latín y a los doce años ya cursaba estudios de filosofía en el Real Seminario de San Ignacio, en Puebla. Poco más tardé ingresó a la Real y Pontificia Universidad de México, donde estudió derecho románico y canónico.

A los 18 años ingresó a la Compañía de Jesús, para realizar el noviciado en Tepotzotlán, donde pudo también consagrarse a las humanidades, a aprender lenguas antiguas, modernas y prehispánicas, a estudiar a los clásicos grecolatinos como Homero, Virgilio, Horacio, y a investigar códices y manuscritos indígenas. También leyó profundamente a San Agustín, Santo Tomás de Aquino, Duns Scoto, Francisco Suárez y Petavio, entre otros.

Ya ordenado sacerdote, en 1755 viajó a La Habana para enseñar retórica y filosofía durante siete años. Regresó a México en 1764, al Colegio de San Ildefonso, para formar parte de la comisión que dictaría una reforma por los estudios que ofrecían la Compañía, y comenzó a escribir una de sus más grandes obras, una historia de los jesuitas en la Nueva España, que sería publicada —por Carlos María Bustamante— en 1841, con el título póstumo *Historia de la Compañía de Jesús en la Nueva España desde la llegada al Nuevo Mundo hasta el decreto de expulsión*. Es un libro escrito con sumo cuidado estilístico que recopila miles de datos sobre la labor evangelizadora de la orden, así como la historia de sus misioneros y de sus colegios.

De acuerdo con Alfonso Reyes, Francisco Javier Alegre, "ornamento grande de la emigración jesuítica", legó una "verdadera hazaña", a saber, "poner en latín *La Ilíada* (y aun la *Batracomiomaquia*)". En el ámbito de la traducción también destacan los poemas *Alexandriados* y *Nysus*, así como *Arte poética* de Boileau.

En 1767, los jesuitas fueron expulsados de la Nueva España. Alegre, junto con muchos otros religiosos, se embarcó en la fragata *La Dorotea*, con rumbo al puerto de Cádiz. De ahí se trasladó a la ciudad de Bolonia, en Italia, donde escribió la mayoría de sus obras, tanto en castellano como en latín. Sobresale —además de la *Historia*— *Institutionum theologicarum libri XVIII*, una serie de estudios y reflexiones con las que Alegre busca confirmar los dogmas de fe; defender la teología escolástica de las injurias y críticas a que se veía sometida; y exponer de un modo sencillo las verdades de la fe. También escribió una *Carta Geográfica del Hemisferio Mexicano*, *Elegías con ocasión de la muerte de Francisco Plata*, así como algunas composiciones líricas en honor a la Virgen de Guadalupe y estudios sobre física.

Alegre murió el 16 de agosto de 1788. De acuerdo con Manuel Fabri, se apagaba "una gran luz del ingenio, que debe ser contada entre las principales glorias y blasones de la patria mexicana".

1765

✒ MARÍA MAGDALENA CATARINA DÁVALOS

La tercera condesa de Miravalle cuenta con una historia, entre fábula y leyenda, poblada de datos imprecisos, contradicciones y exageraciones, que la hace aún más interesante y fascinante. Su realidad está intrínsecamente ligada a su ficción.

La historia se remonta hasta 1690, cuando Alonso Dávalos y Bracamontes fue nombrado por Carlos II primer conde de Miravalle, condado que abarcaba tierras de Nueva Galicia, hoy Nayarit. Su hijo extendió el condado de Miravalle hasta las tierras del oriente de Michoacán. Pedro Alonso Dávalos y Bracamontes se casó con María Antonia Francisca Orozco de Rivadeneyra y Orendain —se dice que descendiente de la nobleza indígena— con quien tuvo, en 1701, a María Magdalena. Nació en el palacio del conde de Miravalle, que aún existe en la calle de Isabel la Católica, en la Ciudad de México. A los diez años quedó huérfana y fue recluida en el convento de las Carmelitas Descalzas, en Puebla.

Su tío abuelo quiso que se quedara en el convento para siempre pero su abuela obtuvo ayuda del virrey para que eso no sucediera. Una vez libre, se casó con Pedro Antonio de Trebuesto y Alvarado, con quien tuvo nueve hijos hasta que enviudó en 1734. En la misma época perdió a su primer hijo y tuvo que enfrentar a los jesuitas para reclamar la herencia que su tío abuelo le había cedido a la Compañía. Después de muchos años, ganó la demanda y recuperó numerosas haciendas y extensiones de tierra. Se estima que fue dueña de más de 70 haciendas, de más de 68 mil hectáreas de tierra y de minas en Nayarit, Tlalpujahua, Angangueo, Tuxpan, Jungapeo, Irimbo, Ciudad Hidalgo, Susupuato y Zitácuaro. La hacienda de Jaripeo, que incluía una mina de oro, fue vendida a fines del siglo XVIII a don Miguel Hidalgo. Además tenía propiedades en la Ciudad de México, en lo que hoy es la delegación Cuauhtémoc. La colonia Condesa lleva su nombre en su honor.

En 1765 emprendió una segunda demanda contra los jesuitas, para que le devolvieran lo que ellos habían obtenido por el uso de sus propiedades durante 27 años, lo que le valió la excomunión.

Entre las contradicciones, se yuxtaponen las versiones que dicen que la condesa fue una mujer de familia que se dedicó a administrar su fortuna y a cuidar de su familia, con las que cuentan que fue parte de la aristocracia, ocupada en reuniones sociales y banquetes; que era una mujer muy bella —aunque no existe un solo retrato suyo—, que tuvo decenas de amantes, que asesinó a muchos de ellos, que tenía cientos de esclavos y que hacia al final de su vida mandó llamar a un fraile franciscano para que fuera su confidente. Hay quienes dicen que el sacerdote la ayudó a enterrar su tesoro, que fueron amantes y hasta que el fraile la asesinó.

La condesa de Miravalle murió en 1777. De acuerdo con algunas leyendas, fue embalsamada y sus restos fueron exhibidos durante 150 años en la catedral de Tuxpan, Veracruz.

1766

❧ MINEROS DE REAL DEL MONTE

Desde la época colonial, la minería ha sido una actividad sumamente productiva en México. En la segunda mitad del siglo XVIII existían alrededor de 3 mil minas en el país, aunque solamente había aproximadamente doce grandes dueños y el resto eran pequeños propietarios que trabajaban los minerales de manera artesanal. La industria estaba organizada, en primer lugar, en torno a la extracción de plata y de manera secundaria se emprendieron proyectos de oro, cobre y mercurio.

Uno de los empresarios era Pedro Romero de Terreros, quien en la década de 1770 hizo grandes inversiones para aprovechar la veta Vizcaína, en Real del Monte, Pachuca. Reconstruyó los socavones y las galerías, y buscó las maneras de disminuir costos e incrementar sus ganancias.

Sin embargo, las condiciones de trabajo de los mineros no eran las óptimas. No solamente enfrentaban los peligros propios de la mina y las afecciones a la salud, sino que no contaban con las herramientas necesarias y muchas veces eran maltratados, insultados y sometidos a golpes por parte de los capataces.

En aras de aumentar la productividad, Romero de Terreros bajó el salario de cuatro a tres reales, subió la cuota de los trabajadores y eliminó el partido, prestación que consistía en permitir que los mineros trabajaran horas extra donde podían sacar un costal más de mineral, que dividían a la mitad con el patrón.

Entonces, los mineros se organizaron y elaboraron el 28 de julio de 1776 un pliego petitorio donde se exigía la permanencia del partido, el paro de los malos tratos y las medidas tomadas por el patrón. Así comenzaba la primera huelga documentada en el continente americano. El paro de labores se generalizó en la Vizcaína, San Cayetano y La Joya.

Romero de Terreros trató de calmar a los mineros mediante promesas que no cumplió. Por ello, el 15 de agosto de 1766 —día de la Virgen de la Asunción, santa patrona de Real del Monte— los trabajadores de amotinaron afuera de la casa de Romero quien se encontraba con el alcalde. Al grito de "¡No hay justicia ni la queremos! ¡La guerra no terminará! ¡Viva el Rey, muera el mal gobierno!", los mineros comenzaron a lanzar piedras y palos. El resultado: el alcalde y dos mineros murieron. Romero de Terreros fue salvado por el cura del pueblo, pero el conflicto ya había cobrado grandes proporciones, a tal grado que tuvo que intervenir el virrey, nombrando a Francisco Xavier Gamboa para combatir la violencia y resolver el problema minero.

En septiembre de 1766 se publicaron 19 ordenanzas donde se establecía que se devolvía el partido y se cumplían muchas de las demandas de los mineros. El movimiento proletario pasó a la historia como ejemplo de solidaridad obrera, como símbolo de lucha y resistencia frente a los abusos patronales e, incluso, comenzó a formar la conciencia en términos legales que en el siglo XIX se desarrollaría en la aparición de las primeras leyes laborales.

1767

❧ SALVADOR DE LA GÁNDARA

Salvador de la Gándara nació el 28 de agosto de 1709 en Real de Minas de San Sebastián, Nueva Viscaya, en los actuales estados de Durango, Chihuahua, Sinaloa y parte de Coahuila.

A los 17 años ingresó al noviciado de Tepotzotlán. Se sabe que desarrolló una lúcida carrera literaria aunque le sobrevivieron solamente *Noticia de la vida y muerte del P. Dr. Francisco Javier Lazcano, jesuita, catedrático de la universidad de México* (1763) y *Vida del P. Miguel Venegas, jesuita mexicano* (1765). Sobre todo destacó en el magisterio. Dio clases de gramática, de filosofía y teología, y fue rector del Colegio Máximo de San Pedro y San Pablo.

El 19 de mayo de 1766, fue nombrado provincial de la Compañía de Jesús. La provincia atravesaba uno de sus mejores momentos desde un punto de vista económico, social y cultural. En ese entonces había 675 jesuitas en México y la provincia se componía de 42 casas —siendo la principal la Casa Profesa—, provincias de misiones en 92 pueblos, 25 colegios y 5 residencias. Las provincias de las misiones eran la de California, Chínipas, Sinaloa, Sonora y de los Pimas, Nayarit y Tarahumara. La Compañía tenía diversas responsabilidades: educación de niños y jóvenes, capacitación del clero secular, atención de los núcleos urbanos indígenas, y evangelización de los indios del noroeste.

Pero se acercaban tiempos convulsos. Al padre Gándara le tocó ser la máxima autoridad de los jesuitas cuando el rey Carlos III expulsó a los jesuitas de todos sus dominios, tanto en España como en las Indias. De acuerdo con el real decreto, publicado el 27 de febrero de 1767, debido a "gravísimas causas, relativas a la obligación en que me hallo constituido de mantener en subordinación, tranquilidad y justicia mis pueblos". Los jesuitas fueron acusados de diversos motines sucedidos en Madrid en la primavera de 1766; de azuzar el descontento del pueblo y de rebelarse contra la autoridad real.

En realidad, las causas de la expulsión nunca fueron claramente expuestas, sino que el rey las reservó a su "real ánimo". Hay diversas teorías: que respondió a intrigas cortesanas; que se pensaba que los jesuitas conspiraban contra la Iglesia; que el rey pensaba que debido a que los jesuitas le daban mayor jerarquía al papa que a su monarquía podía estar en peligro; que la Compañía había estado involucrada en atentados contra reyes legítimos como Enrique IV de Francia o José I de Portugal; el temor a la formación de reinos independientes en las misiones jesuitas de América; además existía la convicción de que los jesuitas estaban acumulando enormes fortunas en el Nuevo Mundo.

Sea como sea, el 25 de junio de 1767 el virrey marqués de Croix publicó un bando en el que dio a conocer la decisión real de expulsar a los religiosos. Se dice que el padre De la Gándara recibió la noticia con admirable fortaleza, dando a sus súbditos ejemplo de fuerza y resignación. Murió en Bolonia, Italia, el 23 de noviembre de 1773.

1768

❧ CAYETANO PIGNATELLI

Aunque geográficamente no siempre ha sido la misma, la frontera norte siempre ha jugado un papel fundamental en la vida política, económica y cultural de México. En el siglo XVIII era tan importante, que el mismo rey Carlos III ordenó al mariscal de campo del Ejército español, Cayetano María Pignatelli de Rubí y Corbera, marqués de Rubí, que recorriera los territorios al norte de la Nueva España, que inspeccionara las fronteras, que informara del estado de las misiones y, especialmente, de los presidios. Los presidios eran fortalezas militares dispuestas para la administración y defensa de diferentes regiones.

Cayetano María Pignatelli nació el 12 de octubre de 1730, en Barcelona, España. Fue hijo de Francisco Pignatelli y Aymerich, comendador de Belvis y Navarra en la Orden de Alcántara, capitán general de la costa de Granada, embajador de España en Francia, y de María Francisca de Rubí y Corbera, marquesa de Rubí. Apenas a los quince años ingresó al Ejército como cadete del Regimiento de Dragones de la Reina. Tuvo una exitosa carrera militar, escalando rápidamente a teniente coronel, coronel de los reales ejércitos, coronel de regimiento, brigadier y mariscal de campo. En 1764 fue enviado como parte de la expedición de Juan de Villalba, que había sido designada para reorganizar el Ejército y las milicias en la Nueva España.

En agosto de 1765 fue nombrado inspector de los presidios de las fronteras de Nueva España, donde trabajó de la mano del ingeniero Nicolás de Lafora. Comenzó la inspección en Nuevo México, luego Sonora y Coahuila; cruzó el río Grande, subió por el río Nueces, donde visitó las misiones fallidas de El Cañón; viajó a San Antonio de Béxar, a Los Adaes, El Orcoquisac y La Bahía de Texas; a Laredo. En total, Rubí viajó por la frontera desde el Golfo de California hasta Louisiana, durante 23 meses en los que se trasladó más de 12 mil kilómetros. Regresó a la Ciudad de México en febrero de 1768, con la compilación de los informes oficiales.

Siete años después, redactó su dictamen final para mejorar la defensa de la colonia. En él informaba de la corrupción y abusos en las instalaciones de Texas, del abandono en que se encontraban muchos de los otros presidios; el único que prosperaba era el de San Antonio.

Con base en su informe, se creó un nuevo reglamento de presidios y solamente se mantuvieron el de San Antonio y el de la Bahía, de acuerdo con la real orden del 10 de septiembre de 1772, desde donde se defendería el territorio de los ataques del norte, principalmente de los apaches lipanes. Además, fruto de la investigación, ordenó a Lafora que diseñara un mapa de la frontera del virreinato de Nueva España.

Cayetano Pignatelli regresó a España y en los siguientes años fue ascendido a teniente general, comandante segundo de Madrid y consejero de guerra. En 1795 fue nombrado capitán general de las costas y Ejército de Andalucía, y poco se sabe del final de su vida.

1769

❧ GASPAR DE PORTOLÁ

San Francisco es una de las ciudades más importantes de Estados Unidos; la séptima, de acuerdo con el Despacho de Análisis Económico (BLS). Pero hace 250 años era un territorio desconocido para el mundo entero, hasta que fue descubierto por Gaspar de Portolá. Hasta el siglo XVIII la bahía de San Francisco había sido siempre un lugar esquivo para los exploradores y navegantes. Algunos de ellos habían navegado a escasos metros sin siquiera percatarse de ello.

Nacido en Balaguer, España, en 1717, Gaspar de Portolá era un experimentado militar que había servido al Ejército en Italia y Portugal, durante la Guerra de los Siete Años. En 1767 fue enviado por el virrey para pacificar la región septentrional. Un año más tarde fue nombrado gobernador de California y se le encargó la expulsión de los jesuitas de la región.

En 1769 José de Gálvez emprendió una expedición marítima y terrestre para ocupar San Diego y Monterrey. El objetivo era evitar que se perdieran territorios frente a los rusos que amenazaban con llegar desde Alaska. La expedición por tierra se dividió en dos partes: la primera fue dirigida por el capitán Fernando de Rivera y Moncada; lo acompañaban el fraile franciscano Juan Crespi, 25 soldados y diversos indios de las misiones jesuitas.

La segunda parte fue comandada por Gaspar de Portolá, quien iba acompañado por su amigo fray Junípero Serra —quien se haría cargo de los enfermos— y el sargento Francisco de Ortega. Además iban varios soldados e indígenas. En mayo de ese mismo año salieron de San Diego hacia la Alta California en busca del puerto de Monterrey. El 2 de noviembre divisaron, desde una colina, una gran extensión de agua. Acababan de descubrir la bahía de San Francisco, un lugar ideal para establecer un asentamiento.

Montaron un campamento al pie de una inmensa secuoya, a la que nombraron Palo Alto. En ese lugar hoy se encuentran el famoso Silicon Valley y la ciudad de Palo Alto. Portolá continuó con su expedición y el 3 de junio de 1770 cumplió con su objetivo, llegando al puerto de Monterrey, donde fundó un presidio y la misión de San Carlos Borromeo y su escuela.

Por el éxito obtenido, el rey Carlos III le otorgó el grado de teniente coronel y coronel de dragones, con constancia en una real cédula que señala: "desempeña lo que manda y tiene valor y conducta".

En 1776 fue nombrado gobernador de la provincia de Puebla, cargo que desempeñó hasta 1785, cuando volvió a España. Ahí fue nombrado teniente del rey de la plaza y castillos de la ciudad de Lérida, lugar donde murió el 10 de octubre de 1786, a causa de un accidente cerebrovascular.

Numerosos parques, escuelas, calles, avenidas, sitios históricos y centros sociales en California llevan el nombre de Gaspar de Portolá como homenaje a su descubridor.

1770

❧ ANTONIO OBREGÓN Y ALCOCER

Poco se sabe de la vida y de la historia famiiar de Antonio de Obregón y Alcocer. Probablemente haya nacido en León o en Burgos, España, y haya venido muy joven a México. Se casó en Guanajuato con doña Guadalupe de la Barrera y Torrescano, con quien tuvo tres hijos: Antonio, María Ignacia y Gertrudis Obregón y de la Barrera.

Fue un hombre de pocos recursos que vivía en la zona de Valencia, hoy Guanajuato. Ahí tenía una mina —La Valenciana— que trabajó durante años con muy pocas ganancias y a veces hasta con pérdidas. En 1760, el mercader Pedro Luciano Otero le otorgó un préstamo para que pudiera seguir explotando la mina. Más de una vez, Obregón y Alcocer se quedó sin recursos para seguir excavando, pero nunca perdió la esperanza.

En 1768, las excavaciones alcanzaron los ochenta metros de profundidad y así fue que se encontró la veta de plata más grande que haya existido en este territorio y que en su momento fue la más rica del mundo. De La Valenciana se extraían grandes cantidades de plata de alta calidad. Para 1770, Antonio Obregón y Alcocer ya era uno de los hombres más ricos de la Nueva España. Y en toda la década la producción fue en aumento cada año. En su mejor época, la mina llegó a tener 10 mil trabajadores en sus túneles. La riqueza de la mina también ayudó a que prosperara la región. Miles de personas llegaron a trabajar a sus alrededores para proveer a la mina y a su gente.

De acuerdo con Alexander von Humboldt, en *Ensayo político sobre la Nueva España:* "La mina de La Valenciana había dejado anualmente un producto mayor de $2,800.000 duros, habiendo años en que la utilidad limpia de los dueños de la mina (Obregón y Otero) habían tenido una utilidad anual superior al millón doscientos mil pesos". La Valenciana llegó a producir dos terceras partes de la plata que se exportaba hacia España y Asia. Y más adelante, sobre la fortuna que llegó a acumular don Antonio Obregón y Alcocer dice el mismo Humboldt: "¿Cómo podría esperarse entonces, que al cabo de algunos años, había de ser él, el particular más rico de México y acaso del mundo entero?".

Cuando se enriqueció con los productos de mina, el virrey Bucareli tramitó ante el rey Carlos III el ennoblecimiento. El rey nombró a don Antonio Obregón y Alcocer, conde de Valenciana.

A pesar de ello, Obregón conservó un carácter tranquilo y una vida sencilla, ayudando a distintas causas. Concluyó la obra del templo de Belem en Guanajuato. En La Valenciana construyó la iglesia de San Cayetano. Ayudó a la reconstrucción del convento de San Diego. Don Antonio murió en Guanajuato en 1788.

La guerra de independencia terminó con la bonanza de la mina. Se paralizaron las trabajos, se inundó y, posteriormente, fue abandonada. Actualmente es un lugar turístico. Se puede hacer un recorrido por su interior y visitar el templo de San Cayetano.

1771

✎ JUAN BENITO DÍAZ DE GAMARRA Y DÁVALOS

Descartes fue uno de los pensadores que más ha influido en la historia de la humanidad. Su pensamiento no solo dio una vuelta radical a la filosofía sino que dio lugar a una nueva manera de ser y de pensar, una nueva cosmovisión que abriría la puerta a la edad moderna y revolucionaría prácticamente todos los ámbitos de las ciencias y de la vida. El concepto de "Dios" pasó a ocupar un papel secundario y su lugar lo ocupó la razón, el entendimiento humano. A Descartes se le sumaron grandes filósofos como Locke, Leibnitz, Hume, Spinoza, Bacon, Berkeley y, por supuesto, Kant.

En la Nueva España, Juan Benito Díaz de Gamarra y Dávalos fue uno de los filósofos responsables de traer las ideas de la filosofía moderna. Nació el 21 de marzo de 1745 en Zamora, Michoacán. Estudió la carrera sacerdotal en el Colegio de San Ildefonso y en el oratorio de San Miguel el Grande. En 1767 viajó a Italia donde obtuvo el doctorado en derecho canónico por la Universidad de Pisa y se hizo socio de la Academia de Ciencias de Bolonia. Allá entró en contacto con el pensamiento moderno y se propuso difundirlo por la Nueva España. Además, fue distinguido por el papa como protonotario apostólico privado.

De regreso en México, se ordenó como sacerdote e ingresó como profesor al Colegio de San Miguel, del que rápidamente se convirtió en rector. En 1771 logró que el colegio fuera reconocido como uno de los mejores del mundo. Además de los filósofos mencionados, Díaz de Gamarra estudió —y enseñó— a Newton, Galileo, Gassendi, Arnald, Hobbes, Voltaire y Rousseau, entre muchos otros.

En 1772 publicó su primera obra, *Academias físicas*, a la que le seguirían muchas más, entra las que destacan: *Elementos de filosofía moderna* (1774), *Academias filosóficas* (1774), *Errores del entendimiento humano* (1781) y *Memorial ajustado* (1790).

Su *Elementos de filosofía moderna* —en donde da seguimiento al desarrollo histórico de la recepción de la modernidad en el campo filosófico— fue muy bien aceptado por otras instituciones y colegas, a tal grado que se convirtió en libro de texto en la Real y Pontificia Universidad de México. La obra no se distingue por su originalidad de pensamiento, sino más bien por ser un excelente material didáctico para estudiantes de filosofía en la que se aleja de la escolástica para reflejar las ideas distintivas de la modernidad. En ella, Díaz de Gamarra expone su postura ecléctica, en oposición fundamentalmente a algunas tesis escolásticas, como por ejemplo, el concepto de sustancia y de forma, la unión del cuerpo y el alma, entre otros. Rechaza el método escolástico y sostiene que solamente el método experimental nos acerca al conocimiento real de la naturaleza.

Juan Benito Díaz de Gamarra y Dávalos murió el 1° de noviembre de 1783 en San Miguel el Grande.

1772

◆ FRANCISCO ANTONIO DE GUERRERO Y TORRES

La arquitectura dieciochesca en la Nueva España se caracteriza por ser muy compleja y estar cargada de detalles. Retoma formas clásicas pero las reinterpreta de maneras innovadoras, de tal manera que los edificios llegan a parecer grandes esculturas. Utiliza arcos y frontones mixtilíneos, plantas con planos que dan la sensación de movimiento, así como efectos de luz y de perspectiva. El máximo representante del barroco tardío en México fue Francisco Antonio de Guerrero y Torres.

Nació en 1727, en Villa de Guadalupe, una pequeña localidad cercana a la Ciudad de México. Fue aprendiz de Lorenzo Rodríguez, también famoso arquitecto entre cuyas obras destacan el Sagrario de la catedral metropolitana, el Palacio de los Marqueses del Valle de Oaxaca, el Palacio de los Condes de Rábago y la fachada del Colegio de San Ildefonso.

En 1772 Francisco Antonio de Guerrero y Torres se consagró como arquitecto al terminar la construcción del palacio de los condes de Santiago de Calimaya. Fue edificado con cantera de Chiluca, tezontle y azulejos de talavera poblana, sobre un solar donde antes había una casona del siglo XVI. La obra le valió tanta fama y reconocimiento que se le nombró Maestro

Mayor del Real Palacio, de la catedral y del Tribunal de la Santa Fe. El palacio cuenta con dos plantas, dos patios y la capilla familiar. El perímetro superior de la fachada y una parte del portón mayor están adornados con gárgolas en forma de cañón que tienden a resaltar también la antigüedad y clase del linaje. El edificio contiene muchos elementos decorativos, barrocos, de naturaleza escultórica, como perros ubicados en el arranque de la escalera, los mascarones del portón principal de estilo oriental y una fuente en forma de concha con una nereida que toca la guitarra. Actualmente, el palacio alberga al Museo de la Ciudad de México.

Otras de sus obras destacadas son: la capilla del Pocito, en la Villa de Guadalupe, la cual tanto él como los albañiles, hicieron sin cobrar; el palacio de los condes de San Mateo Valparaíso; el palacio del marqués de Jaral de Berrio, que hoy es conocido como el Palacio de Ituribide, donde se encuentra el Centro Cultural Banamex; el Templo de la Enseñanza, a petición de doña María Ignacia de Azlor, hija del marqués de Aguayo; la mansión señorial de los condes del Valle de Orizaba, actualmente conocida como la Casa de los Azulejos; las casas del Mayorazgo de Guerrero, donde alguna vez estuvo el taller de José Guadalupe Posada; la Caja Real de Zimapán y la Cárcel de la Acordada.

También trabajó fuera de la Ciudad de México. En Hidalgo construyó el puente de Tula y la Casa de Zimapán. Y en Perú reformó las catedrales de Lima, Cuzco y Quito.

En gran medida, Francisco Antonio de Guerrero y Torres es el responsable de que la capital haya sido bautizada —por el inglés Charles La Trobe— como "la ciudad de los palacios". Murió en la Ciudad de México en 1792.

1773

◆ JUAN IGNACIO BARTOLACHE Y DÍAZ POSADA

En 1722 se publicó por primera vez *Gaceta de México*, el primer periódico de América Latina. Veía la luz apenas unos años más tarde que el primero publicado en todo el continente, *The Boston Newsletter*, que data de 1704. En términos de publicaciones médicas, la primera especializada en Estados Unidos, *The Medical Repository*, vio la luz en 1797. Veinticinco años antes, en la capital de la Nueva España, Juan Ignacio Bartolache y Díaz Posada había publicado, entre octubre de 1772 y febrero de 1773, 16 ejemplares del *Mercurio volante, con noticias importantes y curiosas sobre varios asuntos de física y medicina.*

Juan Ignacio Bartolache nació en la ciudad de Santa Fe y Minas de Guanajuato, en 1739. De joven, estudió en el Colegio de San Ildefonso y en el Seminario Tridentino. En 1764 ingresó en la Facultad de Medicina donde cursó la licenciatura hasta 1766 y el doctorado hasta 1772, del que se tituló con una tesis sobre el primer aforismo de Hipócrates: *Vita brevis, Ars longa.* Durante sus estudios médicos también se desempeñó como profesor de matemáticas en la universidad. Redactó unos apuntes de sus clases que publicó en 1769 con el título *Lecciones matemáticas.*

En el primer número de su publicación, Bartolache afirmó: "He querido llamar *Mercurio volante* a un pliego suelto, que llevará noticias a todas partes, como un mensajero que anda a la ligera. Saldrá todos los miércoles, día en que parten de la capital todos los correos del reino. Siempre cuidaré de poner al frente algún pasaje de buen autor, alusivo al asunto, y traducido en caso necesario. Digo en caso necesario, porque no omitiré los autores españoles, cuando se me ocurran". El título era, además, un guiño a Carlos de Sigüenza y Góngora, quien había publicado el folleto *Mercurio volante, con la noticia de la recuperación de las provincias del Nuevo México...*

Entre los contenidos que podían encontrarse en *Mercurio volante* destacan: descripciones de aparatos como el barómetro y el termómetro; un tratado sobre el pulque y sus propiedades medicinales; un ensayo sobre el mal histérico; un discurso sobre la importancia de la cirugía; consejos para vivir mucho tiempo; un ensayo sobre lo que se debe pensar de la medicina; un texto titulado "Verdadera idea de la buena física y de su grande utilidad"; una traducción de un médico italiano.

Bartolache destacó por su espíritu científico e innovador. En 1760 efectuó la observación del tránsito de Venus por el disco del Sol. En 1774 inventó unas pastillas férreas para prevenir la anemia. Colaboró activamente en la epidemia de viruela que asoló México durante 1779 y publicó la obra "Instrucción que puede servir para que se cure a los enfermos de las viruelas epidémicas que ahora se padecen en México desde fines del estío en el año corriente de 1779". Además publicó el libro *Noticias posibles para sanos y enfermos* del cual también existió una versión en lengua náhuatl llamada *Netemachtilztli*.

1774

❧ JUAN JOSÉ PÉREZ HERNÁNDEZ

En 1768 fue asignado al puerto de San Blas en las costas del actual estado mexicano de Nayarit y en 1769 al mando del *San Antonio* de la expedición de Gaspar de Portolá, descubridor de San Francisco.

En 1773 el embajador español en San Petersburgo informó la intención de los rusos de avanzar de Alaska hacia el sur, por lo que el virrey Bucareli ordenó que Juan José Pérez Hernández explorara las costas del Pacífico hasta los 60 grados de latitud y reafirmara los derechos españoles de todas las tierras ribereñas en nombre del rey.

La expedición comenzó el 24 de enero de 1774 a bordo de la fragata *Santiago*, la cual transportaba 88 tripulantes y 24 pasajeros. Después de hacer escala en San Diego —donde desembarcó Junípero Serra, fundador de las misiones en la Alta California— y en Monterrey, el 11 de junio zarparon nuevamente hacia el norte. El 30 de julio llegaron al punto más septentrional que lograron alcanzar, los 55 grados de latitud, ya que debido al mal tiempo y con varios tripulantes enfermos de escorbuto decidieron regresar.

El viaje de Pérez Hernández, sin embargo, pasó a la historia ya que descubrió en su regreso hacia el sur el Surgidero de San Lorenzo (hoy llamado estrecho Nootka, en Columbia Británica,

Canadá) en la costa oeste de la Isla de Vancouver, comerció con los nativos del archipiélago Haida Gwaii —los tlingit— y el 11 de agosto vio una gran montaña a la cual bautizó como Sierra Nevada de Santa Rosalía, en la costa noroeste de Estados Unidos. Años después fue rebautizada por el capitán británico John Meares con su nombre final, a saber, el monte Olimpo.

Un año después, el virrey envió otra expedición, esta vez con el objetivo de alcanzar los 65 grados de latitud norte, tomar posesión de todas las tierras descubiertas y cartografiar. Partieron el 16 de marzo en tres naves —*Santiago*, *San Carlos* y *Sonora*—. Al mando estuvo el capitán vasco Bruno de Heceta, y Pérez Hernández viajó como segundo comandante. En noviembre de ese año enfermó de escorbuto y murió. Se le dio funeral arrojando sus restos a las costas del Pacífico. Para la posteridad dejó un diario de viaje de la expedición de 1774, el cual se conserva todavía en el Museo Naval de Madrid.

1775

❧ PEDRO ROMERO DE TERREROS

P edro Romero de Terreros es un personaje controversial y complejo. Al mismo tiempo que fue un patrón duro, que estableció terribles condiciones de trabajo para los trabajadores de las minas de Real del Monte lo cual desató la primera huelga —al menos documentada— en América Latina y por lo cual, incluso trataron de asesinarlo, también fue un hombre elogiado por la sociedad, reconocido por la gente por su desempeño en cargos públicos y por el rey por su nobleza. Fue implacable negociando con los mineros al mismo tiempo que destinó gran parte de su riqueza a obras de beneficiencia.

Nació el 10 de junio de 1710, en Cortegana, España. Sus padres quisieron que ingresara al sacerdocio, pero su tío Juan Vázquez de Terreros, quien era un ciudadano destacado en Santiago de Querétaro, solicitó que viniera a estas tierras a ayudarle con sus negocios. Pedro llegó a la Nueva España en 1732. Tres años después, debido a la admiración y respeto que le tenían los vecinos, fue nombrado sucesivamente alcalde ordinario, alférez real y alguacil mayor.

En el desempeño de dichos cargos se enteró de que en Real del Monte existían grandes vetas de plata, oro y otros minerales. En 1743 se asoció con José Alejandro Bustamante a quien el virrey le había dado la concesión permanente para desaguar, habilitar y explotar las minas despobladas de la veta Viscaína. Bustamante murió en 1750 y Pedro Romero de Terreros se quedó con la posesión total de las minas. La veta era tan rica que para esos años había más de novecientas familias que vivían de ella.

En 1756 se casó con doña Antonia de Trebuesto y Dávalos, hija de una distinguida familia de nobles, con quien tuvo ocho hijos.

En 1766 fue personaje principal de la huelga de los mineros de la veta Viscaína, al no mejorar las condiciones de los trabajadores con el fin de obtener mayores beneficios. El movimiento paró durante años los trabajos de la mina y casi le cuesta la vida.

Con todo, Romero de Terreros fue uno de los hombres más ricos de la Nueva España. Una parte importante de sus riquezas la utilizó para ayudar a diferentes sectores de la población novohispana: a las misiones, a diferentes colegios y escuelas, al convento de San Francisco de Pachuca, al convento de San Fernando en la Ciudad de México, a otras causas de la Iglesia católica, a la Armada Real, a la tesorería virreinal y con el Hospicio de Pobres. Tal vez una de sus obras con visión más filantrópica fue la creación en 1775, sin fines de lucro, de el Sacro y Real Monte de Piedad de Ánimas, antecedente del actual Nacional Monte de Piedad, para ayudar a resolver los problemás económicos de muchos habitantes de la Nueva España. Por este tipo de acciones, el rey Carlos III le otorgó el título nobiliario de primer conde de Regla.

Murió en su hacienda de San Miguel Regla en 1781 y sus restos descansan en el altar mayor de la iglesia del Colegio de San Francisco.

1776

✎ MARIANO FERNÁNDEZ DE ECHEVERRÍA Y VEYTIA

Caballero de la Orden de Santiago, señor de la casa infanzona y solariega de Veytia, regidor de su patria y abogado de la Audiencia Real, Mariano Fernández de Echeverría y Veytia nació el 16 de junio de 1718 en Puebla de los Ángeles. Su padre, José de Veytia, fue nombrado oidor decano de la Real Audiencia y primer superintendente de la casa de Moneda, por lo que se trasladaron a la Ciudad de México, lo cual permitió que al joven Mariano graduarse como bachiller en filosofía por la Real y Pontificia Universidad de México y tres años más tarde como licenciado en derecho civil por la misma institución.

En 1737 su padre lo mandó a España para que se encargara de sus asuntos en la península. Desde el primer día en que se embarcó comenzó a escribir una obra: *Mis viajes*, en la que relataba desde las alturas y climas de las ciudades que visitaba hasta lo que encontraba de pintura y escultura.

Una vez resueltos los menesteres que fue a cumplir se dedicó a viajar. Recorrió exhaustivamente España e Italia. También visitó Israel, Marruecos, Francia e Inglaterra. En todos esos viajes se dedicó a buscar manuscritos, documentos y objetos antiguos, reuniendo una importante colección.

Conoció al famoso historiador italiano Lorenzo Boturini, quien le encargó recobrar la colección de antigüedades y manuscritos que le habían confiscado cuando fue deportado de la Nueva España. Más tarde, Echeverría y Veytia fue nombrado albacea de aquellos documentos, que resultaron muy valiosos para sus investigaciones históricas.

Al morir su padre, Mariano regresó a la Nueva España, obtuvo una buena herencia, lo cual le permitió dedicarse de lleno al estudio y a escribir sobre la historia de México.

Su obra más relevante es *Historia Antigua de México*, compuesta por tres volúmenes que van desde la ocupación de Anáhuac hasta mediados del siglo XV, la cual no fue publicada sino hasta 1836. También escribió *Historia de la fundación de Puebla de los Ángeles*, en 48 cuadernos; *Libro de fiestas de indios; Baluartes de México: Historia de las cuatro milagrosas imágenes de la Virgen María*, dedicado al virrey Bucareli, habla sobre las apariciones marianas en la Ciudad de México: al oriente la de Nuestra Señora de Bala; al poniente la de Nuestra Señora de los Remedios; al norte la de Guadalupe; y la de la Piedad.

Además escribió varias obras religiosas —como los *Papeles curiosos sobre jesuitas*, *Historia eclesiástica* y *Cartas provinciales de Pascal*— que se conservan en la Sección Latinoamericana de la Universidad de Texas, en Austin.

Murió el 24 de febrero de 1780 en la ciudad de Puebla de los Ángeles. En su acervo se encontraban varias traducciones y manuscritos, entre ellos el llamado *Códice Veytia*, mandado pintar por don Mariano en 1755 para ilustrar su magna obra histórica, y que hoy en día se resguarda en la Biblioteca del Palacio Real de Madrid.

1777

ANTONIO MARÍA DE BUCARELI Y URSÚA

Antonio María de Bucareli y Ursúa nació en Sevilla, en enero de 1717. Fue hijo de Luis Bucareli y Ana María de Ursúa Lasso de la Vega, cuarta condesa de Gerena. Antes de cumplir los cinco años ingresó a la milicia, a los quince ya era cadete y a los 16, alférez. Participó en diversas campañas en Italia. En 1744, el coronel Bucareli fue nombrado inspector general de los regimientos de caballería y dragones. Reorganizó la defensa del litoral de Murcia y Granada, y fue ascendido a mariscal de Logis de la caballería del Ejército del infante don Felipe.

Su destacada actuación militar le valió ser designado, a los 43 años, gobernador general de Cuba. Ahí demostró grandes cualidades como administrador, estratega y organizador. Once años después fue nombrado virrey de la Nueva España, cargo que asumió el 22 de septiembre de 1771.

Bucareli fue uno de los virreyes que más contribuyeron al desarrollo económico, social y cultural de la Nueva España. Tuvo tanta aceptación que la Real Audiencia lo nombró "Padre del Pueblo". En palabras de Artemio del Valle-Arizpe: "La nación se gloriaba con la feliz posesión de un jefe supremo que era limpio modelo de virtudes. En él tenían los ricos un conservador de sus propiedades; el huérfano, una segura ayuda en su desolación; el criminal, un juez severo; el sabio, un protector; el menesteroso, un padre compasivo; la religión, un apoyo; el militar, un jefe esforzado y valiente".

Desde el principio llevó a cabo una profunda reforma. Ahorró recursos al disminuir el Ejército. Reforzó los presidios del norte para controlar a los indios rebeldes. Fundó el puerto de San Francisco en la Alta California. Obtuvo del rey la libertad para comerciar entre las colonias de Nueva España, Guatemala, Perú y Nueva Granada. Acrecentó las rentas públicas, sanó las finanzas sin aumentar impuestos e hizo florecer el comercio, la agricultura y la industria.

Durante su gobierno se formó la primera Junta de Minería; la Casa de Moneda; se realizaron adelantos en las obras del desagüe del valle de México; se concluyó el fuerte de Acapulco y se mejoraron las fortificaciones de San Juan de Ulúa y Perote en Veracruz. Le dio un carácter más humanitario a las leyes y fue educando a los colonos, lo cual contribuyó para que los habitantes alcanzaran una situación de tranquilidad y prosperidad.

En términos de beneficencia, salud pública y solidaridad, durante su gobierno se fundaron el Hospicio de Pobres, la Casa de Expósitos, el Hospital de enfermos mentales, el Hospital de San Hipólito, el Hospital Real de Indios, el Hospital de Nuestra Señora de la Consolación y el Hospital San Francisco de Acapulco. Además mejoró el aspecto estético de la ciudad, construyendo un paseo que se convirtió en uno de los principales espacios de sociabilidad y ocio en el virreinato.

Poco antes de morir, el virrey pidió ser sepultado a los pies de la Virgen de Guadalupe, en la Basílica. Falleció en la Ciudad de México el 9 de abril de 1779.

1778

❧ DIEGO JOSÉ ABAD

En 1767, el rey Carlos III expulsó a los jesuitas de la Nueva España. Grandes pensadores como Francisco Javier Clavijero, Francisco Javier Alegre, Juan Luis Maneiro fueron desterrados de su patria y forzados a vivir en Italia. Años después, en 1773, el papa Clemente XIV disolvía completamente la Compañía de Jesús y las condiciones de los sacerdotes exiliados no fueron las mejores. Aún así, la mayoría se dedicó a capitalizar su experiencia intelectual y dejar obra escrita. Tal fue el caso de Diego José Abad, quien en 1778 continuaba escribiendo en Bolonia.

Originario de Jiquilpan, Michoacán, fue un poeta, teólogo y filósofo. Estudió en el Colegio de San Ildefonso. Ingresó a la Compañía de Jesús en 1741. Se dedicó a impartir cátedra de filosofía en diversas localidades del país y se le considera un innovador de la enseñanza. Sus ideales formativos incluían el orgullo por lo mexicano, la reivindicación del mestizaje y de la riqueza cultural indígena, una apuesta por la educación, por el futuro y por la cultura universal.

Escribió *Cursus philosophicus* e hizo algunas traducciones. Sin embargo, Abad es mayormente reconocido por su poesía. En *Cantos épicos a la divinidad y humanidad de Dios* escribe: "Esto me mueve: Jesús, mirarte, carísimo, con tres golpes clavados a un infame madero, el rostro sangriento, y con crueldad lacerado, entre oprobios morir y expirar en tormentos. Me enciendo a tu vista y así hierva mi pecho, que si ni penas a mí ni gozos quedaran, por mí aún te temiera y aún siempre te amara".

Su texto más famoso es *De Deo, Deoque Homine Heroica*, una de las obras cumbre de la poesía jesuítica, en el que afirma la fe y la esperanza cristianas. En él exalta la parte universal y eterna del hombre, la asociación del pensamiento humano con la sabiduría eterna, de la plenitud de la tarea del hombre como ser intelectual y que el hombre alcanza su punto máximo al ser parte de todo el universo en la encarnación del Verbo. Es decir, el hombre es parte de Dios en la palabra. El poema utiliza el hexámetro latino, la rima, el quiasmo, el ritmo, el movimiento de la idea, la anadiplosis y la anáfora. Escribe en él: "¡Qué soberbia locura! Agobiado el orbe con el peso de nuestros delitos, gime y desmaya. Los más de los hombres, con bestial vileza, se revuelcan por tierra a placer y a una dicha, sin memoria del cielo, con olvido de Dios.¡Cuántos espantables perjurios juntos de la indómita lengua!; ¡cuántos y cuántos destrozos de la loca soberbia!; ¡cuántos daños de la enferma y pálida envidia que con venenoso diente todas las cosas calladamente roe!; ¡cuántos perjuicios de la rabiosa ira, que de un continuo anhela por sus fauces apetitos de sangre!".

De acuerdo con Benjamín Fernández (editor y traductor de la obra), el poema heroico de Abad está hermanado con grandes literatos de México, desde Cortés y Vasco de Quiroga, hasta Manuel José Othón.

Murió el 30 de septiembre de 1779 y fue sepultado en la Parroquia de Santa María Mascarella, en Bolonia.

1779

❧ IGNACIO DE ARTEAGA Y BAZÁN

Ignacio de Arteaga y Bazán nació el 17 de febrero de 1731, en Aracena, Huelva, España. Se graduó de la Academia Naval como alférez de fragata en 1754. Sirvió en diferentes buques y en 1766 fue trasladado a La Habana, donde se le otorgó la capitanía de la balandra *Víbora*. En 1771 regresó a España, pero tuvo problemas legales, fue encarcelado tres años y exiliado a la estación naval de San Blas, a donde llegó en 1775.

El 11 de febrero de 1779 zarpó desde el Puerto de San Blas, la tercera expedición que se aventuraba por las costas del océano Pacífico hacia el norte del continente. Llevaba instrucciones de explorar el área del llamado puerto de Bucareli (también conocido como bahía de Bucareli o entrada de Bucareli), descubierto un año antes, y de navegar hasta los setenta grados de latitud norte. Arteaga iba al mando de la fragata *Nuestra Señora del Rosario*, también llamada *La Princesa*. Transportaba 98 tripulantes. La expedición iba acompañada por la fragata *Nuestra Señora de los Remedios,* también llamada *La Favorita*, la cual iba comandada por el teniente Juan Francisco de la Bodega y Quadra.

Los barcos arribaron al puerto de Bucareli el 3 de mayo, después de 82 días de navegación. La bahía se encuentra al sudeste de Alaska, en el archipiélago Alexander. Es una gran entrada en el sur de la isla Príncipe de Gales, flanqueada al norte por las islas

Baker, Lulu y San Fernando, y al sur por la isla Suemez. Durante las siguientes semanas pequeños grupos recorrieron radas, entradas e islas, lo cual dejaron registrado en sus diarios. También escribieron sobre los rasgos etnográficos de los nativos, los llamados *klawack tlingit*. Describieron minuciosamente sus vestidos y adornos, su armamento, el uso del cobre y del hierro para adornos y utensilios. Además registraron el idioma y el arte, principalmente cestería y talla de madera.

El 1° de julio zarparon con rumbo noroeste. El 16 de julio se avistó el monte San Elías y se le dio nombre a la isla Nuestra Señora del Carmen, actualmente isla Kayal. El 22 de julio Arteaga desembarcó e hizo la ceremonia de posesión del que llamaron Puerto de Santiago Apóstol, en la isla bautizada Santa María Magdalena, hoy puerto de Etches, en la isla Hinchinbroke. Navegaron después hacia el suroeste y tomaron posesión de la ensenada de Nuestra Señora de la Regla, cerca del extremo de la península de Kenai y avistaron la isla Afognak. La expedición completa regresó a San Blas el 21 de noviembre, habiendo cumplido exitosamente su misión.

Después de regresar a San Blas, Arteaga solicitó y recibió un perdón real y el restablecimiento de su perdida pensión. Se desempeñó como comandante del departamento naval de San Blas hasta su muerte en 1783. Para la posteridad quedó el viaje de Arteaga, se publicaron los mapas de la expedición y varios de los diarios de los tripulantes.

1780

❧ FRANCISCO JAVIER CLAVIJERO

P ara Juan Luis Maneiro, primer biógrafo de Clavijero, a este debería de llamársele el creador de la historia de México. Enrique Florescano lo considera el mayor de los grandes humanistas del siglo XVIII novohispano. Y es que Clavijero vio por la sociedad con la que convivía, impactó a sus contemporáneos, legó una nueva manera de pensar y de hacer historiografía. Francisco Javier Clavijero nació en Veracruz, el 9 de septiembre de 1731. Fue hijo de Blas Clavijero y de Francisca Echegaray. Su padre fue alcalde mayor de Tezuitlán y Xicayán, en la mixteca. De él obtuvo los primeros conocimientos en ciencias, geografía e historia. Estudió latín y literatura en el Colegio de San Gerónimo; filosofía y teología en el de San Ignacio, ambos de Puebla. En esa misma época aprendió griego, hebreo, mexicano, otomí, mixteco y otras lenguas.

En febrero de 1748 ingresó al noviciado en Tepoztlán. Muy pronto se convirtió en uno de los grandes catedráticos jesuitas. Desde la cátedra se separó críticamente de la escolástica y se interesó ampliamente por la filosofía moderna. Estudió a Descartes, Newton, Bacon, entre muchos otros.

Una vez expulsados los jesuitas, Clavijero vivió primero en Ferrara y luego en Bolonia, donde fundó la academia literaria Casa de la Sabiduría y donde escribió su más grande obra:

Historia antigua de México, la cual fue publicada en italiano (*Storia antica del Messico*) y no vio la luz en español en México sino hasta 1852.

Con fecha 13 de junio de 1780, Clavijero dedicó su obra a la Real y Pontificia Universidad de México y afirmó entre otras razones que escribió su Historia como "un testimonio de mi sincerísimo amor a la patria". Escrita en diez libros y acompañada de nueve disertaciones, la *Historia antigua de México* narra la parte de la historia mexicana anterior y hasta 1521.

La historia de Clavijero es original porque rompe con la tradición cristiana de los cronistas religiosos y quita los estigmas y elementos sobrenaturales de la narrativa, al mismo tiempo que rompe con los prejuicios dándole a América su propia historia y a los indígenas un papel fundamental —ya no inferior— en la construcción de la colonia. Como dice Florescano: "una historia épica, que traza los oscuros comienzos de un pueblo que en menos de un siglo se convierte en la nación más poderosa de Mesoamérica. (…) Y es también una historia trágica, pues los últimos capítulos (…) relatan los dramáticos sucesos del sitio y conquista de Tenochtitlan".

De acuerdo con José Emilio Pacheco, Clavijero es "el primero que plantea en el siglo de las luces una reflexión en que el europeo ya no es el centro. (...) En este campo la *Historia antigua de México* equivale a una declaración de independencia intelectual". De tal suerte que Clavijero creó un patriotismo criollo, un sentimiento de identidad, una raíz para los sentimientos de libertad e independencia.

Murió en Bolonia y solo hasta 1970 sus restos fueron traídos a la Rotonda de los Hombres Ilustres.

1781

◆ FELIPE DE NEVE

L os Ángeles es la segunda ciudad más poblada de Estados Unidos, después de Nueva York. Es una economía tan importante, que la de la sola ciudad supera a la mayor parte de los países del mundo. Pero alguna vez fue una tierra deshabitada, hasta que en la segunda mitad del siglo XVIII su fundador, Felipe de Neve, sugiriera al virrey de la Nueva España que estableciera una ciudad en aquella región de la Alta California.

Felipe de Neve Padilla nació en Bailén, en Andalucía, en 1724. Fue hijo del capitán de caballería Felipe de Neve Noguera Castro y Figueroa y de doña María Padilla y Costilla. A los veinte años ingresó a la milicia, comenzando su carrera como cadete en el Regimiento de Infantería de Cantabria. Fue ascendido y traspasado a la Guardia de Corps en Madrid, donde sirvió a sus regimentos en Milán y Flandes. También combatió en la Guerra de los Siete Años contra Portugal. Ya como sargento mayor fue enviado, a los cuarenta años, a la América para entrenar a las milicias. En Sevilla dejó a su esposa, Nicolasa Pereira, a la que no volvió a ver nunca más.

Arribó al puerto de Veracruz el 1º de noviembre de 1764. En la Nueva España se le ascendió a teniente coronel de caballería, y el virrey lo nombró gobernador de Californias, en 1775.

Expulsó a los jesuitas de la zona, creó una legislación, combatió rebeliones de los indígenas, transformó la Armada y solucionó la grave situación financiera en la que se encontraban las misiones y los presidios.

En 1777 le escribió al virrey Bucareli con la solicitud de fundar dos pueblos: San José, en el río Guadalupe, y Nuestra Señora de Los Ángeles, en el río Porciúncula. El plan de Felipe de Neve era que Los Ángeles se convirtiera en un establecimiento de ganado y en un campo para la plantación de nuevos cereales y así proveer a las misiones y presidios que estaban escasos de alimentos. El rey Carlos III aprobó la petición y el 4 de septiembre de 1781, Neve fundó oficialmente el pueblo de Nuestra Señora la Reina de los Ángeles de la Porciúncula, origen de la actual ciudad de Los Ángeles, California. Además también logró que se fundaran San José, con fray Junípero Serra, la misión de San Buenaventura y el presidio de Santa Bárbara.

Los primeros pobladores de la ciudad fueron 14 familias, un total de 44 miembros españoles:11 hombres, 11 mujeres y 22 niños. El nombre de "pueblo" estaba reservado para las poblaciones blancas, a diferencia de los "presidios", donde radicaba el poder militar, y de "misiones", asentamientos con población indígena en proceso de catequización.

La carrera política de Neve alcanzó su máximo nivel cuando fue nombrado comandante general de las provincias internas de la Nueva España y brigadier de los Reales Ejércitos. Felipe de Neve, fundador de la ciudad de Los Ángeles, murió en 1784, en Coahuila, a los sesenta años.

1782

❧ MARTÍN DE MAYORGA

Calificado como uno de los más destacados virreyes de la Nueva España, a pesar de su corto mandato, Martín de Mayorga Ferrer nació en Barcelona en septiembre de 1721. Fue hijo del brigadier Martín Díaz de Mayorga y de Manuela Ferrer.

De muy joven se enlistó en el Regimiento de Reales Guardias españolas, donde alcanzó el grado de alférez apenas a los catorce años. Participó en diversas campañas militares en Italia y Portugal.

Su exitosa carrera militar le valió que, en 1766, el rey Carlos III lo nombrara gobernador político y militar de Alcántara, y en 1772 gobernador de Guatemala, a donde llegó el 12 de julio de 1773. Apenas había iniciado su gubernatura, cuando el día 29 del mismo mes, un terremoto prácticamente destruyó la capital. Los pocos edificios que quedaron en pie estaban dañados y no se recomendaba ocuparlos. Mayorga aconsejó trasladar la capital a otra ciudad. Así, dejaron la antigua capital (hoy Antigua) y se trasladaron a un territorio llamado Llano de la Virgen, donde se fundó la ciudad de Nueva Guatemala, donde finalmente ya pudo establecer su gobierno y donde desarrolló la agricultura, el comercio, la industria y la cultura. Muchas veces fue felicitado por el rey e incluso se le otorgó el grado de mariscal de campo de los Reales Ejércitos.

A la muerte de Antonio María de Bucareli, Martín de Mayorga fue nombrado 47° virrey de la Nueva España en 1779, donde destacó por su actuación militar en la defensa del territorio durante la guerra de España contra Inglaterra. Fortaleció los fuertes de San Juan de Ulúa en Veracruz y de San Diego en Acapulco para contrarrestar los posibles ataques marítimos. En el interior hizo frente a una rebelión indígena en Izúcar. Además, embelleció la Ciudad de México, combatió una terrible epidemia de viruela y creó varios hospitales como el general de San Andrés, en la capital, el de San Juan de Dios en Veracruz y el hospital de Nuestra Señora de la Consolación, en Acapulco.

Martín de Mayorga organizaba reuniones que se volvieron muy famosas, donde juntaba los hombres de gran prestigio en artes, letras y ciencias: Alzate, Antonio León y Gama, José Rafael Larrañaga, Joaquín Velázquez de León y Joaquín Bolaños. Tal vez ahí haya nacido la idea de crear la Real Academia de Bellas Artes de San Carlos, la primera de su tipo fundada en el continente americano.

El 28 de abril de 1783, Martín de Mayorga entregó el mando a Matías de Gálvez, hermano mayor de José de Gálvez, el secretario de Indias, y se embarcó hacia España a donde ansiaba regresar. Sin embargo, murió en el buque *Clotilde* el 18 de julio de 1783, mientras se esperaba el permiso para atracar en el puerto de Cádiz.

En el Museo del Prado puede apreciarse un óleo del pintor mexicano José de Alcíbar, miembro fundador de la Academia, en el que retrata a Mayorga.

1783

☙ JOAQUÍN VELÁZQUEZ DE LEÓN

Descendiente de Diego Velázquez —gobernador de Cuba quien autorizó las expediciones de Francisco Hernández de Córdoba, Juan de Grijalva y Hernán Cortés— Joaquín Velázquez de León nació el 12 de junio de 1732 en la hacienda de Acevedotla, ubicada en el actual municipio de Zacualpan, Estado de México. Fue hijo de Francisco Antonio Cárdenas Velázquez de León e Isabel Francisca Reynosa.

Al morir su padre, cuando él apenas tenía cuatro años, fue cuidado por su tío, Carlos Celedonio Velázquez, quien era vicerrector del Colegio Seminario de México. Estudió derecho en el Colegio Tridentino y a los 22 años ingresó al Colegio para Postgraduados de Santa María de Todos los Santos. En todos esos años de estudio se interesó por matemáticas, química, metalurgia, física, historia, letras y lenguas. Fue catedrático de matemáticas en el Colegio Santa María de Todos los Santos y de Astronomía en la Real y Pontificia Universidad de México.

Trabajó en la explotación minera, donde se convirtió en especialista y eminencia. Estableció hornos de fundición, desarrolló metodologías y maquinaria para desaguar minas lo que pudo aplicar en cuatro minas de Temascaltepec, modificó procesos de producción, realizó experimentos para separar el oro de la plata y publicó varios artículos sobre el tema.

El 3 de junio de 1769 observó, desde San José del Cabo, el tránsito de Venus por el disco del Sol. Velázquez de León contó con dos telescopios, un reloj de péndulo, un termómetro y un barómetro. Los resultados, que sirven para determinar la distancia entre el Sol y la Tierra, fueron publicados en Francia. Después de eso se le ordenó formar una carta geográfica de las provincias de Nueva Galicia, Nueva Vizcaya, Sinaloa, Sonora y California. Luego se le comisionó uno de los asuntos novohispanos más importantes en el siglo XVIII: el desagüe de la Ciudad de México. Para cumplir con ello realizó la primera triangulación topográfica del valle de México.

En 1777 se fundó el Cuerpo de Minería que agrupaba a los mineros más sobresalientes, como Joaquín Velázquez de León, Tomás Liceaga y Fausto Elhúyar (quien descubrió el elemento químico al que bautizó como Tungsteno), cuya misión era formar especialistas. En 1792 se creó el Seminario de Minería, cuyo primer rector fue el mismo Velázquez, iniciando la institucionalización de la ciencia moderna en México.

Publicó muchos de sus trabajos, por ejemplo: "Arco triunfal en la recepción del Marqués de Cruillas"; "Viaje a la Baja California" (1768-1770); "Informe al virrey Croix sobre las minas", 1771; "Arco de triunfo del Virrey Bucareli", 1771; "Representación a nombre de la minería", 1774; "Las ordenanzas de minería", 1778-1783; "La estirpe vespasiana", 1784, en la recepción del virrey Matías de Gálvez; "El malacate en el desagüe de las minas", en la *Gazeta de México*; "Sobre el desagüe de la Ciudad de México"; "Latitud y longitud de la Ciudad de México"; "Altitud y clima del valle de México"; "Fósiles y montañas. Terremotos. Lagunas".

Murió el 7 de marzo de 1786 en la Ciudad de México.

1784

◆ FRANCISCO ANTONIO CRESPO

En la década de 1780 el Ejército en la Nueva España presentaba graves problemas. Las compañías no tenían el personal suficiente, el armamento era escaso y se encontraba en malas condiciones. Se esperaba que militares peninsulares llegaran a la colonia a fortalecer las tropas, lo cual no sucedía. No había disciplina militar, por el contrario existían altos índices de insubordinación con los jefes y se llevaban a cabo una serie de excesos escoltados por el fuero militar. La situación fue agravándose con los años, porque la falta de seguridad con respecto a la naturaleza y límites de los privilegios de la milicia complicaron la situación. Además, los reglamentos y las interpretaciones con relación a los estatutos vigentes en el virreinato variaban de acuerdo con la inclinación de los virreyes. De ello se dio cuenta el coronel Francisco Antonio Crespo, inspector general interino, y diseñó un plan de reorganización que presentó al virrey Matías de Gálvez el 22 de diciembre de 1784.

Francisco Antonio Crespo nació el 24 de agosto de 1735. Era caballero de la Orden de Santiago y había sido corregidor de la Ciudad de México, así como gobernador y capitán general de las provincias de Sonora y Sinaloa. Ahí había reorganizado eficazmente los presidios militares, reestablecido el servicio postal hacia Guadalajara; dirigido una campaña contra los apaches; realizado un censo de población y escrito un detallado informe sobre la situación de sus provincias. Por su labor, el virrey Bucareli lo había nombrado gobernador y capitán general, y el rey lo ascendió a coronel.

El plan consistía en tener mayor control en los puertos y fronteras; contar con una fuerza equilibrada de regimientos regulares, milicias provinciales y urbanas y compañías de reserva localizadas en el interior y a lo largo del litoral expuestos a los ataques; fomentar valores en los cuerpos militares; acuartelar regimientos españoles en Nueva España; y triplicar las filas en tiempos de guerra. El propósito de Crespo era crear doce unidades de infantería, cuatro de caballería, dos de dragones y una de lanceros.

Una parte del Plan Crespo fue aceptado por la Corona, en 1786 el rey aprobó la formación de los Regimientos de Infantería de Nueva España, México y Puebla. Hacia finales de la década, el conde de Revillagigedo llegó a la Nueva España como nuevo virrey y tenía órdenes reales de establecer orden, para lo cual se basó en el Plan Crespo. Organizó las intendencias y las milicias. Hizo que se construyeran barcos y baluartes para defenderse y combatir los ataques e invasiones de los piratas.

Algo que dejó muy en claro el proyecto militar de Francisco Antonio Crespo fue que era imposible garantizar la eficaz defensa del virreinato sin la participación de los novohispanos más allá de la fuerzas españolas. Se debían tener además en cuenta la falta de vías de comunicación y las grandes distancias. Su trabajo inspiró la labor reformadora del Ejército virreinal durante los siguientes años.

1785

🕭 DOMINGO CABELLO Y ROBLES

Durante el siglo XVIII, el norte de la Nueva España fue generalmente una zona en constante conflicto entre los pobladores de la misiones y las tribus indígenas: apaches, comanches, jupes, tonkawa y hainai, entre otras. Ya desde 1750 grupos comanches kotsotekas habían llevado a cabo una gran expansión desde la meseta de Edwards hasta la escarpadura de Balcones, con lo que tenían prácticamente el control de todas las llanuras de Texas.

En la década de 1770, las autoridades españolas iniciaron una reorganización militar y administrativa de la frontera norte de Nueva España que culminó con la creación de la Comandancia General de las Provincias Internas en 1776.

Sin embargo, habían sido incapaces de subyugar o evangelizar a los apaches, y las hostilidades generalizadas de estos y de otros indios independientes se habían convertido en una pesadilla para las autoridades novohispanas.

En septiembre de 1785, una delegación texana, encabezada por Pierre Vial y Francisco Xavier Chávez iniciaba negociaciones con los principales líderes de los comanches. En octubre se llegaba en San Antonio de Béjar a un tratado formal de paz.

Los tratados hispano-comanches pusieron fin a décadas de violencia entre ambos pueblos, inaugurando un periodo de relaciones amistosas del que unos y otros se beneficiaron durante décadas. La persistencia de una simbiótica relación comercial permitió que la paz durase hasta bien entrado el siglo XIX.

Para que esto sucediera fue fundamental la participación del entonces gobernador de Texas, Domingo Cabello y Ramos. Nació en León, España, en 1725. Empezó su carrera militar a edad muy temprana, siendo ya subteniente en España en 1741, sirviendo en el Regimiento de Infantería de Portugal.

Destacó como teniente en la defensa del asedio británico a Cuba. El 9 de abril de 1748 participó en la defensa del castillo del Morro, en Cuba, cuando fue atacado por la escuadra inglesa del almirante Noulls. Después participó en varias expediciones contra los corsarios en los alrededores de Santiago de Cuba. Regresó a España en 1749 y continuó su servicio en el Regimiento de Infantería de Toledo, desde donde fue designado en 1751 para ir a La Habana, ya con el grado de sargento mayor. Su comportamiento durante el asedio inglés le valió el nombramiento como gobernador de Nicaragua, cargo que desempeñó entre 1764 y 1776.

En ese periodo combatió los alborotos y las sublevaciones de los indios zambos y caribes. Fomentó también la religión católica entre varias tribus de indios. En Texas fue gobernador de 1778 a 1786. Durante su mandato, además del tratado de paz, las cuestiones judiciales de Texas fueron transferidas de la Audiencia de México a la de Guadalajara.

Después de su labor en la Nueva España fue nombrado capitán general de Cuba, inspector militar en la isla y ascendido a mariscal de campo.

1786

❧ BERNARDO DE GÁLVEZ

Un héroe intrépido y vivaz. Un protagonista de la historia de España, Estados Unidos y la Nueva España, autor de increíbles hazañas, inmerso en los entresijos políticos de una época en que la Corona española apoyaba a los estadounidenses en su movimiento independentista. Conspiraciones de asesinato, historias de amor, amistad y traición. Un malagueño que convivió con Benjamín Franklin, George Washington y su tío el ministro de Indias José de Gálvez. Es por lo menos como se vislumbra la historia de Bernardo de Gálvez, 49° virrey de la Nueva España, en la novela histórica *El que tenga valor que me siga*, de Eduardo Garrigues, centrada principalmente en su participación en la Independencia de Estados Unidos. Pero De Gálvez destacó en varios ámbitos y momentos más.

Nació el 23 de julio de 1746 en Macharaviaya, Málaga. Fue hijo de Matías de Gálvez, vizconde de Galveston y virrey de la Nueva España, y de María Teresa de Madrid. De muy joven ingresó al Ejército, participó en la guerra contra Portugal, fue enviado a la Nueva España para enfrentar a los apaches. Se casó con una nativa mestiza india-francesa, María Feliciana de Saint-Maxent con la que tuvo tres hijos. En 1777 fue nombrado gobernador de Luisiana.

En la guerra de Independencia de Estados Unidos participó en 1779 en los puertos de Tompson y Smith, y en la conquista de los fuertes de Mauchak, Baton-Rouge y Paumure de Natches; en 1780 invadió, desde La Habana, Florida Oriental y ocupó Mobile; en 1781 conquistó Pensacola y reconquistó Florida. El 19 de octubre de 1781 los ingleses fueron definitivamente vencidos y en el desfile de la victoria, Bernardo de Gálvez cabalgó a la derecha de George Washington, lo cual habla tanto de la importancia de Bernardo de Gálvez, como del reconocimiento de los estadounidenses a los españoles.

Gálvez fue declarado como "héroe de la Guerra de la Independencia de los Estados Unidos que arriesgó su vida por la libertad de los estadounidenses". Como recompensa fue nombrado capitán general de Florida y Luisiana en 1782; capitán general de Cuba, en 1784; y virrey de la Nueva España, cargo en el que encontraría la muerte el 30 de noviembre de 1786, en el palacio arzobispal de Tacubaya.

A pesar de la brevedad de su mandato, destacó como virrey: enfrentó una crisis de hambre tras un periodo de malas cosechas y epidemias; comenzó la reparación del palacio de Chapultepec; se enfocó en mejorar la situación de la población indígena; defendió el territorio del norte frente a los ataques apaches y comanches; reorganizó la milicia; fomentó el desarrollo de las ciencias; patrocinó la expedición botánica a Nueva España de Martín de Sessé y José Mariano Mociño, entre muchas otras acciones.

En su honor se erige la Estatua a Bernardo de Gálvez junto a las estatuas de los libertadores en Washington D. C., inaugurada por el rey Juan Carlos I el 3 de junio de 1976. Además en 2014, el presidente Barack Obama le concedió la ciudadanía honoraria.

1787

❧ JOSÉ ANTONIO ALZATE

José Antonio Alzate y Ramírez nació en Ozumba (hoy Ozumba de Alzate en su honor), en la provincia de Chalco, el 20 de noviembre de 1737. Fue hijo de Juan Felipe de Alzate y de Josefa María Ramírez Cantillana, por quien estaba emparentado con Sor Juana Inés de la Cruz.

Estudió primero en el Colegio de San Ildefonso y luego en la Real y Pontificia Universidad de México, donde obtuvo el grado de bachiller en artes en 1753 y el de bachiller en teología en 1756. Desde joven tuvo vocación por las ciencias exactas como la física, la química, las matemáticas, la astronomía, las ciencias naturales, y también por la filosofía, las bellas artes y las letras, aunque la mayoría de su conocimiento científico lo adquirió de manera autodidacta. Gastó gran parte de su herencia en estudios, viajes, publicaciones, en su biblioteca ,en un museo de historia natural, así como en colecciones de antigüedades e instrumentos de astronomía.

Alzate trabajó toda su vida en la secretaría del arzobispado de México, como traductor de letras apostólicas, contando con la amistad y apoyo de los arzobispos y de los virreyes. Sin embargo, pasó a la historia como hijo de la Ilustración y uno de los pensadores más comprometidos con el progreso de la Nueva España.

Su trabajo de divulgación de la ciencia se convirtió en una expresión culminante del paso de la escolástica hacia la Ilustración en la colonia.

En 1768 comenzó con sus propias publicaciones que incluyeron muy diversos temas: física, medicina, agricultura, botánica, minería, astronomía, arquitectura, zoología, cartografía, geografía, física, meteorología, avances tecnológicos, literatura y filosofía.

La primera de estas publicaciones fue el *Diario Literario de México*, primer periódico de divulgación cultural. El segundo fue *Asuntos varios sobre ciencias y artes* de 1772. El tercero *Observaciones sobre la Física, Historia Natural y Artes Útiles* y apareció hacia 1787, después se denominó *Gaceta de Literatura de México* y duró hasta 1795. Por último su *Gaceta de Literatura Mexicana* que apareció de 1788 a 1795.

Alzate era un hombre multifacético que contribuyó con muy diversas áreas del saber: realizó planos de distintas regiones y ciudades; escribió sobre zonas arqueológicas; fue ingeniero e inventor de instrumentos mineros; exploró el Izztacíhuatl; observó el paso de Venus por el sol; escribió sobre eclipses lunares y otras observaciones meteorológicas; críticó los abusos del poder virreinal; estudió la grana cochinilla, el gusano de seda, la migración de las golondrinas y algunas plantas para consumo como: el maíz, el cacao, el ciruelo y la yuca; y otras medicinales como el árnica y el chautli; hizo importantes contribuciones para el estudio de la peste, el escorbuto, la caries dental, la sífilis y la fiebre amarilla; publicó consejos para sofocar incendios; y fue miembro de distintas academias de ciencia.

Murió el 2 de febrero de 1799. En su honor fue fundada la Sociedad Científica Antonio Alzate en octubre de 1884.

1788

❧ FAUSTO FERMÍN DE ELHÚYAR

El wolframio (también conocido como tungsteno) es un metal muy escaso en el planeta. Es el elemento químico número 74 en la tabla periódica de los elementos. Es el elemento más pesado y su símbolo es W. Tiene muchas aplicaciones, por ejemplo, en la fabricación de filamentos de lámparas, resistencias para hornos eléctricos, contactos para los distribuidores de automóviles, ánodos para tubos de rayos X, así como en aleaciones para la fabricación de herramientas de corte a elevada velocidad, bujías, en armamento, puntas de bolígrafos y en la producción de aleaciones de acero muy resistentes. Fue descubierto por el químico e ingeniero de minas Fausto Fermín de Elhúyar y por su hermano Juan José, en 1783.

Fausto nació el 11 de octubre de 1755 en Logroño, España. Estudió medicina, cirugía y química, matemáticas, física e historia natural, en París, entre 1773 y 1777. Fue catedrático de mineralogía y metalurgia, química y ciencias subterráneas en distintas instituciones. Trabajó en España, Suecia, Francia, Alemania y Austria, con grandes científicos de la época.

Después de su gran descubrimiento fue nombrado en 1786, por Carlos III, como director general de minería en la Nueva España, con el objetivo de encargarse de los procesos de exploración y extracción minera, así como de visitar los Reales de

Minas. Durante sus 33 años de estancia en tierras americanas creó el Colegio de Minería en 1792 —fue la primera institución científica erigida en suelo mexicano— y se encargó de la construcción del Palacio de Minería en 1813, una de las obras magistrales de la arquitectura neoclásica, a cargo del arquitecto español Manuel Tolsá.

Pero la importancia fundamental de Fausto de Elhúyar radicó en su función como agente transmisor de las ideas científicas a la América española y haber colocado a la metalurgia mexicana al nivel de las más avanzadas de su época.

Después de la Independencia toda la actividad minera se vio fuertemente afectada por las guerras y el colegio dejó de funcionar en 1821. Fausto regresó a España donde fue nombrado director general de minas y ministro del estado y se ocupó del reconocimiento oficial de las minas de Almadén, Guadalcanal y Río Tinto. Murió en Madrid el 6 de enero de 1833.

Fausto Fermín de Elhúyar escribió artículos, informes y cartas. Destacan los documentos sobre la teoría de amalgamación —un proceso para extraer la plata de su mena—, sobre la historia de las cecas de fabricación de monedas y fue autor de la historia de las minas de México y la explotación de las minas españolas. En Madrid, en 1825 publicó un importante trabajo sobre la influencia de la mineralogía en la agricultura y en la química. Aunque el más importante fue en el que presentó el wolframio en 1783: *Análisis químico del wolfram, y examen de un nuevo metal, que entra en su composición.*

1789

✦ LUCAS DE GÁLVEZ

Lucas de Gálvez y Montes de Oca nació en Écija, provincia de Sevilla, en 1739. Poco se sabe de sus primeros años de vida y de su formación. Fue teniente de fragata y se casó con Francisca de Moya, hija del alcalde mayor de Cartagena. Ascendió como oidor de Guadalajara y en 1787 llegó a la Nueva España. Era familiar directo de José de Gálvez, ministro de Indias con un gran poder e influencia política, por lo que incluso el nombramiento de Lucas ha llegado a ser acusado de nepotismo.

Sea como sea, después de la Ordenanza de Intendencias, Lucas de Gálvez fue nombrado por Carlos III gobernardor, intendente y capitán general de Yucatán y Tabasco. De esa manera, a partir de su toma de posesión en 1789 tuvo un poder absoluto sobre la región: civil, administrativo y militar, lo cual llevó a cabo con gran responsabilidad.

No solo era un personaje sumanente querido por la gente, sino que se comprometió con el progreso de Yucatán. Se le reconoce como un emprendedor, urbanizador, desarrollador económico preocupado por los aspectos sociales de la producción, del trabajo, de la salud y de la seguridad pública en toda la península.

Fueron muchas las acciones que llevó a cabo en un

periodo relativamente corto de tiempo. Reconstruyó el muelle de Campeche, fundamental para el comercio. Amplió y modernizó los mercados de abasto de Campeche y Mérida. Construyó varias calles y avenidas en Mérida, además de que reconstruyó carreteras para propiciar el comercio interno: el de Mérida a Izamal, el de Ticul y el camino real de Mérida a Campeche. Fomentó la explotación pesquera y ayudó al conocimiento de la diversidad de los recursos naturales en los litorales de la península. Creó el proyecto de la universidad el cual sometió al Consejo de Indias. Reorganizó las milicias, el presidio de Bacalar y expidió un reglamento militar. Introdujo nuevas tecnologías para impulsar la industria, como equipos para la extracción de aceite y equipo para la industria alfarera. Puso en operación un hospital para leprosos en Campeche y un hospicio para huérfanos y menesterosos en Mérida.

Fue un gobernador carismático y realmente ocupado en el desarrollo de la región. Por eso fue aún más sorprendente la noticia, el 22 de junio de 1792, de que don Lucas de Gálvez había sido asesinado a cuchilladas cuando iba de regreso a su casa. Durante muchos años se condujo una investigación policiaca, pero tanto el nombre del asesino como los motivos del crimen quedaron simplemente en hipótesis y sospechas sin confirmar.

Como reconocimiento el principal mercado de abasto en la ciudad de Mérida, ubicado en el viejo barrio de San Cristóbal, lleva su nombre. Además hay un mural del artista Fernando Castro Pachecho en el Salón de la Historia del Gobierno y el monumento llamado Cruz de Gálvez en la misma ciudad.

1790

❧ ANTONIO DE LEÓN Y GAMA

Hacia finales del siglo XVIII los sentimientos de los criollos con respecto a lo mexicano habían cambiado radicalmente con relación al pasado. Ya no solamente no se le despreciaba sino que existía un nacionalismo que terminaría siendo fundamental en la lucha por la independencia. Por ello, cuando en 1790 al hacer trabajos de empedrado del centro de la capital se descubrieron dos grandes monolitos mexicas, no solo no se destruyeron sino que se cuidaron, se estudiaron y hasta la fecha son objetos simbólicos de nuestra arqueología que nos vinculan con nuestro pasado prehispánico. La Coatlicue fue descubierta el 13 de agosto y el de la Piedra del Sol el 17 de diciembre de 1790.

El primero en escribir un trabajo sobre las piezas fue Antonio de León y Gama. Un par de años después publicó, en ciento veinte páginas, la *Descripción histórica y cronológica de las dos piedras que con ocasión del nuevo empedrado que se está formando en la plaza principal de México, se hallaron en ella el año de 1790* , donde hacía hincapié en la sofisticación y los grandes logros científicos y artísticos de los aztecas, y por lo cual se le ha llegado a considerar como el primer arqueólogo mexicano. En junio de 1792, el español Felipe Zúñiga y Ontiveros sacó de su imprenta la primera edición de la *Descripción histórica y cronológica...*, la cual fue costeada por 72 suscriptores que habían pagado dos pesos por ejemplar. El texto está dividido en cuatro partes en las que se explica el funcionamiento de los calendarios indígenas y se examinan a profundidad las dos piedras. El documento tuvo un enorme impacto en México, Europa y Estados Unidos desde el siglo XIX, gracias a la difusión que hicieron autores como Humboldt, Prescott y Ramírez.

Antonio de León y Gama nació en la Ciudad de México en 1735. Fue hijo de un abogado que era relativamente conocido por una obra latina sobre contratos. Entre 1753 y 1755 estudió derecho en el Colegio de San Ildefonso. Una vez titulado como abogado ejerció en la Real Audiencia de la que llegó a ser oficial mayor.

Además, Antonio de León y Gama se interesó por la astronomía y otras ciencias. Además del documento ya mencionado escribió sobre diversos temas como el eclipse de sol observado en México el 24 de junio de 1778; la utilización de lagartijas para tratar enfermedades; documentó la aparición de una aurora boreal en la Ciudad de México el 14 de noviembre de 1789; anotaciones sobre la observación de Júpiter en la Nueva España, así como descripciones sobre la Ciudad de México. Publicó también un escrito matemático en forma de carta sobre la imposibilidad de la cuadratura del círculo, como suplemento a la *Gazeta de México* de 1785. Dejó inéditos muchos textos de astronomía que a la fecha se conservan en la Biblioteca Nacional de París.

1791

❧ JOSÉ GREGORIO ALONSO ORTIGOSA

José Gregorio Alonso Ortigosa fue obispo de Oaxaca de 1775 a 1791. Nació en un pequeño pueblo de La Rioja el 28 de mayo de 1720. Estudió en el seminario de Logroño y leyes en las universidades de Santa Catalina del Brugo de Osma y en la de Valladolid, donde posteriormente enseñó latín, filosofía y derecho canónico. Llegó a la Nueva España en 1769 como inquisidor apostólico del Santo Tribunal de México. Fue un gran defensor de los indígenas e innovador de los programas del seminario conciliar. Tenía una gran confianza en la educación y la instrucción como fundamento de todas las cosas, por lo tanto, el eje de su trabajo fue impulsar la educación desde la formación de los jóvenes hasta el doctorado.

Ortigosa encontró que incluso en la ciudad la enseñanza de gramática, filosofía y artes se hallaba en muy mala situación y que los que deseaban contar con una buena educación tenían que viajar a Puebla o a la Ciudad de México, por lo que escribió una carta al virrey Bucareli donde sugería: "Hacer florecer escuelas y los seminarios episcopales, establecidos por el Concilio de Trento, preparar curas que estén dotados de virtud y celo suficientes para que sean capaces de entregarse al cultivo y enseñanza de una prodigiosa multitud de diocesanos de todas clases, derramados en pueblos inaccesibles y en barrancas y breñas y montañas impenetrables…".

El convento de Nuestra Señora de los Ángeles se construyó con el objetivo de albergar a religiosas herederas de caciques nobles indígenas. Ortigosa promovió la fundación e hizo las gestiones necesarias ante el rey Carlos III, consiguió el financiamiento y se involucró hasta ver la obra terminada, por lo cual se le recuerda como benefactor de las capuchinas indias.

Cuando el seminario de San Bartolomé, primer seminario establecido en Nueva España por los dominicos en 1574, estaba a punto de desaparecer, el obispo donó su biblioteca personal y donativos para la mejora del edificio. Consiguió además becas para que los estudiantes pudieran aprender las lenguas indígenas de la región: zapoteco, chinanteco, mixe, otomí y mazateco.

En su defensa de los indígenas, Ortigosa denunció y criticó el sistema de repartimiento y el terrible sistema de explotación que llevaba ejerciéndose sobre ellos durante siglos.

Hacia el final de su periodo el obispado tenía una doble cara. Por un lado se había impulsado fuertemente al arte y a la cultura. Se habían terminado las torres de la catedral y sus adornos y se había reparado la iglesia de Nuestra Señora de las Nieves. Sin embargo, las reformas borbónicas afectaron las formas de producción oaxaqueñas y las exigencias fiscales del virreinato hicieron que hubiera grandes tensiones al interior del obispado, pues la presión que ejercía la Corona era muy intensa. En los años siguientes, la Iglesia tendría que enfrentar una serie de inconformidades y sortear todo tipo de problemas.

José Gregorio Alonso Ortigosa renunció al obispado en 1791 y murió en la ciudad de Oaxaca el 27 de agosto de 1797.

1792

❧ ANTONIO ALCALDE Y BARRIGA

La Universidad de Guadalajara es, sin lugar a dudas, una de las instituciones educativas más prestigiadas de nuestro país. Su fundación, a finales del siglo XVIII, se debe en gran medida a la visión y el trabajo de fray Antonio Alcalde y Barriga.

Nació el 14 de marzo de 1701, en la villa de Cigales, una pequeña localidad en Valladolid, España. A los quince años entró al convento dominico de Santiago, donde un poco más tarde se ordenaría como sacerdote. Los siguientes cuarenta años los dedicaría en cuerpo y alma a la enseñanza de teología, moral y derecho. Fue autoridad en varios conventos de España hasta que en 1761, el rey Carlos III lo nombró obispo de la diócesis de Yucatán, que abarcaba lo que hoy es Tabasco, Campeche, Yucatán, Quintana Roo, Petén y Belice. Ahí fundó la cátedra de teología en el seminario conciliar y solicitó al rey que se erigiera una universidad.

El 12 de diciembre de 1771, ya con setenta años cumplidos, fray Antonio llegó a Guadalajara, después de haber sido nombrado el vigésimo segundo obispo de la diócesis de Nueva Galicia. Sin embargo, su avanzada edad no fue un impedimento para que el sacerdote se convirtiera en una célebre figura de la ciudad por las obras que realizó.

El 26 de febrero de 1786 se aprobó su propuesta de construir un hospital a las afueras de la ciudad, ya que los existentes no se daban abasto. Alcalde gestionó que el ayuntamiento donara un terreno y él mismo puso una aportación económica para que comenzara a construirse en 1787. La obra quedó terminada siete años después y el sacerdote la consagró a "la humanidad doliente".

Pero su legado más importante fue la fundación de la universidad. Fray Felipe Galindo Chávez había realizado por primera vez la solicitud, pero no fue hasta que Alcalde y Barriga lo gestionó, que el rey Carlos IV otorgó la cédula real para la creación de la Real y Literaria Universidad de Guadalajara. El sacerdote consiguió que se aplicase el patrimonio de los bienes de la extinta Compañía de Jesús, incluyendo el templo y el edificio del antiguo Colegio de Santo Tomás. Se nombró como primer rector al doctor José María Gómez y Villaseñor y para su apertura, el 3 de noviembre de 1792, se habían establecido las cátedras de cánones, leyes, medicina, cirugía y teología. Además, en Guadalajara, fray Antonio Alcalde y Barriga construyó el Santuario de Nuestra Señora de Guadalupe; edificó el primer complejo habitacional en el continente americano, conocido como "Las Cuadritas"; otorgó una nueva sede al beaterio de Santa Clara que asistía a las mujeres desamparadas; fundó escuelas primarias con material didáctico gratuito; e hizo diversos donativos para la urbanización del norte de la ciudad.

Murió el 7 de agosto de 1792 y fue sepultado en el Santuario de Nuestra Señora de Guadalupe.

1793

● JUAN VICENTE DE GÜEMES

El quincuagésimo segundo virrey y presidente de la Junta Superior de Real Hacienda de la Nueva España, también conocido como segundo conde de Revillagigedo, es considerado como el mejor gobernante que tuvo la Nueva España, llevando a cabo su mandato del 16 de octubre de 1789 al 11 de julio de 1794. Nació en La Habana, en 1738. Fue hijo de Juan Francisco de Güemes y Horcasitas, virrey de la Nueva España. Hizo carrera militar en Cuba, llegando a ser capitán general de la isla y teniente coronel del regimiento de guardias españolas.

Una vez que asumió el cargo se propuso realizar una obra de gran trascendencia, que fuera duradera y para el beneficio de todos. Su primer objetivo fue sanear y modernizar la Ciudad de México. Para ello empedró las calles, introdujo drenaje y alumbrado público, organizó el servicio de la policía, reubicó el comercio ambulante a los mercados del Volador y del Factor, estableció el sistema de nomenclatura y numeración de las calles, organizó la vialidad, implementó el servicio de recolección de basura y mandó a embellecer paseos, plazas y alamedas. De Güemes concluyó la catedral metropolitana, renovó el Jardín de Palacio e inauguró el Museo de Historia Natural.

Sobre su labor escribió Antonio del Valle-Arizpe: "En todo puso Revilla Gigedo su entusiasmo y su iniciativa genial, una dedicación constante y las claras luces de su talento. Todo lo reformó con provecho. No hubo cosa en la que él no pusiera su atención que no quedara perfecta. La ciudad quedó limpia, se volvió de caldero negro en taza de oro. Tuvo banquetas, tuvo empedrado, tuvo alumbrado, albañales, buena policía. Parece que sonaban más claras las campanas en aquel aire límpido, ya sin malos olores que lo enturbiaran". Durante su gobierno, a la capital se le puso el sobrenombre de "la ciudad de los palacios".

A nivel general, el segundo conde de Revillagigedo fundó el Real Colegio de Minería, las cátedras de biología, anatomía y fisiología, reglamentó la industria maderera y textil, hizo más ágil y menos corrupta la ejecución de trámites y la impartición de justicia. Patrocinó expediciones por la costa del océano Pacífico, favoreció la comunicación entre las distintas regiones, para lo cual dispuso la construcción y el mejoramiento de caminos —destacando el que iba de la Ciudad de México al puerto de Veracruz—, fomentó el cultivo del algodón, la caña y el lino, mandó a levantar planos de las principales ciudades, creó el Archivo General de la Nación y realizó un censo poblacional.

Además, que no es poca cosa, durante su gobierno logró conciliar los intereses de la colonia con los de la península. Y cuando la guerra contra Francia estaba a punto de estallar, el virrey mandó siete millones de pesos que fueron de gran ayuda para la Corona.

De Güemes murió el 12 de mayo de 1799, en Madrid.

1794

❧ JUAN FRANCISCO DE LA BODEGA Y QUADRA

En el último cuarto del siglo XVIII, tanto el rey de España como Antonio María Bucareli (virrey de la Nueva España de de 1771 a 1779) estaban sumamente preocupados al recibir noticias que informaban sobre los planes expansionistas de los rusos que buscaban colonizar el continente americano partiendo de Alaska hacia el sur. Por ello, tomaron la decisión de impulsar el puerto de San Blas, donde se encontraban los astilleros más importantes del noroeste, y desde allí promovieron distintas expediciones por la costa del Pacífico.

Uno de esos importantes navegantes que se aventuraron hacia el norte fue Juan Francisco de la Bodega y Quadra. Nació en Lima, Perú, el 3 de junio de 1743. Su padre provenía de la nobleza montañesa de Cantabria y su madre era una criolla de la aristocracia limeña. Poco se sabe de su edad temprana. Estudió en el Real Colegio de San Martín, de la Universidad de San Marcos, donde se recibió a los 16 años. Poco después se embarcó rumbo a España para ingresar en la Escuela de Guardiamarinas de Cádiz. A partir de 1762 sirvió para varios barcos de la Armada hasta 1768, cuando viajó a América como marino a bordo del navío *Septentrión*.

En 1775, bajo el mando del teniente Bruno de Heceta, De la Bodega y Quadra participó en una de estas expediciones por el norte de América. Después de ser atacados por indios, Heceta decidió regresar a México, pero Juan Francisco continuó la expedición, reclamando y nombrando sitios como el puerto de Bucareli, el puerto de los Remedios, una pequeña bahía al norte de la misma, que llamaron Guadalupe, el monte San Jacinto, la isla de San Carlos y el cabo de San Agustín. Esta expedicion ayudó para que la Corona española se enterara de que los rusos no contaban con una gran presencia en Alaska como se suponía.

Cuatro años después participó en la expedición comandada por Ignacio Arteaga en la que se alcanzaron los 58 grados de latitud norte y se exploró y cartografió la región noroeste del Pacífico.

Como recompensa a su esfuerzo, de la Bodega y Quadra fue ascendido a capitán de fragata en 1780 y puesto al mando del puerto de San Blas aunque tuvo que renunciar un año después por problemas de salud y los siguientes años los pasó entre España y Cuba.

A partir de 1789 se le llamó de nuevo a San Blas y la Corona española le puso al frente de las negociaciones con el capitán británico George Vancouver para establecer los nombres, las fronteras y las posesiones de la región.

El 29 de marzo de 1794, murió en la Ciudad de México uno de los grandes navegantes del virreinato, protagonista principal de los descubrimientos de España en el noroeste de América, que dejó para la posteridad sus diarios y cartas que sirvieron para cartografiar esta región del planeta.

1795

❧ MARTÍN SESSÉ

En 2010, como parte de los festejos del Bicentenario de la Independencia de México se publicó la obra *La Real Expedición Botánica a Nueva España* de José Mariano Mociño y Martín Sessé, en doce volúmenes en los que pueden apreciarse dos mil láminas con dibujos en acuarela de la flora y fauna mexicana, que tienen más de dos siglos de antigüedad y que a la muerte de los científicos que realizaron la expedición estuvieron perdidas por muchos años.

Martín Sessé nació en Baraguás, Huesca, en 1751. Cursó estudios de medicina en Zaragoza, pero al no conseguir plaza en la universidad se marchó a Madrid donde hizo amistad con algunos naturalistas.

En 1780 decidió viajar a la Nueva España. Cinco años después fue comisionado por el Jardín Botánico de Madrid para el reconocimiento de la flora mexicana. Ahí creó el primer jardín botánico en México y una cátedra de historia natural.

Sessé propuso una ambiciosa expedición por el continente, la cual fue aprobada por Carlos III y duró de 1787 a 1803, tiempo en el que recorrió además Santo Domingo, Puerto Rico, Cuba, Guatemala, Nicaragua y se extendió hasta el norte de Canadá. El objetivo de la expedición era conocer, estudiar e investigar las plantas mexicanas, sus formas, dimensiones, propiedades, usos que le daban los nativos, además de describirlas y clasificarlas bajo el sistema lineano. También registraron especies de fauna. En total, en la expedición se registraron 1 327 especies de plantas, de 789 géneros; además de 225 especies de animales que incluyen aves, peces, insectos, anfibios, reptiles y algunos pocos mamíferos.

En los trabajos de exploración lo acompañaron José Mariano Mociño, alumno de Sessé, algunos botánicos españoles, así como los dibujantes Vicente de la Cerda y Anastasio Echevarría.

Al final de la expedición, Sessé y Mociño viajaron a España para redactar una extensa memoria, la cual no lograron publicar. No fue sino hasta finales del siglo XIX que se publicó *Flora Mexicana y Plantae Novae Hispaniae* con 2 295 descripciones botánicas, escritas en latín, la cual se encuentra actualmente en el Archivo del Real Jardín Botánico de Madrid.

Martín Sessé murió en Madrid, en 1808 y José Mariano Mociño en Barcelona, en 1820 y los materiales de la expedición quedaron perdidos hasta 1981 cuando aparecieron en Barcelona los 2 mil dibujos originales de la expedición, que sin saber bien a bien sus vicisitudes cayeron en manos de una familia Torner, quienes los vendieron al Hunt Institute for Botanical Documentation, de Pittsburgh, Estados Unidos, quienes conservan los derechos sobre ellos.

Los doce tomos de la obra de 2010 se publicaron bajo el título *La Real Expedición Botánica a Nueva España*, por el editor Jaime Labastida de Siglo XXI. Actualmente, la colección de ejemplares recolectados por Sessé y Mociño pertenece al herbario del Real Jardín Botánico y forma parte del Patrimonio Histórico Español.

1796

❧ MIGUEL CONSTANZÓ

Miguel Constanzó es uno de esos personajes polifacéticos, que dejó un enorme legado tanto en textos, como en mapas, como en construcciones, y que fue uno de los grandes renovadores de la Nueva España a finales del siglo XVIII y principios del XIX. Nació en Barcelona en 1741 y en 1762 ingresó al Real Cuerpo de Ingenieros donde sirvió en Cataluña y en Granada.

En 1762 emprendió el viaje hacia América donde fue el ingeniero militar que mayor trascendencia tuvo en la Nueva España y un fiel representante de las reformas borbónicas que buscaban racionalizar la actividad económica.

Sus actividades y logros fueron muchos y muy variados, y se extienden a todo el abanico de las obras de ingeniería civil, arquitectura, urbanismo y reconocimiento territorial. Fue parte de diferentes expediciones entre 1768 y 1770, especialmente por la Alta California. Consolidó la defensa del imperio tanto en el Pacífico como en el Golfo y el Atlántico. Utilizó su conocimiento geográfico y cartográfico para mejorar la defensa y la explotación económica. Fue un personaje importante en la última expansión española. Participó en la reestructura del Ejército con la construcción de equipo, de cuarteles y hospitales militares, así como de fábricas de pólvora y artillería. Participó en la edificación del fuerte de San Diego, en Acapulco. Mejoró los caminos, especialmente los que iban de la Ciudad de México hacia los puertos de Acapulco y Veracruz. Hizo obras hidráulicas. Estuvo involucrado en la construcción del Palacio de Gobierno de San Luis Potosí, en la ampliación de la Casa de Moneda en la Ciudad de México y en la adaptación del Hospital General de San Andrés, también en la capital. En el desarrollo urbano de la capital de la Nueva España ayudó al saneamiento, al abastecimiento de aguas, empedrado, alumbrado público, creación de mercados, de áreas verdes y de plazas. Construyó la primera parte del edificio de la Real Fábrica de Tabacos. Fomentó industrias. Construyó faros y mejoró puertos. Trabajó con instituciones científicas.

Además dejó testimonio escrito de la gran mayoría de su trabajo, así como una vasta obra cartográfica, que hoy son una fuente fundamental para entender la organización del virreinato novohispano de aquella época. Alejandro von Humboldt conoció su obra y la valoró y citó en varias ocasiones. Por si fuera poco, también se desempeñó como docente en la Academia de Nobles Artes de San Carlos.

En 1795 comenzó su obra más conocida que terminaría hasta 1812, a saber, el claustro del Convento de la Encarnación. Su majestuosidad quedó claramente descrita en palabras de la marquesa Calderón de la Barca, quien afirmó cuando lo conoció en 1840: "Este convento, en realidad, es un palacio" y "es el más grande y magnífico de todos". Actualmente, es el segundo patio del edificio de la Secretaría de Educación Pública.

Miguel Constanzó murió en la Ciudad de México en 1814.

1797

❧ JUAN ANTONIO DE RIAÑO

En 1797, Juan Antonio de Riaño y Bárcena de los Cuetos y Velarde fue nombrado caballero de la Orden de Calatrava, una orden militar y religiosa fundada en el siglo XII, lo cual significaba tener el enorme honor simbólico de ser defensor de la Corona española, a lo que solo los más nobles y valientes hombres podían aspirar.

Riaño nació el 16 de mayo de 1757 en Liérganes, Santander. Fue un capitán de fragata y teniente español que participó en muchas de las campañas en que los españoles apoyaron a los norteamericanos para independizarse de los ingleses. Combatió en las batallas de Mobile, Fort Charlotte, Batton Rouge y Pensacola.

Posteriormente, en 1787 el virrey lo nombró primer intendente de Valladolid (hoy Morelia), donde siguiendo las ideas ilustradas se dedicó a realizar muchas mejoras urbanísticas y a proponer nuevas leyes en aras del progreso.

En 1792 fue nombrado intendente de Guanajuato, donde sobresalió por su buen gobierno. Mandó a construir bellos edificios en el Bajío y en su ciudad, donde sobresale la Alhóndiga de Granaditas, construida por el arquitecto Alejandro Durán y Villaseñor. Fomentó el cultivo del olivo y la vid. Bajo su administración prosperó el trabajo en las minas. También fue el responsable del encauce del río que pasaba por la ciudad, hoy conocido como calles subterráneas.

Considerado uno de los gobernantes más cultos y progresistas de las intendencias de la Nueva España, Juan Antonio de Riaño y Bárcena fue un importante impulsor de la educación pública en la región. Su presencia motivó cambios en el Colegio de Guanajuato, el cual fue reabierto al 8 de diciembre de 1796. A él y a su esposa, Victoria Saint-Maxent, se le deben la introducción de los estudios del francés y su literatura, y por primera vez la enseñanza de matemáticas, física y química.

En Guanajuato hizo amistad con Miguel Hidalgo. Ambos tenían ideas liberales, pero Juan Antonio de Riaño, caballero de Calatrava, tenía un alto deber con la Corona española, como lo hizo constar en una carta dirigida al párroco de Dolores: "No reconozco otra autoridad ni me consta que haya establecido, ni otro capitán general en el reino de la Nueva España, que el excelentísimo señor don Francisco Xavier de Venegas virrey de ella, ni más legítimas reformas, que aquéllas que acuerde la nación entera en las Cortes generales, que van a verificarse. Mi deber es pelear, como soldado, cuyo noble sentimiento anima a cuantos me rodean".

Tal postura, sin embargo, le costaría la vida ese mismo día, 28 de septiembre de 1810, pues Hidalgo, al conocer la respuesta decidió iniciar el combate y atacar la Alhóndiga que protegía Riaño. La toma de la Alhóndiga pasaría a la historia como un símbolo del movimiento armado en busca de la libertad y Riaño sería una de las primeras víctimas de esa guerra independentista.

1798

✦ FRANCISCO MANUEL FAGOAGA Y AROZQUETA

Francisco de Fagoaga Yragorri llegó a la Nueva España en 1697, como teniente de navío. En el momento en que desembarcó comenzaría la historia de una poderosa y rica familia que desarrollaría un imperio económico y comercial, basando su riqueza en la posesión y administración de haciendas de beneficio y agrícolas, una casa comercial y uno de los bancos de plata más importantes de la Nueva España. De acuerdo con algunos autores, los Fagoaga podrían ser considerados la familia minera de México por antonomasia.

Francisco Manuel Cayetano Fagoaga y Arozqueta fue el sexto hijo de Francisco de Fagoaga Yragorri y María Josefa Arozqueta de las Heras Alcocer, de origen vasco. Nació el 7 de agosto de 1724 en la Ciudad de México. Apenas a los diez años fue nombrado caballero de la Orden de Santiago.

En su adolescencia se dedicó a la milicia y fue capitán de granaderos y luego coronel del regimiento de Lisboa, con base en La Habana. Pero de regreso en la Ciudad de México, junto con su hermano Juan Bautista tomó el mando de los negocios familiares.

De 1766 a 1778 fue nombrado el primer apartador de oro y plata de la Nueva España. El Apartado era la institución donde se separaba el porcentaje de la plata que debía enviarse a la Corona, que era la quinta parte del metal extraído, por lo que era conocido como el "quinto real". El 27 de agosto de 1772 se le concedió el título de marqués del Apartado. Los beneficios que proporcionaba el Apartado y el interés de la Corona en unir y controlar los distintos aspectos productivos de la acuñación de moneda llevaron a que por real cédula del 21 de julio de 1778 el Apartado se incorporara a la Real Hacienda, por lo que le pagaron a Fagoaga 100 mil pesos como compensación.

Los hermanos Fagoaga fueron dueños de prácticamente todas las minas de mercurio y estaño del Real de Fresnillo. Además obtuvieron grandes ganancias de la mina de Sombrerete, Zacatecas. En 1784, don Francisco participó en la primera junta del tribunal de minería y fue nombrado consultor residente en México.

Como miembro del partido vasco hizo importantes donaciones para la fundación del Colegio de Nuestra Señora del Pilar, para el Colegio de San Ignacio y para la cofradía de Nuestra Señora de Aránzazu. También hizo importantes donaciones al virreinato, por ejemplo, en el periodo de escacez de abasto, en 1786.

Entre 1795 y 1805, Manuel Tolsá construyó el espectacular palacio del marqués del Apartado, un monumental edificio palaciego, que es uno de los mejores ejemplos de arquitectura de estilo ilustrado. Durante la mayor parte del siglo XIX fue residencia de varias familias adineradas del país, hasta que Porfirio Díaz lo hizo sede de la Secretaría de Justicia e Instrucción Pública.

Francisco Manuel Cayetano Fagoaga y Arozqueta falleció en la Ciudad de México el 12 de enero de 1799.

1799

➤ PEDRO DE LA PORTILLA

Difícil asunto es otorgar la autoría o responsabilidad de un movimiento como el de la Independencia de México a una sola persona o, incluso, a un grupo de personas. Don Miguel Hidalgo y Costilla, si bien figura clave, fue solamente una pieza de un engranaje que tendrá sus antecedentes incluso siglos antes —ya desde los primeros años de la conquista hubo quienes tenían ideas de independencia— y que se mueve de la mano de muchos otros factores e ideas de una época.

A finales del siglo XVIII y principios del siglo XIX muchas semillas habían germinado para que empezaran las luchas libertarias no solo en la Nueva España sino en todo el continente. Factores sociales, económicos, políticos, comerciales, culturales, tanto a nivel regional como a nivel internacional coincidían para que las revoluciones se llevaran a cabo.

Prueba de que ello sucedería tarde o temprano, fue la llamada "conspiración de los machetes", un pequeño movimiento que tuvo lugar once años antes del Grito de Dolores, pero que ya contaba con toda la carga ideológica de la Independencia, incluyendo la imagen de la Virgen de Guadalupe como símbolo.

Pedro de la Portilla era un criollo de pocos recursos. Era empleado en la oficina de recaudadores de impuestos de la

Nueva España. En 1799 reunió a un grupo de veinte jóvenes —familiares y amigos— en la calle de Gachupines No. 7, de la Ciudad de México. Ahí comenzaron a conspirar.

El plan consistía en liberar a los presos para que el movimiento tuviera más fuerza, tomar el palacio virreinal y capturar a los altos mandos militares. Ahí proclamarían la independencia de México, declararían la guerra a España, matarían a los españoles peninsulares y Pedro de la Portilla ocuparía el lugar del virrey. Luego el pueblo decidiría el tipo de gobierno que tendría que establecerse en el nuevo país. Algunos pensaban que tenía que instaurarse un gobierno como el de Estados Unidos.

La conspiración no representó riesgo real para el virrey Miguel José de Azanza, pues solo contaba con mil pesos plata, dos armas de fuego y cincuenta sables. Por ello se le denominó popularmente como "la conspitación de los machetes". Todos los conjurados fueron apresados y pasaron muchos años encarcelados, aunque al final del juicio no se llegó a un veredicto y los que no murieron en la cárcel fueron puestos en libertad. Pedro de la Portilla vivió lo suficiente para ver, en libertad, el final del movimiento de independencia.

Es difícil establecer si el pequeño y breve esfuerzo de Pedro de la Portilla es un precursor real de la lucha que empezó formalmente en septiembre de 1810, sin embargo, de acuerdo con el célebre historiador Lucas Alamán, siguiendo el reporte que el virrey hizo de la conspiración: "se tiene entendido que Azanza veía próximo un movimiento, y estaba ansioso de dejar el mando".

1800

❧ JOSÉ MARIANO DE SARDANETA Y LLORENTE

Integrante de una de las familias mineras y nobles más prominentes del virreinato; su riqueza provenía principalmente de la explotación de la mina de Rayas en Guanajuato. José Mariano nació en esa población en 1761. Al morir su padre, en 1787, pasó a ser el segundo marqués de San Juan de Rayas. De joven recibió una esmerada educación en el Colegio franciscano de San Juan de Letrán en la capital novohispana. En Guanajuato fue regidor perpetuo y alcalde ordinario en el cabildo de la ciudad. En 1803, recibió al virrey José de Iturrigaray y ambos personajes trabaron amistad.

Estableció su residencia en la capital novohispana y participó en la vida política de manera muy activa. Asistió a las juntas organizadas por Iturrigaray y en septiembre de 1808 dio su voto a favor del establecimiento de una Junta General; incluso en su casa se celebraron algunas de las reuniones para definir la situación de la Nueva España ante la invasión francesa y la abdicación de Carlos IV.

Al ser aprehendido el virrey Iturrigaray, Sardaneta fue apresado también por sospechoso y exiliado a España, pero volvió a México en diciembre de ese mismo año y siguió convocando a reuniones sin importar el riesgo que corría. En 1809 se abrió una investigación por considerarlo antieuropeo y de simpatizar con las ideas autonomistas.

Después del 10 de septiembre de 1810, y antes de la toma de Guanajuato, el Ejército insurgente se refugió una noche en la hacienda de Burras, propiedad agrícola de Sardaneta. Se le eligió como diputado para asistir a las cortes de España en 1812; al negarle el gobierno los viáticos no realizó el viaje. Fue acusado de subversión a la Corona y en octubre de 1814, durante el gobierno del virrey José María Calleja, se esclareció su vinculación con el grupo de "Los Guadalupes", red secreta de apoyo a los independentistas, pero fue aprehendido hasta enero de 1816. Todos los documentos hallados en su domicilio fueron confiscados; se le llevó a la Ciudadela donde debió esperar el cambio de virrey; luego de un proceso judicial se le otorgó el indulto, el 17 de mayo, y fue sentenciado al destierro en España. Abandonó la capital el 16 de octubre de ese mismo año pero alegando motivos de salud justificó su permanencia en Veracruz. Vivió ahí hasta 1820 cuando regresó a la Ciudad de México y a Guanajuato donde fue miembro de la diputación provincial. Llevó a cabo parte de las gestiones para la entrada pacífica a la capital del Ejército Trigarante encabezado por Agustín de Iturbide. En septiembre de 1821 fue uno de los firmantes del Acta de Independencia. Fue diputado al primer congreso, tras lo cual se retiró a su hacienda y mina, alejado de la política local y nacional. Murió en la ciudad de Guanajuato en enero de 1835 y fue enterrado en el templo de los franciscanos y el convento de San Diego, del que había sido patrocinador a lo largo de su vida.

1801

❧ JUAN HILARIO RUBIO Y EL INDIO MARIANO

El 5 de enero de 1801 Juan Hilario Rubio, conocido comerciante, vecino —principal— de Tepic, fue detenido junto con José Desiderio Maldonado, alcalde de república de indios, y el escribano indígena Juan Francisco Medina. Luego de ser conducidos ante una junta de guerra, los detenidos hablaron sobre los planes de insurrección que pensaban llevar a cabo para que un tal "Mariano", indígena del barrio de Tlaxcala o Tlaxcalilla —uno de los barrios al norte del actual estado de Jalisco—, recuperara las tierras pertenecientes a los indios y se le Coronara rey. El asentamiento había sido fundado por familias originarias de Tlaxcala —de ahí su nombre— quienes seguían gozando de privilegios y exenciones y eran lo más cercano a la nobleza indígena.

Próxima la época de Navidad de 1800 habían llegado a casa de María Paula de los Santos, india viuda, un anciano mulato mendigo, junto con un niño y un indio joven al que indistintamente llamaban Joseph Antonio, Simón o Mariano. El anciano presentó a este último diciéndole a la viuda que Mariano era tlaxcalteco, dueño de las Indias y que, disfrazado de mil maneras, estaba visitando sus tierras y pidiendo ayuda a todos los indios para recuperarlas. Por considerar que Juan Hilario

Rubio era el indígena más respetado y capaz de Tepic, María Paula recurrió a él para contarle las intenciones de Mariano. En su declaración, Rubio dijo que Mariano le había contado los planes de la rebelión. También le hizo saber que era hijo del gobernador de Tlaxcala, quien en vida había usado "cacles de oro" y gozado de la grandeza correspondiente a su investidura. Mariano había ido a España a visitar al rey y a pedirle el pago de las rentas de las tierras ocupadas; el monarca no le hizo caso, ante lo cual decidió regresar. Luego de recobrar sus tierras pretendía ser Coronado en presencia del obispo. Sin dudar de la palabra de Mariano, ni de la viabilidad de sus planes, Rubio convocó y convenció a Maldonado y a Medina de formar parte de la conspiración para llevar a cabo la rebelión indígena en las inmediaciones de Tepic. Una de las cartas escritas para tal efecto fue entregada al subdelegado de Ahuacatlán por el alcalde indio de la localidad. Pronto se descubrió que las circulares se habían recibido en otras alcaldías y corrió el rumor de que los indios de la costa y de la sierra se preparaban a asaltar Tepic. Las autoridades armaron a los vecinos para organizar la defensa. Se logró sofocar a los insurrectos casi sin resistencia. Entre los prisioneros se encontraba Rubio quien murió de camino a Guadalajara donde se les juzgaría.

El Indio Mariano nunca apareció; los hijos del gobernador del barrio de Tlaxcala tenían nombres distintos y eran súbditos fieles. Todo pareció indicar que Rubio había inventado al personaje para llevar a los pueblos a la insurrección en una época de progresiva tensión social tras cuatro décadas de reformas económicas y cambios sociales del México borbónico.

1802

◦ JOSÉ JOAQUÍN DE ARRILLAGA

Desde mediados de siglo XVIII la Corona española se planteó como objetivo la ocupación y colonización del territorio al noroeste del virreinato de la Nueva España ante el temor de que alguna potencia europea, principalmente Rusia, se asentara en la región. En el verano de 1769 un grupo de militares y colonizadores —al mando de Gaspar de Portolá— y de frailes evangelizadores españoles católicos —con Junípero Serra a la cabeza— ocupó lo que es hoy el estado de California, Estados Unidos, habiendo partido de la Baja California. Llegados por vía marítima y terrestre fundaron las principales ciudades y dieron nombre a montes, costas y ríos. A la región se le dio el nombre de Alta California.

De origen vasco, José Joaquín de Arrillaga, nacido en 1750 en Aía, Gipúzcoa, fue capitán del Ejército español destacado en el norte de México y Texas entre 1780 y 1790. Posteriormente fue comandante en Loreto, hoy Baja California Sur, donde se desempeñó con eficiencia y honestidad. A la muerte del gobernador de Alta California, en la primavera de 1792, se le nombró gobernador —el séptimo— y se le ordenó marchar a Monterrey, Alta California, población capital a la que llegó en julio de 1793. Viajó por el territorio para conocer la extensión de la zona abarcada por las misiones y presidios levantados en los últimos 24 años; se avocó al fortalecimiento y mejor administración de los presidios o fortificaciones dentro de las cuales se organizaban poblaciones pequeñas; los primeros fueron San Diego, Santa Bárbara, Monterrey y San Francisco.

Durante esta primera gestión como gobernador tuvo la oportunidad de conocer a George Vancouver, oficial de la marina británica, quien exploró la costa oeste del Pacífico en dos distintas ocasiones con el propósito de colonizar tierras al norte de esa región.

Arrillaga fue reemplazado en 1794 por el gobernador Diego de Borica quien murió en 1800. En 1804 fue nombrado de nuevo gobernador —el décimo de las Californias. Ese mismo año la Baja y la Alta California se separaron y Arrillaga se convirtió en el primer gobernador español de la Alta California. Pese a la prohibición de la Corona española, los colonos de dicha nacionalidad establecieron relaciones comerciales con los colonos rusos; debido al intercambio de mercancías para actividades agrícolas y de cacería, o producto de las mismas, tanto las colonias españolas como las rusas florecieron. Tiempo después de la muerte de Arrillaga el gobierno español ordenó la eliminación de los asentamientos rusos de su territorio.

Arrillaga murió el 25 de julio de 1814 en la misión de Nuestra Señora de la Soledad en cuya iglesia fue enterrado vestido con el hábito franciscano. Al perderse ese territorio en 1847, pasó a ser el único gobernador español sepultado en suelo estadounidense californiano.

Tanto subalternos en el Ejército y sus compañeros y amigos lo llamaban "papa" —según dice el epitafio de su tumba— por el desempeño de su trabajo para mejorar la vida de la gente.

1803

♠ ALEXANDER VON HUMBOLDT

L as narraciones de viajeros y su amor por la historia natural hicieron surgir en Humboldt el deseo de visitar y estudiar lejanas tierras. Es considerado el primer viajero alemán independiente por haberse costeado cada una de sus empresas. Nacido de noble cuna, en 1769, en Berlín. Desde pequeño recibió una esmerada educación, junto con su hermano Guillermo, al cargo de afamados maestros en ramas como botánica, matemáticas, teología, filosofía, filología en una época en la que prevalecían las ideas liberales de la Ilustración francesa. Estudió después en la Universidad de Frankfort y en la de Gottinga. Sus recorridos posteriores a distintos países de América estuvieron influenciados por las conferencias de grandes naturalistas como Johann Friedrich Blumenbach. Al término de la universidad, a sus veinte años, prosiguió con estudios de mineralogía y geología; en Hamburgo cursó comercio e idiomas en la Academia Comercial e ingresó un año después a la Academia de Minas de Freiberg. Trabajó como asesor en del Departamento de Minas de Berlín. Escribió trabajos sobre mineralogía y dio a conocer sus primeras ideas sobre la geografía botánica, nueva rama de la historia natural.

Con la venia de los reyes de España, Carlos IV y María Luisa, la expedición de Humboldt zarpó en el navío *El Pizarro* del puerto de La Coruña, España, el 5 de junio de 1799, acompañado del naturalista francés Aimé Bonpland; llegaron a Cumaná, Venezuela, el 16 de julio. Humboldt pasó cerca de cuatro años en distintas zonas de las ahora repúblicas de Colombia, de Perú y de Ecuador. Desde el puerto ecuatoriano de Guayaquil partió rumbo a México en la fragata *Orúe*; desembarcó en Acapulco el 22 de marzo de 1803 y partió enseguida a la Ciudad de México.

A Humboldt le tocó conocer la capital novohispana embellecida por la transformación urbanística llevada a cabo entre 1789 y 1794, por el virrey De Güemes. Los cambios en la capital reflejaban las reformas borbónicas impulsadas por las ideas modernas de la Ilustración. Una ciudad con alumbrado público, con drenaje y atarjeas, calles empedradas y comercio reordenado, además de nuevas construcciones en estilo neoclásico.

De la capital, Humboldt se desplazó hacia los más importantes centros mineros y fabriles de Pachuca, Querétaro, Guanajuato, Michoacán y la zona del actual Estado de México. En su recorrido hasta el puerto de Veracruz se detuvo en distintos sitios; midió la altura de los volcanes Popocatépetl e Iztaccíhuatl. Salió hacia Cuba el 7 de marzo de 1804. Al partir se llevaba consigo el mayor número de conocimientos científicos reunidos hasta ese momento, relativos a la riqueza natural de México. Realizados, unos, por científicos novohispanos que compartieron con él sus investigaciones; otros, producto de investigaciones propias.

La llegada de Von Humboldt a la Nueva España coincidió con los primeros destellos independentistas de la América colonial, palpables en el descontento hacia la Corona española y en los grandes contrastes sociales que causaban conspiraciones continuas y levantamientos indígenas, mestizos y criollos.

1804

❧ FRANCISCO JAVIER DE BALMIS Y BERENGUER

S e sabe que en 1778 ya trabajaba en el hospital del Amor de Dios en la Ciudad de México. Con motivo de la epidemia de viruela que asoló la Nueva España en 1779 se fusionaron en uno solo los hospitales del Amor de Dios y el de San Andrés. Balmis fue nombrado jefe de la sala de "gálicos" —sifilíticos— donde permaneció hasta 1790. Durante esos años llegó a conocer las prácticas de un curandero que utilizaba un remedio elaborado con agave para sanar a los enfermos de sífilis; experimentó con la begonia obteniendo buenos resultados también. Oriundo de Alicante, Balmis nació el 2 de diciembre de 1753. Hijo y nieto de cirujanos, se graduó de cirujano en 1772 en Valencia. Marchó como médico en la expedición enviada por Carlos III contra los piratas de Argel.

Después de su éxito en México en el tratamiento de la sífilis regresó a España en 1792 para dar a conocer sus descubrimientos. En su país natal no tuvo la buena acogida esperada, incluso una comisión puso en tela de juicio sus adelantos médicos. Para contestar los ataques recibidos, Balmis publicó en Madrid, en 1794, *Demostración de las eficaces virtudes nuevamente descubiertas en las raíces de dos plantas de la Nueva España especies de agave y de begonia...*

En medio de las disputas, Balmis conoció el descubrimiento del británico Edward Jenner sobre la prevención de la viruela y tradujo al español el libro del francés Jacques–Louis Moreau de la Sarthe *Tratado histórico y práctico de la vacuna*. El recuerdo de la epidemia de 1779 lo llevó a proponer a Carlos IV dar la vuelta al mundo portando el virus vacunal a distintos países. El rey patrocinó la expedición y ordenó llevarla a América y de ser posible hasta Filipinas. El 30 de noviembre de 1803, partió Balmis del puerto de La Coruña llevando un grupo de niños a bordo del barco *María Pita*. Durante la travesía los pequeños fueron vacunados escalonadamente para mantener activo el virus. En su recorrido Balmis visitó las Canarias, San Juan de Puerto Rico, Venezuela, las Antillas y La Habana, lugares donde estableció juntas vacunales. En la Nueva España desembarcó el 25 de junio en Sisal, al norte de Yucatán. A Veracruz arribó el 25 de julio; ahí el gobernador le franqueó a diez soldados para ser inoculados y proseguir la conservación de la linfa vacunal. Llegó a la Ciudad de México el 8 de agosto de 1804 y recorrió el país organizando juntas en diferentes ciudades. En 1805 zarpó de Acapulco, en el navío *Magallanes*, con destino a Filipinas donde repitió la campaña. Llegó a China y desde allí partió para Lisboa a donde llegó en 1806. En su vuelta al mundo logró vacunar a más de 200 mil personas.

Volvió a México cuatro años después con el mismo encargo pero el estallido de la guerra de Independencia le impidió desempeñar su misión y regresar a España. Murió en el anonimato en una provincia mexicana.

1805

► ISABEL ZENDAL GÓMEZ

El 25 de julio de 1804 llegó a la Ciudad de México, capital de la Nueva España, la llamada Real Expedición Filantrópica portadora de la vacuna de la viruela, considerada la primera expedición sanitaria internacional de la historia. Antes de su propagación por territorio novohispano era raro ver una persona sin marcas de viruelas. La misión salió el 30 de noviembre de 1803 y estuvo encabezada por el médico de cámara del rey Carlos IV, el doctor Francisco Xavier de Balmis y Berenguer. Pieza importante de la empresa de vacunación fue doña Isabel Zendal. Ella cuidó de los 22 niños expósitos embarcados en La Coruña, de entre tres y nueve años —llamados los galleguitos— que no habían padecido viruelas; abordaron la corbeta *María Pita*, para ser inoculados a lo largo del trayecto. De esta manera se preservaba la linfa de la vacuna en una cadena de trasmisión de brazo a brazo del antídoto proveniente de vacas infectadas con el virus subidas a bordo de la corbeta. Posteriormente doña Isabel se haría cargo de otros infantes americanos provistos en distintos puntos del trayecto para no detener la cadena vacunal.

Isabel Zendal Gómez fue rectora de la Casa de Expósitos del Hospital de la Caridad de La Coruña. Era originaria de Santa Mariña de Parada, Ordes. Hija de humildes labradores "pobres de solemnidad" y también madre soltera de un niño de nombre Benito quien viajó con ella en la expedición. Trabajó en el servicio doméstico de Jerónimo Hijosa, acaudalado comerciante de la región coruñense y patrocinador del Hospital de la Caridad. En algún momento pasó a ser rectora de la Casa de Expósitos —una de las secciones del Hospital—, puesto al que debió acceder recomendada por el propio Hijosa, así como vecinos y párroco, según debió exigir la Congregación de Dolores, la cual gestionaba el hospital. Fue seleccionada por ser la persona con mayor experiencia en el trato de niños expósitos.

El doctor Balmis dejó anotado en su diario todas las fatigas —incluso enfermedades— que padeció doña Isabel en el viaje. La manera en que noche y día ella derramó todas las ternuras propias de una madre sobre todos los pequeños puestos a su cuidado, incluido su hijito. Iban también en la expedición otros cuatro enfermeros: Basilio Bolaños, Pedro Ortega, Ángel Crespo y Antonio Pastor; dos practicantes: Francisco Pastor y Balmis y Rafael Lozano y Pérez; los facultativos José Salvany, Manuel Julián Grajales y Antonio Gutiérrez Robredo.

Aunque Isabel Zendal se había comprometido a participar en la expedición únicamente hasta México, una vez en la Nueva España decidió continuar hasta Filipinas y de ahí seguir la ruta de regreso a España.

Desde 1950 la Organización Mundial de la Salud (OMS) la considera "la primera enfermera de salubridad en misión internacional". La Escuela de Enfermería en Puebla, México, lleva su nombre. El gobierno federal instituyó en 1975 la medalla al mérito, Isabel Zendal, a los profesionales de la enfermería que se hayan destacado en el campo.

1806

❧ JACOBO DE VILLAURRUTIA Y LÓPEZ DE OSORIO

Nacido en Santo Domingo, en 1757, de ascendencia hispana, a la edad de seis años llegó a México donde realizó sus primeros estudios. Años después estudió la carrera de artes, teología y derecho en las más prestigiadas universidades españolas de la época: Alcalá, Toledo, Valladolid y Salamanca. No se inclinó por la enseñanza dentro de las aulas sino en la difusión de la cultura a través de las academias, espacios impulsores del conocimiento ilustrado y propiciadores del establecimiento de relaciones sociales y políticas; es decir, esferas culturales donde se abrían puertas para acceder a los círculos de poder. Villaurrutia perteneció a varias, entre ellas la Real Academia de Jurisprudencia y Legislación de Madrid; hacia 1785 fundó la Academia de Literatos Españoles de Madrid.

Incursionó en el periodismo con el mismo propósito de difundir el ideal ilustrado y de establecer redes de conexión entre personajes de la política y las letras afines a dicha ideología. En el *Correo de Madrid* fomentó la ciencia, la economía y la cultura hasta que las autoridades de la Inquisición suspendieron la publicación en 1791.

Por sus dotes intelectuales fue promovido por Carlos IV a la Capitanía General de Guatemala donde se desempeñó, además de periodista, como oidor de 1792 a 1804; favoreció la creación de organismos patrióticos o círculos culturales pensados para incidir en la regeneración económica y cultural de la sociedad. Con el cambio de gobierno en la Capitanía, Villaurrutia fue hostigado por su ideología y solicitó al monarca dejar su cargo. Por real cédula se ordenó su traslado a la Nueva España, a la que llegó luego de 32 años de ausencia, para desempeñarse como alcalde del crimen en la Audiencia.

En la capital novohispana fundó el *Diario de México*, junto con Carlos María de Bustamante, circulado por primera vez el 1° de octubre de 1805. La publicación tuvo ciertas limitaciones y reservas pues el gobierno no veía con buenos ojos un periódico opuesto a los lineamientos de la *Gaceta de México*, órgano oficial. El *Diario* señaló la deficiencia de las autoridades novohispanas y los males sufridos por las clases más desprotegidas de la sociedad, esto propició las destituciones de Bustamante como editor y de Villaurrutia como director. Este continuó escribiendo para el diario bajo los seudónimos de "El Proyectista" y "El Proyectista Pacífico". El 2 de junio de 1807 publicó una nota: "a pesar de estar en las miras de las autoridades de vez en cuando me [verán] dar mis vueltecitas por el *Diario*, aunque disfrazado".

En la crisis de 1808 apoyó las ideas de Verdad, Talamantes y Azcárate y la creación de la Junta General de México; formó parte del Los Guadalupes. Tras la destitución de Iturrigaray se le conminó a viajar a España pero se las ingenió por la vía legal para quedarse más tiempo; finalmente en 1814 abandonó México y radicó en Barcelona desempeñándose como oidor. Una vez consumada la Independencia regresó a la Ciudad de México, donde murió en 1833.

1807

IGNACIO DE CASTERA

S e dice que al estallido de la guerra de Independencia enterró todo su caudal en la residencia de su propiedad construida por él en 1785. El predio donde estaba ubicada iba desde la actual calle de Revillagigedo 31 hasta el Paseo de Bucareli. De origen criollo, Ignacio Castera se destacó como cartógrafo, agrimensor, arquitecto y urbanista, cuya actividad a finales del siglo XVIII dejó una importante huella en la Ciudad de México. Nació en ella hacia 1750; hijo del arquitecto Esteban Castera. En 1777 —bajo el gobierno del virrey Bucareli— presentó examen para obtener el título de agrimensor y maestro de arquitectura. Le fueron asignadas obras importantes y llegó a ser maestro mayor de la Ciudad de México del Real Palacio y del Desagüe. Entre sus empresas más representativas están la Real Fábrica de Tabacos —conocida como la Ciudadela—, el Antiguo Colegio de la Enseñanza, el templo y convento de las Capuchinas, en la Villa de Guadalupe, el templo de Nuestra Señora de Loreto, la catedral de Querétaro, templo de San Pedro en Tláhuac y la remodelación de la iglesia de Santiago Apóstol en Chalco.

Son de gran importancia sus obras hidráulicas, principalmente los trabajos realizados en el acueducto de Chapultepec, rematado en 1779 con la famosa fuente del Salto del Agua cuyo original se encuentra en el Museo del Virreinato en Tepotzotlán, Estado de México; asimismo la construcción de la fuente de la Plaza de Santo Domingo. Realizó la alineación y empedrado de calles, trazado de avenidas, levantó diversos planos de la ciudad referencias obligadas, aun a la fecha, sobre la Ciudad de México en el siglo XVIII.

De acuerdo con las reformas urbanas generadas por el movimiento ilustrado en España a la llegada del régimen borbónico —que implicaba cambios en la política y en la administración—, en 1794 el virrey don Juan Vicente de Güemes y Padilla, segundo conde de Revillagigedo, lo instruyó para llevar a cabo la limpieza de los barrios de la ciudad; debido a su trazo irregular y a la incuria de sus habitantes se encontraban en un abandono lamentable. Castera elaboró un proyecto de trazo reticular con miras a su futuro desarrollo en una superficie cuadrada de tres mil metros por lado; se rectificaría la alineación de las calles y la numeración de las manzanas para llevar un mejor registro de sus habitantes, en ese entonces alrededor de 113 mil. Fuera de ese trazo se podrían establecer tintoreros, curtidores, hornos y zahúrdas cuyas actividades eran tan nocivas a la población. El cuadrado estaría limitado por una zanja recolectora de aguas en sus cuatro costados, tal como se puede observar en el plano elaborado para dicho propósito. El proyecto urbanístico más importante de la capital, hasta ese momento, quedó sin efecto a la muerte del virrey meses después. Castera murió en 1811. Ese año se había retomado el proyecto y comenzado a cavar la zanja; los trabajos quedaron concluidos diez años después.

1808

❧ FRANCISCO PRIMO DE VERDAD

La abdicación de los monarcas españoles había dejado un vacío de poder en el imperio. Fernado VII, a quien Carlos IV había cedido los derechos del reino, firmó una carta el 17 de mayo de 1808, mediante la cual absolvía a los españoles de sus obligaciones, exhortándolos a mantenerse tranquilos "esperando su felicidad de las sabias disposiciones del emperador Napoleón"; este había nombrado a su hermano José Bonaparte emperador de España.

Como parte del imperio, la Nueva España se vio frente al mismo derecho y potestad que las provincias españolas de la península: el de establecer un gobierno provisional con plenas facultades para ejercer la autoridad abandonada por el rey. Para subsanar la falta de gobierno, el licenciado Francisco Primo de Verdad, síndico del Ayuntamiento de la Ciudad de México, y otros hijos de españoles, convencieron al virrey José de Iturrigaray de la necesidad de convocar a una Junta a los diversos organismos y personas en la que se sustentaba el gobierno novohispano para acordar la manera idónea de establecer uno provisional.

Francisco Primo de Verdad nació en 1760 en la hacienda Ciénega del Rincón, del actual estado de Aguascalientes. Se recibió de bachiller en cánones, en el antiguo Colegio de San Ildefonso en 1782; se graduó como abogado dos años después e ingresó al Colegio de Abogados. Estudioso de la ideología de la Ilustración conoció los postulados del contrato social y de la soberanía popular. Sus amplios y sólidos conocimientos en jurisprudencia le valieron fama y fue nombrado síndico del Ayuntamiento de la capital novohispana.

En las sesiones de la Junta Provisional, el 9 de agosto de 1808, Verdad expresó, entre muchas otras ideas, que ante la ausencia del monarca la soberanía residía en el pueblo. Esta declaración causó inquietud en el sector conformado por los peninsulares asistentes a la Junta por considerar que tales ideas encaminaban más a la independencia que al establecimiento de un gobierno provisional. Aconsejado por Verdad, el día 11 el virrey firmó una proclama en la que manifestaba el reconocimiento de Fernando VII como única autoridad; y dadas las circunstancias atravesadas por él, los novohispanos debían guardar obediencia a su legítimo representante en la Nueva España: el virrey. De esta manera el territorio novohispano quedaba independiente de toda actividad de la metrópoli. Sin embargo, resultaba una postura peligrosa para los simpatizantes del partido español.

Encabezados por el acaudalado hacendado cañero y Gabriel de Yermo, un grupo de trescientos jóvenes españoles y algunos criados entraron a Palacio Virreinal en la madrugada del 16 de septiembre y depusieron al virrey Iturrigaray. Ahí mismo se ordenó apresar a quienes presumiblemente eran los principales simpatizantes de las ideas independentistas, entre ellos Verdad y Talamantes. Verdad fue llevado a la Cárcel del Arzobispado en donde murió el 4 de octubre del mismo año. Se le ha considerado protomártir de la independencia. Fue sepultado en el sagrario de la capilla de la Villa de Guadalupe al día siguiente de su muerte.

1809

❧ MELCHOR DE TALAMANTES SALVADOR Y BAEZA

Es reconocido como uno de los más importantes precursores de la Independencia de México. Nació en Lima, Perú, el 10 de enero de 1765. Ingresó a la Orden de la Merced a los catorce años y se ordenó sacerdote diez años después. Fue catedrático de teología en la Universidad de San Marcos y se desempeñó como asistente del virrey del Perú Francisco Gil de Taboada.

En 1798 obtuvo licencia para viajar a España. Zarpó de El Callao y desembarcó en Acapulco en noviembre de 1799. En esa época la metrópoli se hallaba en guerra contra Inglaterra y decidió esperar en la Nueva España hasta que concluyera el conflicto. Al entablar relaciones de amistad con distinguidos personajes de la sociedad optó por radicar en México.

El 15 de octubre de 1802 pronunció en la iglesia del Carmen el *Panegírico de la gloriosa Virgen y doctora Santa Teresa de Jesús,* sermón ortodoxo que no contradecía a ninguno de los dogmas que enfrentaban a dominicos y carmelitas. El sermón fue considerado una de las mejores piezas de oratoria neoclásica. La fama adquirida le permitió la cercanía a los miembros del gobierno y élite novohispana. En 1807 el virrey José de Iturrigaray lo envió al noroeste del territorio con el encargo de establecer los límites fronterizos de la Luisiana y Texas. Pese a no concluir la encomienda dejó plasmados sus avances en un manuscrito; recomendaba poner atención a la vasta extensión al norte, de lo contrario se correría el riesgo de perder con el tiempo la provincia de Texas a manos de los codiciosos vecinos.

Al regresar Talamantes a la Ciudad de México, luego de saberse las noticias de la invasión francesa a España, y del motín de Aranjuez, el virrey le encargó, dado sus conocimientos en materia fronteriza, idear un plan de defensa para los territorios novohispanos en caso de verse agredidos también por Francia. Ante el vacío de poder, derivado de las abdicaciones forzadas de Carlos IV y Fernando VII, los novohispanos se dieron a la tarea de organizar juntas provinciales imitando al pueblo español para definir la situación política de la nación. Talamantes participó con la elaboración de diferentes escritos y fue uno de los organizadores de la Junta General de Gobierno convocada por Iturrigaray. En ella las opiniones se dividieron básicamente en dos bandos: el grupo de los peninsulares veía como algo pasajero los acontecimientos en España y proponía permanecer leales a la Corona hispana; la contraparte, o grupo de los criollos y mestizos, opinaba que la soberanía recaía en el pueblo, representado por los distintos ayuntamientos, ante la ausencia del monarca. Al concluir la Junta sin haber llegado a acuerdo alguno, recelosos del virrey, los peninsulares lo depusieron y la Audiencia decomisó los escritos del grupo de los criollos, entre ellos los cuadernos de Melchor de Talamantes. Lo escrito en ellos fue prueba suficiente para inculparlo como promotor de la independencia de la Nueva España.

CRÉDITOS

1677-1687 | Gabriel Gallardo Estandía

1688 | Natalia Rodríguez Priego

1689-1716 | Gabriel Gallardo Estandía

1717-1756 | Camino Aparicio Barragán

1757-1799 | Alejandro Toussaint Rondero

1800-1809 | Silvia Cuesy Martínez de Escobar

ÍNDICE

Los personajes del virreinato

Impresión y encuadernación
Offset Rebosán S.A. de C.V.
Acueducto No. 115, Col. Huipulco.
Delegación Tlalpan, C.P. 14370, Ciudad de México.
Esta edición consta de 2,000 ejemplares
Primera edición, septiembre, 2018